LIBERDADE DE EXPRESSÃO NO SÉCULO XXI

JOSÉ ADÉRCIO LEITE SAMPAIO

Coordenador

LIBERDADE DE EXPRESSÃO NO SÉCULO XXI

DelRey EDITORA

Belo Horizonte
2016

EDITORA DEL REY LTDA.
www.livrariadelrey.com.br

Editor: Arnaldo Oliveira

Editor Adjunto: Ricardo A. Malheiros Fiuza

Editora Assistente: Waneska Diniz

Coordenação Editorial: Wendell Campos Borges

Revisão: Responsabilidade do autor

Capa: CYB Comunicação

Editora / MG
Editora / MG
Rua dos Goitacazes, 71 – Sala 709-C – Centro
Belo Horizonte – MG – CEP 30190-050
Tel: (31) 3284-5845
editora@delreyonline.com.br

L695 Liberdade de expressão no Século XXI. / José Adércio Leite Sampaio (Coord.). Belo Horizonte: Del Rey, 2016.

viii + 440 p.

ISBN: 978-85-384-0395-1

Colaboradores: José Adércio Leite Sampaio; David O. Brink; Eugene Volokh; Felipe Peixoto Braga Netto; Frederick Schauer; Ian Brown; Jack M. Balkin; Jeffrie G. Murhpy; Kay Mathiesen; Luiz Costa; Robert A. Sedler; Roberto Bin; Stephen M. Feldman; Uladzislau Belavusau.

1. Liberdade de expressão. I. Sampaio, José Adércio Leite (Coord.).

CDU: 342.727

Meu especial agradecimento ao Grupo de Pesquisa da PUC-MG/CNPQ
pela inestimável ajuda na organização desse trabalho.

SUMÁRIO

DO MERCADO DE IDEIAS A IDEIAS NO MERCADO – A LIBERDADE DE EXPRESSÃO NO SÉCULO XXI

Ninguém duvida de que a liberdade de expressão é vital para a democracia. Os líderes são escolhidos, pelo menos, deveriam ser, em registros de seus históricos de vida, de honestidade e competência. Históricos que se formam num ambiente de livre e igual fluxo de informações, ideias e críticas. O mesmo ambiente que deve existir para propiciar a definição de uma agenda política fora das arenas públicas institucionalizadas que influencie as decisões a serem tomadas pelos líderes; e que fomenta a crítica e o controle dessas decisões e das formas de sua execução.

Em geral se pensa apenas na liberdade da produção e circulação das informações, mas, como em outros domínios da vida, essa liberdade depende de condições de igualdade tanto para o acesso à informação, quanto para sua emissão. E esse é um dos sérios e até agora insolúveis problemas dos Estados democráticos: como assegurar ao mesmo tempo a liberdade e a igualdade da informação. Meios de comunicação nas mãos de poucos, por exemplo, põem em dúvida a liberdade de expressão. Assimetrias sociais tendem a produzir o mesmo efeito. O exercício dessa liberdade carece, portanto, do pleno gozo de outros direitos e liberdades. Os direitos se entrecruzam e as liberdades se complementam, formando o mosaico da cidadania plena.

Costuma-se pensar essa plenitude apenas como sinergia de interesses, mas todos sabemos que direitos e liberdades às vezes se chocam entre si ou com interesses coletivos. Pensamentos republicanistas tendem todavia a relevar esses conflitos em nome da prevalência da liberdade de expressão[1]. O próprio Supremo Tribunal Federal já a considerou um "sobredireito".[2] Talvez numa ênfase retórica, pois na mesma ocasião reconheceu a existência de limites e condicionantes à liberdade. É que mesmo nos domínios políticos idealizados pelos republicanistas há possibilidade de a expressão ser usada contra ela mesma, numa espécie de atentado terrorista verbal, às vezes, subliminar à própria liberdade. A questão é saber como se devem estabelecer esses limites sem comprometerem a liberdade. Este livro basicamente tenta responder a essa tormentosa questão, partindo de experiências jurídicas e políticas diferentes. Para começo de prosa, a palavra "censura" assusta a todos, mas como diferençar censura de limite? É um dos assuntos tratados por Kay Mathiesen.

As soluções adotadas pelos países democráticos nem sempre são iguais. Sob o olhar estadunidense, por exemplo, a liberdade de expressão é quase absoluta ou, pelo menos, é menos relativa do que o olhar europeu ou brasileiro. Que olhos precisarão de óculos? Frederick Schauer e Robert Sedler procuram apontar as vantagens do modelo norte-americano, valendo-se da noção do "mercado de ideias" apresentada pelo juiz da Suprema Corte daquele país, Holmes.[3] Mas se pode pensar que cada lente de resposta em seu contexto seria talvez a resposta mais acertada. O texto de Stephen Feldman, nesta obra, procura mostrar como a interpretação quase absolutista da liberdade de expressão nos Estados Unidos foi conduzida menos pelos espíritos democráticos de igualdade e mais por um exercício de domínio de

---

1 SMOLLA, Rodney A. *Free speech in an open society*. New York: Vintage, 1992.

2 BRASIL. Supremo Tribunal Federal. ADPF 130/DF. Relator Min. Carlos Britto, julgado em 30/04/2009, DJe-208, de 5/11/2009

3 ESTADOS UNIDOS. Suprema Corte. *Abrams v. United States* 250 U.S. 616 (1919)

classe. Uma leitura interessante e inovadora que interpela ao cuidado os leitores apressados.

O estabelecimento de hierarquias de qualidade das expressões é apontado, por alguns, como um dos critérios a se estabelecer a espessura das barreiras à livre expressão. Discurso do ódio ou difamação, por exemplo, não teriam o mesmo valor que uma opinião política, portanto, poderiam ser objeto de restrição e interdição, inclusive penal. A afirmação é duvidosa, como demonstra o acolhimento norte-americano pelo primeiro e a sua recusa pelos europeus. A aplicação do princípio do dano de Stuart Mill é defendido por David Brink como forma de discernir os bons dos maus limites. Como outros critérios desenvolvidos na jurisprudência comparada, não parece ser um critério muito útil, quando lidamos com as artes. Esse é o objeto de discussão de Jeffrie G. Murhpy, de Uladzlau Belavusau e de Eugene Volokh. Um menino com o genital exposto a urinar na rua pode bem ser entendido como obscenidade ou uma obra de arte que identifica um dos pontos mais visitados de Bruxelas. Onde está o limite ou o critério, no apelo ao senso comum ou à razoabilidade? Nos dois e em nenhum.

Meu artigo foge um pouco à busca de identificação do Santo Graal dos limites, mas se detém numa forma delicada de manifestação de um deles: a garantia do sigilo das fontes. A liberdade de expressão, principalmente mediada pela imprensa, necessita de uma garantia especial que vença o medo de revelação de desvios e malfeitos sobretudo por agentes públicos: o sigilo da fonte. Ocorre que esse sigilo traz seus riscos: as acusações irresponsáveis ou a fábrica de chantagem. Como resolver esse problema?

Roberto Bin tampouco parece diretamente interessado em buscar o cálice e até amplia o debate dos limites para os domínios das liberdades em geral e não apenas a de livre expressão. Todavia, atento às políticas restritivas adotadas pelos Estados como forma de combater o terrorismo, ele nos alerta: o estado de exceção se apresenta de forma transvestida de bons propósitos para invadir os domínios da liberdade, inclusive a de expressão.

A era digital também tem seus apetrechos de ampliação e desafios da liberdade de expressão. Ian Brown analisa o impacto da autorregulação da internet sobre os direitos fundamentais, especialmente a livre expressão. Jack Balkin discute os benefícios e riscos da neutralidade na rede mundial de computadores, tema que dividiu opiniões e acabou por constar da Lei de Internet recentemente aprovada no Brasil. Luiz Costa situa a discussão entre liberdade de informação e privacidade no contexto da sociedade de informação; enquanto Felipe Peixoto Braga Netto entrecruza a liberdade de informação e o direito à imagem.

Cabe ao leitor, como não poderia deixar de ser, tirar suas próprias conclusões.

José Adércio Leite Sampaio

1

CENSURA E ACESSO À EXPRESSÃO[1]

Kay Mathiesen[2]

I. INTRODUÇÃO

Ninguém quer ser um censor. Ou, mais precisamente, ninguém quer ser chamado de "censor". Descrever uma pessoa como um censor, ou um ato como "censura", é condenar a pessoa ou a ação. Embora existam inúmeras chamadas às armas para resistir à censura e compilações de casos de censura pelo mundo, pouco trabalho tem sido feito para nos ajudar a entender o conceito em si. Sem ficar claro com o que queremos dizer por censura, é difícil controlar o que precisamente há de errado com ela e se, realmente, ela está sempre errada. Aqueles que usam o termo simplesmente assumem que nós sabemos o que ela é, que ela é errada, e não vão muito além disso.

1 Ken Himma merece muitos agradecimentos pelos seus extensos comentários críticos, que me empurram para esclarecer e defender a minha definição de censura. Agradecimentos pelas muitas discussões úteis também são devidos a Don Fallis e aos meus alunos na Escola de Recursos de Informação e Biblioteconomia da Universidade do Arizona.

2 Tradução de Renato de Abreu Barcelos. Escola de Recursos de Informação e Biblioteconomia Universidade do Arizona.

Poder-se-ia esperar que os estudos de direito ou filosofia pudessem dar a resposta. No entanto, o conceito de censura é comumente usado de maneira que vai muito além dos estritos confins jurídicos da Primeira Emenda[3]. Nem os filósofos, mesmo aqueles que muito têm escrito sobre "liberdade de expressão", tentaram fornecer uma análise conceitual da censura em si[4]. Neste estudo, tento preencher esta lacuna fornecendo uma definição de censura. Com esta definição em mão, considero os tipos de justificativas dadas para a censura e apuro os argumentos contra a censura.

2. O INTERESSE NO ACESSO À EXPRESSÃO

A censura limita o acesso a uma expressão, por deter o orador de falar e o ouvinte de receber tal discurso[5]. Por uma "expressão" eu quero dizer qualquer coisa que possa ser composta por uma pessoa e comunicada à outra. Isso inclui itens como discursos, comunicações pessoais, livros, artigos, compilações de dados, obras de arte, fotografias e música. Tendo em conta os limites da censura e o acesso à expressão, é importante ter claramente diante nós porque o acesso à expressão é valioso. Stuart [*sic*] Cohen (1993, p. 223-230) fornece uma explicação admiravelmente clara e convincente sobre os interesses humanos fundamentais que só podem ser satisfeitos se houver acesso às expressões dos outros. Cohen liga nossa preocupação com a liberdade de expressão a três interesses fundamentais: (1) interesse em expressão; (2) interesse em deliberação; e (3) interesse em informação.

Cohen define o interesse em expressão como "um interesse direto na articulação de pensamentos, atitudes e sentimentos sobre questões pessoais ou interesse humano mais abrangente e talvez através dessa articulação influenciar o pensamento e a conduta de outros" (COHEN, 1993, p. 224). Note que, enquanto a ênfase de Cohen está nos atos de expressão dirigidos a outros com o objetivo de "influenciar pensa-

---

3 Argumentarei na seção três deste artigo que não devemos equiparar a censura à violação de direitos da Primeira Emenda. Em outras palavras, defendo que a censura não é definição ou ato de governo.

4 Ver, por exemplo, Brink (2001), Cohen (1993), Dworkin (1981), Scoccia (1996) e van Mill (2002).

5 Essa caracterização será mais precisada e defendida na seção seguinte.

mentos e condutas", isso não deveria ser entendido como limitado a essas atividades que são claramente de caráter proposicional. Obras de arte, como romances, música, fotografias e pintura também "articulam" "pensamentos, atitudes e sentimentos".

Há várias maneiras pelas quais o *acesso* à expressão suporta este interesse em expressar. Primeiro, como observa Cohen, a maioria dos atos de expressão são atos de comunicação para com outros[6]. Por promover o acesso à informação, estamos permitindo o sucesso de tais atos expressivos, ligando, por exemplo, o escritor ao leitor. Segundo, a fim de se envolver em atos de expressão, as pessoas precisam de uma rica informação cultural que lhes permita desenvolver suas ideias e aprender a se comunicarem eficientemente.

Há, no entanto, mais no interesse em expressão do que as considerações de Cohen incluem. Cohen assinala que o acesso à expressão satisfaz aos interesses deliberativos e informativos do receptor, mas ele não reconhece um interesse independente ao se acessar a expressão. Seria um erro, entretanto, pensar que o interesse em acessar os atos expressivos de outros é meramente derivado do interesse mais fundamental que os outros têm em expressarem-se conosco. Seres humanos têm um interesse independente em acessar as expressões dos outros. Assim como nós temos uma necessidade de nos expressar, nós temos uma necessidade de ouvir as expressões dos outros. Nós temos, em outras palavras, "um interesse direto em acessar os pensamentos, atitudes e sentimentos dos outros sobre questões pessoais ou interesse humano mais amplo".

Além de nosso interesse direto em expressar-nos e ouvir o que os outros têm a dizer, o acesso a expressões é necessário para satisfazer o que Cohen chama de "interesses deliberativos". O interesse deliberativo diz respeito a nossa capacidade de revisar e adquirir uma compreensão mais profunda de nossas convicções e compromissos individuais ou coletivos. Isto requer acesso às expressões alheias, devido "ao conhecido fato de que a reflexão sobre questões de interesse humano não pode ser perseguida isoladamente. Como John Stuart Mill

6 Nem todas as expressões são atos de comunicação com outra pessoa; pense, por exemplo, um diário privado (embora se possa argumentar que é ato de comunicação com o próprio futuro).

destacou, reflexão caracteristicamente procedente de um contexto de articulação de visões alternativas de outras pessoas" (COHEN, 1993, p. 229). Somente em um contexto de livre acesso a toda uma gama de "visões alternativas", de acordo com Cohen, é que podemos nos engajar numa deliberação em que acreditamos, valoramos e realizamos[7].

Finalmente, o acesso a expressões alheias permite-nos alavancar nosso trabalho epistêmico coletivo e satisfazer o que Cohen designa de "interesses informacionais". O "interesse informacional" é o "interesse fundamental em assegurar informação segura sobre as condições requeridas para persecução de objetivos e aspirações próprios" (COHEN, 1993, p. 229). Sem acesso a tal informação, indivíduos e grupos não serão capazes de efetivamente realizar seus objetivos.

Em uma sociedade livre, assumimos que o bem individual e coletivo é promovido por pessoas que tenham a capacidade de determinar por si mesmas o que elas valorizam e que tenham a liberdade de perseguir suas metas eficientemente (contanto que elas não interfiram na semelhante busca promovida por outras pessoas). O acesso à informação e ao conhecimento contidos em expressões alheias permite-nos fazer isso. Ademais, o duplo bem-estar de indivíduos e grupos exige que fundamentemos nossas ações na melhor informação disponível, informação esta improvavelmente capaz de ser adquirida por nossa própria conta.

Para resumir, nós temos um interesse ao acesso às expressões baseado em nossos interesses fundamentais em nos comunicarmos com os outros, tanto como falantes, tanto como ouvintes. Além disso, nós temos um interesse fundamental em acessar expressões baseadas em interesses individuais ou coletivos, deliberativos ou informacionais. Observe que o foco aqui é a importância primordial da capacidade de as pessoas se comunicarem umas com as outras mais do que no interesse de liberdade de o falante falar. Discussões padronizadas de liberdade de expressão concentram-se quase que exclusivamente sobre a importância da liberdade das pessoas de se envolverem em atos de expressão. De qualquer maneira, é frequentemente menos observado

---

7 Observe novamente que tais visões alternativas não são apenas comunicadas através de obras de opinião, mas também através de obras de arte, romances e outras obras criativas.

que tais expressões são fundamentalmente atos de *comunicação*. Se as pessoas não têm o direito de receber informação assim expressada, o ato de comunicação está proibido.

A visão aqui defendida é que o objetivo da liberdade de expressão não é que um orador consiga falar, mas que as pessoas estejam capacitadas de se comunicarem umas com as outras. O objetivo do discurso é alcançar um ouvinte disposto. Deveras, muitas vezes estamos interessados em proteger a liberdade de expressão em razão do ouvinte, e não em razão do orador. Por exemplo, a proteção da liberdade de imprensa, conferida pela Primeira Emenda da Constituição dos Estados Unidos, não está lá para proteger os membros da imprensa habilitados a escrever histórias, mas para proteger o direito do público de ser informado por tais histórias. Como a Suprema Corte norte-americana fixou em *Griswold vs. Connecticut*, "o direito de liberdade de expressão e de imprensa inclui não somente o direito de proferir ou imprimir, mas o direito de distribuir, o direito de receber, o direito de ler (Martin vs. Struthers, 319 US 141, 143), a liberdade de questionar, a liberdade de pensamento e a liberdade de ensinar (ver Wieman vs. Updegraff, 344 US 183, 195)"[8].

Liberdade de expressão, portanto, inclui a liberdade de expressar um ponto de vista a outros e a liberdade de receber qualquer de tais expressões. Censurar é interferir nessa liberdade por qualquer supressão em tais expressões ou que impeça a recepção de tais expressões. Em resumo, um censor pretende evitar que um orador disposto fale a um ouvinte disposto. Censurar é interferir em um ato de comunicação entre indivíduos conscientes.

---

8 Em um voto favorável para *Lamont vs. Postmaster*, Brennan expandiu o tema, escrevendo: "É verdade que a Primeira Emenda não contém nenhuma garantia específica de acesso às publicações. Contudo, a proteção do Bill of Rights vai além das garantias específicas para proteger da simplificação parlamentar igualmente aqueles direitos pessoais fundamentais e necessários para tornar as garantias expressas plenas de significado... Eu penso que o direito de receber publicações é um direito fundamental. A difusão de ideias é impotente se os destinatários não estão livres para recebê-las ou considerá-las. Seria um mercado estéril de ideias que teria somente vendedores e nenhum comprador" (US, 308).

3. A DEFINIÇÃO DE CENSURA

Acima eu caracterizei a censura como a limitação do acesso ao conteúdo, quer por deter o orador de falar ou o ouvinte de receber o discurso. Ou, mais informalmente, ela é a interferência nos atos de comunicação consentidos por adultos. Nesta seção, eu desenvolvo e defendo a seguinte definição, mais refinada, de censura: censurar é *restringir ou limitar o acesso a uma expressão, parte de uma expressão, ou categoria de expressão, que foi tornada pública pelo seu autor, baseada (a censura) na convicção de que será uma coisa ruim se as pessoas acessarem o conteúdo daquela expressão.*

Antes de considerar algumas possíveis objeções, vale explicar algumas características-chave dessa definição. Em primeiro lugar, de modo a deixar uma questão em aberto, se a censura pode ser justificada, evito definir censura de maneira que a questão apelaria para se saber se ela é sempre errada. Em outras palavras, essa definição captura somente o elemento descritivo e não o elemento normativo da censura. Alguns poderiam objetar que essa definição falha em não reconhecer um fato que observei acima; nós normalmente usamos o termo "censura" para escolher tentativas indevidas de suprimir expressões. E, na medida em que aquela supressão de uma expressão não é indevida, estamos geralmente a abominar o que se chama censura. Assim, por exemplo, alguém poderia pensar que não é a censura tentar limitar o acesso das pessoas à pornografia infantil.

Minha opinião é que um significativo progresso pode ser feito simplesmente focando o elemento descritivo do que faz algo candidato a "censura". Recentemente, Thomas Carson (2006, p. 288) defendeu uma abordagem similar à definição de mentir. Carson argumenta que "há boas razões pragmáticas para utilizarmos o conceito de mentir para ajudar a apontar e distinguir o conjunto de características mais salientes das ações e, assim, ajudar-nos a fazer julgamentos morais. Para servir a este propósito, o conceito de mentir deve ser definido independentemente de controversos pressupostos morais". As mesmas razões para evitar elementos normativos aplicam-se à definição de censura. O que nós queremos saber é o que faz o tipo de limitação de expressão que chamamos "censura" (muitas vezes ou sempre) errado.

Para fazer isso, não ajuda primeiramente defini-la como errada desde o início[9].

Em segundo lugar, essa definição faz da motivação do censor parte do que faz um ato considerado como "censura". Isso é bastante normal nas definições de censura; todavia, é importante notar o que faz com que essa definição diferencie-se de muitas outras já oferecidas. A definição acima especifica que a motivação deve ser evitada algo como "ruim", mas não diz se é baseada em reprovação ou julgamento moral sobre o conteúdo propriamente dito. Muitas definições de censura tratam-na como motivada pela reprovação moral do material em questão. De acordo com a *American Library Association*, por exemplo, censura é "baseada em uma *reprovação das ideias expressadas* e que deseja manter essas ideias longe do acesso público" (ALA, Liberdade Intelectual e Censura, grifos acrescidos). Semelhantemente, Marjorie Heins define censura como "supressão ou restrição do discurso, baseada em *reprovação de seu conteúdo*" (2004, p. 230, grifos acrescidos). E, de acordo com Marjorie Boaz, censores querem impedir o acesso ao conteúdo que é "perigoso para o governo ou prejudicial à moralidade pública" (2003, p. 469, grifos acrescidos).

Embora frequentemente a motivação para a censura seja a reprovação do conteúdo ou preocupação com os efeitos sobre a "moralidade pública", estes não são sempre os casos. Posso não reprovar moralmente algum conteúdo, mas ainda pensar que seria prejudicial se as pessoas tivessem acesso a ele. Por exemplo, não desaprovo moralmente a informação sobre como fazer uma bomba com produtos químicos caseiros. Eu penso que ter essa informação disponível não prejudicará a "moralidade pública". A informação em si é interessante e perfeitamente benigna. Entrementes, eu posso considerar que é apropriado limitar o acesso a tal material. Nesse caso, eu não "reprovei moralmente" o conteúdo em si; eu moralmente reprovo o que as pessoas podem *fazer* com tal informação. E essa reprovação não seria uma perspectiva particular minha. É provável que quase todos con-

---

9 Uma abordagem alternativa seria tomar minha definição e acrescentar "injustamente". Poderíamos, por exemplo, especificar que a censura somente ocorre quando uma pessoa tem o direito de expressão ou quando os danos de tal restrição de fato superem os malefícios do acesso.

cordem que seria algo ruim se alguém usasse esta informação para explodir uma usina elétrica. Portanto, penso que essa definição captura a ampla gama de motivações que podem estar subjacentes às tentativas de censurar alguma expressão.

Em terceiro lugar, essa definição limita a censura àqueles esforços de restringir o acesso a uma expressão "tornada pública pelo seu autor". Eu incluí essa condição na definição a fim de excluir os casos em que o acesso a expressões privadas ou secretas é restrito. Fazer uma expressão pública é comunicá-la com a intenção de que qualquer um possa acessá-la[10]. Acima descrevi censura como interferir num ato de comunicação entre pessoas conscientes. Se eu não tiver feito voluntariamente alguma informação pública, então você não está censurando quando proíbe outros de acessá-la. Assim, por exemplo, se meu médico limita o seu acesso aos meus registros médicos particulares, mesmo se ele o faz especificamente porque ele acha que seria algo ruim se você acessasse o conteúdo daquele registro, ele não está envolvido numa censura. Também não censura o governo quando não dá a ninguém o solicitado acesso a informações sobre investigações em curso sobre uma quadrilha de contrabando de drogas.

Alguns podem objetar que, pelo acréscimo do requisito da "publicidade", forneci uma definição demasiado estreita porque não incluiria itens inadequadamente mantidos longe do público. De fato, pode haver casos em que alguém tenha o direito de conhecer detalhes de meu histórico médico ou em que o público tenha o direito a conhecer informação que o governo preferiria manter segredo. Contudo, deixar de dizer às pessoas o que elas têm direito de saber é diferente de censura.

Meu parceiro sexual pode ter o direito de saber minha condição de soropositivo, mas deixar de dizer a ele minha condição de soropositivo ou mentir sobre isso não é envolver-se em censura. Censurar é ser um terceiro interferindo numa troca comunicativa. Um censor evita uma parte de dizer alguma coisa a qualquer outra parte. Um censor faz

---

[10] Este seria o caso de uma expressão completamente pública. Expressões também podem ser públicas relativamente a uma audiência particular. Por exemplo, eu posso desejar comunicar alguma coisa somente a meus alunos ou a meus amigos, caso em que teria sido tornada pública somente para eles.

isso silenciando de algum modo o orador ou interferindo no acesso do destinatário ao discurso. Se o orador não deseja falar com o destinatário ou se o potencial destinatário não deseja receber o discurso do orador, não há censura.

Isso não significa que não há questões de liberdade intelectual que digam respeito a obras secretas ou privadas, mas essas questões são sobre se tais obras devem ser tornadas públicas. Recusar-se a tornar alguma informação como pública pode ser pernicioso aos interesses deliberativos, informacionais e expressivos discutidos por Cohen. E, assim, o respeito à liberdade intelectual pode em alguns casos exigir que tal informação seja tornada pública. Isso significa que a censura não capta todos os tipos de limitação inadequada ao acesso das pessoas à informação. Ao invés de ser excessivamente estreita, no entanto, essa definição permite-nos fazer importantes distinções entre as diferentes formas pelas quais a liberdade intelectual de alguém e o direito de acesso podem ser abreviados.

Alguém também poderia objetar que essa definição é muito estreita, porquanto demasiado focada na restrição ao *acesso*, em vez do discurso. E, assim, ela não agrupa claramente os casos em que o orador está exatamente impedido de falar – por exemplo, pelo medo da punição ou pela limitação de oportunidades – como casos de censura. Conforme argumentei na seção anterior, existem boas razões para focar no acesso às expressões. Como Brennen (1965, p. 308) disse, "a difusão de ideias nada pode efetuar se, de outra forma, os destinatários dispostos não estão livres para recebê-las e considerá-las". No entanto, embora essa definição centre-se na restrição a um acesso do ouvinte a alguma expressão, seria ainda classificar punindo ou de outras maneiras restringindo o orador como censura. Se o objetivo de tais restrições ou punições é evitar que outras pessoas acessem o potencial discurso, então ele satisfaz a definição acima. Em tal caso, o acesso a uma expressão é restringido pelo amordaçamento do orador.

A objeção mais séria a essa definição, porém, é que ela é muito ampla. Muitas discussões acerca da censura concentram-se exclusivamente nas ações governamentais. James LaRue (2007, p. 3), por exemplo, define censura como "a ação dos *oficiais do governo* que proíbem ou suprimem publicações ou serviços com base em seus conteúdos". Alguns poderiam contestar que, ao não limitar a censura às proibições governamentais sobre a expressão, expandi o conceito de censura. No restante dessa seção, argumento o contrário; essa concepção governamentalmente focalizada de censura é arbitrariamente estreita.

É verdade que quando pensamos ou ouvimos a palavra "censura" em geral está em cena o governo promulgando uma lei que proíbe a publicação ou a venda de um tipo de manifestação do pensamento. E também é verdade que o "monopólio de poder" do Estado o transforma num censor particularmente efetivo. Se o governo proíbe a exposição pública de um trabalho, seu esforço de censura será provavelmente bastante efetivo. Por outro lado, se eu, como indivíduo privado, recuso a ter algum trabalho na minha casa porque eu não quero que meus visitantes não o leiam, eu seria um censor muito ineficiente. Não obstante, enquanto o Estado pode deter o poder máximo dentro de uma sociedade, tal poder máximo não é necessário para uma supressão bem-sucedida de uma expressão.

Suponha, por exemplo, que algumas entidades tenham controle sobre uma modalidade inteira de comunicação e que podem restringir certas categorias de expressão pela sua inclusão nos meios de comunicação sob seu controle. Não vejo que diferença faria se fosse o governo ou alguma outra entidade exercitando esse poder. Ele certamente não faria diferença para a capacidade de o público de satisfazer seus interesses no acesso à expressão.

Pela mesma razão, não está claro que, para censurar alguém, deve-se absolutamente proibir as pessoas de acessarem o discurso, banindo-as. Há muitas maneiras pelas quais alguém pode significativamente limitar o acesso de uma pessoa a uma expressão sem proibi-la totalmente. Alguém poderia tornar o trabalho proibido caro. Alguém poderia tornar o acesso à expressão socialmente humilhante. Alguém poderia tornar o acesso penoso e moroso. Alguém poderia tornar bastante dificultoso o acesso à expressão sem competências específicas ou aparelhos tecnológicos.

Além disso, usando-se todos os métodos acima indicados, pode-se limitar o acesso sem punição dos infratores. Verdade é que, para censurar, alguém precisa ter algum poder, mas esse não precisa ser o poder de punir. Se alguém tem os recursos financeiros para controlar algum ponto de acesso à informação, ele provavelmente teria o poder de fazer pelo menos algumas das coisas listadas acima. E quaisquer desses atos inibiriam suficientemente a capacidade de os oradores dispostos chegarem aos ouvintes dispostos, e isso deveria ser considerado como censura.

4. TIPOS DE OFENSA E ARGUMENTOS CONTRA A CENSURA

Afirmo que alguém censura quando se pensa que será algo ruim se outras pessoas acessarem certas expressões. A ideia de acesso a algum conteúdo como sendo "ruim" é muito aberta à interpretação – que tipo de malefício eu tenho em mente? É importante distinguir duas maneiras pelas quais alguém pode pensar que o acesso a algum conteúdo é algo ruim. Pode-se pensar que é *inerentemente ruim* para as pessoas acessarem uma expressão ou que é apenas *instrumentalmente ruim* para as pessoas acessarem uma expressão. No que se segue, eu discuto como o acesso ao conteúdo pode ser pensado para ser ruim em cada desses modos e eu reuno os argumentos pelos quais a censura não é justificada por esses motivos.

4.1 Acesso inerentemente prejudicial

Muitas vezes as pessoas gostariam de censurar o conteúdo que elas acham ofensivo ou objetável. Elas não estão primariamente preocupadas em impedir as possíveis consequências ruins que possam resultar de tal acesso; elas estão preocupadas em impedir o acesso propriamente dito; essa visão sustenta que acessar algum conteúdo é simplesmente *inerentemente* ruim. Exemplos de conteúdo que as pessoas teriam guardado como inerentemente ruim para outras pessoas acessarem são conteúdo sexual explícito, linguagem racista, conteúdo de violência, obras qualificadas como blasfêmias, traiçoeiras, politicamente "subversivas", etc.

Pessoas frequentemente localizam conteúdo ofensivo diante de si. Parte do prejuízo de alguém acessar tais expressões é pensada para ser o ato de ler ou ouvir em si, independentemente de quaisquer outras consequências que possam advir de tal acesso. Há três maneiras notáveis pelas quais alguém poderia pensar que o acesso à informação é inerentemente ruim: (1) o material é ofensivo ou insultante para o receptor; (2) o material é degradante ou corruptor para o caráter do receptor (e quiçá o orador igualmente); ou (3) o acesso ao material explora os seres humanos que são temas da expressão.

Dado que caracterizo censura como interferência em atos comunicativos de adultos conscientes, vou deixar de lado casos do tipo (1), em que as pessoas são o alvo da comunicação que elas acham ofensiva ou insultante e razoavelmente não desejam receber. Em particular, não vou tratar aqui de casos como o da política da Universidade de Stanford, que proíbe o discurso de ódio que é "diretamente endereçado para o indivíduo ou indivíduos a quem se insulta ou se estigmatiza"[11].

Mesmo teóricos mais liberais, que tendem a promover um amplo acesso à informação, fazem um distinção entre a escolha de acessar algum conteúdo e a exposição "inadvertida" a ele[12]. Concentro-me aqui nos casos em que uma terceira pessoa deseja impedir algum ato de comunicação firmado entre outras. Então, vou considerar apenas casos em que, por exemplo, alguma expressão racista é disponibilizada àqueles que desejam ouvi-la[13]. Em tais casos, a pessoa que deseja se envolver em uma censura não é diretamente ofendida ou insultada pelo discurso que ela acessa, mas ela pensa que é algo ruim que *outras* pessoas sejam capazes de acessar tal conteúdo.

Se alguém contesta o acesso de outros a um material "ofensivo", isso pode dar-se porque alguém pensa que ele é prejudicial ou corruptor ao caráter de uma pessoa que acessa tal material. Por exemplo, alguém acredita que é degradante ou pecaminoso olhar certas imagens – um argumento muitas vezes feito com relação à visualização da pornografia. No entanto, não é o caso de que a ruindade inerente ao acesso seja sempre "autorreferente" dessa forma. Também se poderia argumentar que o acesso a algum material é inerentemente ruim com relação a outros. No particular, pode-se argumentar que, pela mera

---

11 Citado por Brink (2001, p. 134).

12 Veja-se, por exemplo, Brink (2001), Dworkin (1981), Feinberg (1985) e Wendell (1983).

13 A questão de se oradores podem ter o direito em alguns casos de falar a ouvintes indispostos é uma importante questão que não vou explorar aqui.

leitura ou olhada a algum material, estamos deixando de tratar outros com respeito. Suponha, por exemplo, algum conteúdo que é criado por meio da exploração ou vitimização de pessoas. Se outros, então, acessam esse conteúdo a fim de obter algum benefício com isso, pode-se argumentar que essas pessoas estão participando e continuando com tal exploração. Esse argumento tem sido utilizado com relação ao uso e publicação de dados recolhidos de experimentos nazistas com o povo judeu[14]. A utilização de tal material pode ser visto como contrário ao princípio kantiano do respeito [1998 (1785)]; ele trata a humanidade das vítimas do nazismo como mero "meio" para obter informação.

De acordo com uma série de liberais teóricos, o fato de que algumas pessoas acreditam que é degradante ou ofensivo acessar algum conteúdo não demonstra que tal conteúdo deveria estar indisponível para aqueles que não compartilham essa visão. Mais comumente o "princípio do dano" de Mill é citado em apoio à afirmação de que tais restrições seriam injustificáveis. Conforme Mill [1975, (1859), p. 15], "o único princípio pelo qual o poder pode ser legitimamente exercitado sobre qualquer membro de uma comunidade civilizada, contra sua vontade, é para evitar danos a outros. Seu próprio bem, físico ou moral, não é uma garantia suficiente".

Da mesma forma, Ronald Dworkin sugere que o princípio da "independência moral" nos dá a razão para rejeitar tal censura. Por esse princípio, os seres humanos "têm o direito de não sofrer desvantagem na distribuição de bens sociais e oportunidades... apenas pelo fundamento de que seus oficiais ou concidadãos pensam que suas opiniões sobre o caminho certo para eles conduzirem suas próprias vidas é ignóbil ou errado" (DWORKIN, 1981, p. 194). Nessa visão, o fato de que algumas pessoas não gostam da ideia de outras pessoas acessando esse conteúdo é um tipo muito atenuado de "dano", pois seria improvavelmente suficiente para justificar a restrição ao acesso daqueles que desejam acessá-lo.

---

14 Veja-se, por exemplo, a descrição de Baruch Cohen (1990, p. 126) da visão de Howard Spiro que, usando os dados dos experimentos realizados com os judeus, "nós fizemos dos nazistas nossos parceiros retroativos na tortura de vítimas e na morte"

Todavia, o argumento do dano não lida com os tipos de casos que tenho chamado de "participação na exploração". Nesses tipos de casos, a ruindade não é apenas "autorreferente" – a preocupação não é meramente que estou degradando meu caráter. A ideia aqui é que os seres humanos merecem ser tratados de determinadas maneiras, independentemente se eles estão casualmente afetados por esse tratamento. Talvez um experimento mental ajude a ilustrar o que quero dizer. Suponha que estejamos em um mundo onde não existam crianças e crianças não mais nascerão. (como foi retratado no filme "Children of Men"[15]).

Assim, não há possibilidade de qualquer criança ser abusada no futuro. Haveria alguma maldade para com o outro em olhar pornografia infantil? É evidente que olhar ou mesmo comprar tal material não pode levar, nem a um mercado nem a ninguém, a um abuso efetivo de crianças. Contudo, alguém poderia argumentar que, olhando esse material, estaria deixando de respeitar as crianças que foram fotografadas – e, portanto, que as estou explorando. Alguns poderiam se opor a essa ideia, bastante etérea, de tipo de dano a outros. Porém, é importante notar que pode haver preocupação de outros sobre o acesso às expressões, mesmo que alguém não pense que tal acesso casualmente produza dano.

4.2 Acesso instrumentalmente prejudicial

Nem todas as pessoas que desejam censurar algum material desejam fazê-lo porque elas pensam que o acesso, em si mesmo, é ruim. Elas podem estar mais preocupadas com as consequências ruins que podem advir de tal acesso, por exemplo, que causará dano a outra pessoa. Em suma, pode-se pensar que é *instrumentalmente prejudicial* para as pessoas acessarem o conteúdo de certas expressões. Há uma série de maneiras pelas quais se pode pensar que o acesso a algum conteúdo pode resultar em consequências prejudiciais. Abaixo, categorizo quatro tipos de consequências prejudiciais que alguém poderia querer evitar pela censura: (1) criação de um mercado; (2) criação de um ambiente hostil; (3) influência e (4) implementação[16].

---

[15] N.T.: No Brasil, o título do filme foi vertido como "Filhos da Esperança".

[16] Note que esses tipos não são mutuamente excludentes; alguém pode pensar que o acesso causa todos estes danos de uma só vez. Também não são danos inerente

1. *Criação de um mercado*: dado que as pessoas podem ser prejudicadas na criação de certos tipos de conteúdo, fornecer acesso a tal conteúdo é criar um mercado que conduzirá à criação de mais conteúdo e, assim, mais dano àquelas pessoas utilizadas na origem. Mais notavelmente esse argumento tem sido apresentado em relação à pornografia infantil[17].

2. *Ambiente hostil*: a acessibilidade a certos tipos de conteúdo pode criar um ambiente de atitudes que compromete a igualdade e a agência de alguma pessoa ou grupos de pessoas. Por exemplo, alguns argumentam que a pornografia deveria ser censurada porque cria uma atmosfera social que perpetua o sexismo e a reificação das mulheres[18].

3. *Influência*: a exposição a certos tipos de conteúdo pode tender a criar atitudes ou comportamentos nocivos ou antissociais. Por exemplo, o mais frequente argumento para restringir a quantidade de violência na mídia é que ela influencia crianças a serem mais violentas[19].

4. *Implementação*: a informação pode fornecer instruções que podem ser usadas para fazer alguma coisa que cause prejuízo. Este argumento é usado para apoiar a censura de trabalhos que descrevam, por exemplo, como criar uma bomba, como cometer suicídio, como fazer drogas, etc.[20].

A censura é sempre adequada para evitar essas consequências ruins?

Antes de mover o olhar para as respostas a essa pergunta, vale a pena colocar de lado nesse ponto particularmente popular, mas cap-

---

ou instrumentalmente mutuamente excludentes – pode-se pensar que o acesso a algum conteúdo será ruim em todas essas formas.

17 Como foi decidido pela Suprema Corte no caso *Nova Iorque vs. Ferber*, "a publicidade e o comércio de pornografia infantil fornece um motivo econômico, e são, portanto, parte integrante na produção de tais materiais..." Um argumento semelhante também foi feito em relação à publicação de resultados de pesquisas não-éticas; veja-se, por exemplo, Florencia Luna (1997).

18 Confira-se, por exemplo, Langton (1990) "a pornografia é vista como uma prática que contribui para o estado de subordinação das mulheres".

19 Veja-se, por exemplo, Etzioni (2004). Confira-se Heins (2004), para um crítica dessa visão.

20 Para a discussão da restrição da informação sobre como fazer bombas, ver Doyle (2004).

cioso, o argumento contra a censura. Segundo esse argumento, não importa quão ruim poderá ser permitir pessoas a acessar alguma expressão, nós nunca deveríamos nos envolver em censura, porque ela nos levará a uma ladeira escorregadia. A American Library Association manifesta um sentimento comum quando diz em seu *website* que: "o que os censores muitas vezes não consideram é que se eles conseguirem suprimir as ideias que hoje eles não apreciam, outros podem usar esse precedente para suprimir as ideias que eles apreciem amanhã" (ALA, *Liberdade Intelectual e Censura*).

De acordo com esse argumento, não há maneira de se distinguir uma censura adequada de uma inadequada. Mas qual razão há para pensarmos que não conseguimos fazer as distinções necessárias? Alguém poderia também dizer apenas que: "o que os legisladores não consideram é que se eles conseguirem proibir ações de que eles não gostam hoje, outros podem usar esse precedente para proibir ações que eles gostam amanhã". Como David van Mill (2002) coloca, "estamos *necessariamente* na encosta, gostemos ou não, e a tarefa é sempre decidir o quão alto ou baixo nós escolhemos ir, e não se nós deveríamos descer totalmente". Mas a encosta escorregadia não é o único argumento contra a censura baseada no dano instrumental.

Há três argumentos-padrão pelos quais não é adequado censurar expressões de modo a evitar possíveis consequências negativas: (a) de fato, não existem tais consequências negativas que possam ser ligadas ao acesso de tais expressões; (b) direitos à informação não podem ser substituídos com base em tal raciocínio consequencialista; e (c) os danos criados pela denegação do acesso em quase todos os casos superam qualquer dano criado pela permissão do acesso.

(a) É o que Cohen (1993) chama de defesa "minimalista" da liberdade de expressão: consequências negativas não podem nunca ser ligadas ao simples fato de que alguém tenha acessado alguma informação. De acordo com a defesa minimalista, o censor não reconhece o papel das agências das pessoas ao *acessarem* e avaliarem a informação. As pessoas não são receptoras passivas da informação; elas trazem seus próprios valores, conhecimento e perspectivas para a informação. Simplesmente porque alguém lê um livro que diz que o holocausto não ocorreu ou um livro que descreve como construir uma bomba, não se segue que o leitor virá a duvidar da existência do holocausto ou que vá sair e construir uma bomba.

Se estou, por exemplo, acessando pornografia infantil, a fim de descobrir como evitá-la, então a informação não é prejudicial. Pode-se pensar o slogan minimalista como um refrão da Associação Nacional de Rifle: "armas não matam pessoas"; slogan – "informação não prejudica pessoas, pessoas prejudicam pessoas". No entanto, o fato de que qualquer informação pode ser inofensiva ou mesmo benéfica nas mãos certas não demonstra que o acesso geral ou o acesso por pessoas erradas a tais informações pode não levar a um grande dano. Somente um argumento libertário muito forte defenderia que nunca é adequado limitar o acesso àquelas coisas que têm alguns usos benignos, mas que também permitem às pessoas causarem grave dano (por exemplo, armas, explosivos, analgésicos potentes).

(b) É o que Cohen chama de defesa "maximalista" da liberdade de expressão. De acordo com o maximalismo, mesmo que o acesso à informação possa levar ao dano, ele nunca pode ser restringido. Este trunfo é diferente da afirmação (que considerarei abaixo) de que, na realidade, os benefícios do acesso à expressão compensarão seus custos. Na visão maximalista, o acesso à informação não é um tipo de coisa sopesado contra outros bens. O maximalista tipicamente fundamenta o valor da expressão em conceitos kantianos, como autonomia. Strauss (1991, p. 354), por exemplo, argumenta que restringir o acesso ao discurso persuasivo envolve "a negação da autonomia" porque interfere "no controle da pessoa sobre seu próprio processo racional". Uma limitação do argumento da autonomia racional, porém, é que ele não é evidente para a validação de expressões que não possam ser entendidas como um discurso racional ou persuasivo[21].

Uma segunda limitação mais séria ao argumento da autonomia é que ele se baseia numa epistemologia excessivamente individualista, em que todos devem avaliar a informação por si mesmos. Para se ver isso, precisamos esclarecer uma ambiguidade na forma como o acesso à informação pode levar a danos oriundos da implementação.

---

21 Scoccia (1996) argumenta, por exemplo, que o "princípio da persuasão", articulado por Strauss, não compreende material que se envolva em um discurso não-racional, não-persuasivo.

Primeiro, considere o clássico tipo de caso sobre o qual poderíamos nos preocupar. Suponha que Joe queira conferir o *The Anarchists Cookbook*, porque ele deseja construir uma bomba para explodir a caixa de correio de seu vizinho. Se ele tiver acesso a esse texto, dado que as instruções fornecidas de fato lhe proporcionam informações precisas sobre como construir uma bomba, então ele é capaz efetivamente de realizar seus planos. A informação, devido a sua precisão, permitiu ao receptor alcançar o conhecimento necessário para atingir seus objetivos.

As coisas, no entanto, podem ser bem diferentes. Suponha que Susan queira conferir um determinado livro popular sobre saúde, porque ela quer aprender a controlar seu diabetes. Todavia, suponha que a informação no livro popular é imprecisa. Nesse caso, a informação, devida a sua imprecisão, pode levar o receptor a erro, e tornar para Susan mais difícil o alcance de seus objetivos.

No primeiro caso, alguns podem querer limitar o acesso à informação porque desaprovam o objetivo de Fred [*sic*] e querem impedir que ele obtenha o conhecimento necessário para alcançá-lo. No segundo caso, alguns podem querer limitar o acesso à informação porque eles aprovam o objetivo de Susan e querem impedi-la de obter informação imprecisa que inibirá sua capacidade de alcançá-lo. É menos claro que o segundo tipo de "censura" esteja interferindo na autonomia de Susan. Pelo contrário, parece que estamos promovendo sua autonomia ajudando-a a atingir seus objetivos, mantendo-a longe de informação imprecisa. Nos termos de Cohen, pela censura poderíamos estar apoiando seu "interesse informacional", seu interesse em uma informação *precisa* que irá ajudá-la a realizar seus planos.

Segundo os partidários do consequencialismo (c), "restringir o discurso é mais suscetível a ter consequências ruins do que protegê-lo" (BRISON, p. 321). John Stuart Mill [1975 (1859)], por exemplo, notoriamente argumenta que, ao permitirmos o livre fluxo de ideias e informação, estaremos mais próximos de alcançar e manter a verdade. Mais recentemente, Tony Doyle (2001) argumentou que, mesmo que o acesso às expressões possa levar a um prejuízo, na maioria dos casos o valor do acesso compensará quaisquer prejuízos causados por ele. Nessa perspectiva, se devida ou não, seria uma decisão como qualquer outra, fundamentada na produção, ou não, do bem geral. E tais decisões dependerão dos fatos dos casos em questão.

O defensor do acesso à expressão pode preocupar-se que tal abordagem permitiria facilmente a censura[22]. Eles temem que, ao permitirmos uma ponderação do acesso contra outros bens, coloquemos a liberdade intelectual em risco. Diane Woodward (1990, p. 15), por exemplo, rejeita tais defesas consequencialistas do acesso, porque elas não "defendem a liberdade intelectual em princípio". "A defesa consequencialista da liberdade intelectual depende, então, em primeiro lugar, de se saber se as pessoas estão em melhor situação – ou não – quando expostas aos esforços intelectuais. O resultado típico é que se comece a dividir os esforços intelectuais que são bons para as pessoas daqueles que não são".[23]

No entanto, não será tão fácil demonstrar que a censura levará a um menor prejuízo global do que permitir o acesso. Primeiro, vale a pena lembrarmo-nos dos interesses centrais da expressão, da deliberação e da informação, que só podem ser satisfeitos num fluxo livre da expressão. Os benefícios que recebemos por ter esses interesses satisfeitos (e os prejuízos de não tê-los satisfeitos) não serão facilmente substituídos. Segundo, não temos que nos perguntar o que *em princípio* poderia ser bom censurar. Temos que nos perguntar quais seriam as consequências *práticas* de ter políticas institucionalizadas que restringissem o acesso.

É nesse ponto que os argumentos "encosta escorregadia" e "efeito de refrigeração" podem ter alguma força. A encosta escorregadia pode ser efetiva e não apenas conceitualmente possível, se os seres humanos de fato tenderem a não ser tão bons para distinguir o material de que eles pessoalmente não gostam daquele material que é prejudicial[24]. E pode haver um verdadeiro efeito inibidor da liberdade de

---

22 Para um argumento, contra Doyle (2001), que o utilitarismo não pode fornecer uma defesa absoluta contra a censura, ver Fallis e Mathiesen (2001).

23 Para uma discussão crítica da afirmação de que há um direito fundamental à informação, veja-se Himma (2004).

24 Doyle (2001) também argumenta que mais mal do que bem pode ser produzido se deixarmos as pessoas censurarem, porque quem quer que o "censor" seja será tentado a usar este poder de modo não justificável pela razão utilitarista.

expressão, se as pessoas tenderem a ser excessivamente cautelosas com o fim de evitar a desaprovação social. Como argumenta Doyle (2001, p. 69), "para que a liberdade intelectual seja verdadeira, as pessoas devem ter a confiança de que elas não serão perseguidas pelo o que elas publicam ou procuram". Isso não quer dizer que, mesmo levando tudo isso em conta, usando-se o raciocínio consequencialista, você nunca será conduzido a pensar que a censura é a coisa certa a se fazer; não obstante, o obstáculo é um pouco maior do que se poderia pensar.

5. CONCLUSÃO

Neste estudo, propus a seguinte definição de censura: *restrição ou limitação do acesso a uma expressão, parte de uma expressão, ou categoria de expressão, que tenha sido tornada pública pelo seu autor, baseada na convicção de que será algo ruim se as pessoas acessarem o conteúdo daquela expressão.* Uma virtude dessa definição é que ela não transforma um ato como "censura" numa discussão tampão. Em outras palavras, essa definição permite que possa haver casos de censura que são moralmente permissíveis ou mesmo obrigatórios. Pessoas de ambos os lados do debate podem concordar que algumas ações cumpram a definição acima e elas então podem avançar para a real conversação sobre se tal ação é justificada.

Esta conversação exige que olhemos com cuidado ambos os lados, porque o acesso à expressão é importante em razão dos danos que poderiam existir relacionados ao acesso. Então, podemos pensar sobre as justificações a favor e contra a censura, de um modo claro e sistemático. Minha esperança é que o obtido neste estudo tenha nos levado a essa abordagem mais frutífera para a questão da censura. Em última análise, acredito que, dados os fortes interesses no acesso à informação e as razoáveis preocupações associadas a políticas de implementação humanas que restringem o acesso, casos justificáveis de censura provavelmente serão relativamente raros[25].

[25] Ao menos no que diz respeito ao acesso de adultos às expressões. Existem possivelmente mais casos onde será justificável a restrição ao acesso de crianças. Veja-se o capítulo escrito por Mathiesen e Fallis neste volume para uma discussão dos direitos das crianças de acessar informação.

REFERÊNCIAS

ASSOCIATION, American Library. Intellectual Freedom and Censorship Q & A. 2007
Available from http://www.ala.org/ala/oif/basics/intellectual.htm.

BOAZ, Martha. 2003. "Censorship." In Encyclopedia of Library and Information Science, ed. M. J. M. Bates, Mary Niles, Drake, Miriam. New York: Marcel Dekker.

BRINK, David O. 2001. "Millian Principles, Freedom of Expression, and Hate Speech." Legal Theory 7:119-57.

BRISON, Susan. 1998. "The Autonomy Defense of Free Speech." Ethics 108:312-39.

CARSON, Thomas. 2006. "The Definition of Lying." Nous 40 (2):284-306.

COHEN, Baruch. 1990. "The Ethics of Using Medical Data from Nazi Experiments." Journal of Halacha and Contemporary Society 19:103-26.

COHEN, Joshua. 1993. "Freedom of Expression." Philosophy and Public Affairs 22 (3):207-63.

DOYLE, Tony. 2001. "A utilitarian case for intellectual freedom in libraries." Library Quarterly 71 (1):44-71.

———. 2004. "Should Web Sites for Bomb-Making Be Legal?" Journal of Information Ethics 13 (1):34-7.

DWORKIN, Ronald. 1981. "Is There a Right to Pornography?" Oxford Journal of Legal Studies 1 (2):177-212.

ETIZIONI, Amitai. 2004. "On Protecting Children from Speech." Chicago -Kent Law Review 79 (3):3-53.

FALLIS, Don, and Kay MATHIESEN. 2001. "Response to Doyle." Library Quarterly 71 (3):437.

FEINBERG, J. 1985, Offense to Others: The Moral Limits of the Criminal Law. Oxford: Oxford University Press.

GRISWOLD v. CONNECTICUT. 381.U.S. 479. (1965).

HEINS, Marjorie. 2004. "On Protecting Children--From Censorship: A Reply to Amitai Etzioni." Chicago-Kent Law Review 79.

HIMMA, Ken. 2004. "The moral significance of the interest in information: reflections on a fundamental right to information", Journal of Information, Communication, and Ethics in Society, Vol. 2.

KANT, Immanuel. 1998 [1785] Groundwork of the Metaphysics of Morals. Translated by M. J. Gregor. New York Cambridge University Press.

LAMONT v. POSTMASTER GENERAL. 381. U.S. 301. (1965).

LANGTON, Rae. 1990. "Whose Right? Ronald Dworkin, Women, and Pornographers." Philosophy and Public Affairs 19 (4):311-59.

LARUE, James. 2007. The New Inquisition: Understanding and Managing Intellectual Freedom Challenges. Westport, CT: Libraries Unlimited.

LUNA, Florencia. 1997. "Vulnerable Populations and Morally Tainted Experiments." Bioethics 2 (3 and 4):256-64.

MILL, J.S. (1859), 1975, On Liberty in Three Essays, Oxford: Oxford University Press. New York v. Ferber. 458. U.S. 747 (1982).

SCANLON, Thomas. 1972. "A Theory of Freedom of Expression." Philosophy and Public Affairs 1 (2):204-26.

SCOCCIA, Danny. 1996. "Can Liberals Support a Ban on Violent Pornography?" Ethics

106:776-99.

STRAUSS, David A. 1991. "Persuasion, Autonomy, and Freedom of Expression." Columbia Law Review 91 (2):334-71.

VAN MILL, David, "Freedom of Speech", The Stanford Encyclopedia of Philosophy (Winter 2002 Edition), Edward N. Zalta (ed.), URL = <http://plato.stanford.edu/archives/win2002/entries/freedom-speech/>.

2

PRINCÍPIOS DE MILLIAN, LIBERDADE DE EXPRESSÃO E DISCURSO DE ÓDIO[1][2]

David O. Brink[3]

O discurso do ódio utiliza epítetos para insultar e estigmatizar terceiros com base em raça, gênero, orientação sexual, ou formas de associação. A regulamentação do discurso do ódio é controversa, em parte, porque debates sobre discurso de ódio parecem dividir as

[1] Uma versão anterior desse artigo foi apresentada como "Becker Lecture" na Cornell University, na University of Kansas, e na Macalester College. Para uma discussão produtiva das questões analisadas aqui, eu gostaria de agradecer Richard Arneson, Joshua Cohen, Carl Ginet, Donald Green, Jeff Greenburg, Tom Grey, Terence Irwin, Karen Jones, Philip Kitcher, Charles Lawrence, Julie Maybee, Richard Miller, Roosevelt Porter, Luke Robinson, Fred Schauer, Henry Shue, Kyle Stanford, Jason Stanley, Nicholas Sturgeon, Bonny E. Sweeney, EmiliaSweeney, Janet Swim, C.L. Ten, and Peter Vranas. O trabalho neste artigo foi apoiado pelo"President'sResearchFellowship in theHumanities" da "UniversityofCalifornia".

[2] [Nota dos tradutores]: Este artigo foi traduzido por Bonifácio José Suppes de Andrada, bacharel em Direito pela Faculdade Milton Campos, pós graduando em Direito Público pelo Instituto de Educação Continuada- IEC- da Pontifícia Universidade Católica de Minas Gerais – PUCMG-, advogado e assessor no Tribunal de Contas do Estado de Minas Gerais e por Luiz Felipe Vargas dos Santos Corrêa de Oliveira, bacharel em Direito pela Pontifícia Universidade Católica de Minas Gerais – PUCMG-, LL.M Dickinson School of Law – Penn State Univeristy-, advogado.

[3] University of California, San Diego.

vertentes libertárias e igualitárias que se incluem na tradição liberal. Durante os movimentos de direitos civis nos anos 1960 nos Estados Unidos, interesses libertários, como a liberdade de associação e as liberdades relacionadas a movimentos populares e princípios constitucionais de igualdade apontaram na mesma direção, todos como interesses igualitários na erradicação da discriminação racial e das desigualdades sociais e econômicas que a discriminação sustenta.

Porém, debates sobre discurso de ódio parecem forçar uma escolha entre igualdade ou liberdade. De um lado, interesses igualitários parecem exigir restrições à liberdade de expressão. Discurso de ódio é a expressão de atitudes discriminatórias que têm histórico longo, feio e algumas vezes violento. Como tais, discursos de ódio são profundamente ofensivos e têm um poder de gerar segregação social. Embora exista uma relutância quando se fala em restringir discursos, parece que a melhor reação ao discurso do ódio, assim como para outras formas de discriminação, é a regulamentação. Por outro lado, interesses libertários podem parecer conter a busca por igualdade. Apesar de alguns abominarem o discurso de ódio, a cura parece tão maléfica quanto a doença. A liberdades de expressão está entre as liberdades mais fundamentais. Ideias ofensivas são parte do preço que deve ser pago para que esses direitos constitucionais sejam protegidos. Sendo assim, parece que a resposta correta ao discurso de ódio é maior liberdade de expressão – se presumirmos que o igualitarismo condena discurso de ódio – e não restrição à liberdade de expressão.

A regulamentação de discurso de ódio levanta questões constitucionais e questões morais. Embora essas questões não sejam as mesmas, é difícil separá-las inteiramente. Este artigo discutirá a possibilidade da regulamentação de discurso de ódio ser justificada como uma questão de moralidade, mas também serão discutidas questões jurisprudenciais mais importantes sobre, por exemplo, se esse tipo de regulamentação é consistente com a jurisprudência referente à liberdade de expressão. Propõe-se uma abordagem em que se pergunta o que os Princípios de Mill sugerem sobre regulamentação de discurso de ódio. *On Liberty*, de John Stuart Mill, faz uma defesa clássica da liberdade de expressão, e de outras liberdades, contra regulamentação estatal, que tem importantes implicações na jurisprudência[4] que trata de direitos de liberdade de expressão. Sendo assim, talvez explorar as implicações que os Princípios de Mill têm em regulamentações de discursos de ódio deveria ser parte na formação de pontos de vistas sensatos sobre a legitimidade política e constitucional de tais normas.

Ademais, as implicações que os Princípios de Mill têm na regulamentação de discursos de ódio são sutilmente interessantes e instrutivas. O argumento de Mill contra censura talvez implique que todas as restrições sobre o conteúdo do que se expressa, incluindo regulamentação de discurso de ódio, não devem ser permitidas. É verdade que Mill aceita a ideia de se restringirem liberdades se tais restrições tiverem o objetivo de evitar danos aos outros, e isso parece dar espaço para a possibilidade de se restringir expressões, sendo que tais expressões proibiriam o uso de epíteto ofensivo. Contudo, Mill é muito claro ao afirmar que a mera ofensividade não constitui dano(i 12; ii 44; iii 1; iv 3, 10, 12–21; v 5). É fácil perceber que Mill aprova pontos de vista libertários e condena a regulação de discurso de ódio. No entanto, a posição de Mill sobre isso é mais complicada do que parece. O entendimento correto dessa defesa dos direitos de liberdade de expressão e de outras liberdades requer um entendimento da forma na qual ele pensa certas liberdades de pensamento, de expressão, e ações que são essenciais para o exercício de atividades intelectuais[5], em particular, a capacidade deliberativa[6]. Porém, se a concepção de liberdades funda-

---

4 A não ser que sejam expressas, as referências foram feitas a capítulos e parágrafos em “ON LIBERTY [*OL*] (E. Rapaport ed., Indianapolis: Hackett, 1978). Faço referência por capítulo e parágrafo a UTILITARIANISM [*U*] (G. Sher ed., Indianapolis: Hackett, 1979) e por capítulo e número de página a *Considerations on Representative Government*[*CRG*] e *The Subjection of Women*[*SW*], ambos republicados em THREE ESSAYS (Richard Wollheim ed., New York: Oxford University Press, 1975). Outras referências são feitas à divisão natural no texto (se houver) e número de página nas edições na COLLECTED WORKS OF JOHN STUART MILL (Toronto: University of Toronto Press). Eu farei referência por livro, capítulo, e seção e número de página a *Principles of Political Economy*[*PPE*], [*PPE*], COLLECTED WORKS, vols. ii-iii, ae *A System of Logic*[*SL*], COLLECTED WORKS, vols. vii-viii.

5 [N. T.]: Mais precisamente *higher capacities.*

6 Em outros artigos, explorei esse argumento interpretativo e sua significância para o entendimento do utilitarismo de Mill e as perspectivas de reconciliar o

mentais é guiada por valores deliberativos, então o argumento contra regulamentação de discurso de ódio é menos claro, por ser questionável que a liberdade de expressão não promove, mas retarda valores deliberativos. Se assim for, então o argumento para se preocupar com certas liberdades de pensamento, de expressão e de ações pode permitir e, de fato, requerer a regulamentação do discurso do ódio. Se a realização completa de valores deliberativos pode ocorrer somente em uma comunidade regulada por tolerância e respeito mútuos, então haverá um importante indicativo sobre os temas libertários presentes na versão de Mill acerca do liberalismo são transformados e condicionados por temas igualitários.

I. PRINCÍPIOS DE MILL

Ao tentar entender as ideias de Mill sobre liberdade de expressão, pode ser útil lembrar o papel dessas liberdades em uma defesa mais geral das liberdades individuais em *On Liberty*. Em um famoso trecho, Mill oferece uma formulação do seu princípio básico:

> O objetivo desse ensaio é apresentar um princípio, como algo que administra de forma absoluta os comportamentos da sociedade com o indivíduo por meio de coerção e controle, tanto no que se refere a meios usados por meio da força física na forma de penalidades legais quanto a coerção moral pela opinião pública. Somente sob esse princípio, a humanidade é autorizada, individual ou coletivamente, a interferir com a liberdade de ação de outros indivíduos é por meio da autodefesa. Esse poder pode ser exercido legitimamente sobre qualquer membro de uma comunidade civilizada, e contra as suas vontades, apenas se realizado com a finalidade de prevenir dano a outros. Sua bondade, física ou moral, não é garantia suficiente. Ele não pode legitimamente ser compelido a agir ou a se omitir porque será melhor para ele, porque isso vai deixá-lo mais feliz, porque, na opinião dos outros, seria sensato ou correto. Essas são boas razões para discordar ou argumentar ou persuadir ou suplicar, mas não para obrigar um indivíduo ou

---

seu utilitarismo e seu reconhecimento de direitos a liberdades fundamentais, veja David O. Brink, *Mill's Deliberative Utilitarianism,* 21 PHIL. & PUB. AFF. 67–103 (1992). Minha discussão sobre os princípios de Mill aqui prescinde, o tanto quanto é possível, dos seus cometimentos especificamente utilitários.

> castigá-lo, caso ele aja de forma contrária. Para que isso se justifique, a conduta na qual se queira deter um indivíduo a praticar deve resultar em um mal para outra pessoa. O único tipo de conduta em que um indivíduo deve ser responsável perante a sociedade é a conduta em que diz respeito a outros. O tipo de conduta em que diz respeito apenas ao praticante do ato, à sua independência, é um direito absoluto. Sobre si mesmo, sobre seu próprio corpo e mente, o indivíduo é soberano.

Nessa passagem, Mill distingue restrições paternalistas e moralistas da liberdade, das restrições de liberdade baseada no princípio do dano. A restrição de "A" sobre a liberdade de "B" é paternalista se realizada para o benefício de "B"; é moralista se realizada para assegurar que "B" aja moralmente ou não imoralmente. Em contraste, restrição de "A" sobre a liberdade de "B" é uma aplicação do Princípio do dano, se a restrição for aplicada para prevenir dano a alguém que não seja "B". Aqui, Mill parece dizer que a restrição à liberdade de um indivíduo é legítima apenas se satisfizer o princípio do dano (cf. iv 1–4, 6; v 2). É complicado saber, sob o ponto de vista de Mill, o que será definido como dano para fins desse princípio. Ele claramente nega que a mera inconveniência ou ofensa seja um dano. Pelo contrário, para satisfazer o princípio do dano, uma ação deve, de fato, violar ou ameaçar de forma iminente os interesses nos quais outras pessoas tenham um direito (i 12; iii 1; iv 3, 10, 12; v 5).[7] Dispositivos conhecidos de Direito Penal, como leis contra assassinato, estupro, e lesão corporal, a princípio, satisfazem o princípio do dano. Pode parecer que Mill entende que não há problemas em restrições à liberdade baseadas no princípio do dano (mas veja v.3) . Em contraste, vez ou outra, ele defende que restrições paternalistas e moralistas da liberdade nunca são justificáveis, como ele defende aqui (cf. iv 3,4, 6; v 2).

Mill entende que esses princípios fornecem amplas formas de defesa de liberdades individuais contra interferência governamental. Para defender essas ideias, Mill utiliza a liberdade de expressão. Ele

---

7 Para uma discussão proveitosa, dentro de uma perspective ampla de Mill, sobre a diferença entre dano e ofensa, ver JOEL FEINBERG, THE MORAL LIMITS OF THE CRIMINAL LAW, vol. 1, HARM TO OTHERS 31–36, 45–51 (New York: Oxford University Press, 1984).

acredita que há um entendimento geral sobre a importância da liberdade de expressão e que, uma vez que os fundamentos da liberdade de expressão são entendidos, esses entendimentos podem ser explorados para dar suporte a uma defesa mais geral de liberdades individuais (i 16; iii 1).

2. MILL CONTRA A CENSURA

A discussão de Mill sobre a censura no capítulo ii foca no tipo de censura que procura reprimir opiniões falsas ou opiniões imorais (ii 1–2)[8]. Ele menciona quatro razões para manter a liberdade de expressão e para se opor à censura:

1. Uma opinião censurada pode ser verdadeira (ii 1–20, 41).
2. Mesmo se literalmente falsa, uma opinião censurada pode conter verdades (ii 34–39, 42).
3. Mesmo se totalmente falsa, uma opinião censurada ajuda a prevenir opiniões a se tornarem dogmas (ii 1–2, 6, 7, 22–23, 43).
4. Como um dogma, uma opinião que não é contestada vai perder seu próprio sentido (ii 26, 43).

As duas primeiras razões representam a liberdade de expressão como instrumentalmente valiosa; é valiosa, não em si, mas como a forma mais segura de produzir outra coisa que Mill presume ser valiosa (tanto extrínseca como intrinsicamente), mais especificamente, as crenças verdadeiras. Claro que a forma mais segura de se promoverem crenças verdadeiras seria acreditar em tudo. Contudo, isso também iria promover falsas crenças ao status de crenças verdadeiras. Um objetivo mais plausível de se promover seria promover um tipo de relação ou proporção entre crença verdadeira e falsa[9]. Assim, a

---

8 Mill parece especialmente preocupado com o tipo de censura que frequentemente nos diz respeito, especificamente, censura da qual o objetivo é suprimir a verdade, ao invés da falsidade, crenças pensadas por censores para serem especialmente perigosas, como certos tipos de informação confidencial. Presumivelmente, ele poderia e argumentaria que esse tipo de censura é permitida somente em casos que satisfaçam o princípio do dano.

9 Mesmo essa versão do objetivo é provavelmente demasiadamente delicada; é difícil acreditar que é preferível que o objetivo de um indivíduo seja de

liberdade de expressão provavelmente seria defendida como uma política mais segura de se promover a razão entre crença verdadeira e crença falsa do que uma política de censura. Essa análise sobre liberdade de expressão está presente na famosa opinião de Holmes, Juiz da Suprema Corte Americana, quando discordou da opinião da maioria dos Juízes da Suprema Corte no caso *Abrams v. United States*, quando ele argumentou que o melhor teste a ser aplicado relativo à verdade é o da livre troca no mercado de ideias (*Market place of ideas*)[10].

No entanto, essa análise sobre liberdade de expressão é bastante fraca. Isso talvez justifique a liberdade de expressão se comparada a uma política de censura quando o censor pensa que uma opinião é falsa. Isso não justifica a liberdade de expressão se comparada a formas de censuras mais conservadoras. Se a pergunta a ser feita for quais políticas são suscetíveis de aumentar a razão entre crenças verdadeiras e crenças falsas, parece que poderíamos empregar um critério conservador de censura e, assim, censurar opiniões em que há evidências claras sobre a sua falsidade[11]. Seria o caso de censurar aqueles que pregam que a Terra é plana[12]. De qualquer jeito, se, mesmo contrariamente apenas aos fatos, houvesse censores extremamente inteligentes e confiáveis que censurariam somente e todas as crenças falsas, esse entendimento sobre liberdade de expressão não forneceria nenhum argumento contra a censura.

Contudo, Mill também sugere que a liberdade de expressão é necessária para prevenir que crenças verdadeiras se tornem dogmas. Nessa sugestão, parece que repousam as fontes para uma defesa mais robusta de liberdade de expressão, em parte, porque é pensada para refutar censura mesmo quando se presume que todas as crenças falsas

---

promover o percentual de crenças verdadeiras em relação a crenças falsas, independentemente da significância ou importância da crença em questão.

10 250 U.S. 616 (1919) (afirmando a condenação de panfletos a favor da Revolução Russa em épocas de Guerra sob o auspício do *Espionage Act* de 1917).

11 Contrariamente ao que Mill assume algumas vezes (ii 3, 41), o argumento para censura não precisa pressupor a infalibilidade do censor. Felizmente, o melhor argumento de Mill contra a censura não requer que isso seja assumido sobre o argumento pela censura.

12 Cf. Alvin Goldman, *Epistemic Paternalism: Communication Control in Law and Society*, 88 J.PHIL. 113–131 (1991).

e, somente crenças falsas, seriam censuradas (ii 2, 21). O argumento de Mill é o de que liberdade de pensamento e discussão são condições necessárias para que se atinja a natureza do ser humano como seres progressistas (ii 20). Para entender esse argumento, é preciso entender a presunção valorativa em que se baseia. Em *On Liberty*, Mill argumenta que sua defesa pela liberdade se baseia em alegações sobre a felicidade das pessoas como seres progressistas:

> *É correto dizer que* renuncio qualquer vantagem que poderia resultar de um argumento de ideias como direitos abstratos, como algo independente de utilidade. Entendo utilidade como um recurso em qualquer questão ética; mas a utilidade, em sentido amplo, deve ser baseada em um interesse permanente dos seres humanos como seres progressistas. (i 11)

Mill pensa que é a capacidade dos seres humanos de deliberar, especialmente a capacidade de deliberações práticas, que marcam os seres humanos como criaturas progressistas e que, como resultado, o ingrediente principal da nossa felicidade ou do nosso bem-estar deve exercer essas capacidades de deliberação. Em sua forma mais geral, deliberações práticas envolvem um processo de tomada de decisões reflexivas. Em *On Liberty*, Mill pensa em deliberações práticas como capacidade de formar, avaliar, escolher e implementar projetos e metas:

> Aquele que deixa o mundo, na sua própria porção desse mundo, escolhe seu plano de vida para si, não tem nenhuma outra aptidão além da capacidade de imitação, a mesma capacidade de um macaco. A pessoa que escolhe seu próprio plano de vida emprega todas as suas faculdades. Ela deve usar sua capacidade de observação para ver, de raciocínio e de julgamento para prever, de empreender em atividade para juntar material para tomada de decisões, de discernir para decidir, e, quando ela já houver decidido, de firmeza e controle próprio para defender sua decisão deliberada. E essas qualidades ela exige e exercita em proporção exata como parte de sua conduta que ela determina de acordo com seu bom senso, e a sensibilidade é uma grande qualidade em si. É possível que ela seja guiada para algum caminho e mantida fora do caminho perigoso, sem qualquer dessas coisas. Porém, qual seria seu mérito como ser humano? (iii 4)

Mill elabora argumentos similares sobre o papel de capacidades deliberativas na felicidade dos seres progressistas em sua discussão sobre desejos superiores no capítulo ii de *Utilitarism*; nele ele contrasta a vida interrogativa que Sócrates levou e a vida de um porco feliz, e confere ao primeiro um valor incomparavelmente maior. (U: ii 6)[13].

Mesmo se todos concordassem que estas capacidades deliberativas são únicas aos seres humanos ou que seres humanos as possuem em um grau maior que outras criaturas, deve ser pensado de que forma essa posse marca os seres humanos como seres progressistas ou como o exercício dessas capacidades é importante para a felicidade humana. Mill pensa que a explicação para a felicidade humana deve refletir o tipo de seres que os seres humanos são ou o que é valioso sobre a natureza humana. Contudo, ele não é tão claro sobre isso, sua discussão sobre responsabilidade em *A System of Logic (Of Liberty and Necessity)* sugere que ele pensa que seres humanos são agentes responsáveis e que isso é o que marca os seres humanos como seres progressistas. Em *A System of Logic (Of Liberty and Necessity)*, ele argumenta que capacidades para deliberações práticas são necessárias para responsabilidade. Em particular, afirma que a responsabilidade moral envolve um tipo de autodomínio ou autogoverno no qual o indivíduo pode distinguir entre a força dos desejos e suas adequações ou autoridade, e nos quais as ações do indivíduo refletem suas deliberações sobre o que é adequado ou correto de se fazer (SL: VI, ii,3). Agentes não responsáveis, como pessoas brutas e crianças pequenas, parecem agir pautados pelos seus desejos mais fortes ou, se delibe-

13 Uma concepção deliberativa é refletida em argumentos que Mill faz em outra ocasião. Em *Considerations on Representative Government*, ele argumenta que o objetivo principal do governo é o progresso de seus cidadãos, concebido como um desenvolvimento de suas capacidades intelectuais, deliberativas e morais (*CRG:* esp. chs. ii-iii). Em *The Subjection of Women*, ele explica a infelicidade de mulheres ao se submeterem, em termos da forma como convenções e atitudes as impedem de desenvolver seus poderes racionais e deliberativos (*SW:* iv 542–8). Em várias ocasiões, Mill também expressa reservas sobre instituições beneficentes que promovem a dependência de seus beneficiários em sua beneficência e, então, destrói o desenvolvimento autônomo e respeito próprio dos beneficiários (*SW:* iv532;*PPE:* V.xi.13 960–962).

rarem, deliberam somente sobre meios instrumentais para a satisfação de seus desejos mais fortes. Em contraste, agentes responsáveis devem ser capazes de deliberar sobre a adequação de seus desejos e de regular suas ações de acordo com essas deliberações. Se isso for correto, Mill pode afirmar que posse e uso das capacidades deliberativas marcam os seres humanos como seres progressistas e constitui o ingrediente principal da felicidade humana.

Esse entendimento permite explicar a afirmação de Mill de que os valores sobre liberdade de expressão se baseiam na prevenção de que crenças verdadeiras se tornem dogmas. Essa afirmação reflete o ponto de vista de Mill de que liberdade de pensamento e discussão são condições necessárias para cumprir a natureza dos seres humanos como seres progressistas (ii 20). Pode ser visto que Mill apela para uma distinção conhecida entre crenças verdadeiras, de um lado, e conhecimento ou crenças verdadeiras justificadas de outro, não simplesmente crença verdadeira. Considerando que a mera posse de crenças verdadeiras não requer o exercício da capacidade deliberativa de um indivíduo, porque podem ser produto de doutrinação, a justificação dessas crenças requer que o indivíduo exercite suas capacidades deliberativas na justificação de suas crenças e ações, que são necessárias para conhecimento teórico e prático[14]. Isso porque a justificação envolve comparações e deliberações entre alternativas (ii 6, 7, 8, 22–23, 43). As liberdades de pensamento e de discussão são essenciais para justificar as crenças e as ações de um indivíduo, porquanto os indivíduos não são cognitivamente autossuficientes. (ii 38, 39; iii 1). Compartilhar pensamentos e discussões com outros, especialmente sobre assuntos importantes, melhora as deliberações do indivíduo. Isso aumenta o leque de opções ao identificar novas opções que são dignas de consideração e ajuda o indivíduo a avaliar o mérito dessas opções, ao forçar a atenção do indivíduo para novas considerações e argumentos sobre o mérito comparativo das opções. Nesse sentido, discussões abertas e vigorosas com diversos interlocutores melhora a qualidade das deliberações de um indivíduo. Sendo assim, cesura, mesmo que

---

[14] Cf.T.M. Scanlon, *A Theory of Freedom of Expression,* 1 PHIL. & PUB. AFF.204–26 (1972) e C.L. TEN, MILL ON LIBERTY 126–28 (New York: Oxford University Press, 1980).

seja de crenças falsas, podem furtar, tanto dos indivíduos que têm sua opinião reprimida como da audiência, os recursos que eles precisam para justificar suas crenças e ações. (ii 1).

É importante não passar batido pela importância desse argumento contra a censura. Os valores deliberativos nem sempre se declaram a favor de expandir o leque de opções de um indivíduo. Agentes cognitivamente limitados não podem considerar todas as opções lógicas, e considerações cuidadosas de muitas opções – especialmente opções irrelevantes e opções que se sabem que falharam – provavelmente irão retardar, ao invés de promover, suas capacidades de deliberação. Mais opções não são sempre melhores que menos[15]. É importante, mas um difícil objetivo, bem além do âmbito desse artigo, desenvolver princípios pelos quais estruturar espaços alternativos de seres limitados cognitivamente e pelos quais eles deveriam regular suas procuras por esses espaços. É suficiente para nosso objetivo, destacar que o apelo de Mill para valores deliberativos explica porque tão frequentemente é errado censurar mesmo crenças falsas sem significar que censura é sempre errada.

3. O ARGUMENTO DELIBERATIVO GENÉRICO DE MILL

Embora importante por si só, a defesa de Mill da liberdade de pensamento e de discussão fornece os fundamentos para várias liberdades básicas; o argumento deliberativo relativo à liberdade de pensamento e de discussão é um caso especial sobre uma defesa mais geral das liberdades básicas de pensamento e de ação em que Mill menciona no capítulo III de *On Liberty*. Uma boa vida para um ser humano é aquela em que ele exercite as capacidades intelectuais(i 11; ii 20; iii 1–10); a capacidade intelectual de um indivíduo inclui suas capacidades deliberativas, em particular, capacidades de elaborar, de revisar, de aferir, de selecionar e de implementar seu próprio plano de vida[16].

---

15 Cf. Gerald Dworkin, *Is More Choice Better than Less? In* THE THEORY AND PRACTICE OFAUTONOMY (New York: Cambridge University Press, 1988).

16 O valor das capacidades deliberativas, da forma como Mill entende o perfeccionismo, certamente fornece a base para críticas a algumas vidas como superficiais e pouco exigentes, mesmo quando essas vidas sejam prazerosas e bem sucedidas nos seus próprio termos. Porém, uma vez que as capacidades para deliberações

Esse tipo de autogoverno requer condições negativas e positivas. Entre as condições positivas, requer uma educação que desenvolva competências deliberativas (v 12–15). Entre as condições negativas que o autogoverno requer estão várias liberdades de pensamento e ação. Se a escolha e a busca de projetos e de planos estão para serem escolhidas (deliberadas), é preciso estar informado sobre as alternativas e o fundamento para essas alternativas, e isso requer liberdade de expressão intelectual, de associação e de imprensa. Se estão para ser escolhidas alternativas e a implementação dessas alternativas, deve haver as liberdades de ação como liberdade de associação, de culto e para escolher a profissão por parte do indivíduo. De fato, liberdades de pensamento e de ação estão relacionadas, e essa relação é importante. Mill valoriza a diversidade e a experimentação de estilos de vida não somente como expressão de autogoverno, mas como promoção do autogoverno. Porque a experimentação e a diversidade de estilos de vida expandem o cardápio deliberativo e demonstram mais claramente a natureza e os méritos das opções dentre as possibilidades. (ii 23, 38; iii 1)[17]. Porém, diversidade e experimentação pressupõem liberdade de ação e, nesse sentido, as liberdades de ação, assim como a liberdade de pensamento e a de discussão, são essenciais para o exercício completo das capacidades deliberativas.

---

práticas podem ser realizadas e expressas igual ou incomparavelmente bem em várias maneiras de estilo de vida, Mill pode reconhecer e reconhece vários tipos de vidas valiosas. Talvez se diga que a forma como Mill entende o perfeccionismo respeite um *pluralismo moderado* sobre o bem, mesmo que se rejeite *neutralidade de conteúdo* sobre o bem. Ver Brink, *Mill's Deliberative Utilitarianism*, 79–80.

17 De fato, Mill sugere que onde existe naturalmente uma diversidade insuficiente, é essencial que sejam tomadas várias medidas para aumentar essa diversidade (ii 23). A defesa dele de representação proporcional (*CRG:* vii 260–62) e apoio às artes (*PPE*: V.xi.15 968–70) deveria ser vista como um mecanismo institucional feito para aumentar a diversidade de atividades e de vozes para que se promovam deliberações públicas e privadas. Ademais, podemos ver como esse argumento de Mill apoia a adoção de justiça em transmissão de doutrinas que requerem que mídias providenciem tempo para questões políticas e educacionais, e a alocar tempo para representar diversos pontos de vista sobre o que está sendo coberto; *cf.* Red Lion Broadcasting Co. v. FCC, 395 U.S. 367 (1969) (afirmando a doutrina de justiça do FCC e, em particular, a regra denominada ataque pessoal contra uma contestação à Primeira Emenda).

Essa interpretação dá a Mill um ótimo argumento a respeito de várias liberdades de pensamento e de ação. Elas são importantes como condição necessária para o exercício das capacidades deliberativas dos seres humanos e, assim, para produzir os ingredientes principais da felicidade humana[18]. Porém, também é importante ter em mente que Mill não está aprovando um direito desqualificado à liberdade. Uma razão é que ele pode distinguir a importância de diferentes liberdades em termos de seus papéis nas deliberações práticas. Algumas liberdades são mais centrais do que outras. Parece plausível que as liberdades de expressão, de associação, de culto e de escolha da profissão sejam mais importantes que a liberdade de não usar o cinto de segurança ou de dispor dos rendimentos da forma que o indivíduo deseja, porque as restrições àquelas liberdades interferem mais do que as restrições às últimas, por serem deliberações acerca do tipo de pessoa que um indivíduo deseja ser. Se isso for correto, os princípios de Mill, entendidos de maneira apropriada, defendem direitos sobre liberdades básicas, em vez de direito à liberdade per se[19]. Ademais,

---

[18] É tentador presumir que Mill pensa que essas liberdades básicas são em si importantes bens intrínsecos. Porém, limitações no âmbito do argumento de Mill demonstra que isso não é correto. No capítulo introdutório, Mill insiste que suas defesas das liberdades se aplicam apenas àquelas com faculdades deliberativas maduras. (i 10). Essa restrição não faz sentido se liberdades básicas forem bens intrínsecos, portanto, devem ser sempre valiosas para que estejam de acordo com as liberdades das pessoas – um argumento que Mill rejeita. Faz sentido se as liberdades em questão, apesar de não extrinsecamente valiosas, fossem condições necessárias para se realizarem bens intrínsecos importantes, então, não precisa haver valor para liberdade onde outras condições necessárias para a realização desses bens – em particular, capacidades deliberativas maduras – estejam ausente.

[19] Essa conclusão é prematura à medida em que Mill também reconhece restrições permitidas em várias liberdades individuais. Ele limita a aplicação desse princípio àqueles de competências deliberativas maduras (i 10). Também ele qualifica essa proibição completa sobre o paternalismo para argumentar que ninguém deveria ser livre para se vender como escravo, e essa exceção, ele argumenta, é apenas um exemplo extremo de um fenômeno comum (v 11). Nesse sentido, em *Principles of Political Economy* and *Considerations on Representative Government,* Mill cita vários tipos de legislação elaboradas levando em conta interesses comunitários – taxação redistributiva; leis para os pobres; regulamentação de trabalho, dispositivos para defesa em conjunto, educação pública e infraestrutura comunitária; e suporte do Estado para as artes

mesmo o exercício de liberdades básicas é limitado pelo princípio do dano, que justifica restrições na liberdade de empreender em ações que causem dano ou ameaça iminente de dano a outros indivíduos.

4. VALORES DELIBERATIVOS E AS CATEGORIAS DENTRO DA PRIMEIRA EMENDA

Para entender o que os princípios de Mill sugerem sobre a moral e sobre a permissibilidade na Constituição Americana em regulamentar discurso de ódio, é preciso entender o papel que os valores deliberativos têm ao dar os contornos de parte da experiência constitucional americana nos debates sobre discurso de ódio.

Quando a Suprema Corte Americana determina que um interesse em particular ou uma liberdade é um valor constitucional fundamental, ela concorda que dá proteção especial ao submeter a legislação que interfere com esses valores ao patamar mais elevado de análise constitucional (chamado *strict scrutiny*) ou algum outro patamar comparável[20]. Para ser aprovada pelo mais elevado patamar de análise de constitucionalidade, a legislação deve buscar um interesse estatal convincente disposto de uma forma menos restritiva possível. *Strict scrutiny* e seu contraste relativo com patamares menos elevados de análise de constitucionalidade, como o *rational basis review*, é aplicado em análises envolvendo interesses e liberdades que não são fundamentais. Para ser aprovado *pelo rational basis review*, a legislação necessita apenas buscar um interesse legítimo de forma razoável. Com algumas exceções notáveis na qual a Corte reconhece níveis intermediários de análise, seu exame sobre interesses ou liberdades

– alguns dos quais seriam difíceis de justificar em termos de princípio do dano. É difícil de perceber como Mill poderia reconhecer todas essas restrições sobre as liberdades individuais, se ele reconhece um direito libertário à liberdade como tal em vez de liberdades específicas básicas.

20 O tratamento que a Corte dá ao discurso comercial, nos termos da jurisprudência relacionada à Primeira Emenda, e a classificação por gênero, nos termos da jurisprudência relacionada à Proteção Igualitária da Constituição, estão entre as exceções a essa regra, como os casos em que as restrições ao discurso comercial e às regulamentações que distribuem benefícios sociais e encargos entre os gêneros são submetidas, pela Corte, a um padrão intermediário de análise constitucional. Eu discuto se é adequada a suposição na Seção VII.

importantes e sobre patamares de análise relacionados a esses interesses e liberdades é geralmente bivalente: interesses ou liberdades são fundamentais ou não são; os que são fundamentais desencadeiam a aplicação do *strict scrutiny* ou algum patamar comparável, enquanto os que não são fundamentais desencadeiam *rational basis of review* ou algum patamar comparável de análise. Na maioria das vezes, liberdades de expressão são tratadas como liberdades fundamentais, em razão do papel central que a discussão aberta tem nas deliberações públicas e privadas. Conforme as liberdades de expressão sejam fundamentais, a Corte as protegem submetendo legislações que interferem com elas ao *strict scrutiny* ou a algum patamar compatível, como o teste de perigo claro e iminente (*clear and present test*)[21].

Porém, nem todas as liberdades de expressão são tratadas da mesma forma. Por exemplo, análise baseadas na Primeira Emenda distinguem entre restrições neutras de conteúdo (*content-neutral restrictions*) do discurso que restringem tempo, maneira e lugar do discurso, mas não o seu conteúdo, e restrições específicas de conteúdo que restringem algumas formas de conteúdo por conta do tópico discutido ou do ponto de vista discutido no discurso. Enquanto as restrições específicas de conteúdo são submetidas a uma análise mais profunda, restrições neutras de conteúdo são submetidas a uma forma menos profunda de análise[22]. Valores deliberativos parecem explicar

---

21 Além de empregar *strict scrutiny*, há uma linha importante de casos articulando o padrão *clear and present danger*. *Ver, e.g.*, *Schenck v. United States*, 249 U.S. 47 (1919) (afirmando uma condenação por conspiração, nos termos da *Espionage Act* de 1917, por distribuição de literatura que tinha o objetivo de obstruir o alistamento militar), *Terminiello v. Chicago*, 337 U.S. 1 (1949) (invalidando uma condenação por conduta desordeira na qual o Júri foi instruído de que poderia condenar se pensasse que o discurso em questão "atiça o público à fúria, provoca disputa, leva a uma condição de agitação, ou cria perturbação"), e *Brandenburg v. Ohio*, 395 U.S. 444 (1969) (derrubando condenações dos organizadores da reunião da KKK sob o auspício do *Ohio Criminal Syndicalism Act*). Eu prefiro o padrão *clear and present danger*, como entendido atualmente, para ser mais ou menos um caso especial de *strict scrutiny*.

22 Ver, *e.g.*, Geoffrey Stone, *Content Regulation and the First Amendment*, 25 WM. & MARY L.REV. 189–252 (1983). No entanto, restrições específicas de conteúdo que tenham impactos profundos ou díspares em discursos são altamente problemáticas.

uma preocupação especial da Corte com restrições específicas de conteúdo. Frequentemente, restrições de hora, maneira e lugar deixam abertas várias vias de expressão e não restringem significativamente a produção, distribuição ou consumo de ideias. Por outro lado, restrições de conteúdo, especialmente de pontos de vista, fazem com que certas mensagens sejam mais difíceis de serem ouvidas e avaliadas. Se a representação de perspectivas diferentes, mesmo de ideias equivocadas, promovem a melhora de deliberações públicas e privadas, então, há razões gerais para pensar que restrições especificamente de conteúdo reprimem valores deliberativos de forma inaceitável[23].

---

[23] Outros destacam o papel importante que as discussões abertas e vigorosas têm em deliberações políticas democráticas. Ver, *e.g,* ALEXANDER MEIKELJOHN, FREE SPEECH AND ITS RELATIONTO SELF-GOVERNMENT (New York: Harper and Row, 1948) e CASS SUNSTEIN, DEMOCRACY AND THE PROBLEM OF FREE SPEECH (New York: Free Press, 1993). Isso é importante, mas é apenas parte da discussão. Apesar de muitos tipos de discurso serem relevantes, direta ou indiretamente, para um autogoverno coletivo, não vejo razão para supor que esse tipo de relevância política seja necessária para que um discurso seja entendido como sendo de alto valor. Como o argumento de Mill demonstra, liberdades de expressão são importantes para indivíduos, assim como para deliberações públicas. Se nós reconhecermos o papel das liberdades de pensamento e de discussão dentro da moral assim como da atuação política, nós podemos plausivelmente explicar porque liberdades fundamentais de pensamento e de expressão não estão restritas a discursos políticos. Para um argumento mais multidimensional de liberdades expressivas, *ver* Joshua Cohen, *Freedom of Expression*, 22 PHIL. & PUB. AFF. 207–63 (1993). Cohen invoca interesses expressivos e informacionais, assim como interesses deliberativos, como interesses que se encontram dentro de liberdade de expressão. No entanto, é discutível que ambos, interesses expressivos e informacionais, possam e devam se encaixar sob o guarda-chuva dos valores deliberativos. À medida que o exercício de capacidades deliberativas envolve processo de tomada de decisão que é informado considerando alternativas, o interesse informacional deve prontamente configurar dentro de um conjunto de valores deliberativos. Ademais, como Mill deixa claro, valores deliberativos estão em jogo não apenas em decisões sobre o que fazer, mas também em decisões sobre como fazer e, de fato, na implementação de projetos e planos (iii4). Se assim for, a determinação da forma de expressão é um valor deliberativo importante. Ademais, a expressão das deliberações de um indivíduo em escolhas e ações que são acessíveis a outros expande o cardápio de deliberativo disponível para todos e traz mais claramente a natureza e os méritos das opções no cardápio (ii 23, 38; iii 1). Nesse sentido, interesses expressivos são também essenciais para valores deliberativos. Se

Contudo, nem todas as restrições específicas de conteúdo são entendidas como restritivas de liberdades fundamentais. A jurisprudência relativa à Primeira Emenda também distingue entre discursos de baixo valor e discurso de alto valor. A liberdade de empreender um discurso de baixo valor não é uma liberdade fundamental; a regulamentação sobre conteúdo de discurso de baixo valor, como resultado, não precisa satisfazer o *strict scrutiny*. Por outro lado, outras formas de discurso são de alto valor, e a liberdade de empreendê-los é uma liberdade fundamental; em consequência, a regulamentação de conteúdo de discursos que são de alto valor devem satisfazer o *strict scrutiny* ou algum patamar comparável. A Corte estabeleceu as diferenças entre discurso de baixo valor e discurso de alto valor no caso "Chaplinsky v. NewHampshire":

> Existem certas classes bem definidas e bastante limitadas de discursos em que sua prevenção e punição nunca levantam qualquer questão constitucional. Esses incluem as expressões lascivas e obscenas, as profanas, as difamatórias e as de insulto ou expressões que incitam a briga – esses que pelo seu excesso infligem dano ou tendem a incitar uma imediata destruição da paz. Tem sido bem observado que esses excessos não são parte essencial de nenhuma exposição de ideias, e são de valor social tão pequeno, como um passo para se alcançar a verdade, que qualquer benefício que pode derivar deles é claramente superado pelo interesse social na ordem e moralidade[24].

Nessa passagem a corte associa as liberdades presentes na Primeira Emenda com o que é uma parte essencial de exposição de ideias e com o que é de valor como um passo em direção à verdade. Como Mill, a Corte justifica a liberdade de expressão como uma forma de promover crenças verdadeiras. No entanto, se a Corte valoriza a liberdade de expressão apenas como uma maneira de promover crenças verdadeiras, torna-se difícil estender proteção às crenças falsas.

---

assim for, talvez não precisássemos de um argumento mais multidimensional para liberdades expressivas se comparado ao argumento fornecido pelo apelo a valores deliberativos com o objetivo de reconhecer a importância de interesses expressivos e informacionais.

24 315 U.S. 568 (1942) (afirmando uma proibição estatal sobre o uso de linguagens ofensivas em situações cara à cara que ocorram em espaço público) 571–572.

Porém, não é preciso interpretar a Corte como se tivesse dando valor à liberdade de expressão somente como uma maneira de se adquirir crenças verdadeiras. A Corte recorre ao que é uma parte essencial da exposição de ideias e ao que é de valor para se dar um passo em direção à verdade. Pode-se entender esse argumento como se referindo a valores deliberativos, assim como Mill se referiu, sobre a maneira em que crenças são formadas, avaliadas e formadas. Se o argumento da Corte for interpretado dessa maneira, pode ser gerado um conceito de discurso de alto valor que inclui uma defesa das crenças falsas como sendo importante para a Primeira Emenda e que reconhece algumas formas de discurso de baixo valor. Nessa passagem, o discurso de baixo valor não é protegido, porque não contribui para valores deliberativos que justifiquem proteger outras formas de discurso.

Essa afirmação pode ser feita de uma forma razoavelmente boa no caso de difamação. Difamação é uma afirmação falsa e insultuosa na qual a pessoa que exprime o discurso sabe que a afirmação é falsa e insultuosa ou age de forma descuidada em relação à falsidade e à forma insultuosa do discurso[25]. É verdade, como Mill afirma, que a consideração cuidadosa de afirmações, realizadas com boa consciência, que são de fato falsas, podem promover deliberações ao forçar as pessoas a considerar os fundamentos da falsidade dessas afirmações. Porém, o discurso difamatório não é promovido em boa consciência. É, discutivelmente, um caso em que mais discurso não é melhor, uma vez que a introdução de afirmações falsas e danosas sem consideração à sua veracidade e às suas consequências, discutivelmente, entrava, em vez de promover, a aferição arrazoada de pontos controversos

---

[25] *Ver* RESTATEMENT (SECOND) OF TORTS §§ 558, 559, 568 (1977).Na verdade, isso é uma consideração sobre "libel" (difamação em mídia escrita) de pessoas públicas. *Ver* RESTATEMENT § 580A e New York Times v. Sullivan, 376 U.S.254 (1964) (nega a possibilidade de um funcionário público ser indenizado por uma afirmação difamatória e falsa relacionada a sua conduta como funcionário, se ele não puder provar que a afirmação foi feita de forma maliciosa – isso é, com conhecimento de que a afirmação é falsa ou com indiferença quanto à sua verdade). É de alguma forma mais fácil de provar a difamação ou a calúnia em casos nos quais os discursos dizem respeito a pessoas privadas; considerando que um indivíduo precisa apenas de provar a negligência por parte da pessoa que fez a afirmação, um órgão público deve provar ao menos indiferença. *Ver* RESTATEMENT § 580B.

Os valores deliberativos também explicam porque as *fighting words*[26] são um discurso de baixo valor. *Chaplinsky* caracteriza as *fighting words* como aquelas em que "pelo seu excesso infligem dano ou tendem a incitar uma imediata destruição da paz". Como uma questão de doutrina constitucional subsequente, a Corte tem interpretado as categorias das *fighting words* restritivamente, limitando bastante essa categoria, focando na tendência a incitar violência[27]. *Fighting words*, assim entendidas, são palavras que em determinado contexto suscitam respostas fortes e violentas, em vez de articuladas. No entanto, seria um erro focar em respostas "pugilísticas", e isso porque Chaplinsky constrói de forma correta as *fighting words* de uma maneira mais ampla, de forma a incluir palavras cujo modo de expressar causaria dano em um homem médio. A resposta natural ao uso de epítetos insultuosos em vários desses contextos seria visceral, não, porém, violenta; as vítimas de *fighting words* provavelmente ficam intimidadas e silentes assim que provocadas. Se silenciadas ou se partirem para as vias de fato, as respostas não serão articuladas. As *fighting words* simplesmente expressam, sem articulação, a perspectiva daquele que as produz, e incita várias respostas inarticuladas. Sendo assim, pode-se perceber por que a Corte, provável e razoavelmente, argumenta que elas não contribuem para os valores deliberativos, mas os entravam.

5. O DISCURSO DO ÓDIO

Para perceber o que valores deliberativos sugerem sobre a permissibilidade de se regular o discurso do ódio, é necessário saber um pouco mais sobre o discurso do ódio e suas regulamentações. O discurso do ódio deve ser distinguido de fenômenos correlatos. Enquan-

26 [N.T.] Por não haver uma expressão equivalente no vernáculo, optamos por manter no original. Numa mera tentativa de traduzi-las, poder-se-ia apontar "palavras agressivas" ou "palavras provocadoras".

27 *Ver, e.g,* Gooding v. Wilson, 405 U.S. 518 (1972) (derrubando condenações baseadas na lei da Geórgia que proibia discursos direcionados a outro em linguagens abusivas "que tendiam a causar a destruição da paz" sob o argumento de que, da forma como foi interpretada pelas cortes da Geórgia, a lei não era de fato restrita, como em *Chaplinsky,* a discursos que tendiam a incitar uma destruição imediata da paz.

to os crimes de ódio são formas de mau comportamento motivados por preconceito ou por prejulgamento- e as circunstâncias agravantes aplicadas em sentença, por conta desses preconceitos e prejulgamentos, impõem penas mais severas a crimes quando eles são por elas motivados-, o discurso do ódio é uma expressão que desdenha e vexa o seu alvo em razão da raça, do gênero, da orientação sexual ou de outra forma de associação a um grupo. Embora o Estado eventualmente decida criminalizar o discurso do ódio, a sua disciplina, é provável, dar-se-á sem que invocar o direito penal. Pode ser reconhecido como uma infração civil dentro do direito civil, e várias instituições e associações podem proibir os seus membros de aderirem ao discurso de ódio, impondo vários tipos de sanção por não cumprimento dessas regras. Na maior parte do tempo, esse artigo focará na legitimidade dessa última forma de regulamentação de discurso de ódio.

A regulamentação do discurso de ódio de uma forma ou de outra é bastante comum na comunidade internacional. Em 1969, as Nações Unidas adotou a Convenção Internacional para a Eliminação de Todas as Formas de Discriminação Racial. O artigo 4º da Convenção determina, em parte, que os Estados-membros declarem como um delito punido por lei todas as disseminações de ideias baseadas em superioridade ou aversão raciais e incitamento à discriminação racial[28]. Regulamentações similares sobre o discurso do ódio, apesar de algumas vezes mais limitadas, são parte da legislação interna do Canadá, da Grã-Bretanha, da Alemanha, da França, da Itália, da Finlândia, da Noruega e da Holanda, entre outros países[29]. Nos Estados Unidos, porém, a questão é diferente. Enquanto vários Estados criaram legislação sobre crimes de ódio e agravantes para crimes motivados por preconceito[30], regulamentações sobre discurso de ódio têm sido menos comum e têm

---

[28] Como registrado por *Positive Measures Designed to Eradicate All Incitement to, or Acts of, RacialDiscrimination: Report of the U.N. Committee on the Elimination of Racial Discrimination*, U.N. GAOR, 27th Sess., U.N. Doc. A/CONF.119/10 (1986).

[29] *Ibid.*; *cf.* David Kretzmer, *Freedom of Speech and Racism,* 8 CARDOZO L. REV. 445–513 (1987).

[30] *Ver, e.g.,* Wisconsin v. Mitchell, 113 S. Ct. 2194 (1993) (confirmando uma condenação baseada na lei de Wisconsin sobre crimes de ódio e agravantes sob o argumento de que a lei diz respeito conduta não protegida pela Primeira Emenda).

sido tratadas como constitucionalmente problemáticas[31]. A maioria das tentativas de se regulamentar o discurso do ódio envolve códigos de manifestação em *campus*, adotados por instituições públicas e privadas de educação superior para proteger membros de grupos historicamente marginalizados nos *campi* de um assédio ofensivo e discriminatório por parte de outros membros da comunidade dos *campi*. Em muitas situações, códigos sobre discurso de ódio foram adotados ao menos em parte em resposta a incidentes específicos no *campus*.

É útil ter uma ideia da natureza de alguns desses incidentes. Parte deles envolvia discursos racistas[32]. Na Universidade de Wisconsin, membros de uma fraternidade encenaram uma simulação de leilão de escravos com candidatos brancos com caras pintadas de preto. Em um incidente separado na Universidade de Wisconsin, um estudante branco seguiu algumas estudantes negras ao longo do *campus* gritando "Nunca experimentei uma *nigger*[33] antes". Na Universidade de Purdue, um conselheiro encontrou as palavras "morra *nigger*" riscada em sua porta. Na Smith College um estudante africano encontrou a seguinte mensagem sob a sua porta "*Nigger* africano você quer banana? Volte para a floresta." E na Universidade de Stanford, em resposta a um debate no *campus* sobre o currículo do curso sobre a civilização ocidental, dois estudantes brancos deformaram um pôster de Beethoven para representar uma cara negra estereotipada e o exibiu em um dormitório predominantemente de alunos negros. Outros incidentes envolveram discurso homofóbico na Universidade de Yale[34]. Em um

---

31 *Ver* James B. Jacobs and Kimberly Potter, *Hate Crimes: A Critical Perspective, in* CRIME AND JUSTICE:AREVIEW OF RESEARCH, vol. 22 (M. Tonry ed., Chicago: University of Chicago Press, 1997).

32 Esse e outros incidentes envolvendo discurso racista são descritos e atribuídos a várias fontes, em Charles R. Lawrence III, *If He Hollers Let Him Go: Regulating Racist Speech on Campus,* DUKE L. J. 431–83 (1990), republicado em WORDS THAT WOUND,.(M. Matsuda et. al. eds., Boulder: Westview Press, 1993).

33 [N.T.] Trata-se de uma gíria altamente ofensiva para se referir aos negros americanos, utilizada, especialmente, por não negros. Optamos por mantê-la no original, porque carrega um simbolismo próprio das relações entre negros e brancos nos Estados Unidos.

34 Ver Gregory Herek, *Documenting Prejudice Against Lesbians and Gay Men on Campus: The Yale Sexual Orientation Survey*, 25 J. HOMOSEXUALITY 15–30 (1993).

dos casos, algumas lésbicas foram perseguidas e chamadas de *dykes*[35] e de "putas nojentas". De acordo com outra lésbica, ela foi abordada por cinco homens que "me disseram que eles queriam que eu lhes fizesse um boquete e que queriam meter em mim". "Eles me perguntaram se eu era uma *dike* e repetiram a pergunta quando os ignorei. Eles disseram que queriam me ensinar sobre sexo." E um homossexual comunicou o fato de ter recebido chamadas telefônicas obscenas e de ter insultos obscenos deixados em seu painel de avisos. Esses incidentes são todos demasiadamente comuns; um alto e inquietante percentual dos membros de grupos tradicionalmente alvos desses ataques disse ser vítima do discurso do ódio e de outras formas de discriminação vexatória no *campus*[36].

Algumas regulamentações de discurso de ódio em *campus* adotadas como resultado desses incidentes, foram revogadas ou já foram derrubadas na justiça como sendo demasiadamente ampla (*over-broad*) [37]. Porém, a questão interessante não é se há algumas, talvez

[35] [N.T.] Trata-se de uma gíria ofensiva para se referir às lésbicas.

[36] *Ver, e.g.*, Kevin Berrill, *Antigay Violence and Victimization in the United States: An Overview, In* HATE CRIMES: CONFRONTING VIOLENCE AGAINST LESBIANS AND GAY MEN (Newbury Park, CA:Sage Publications, 1992); Antony D'Augelli, *Lesbian and Gay Male Undergraduates' Experiences ofHarassment and Fear on Campus,* 7 J. INTERPERSONAL VIOLENCE 383–95 (1992); Arnold Barnes andPaul Ephross, *The Impact of Hate Violence on Victims: Emotional and Behavioral Responses to Attacks,*39 SOC. WORK 247–51 (1994); Herek, *Documenting Prejudice Against Lesbian and Gay Men onCampus*; Gregory Herek et al., *Hate Crime Victimization Among Lesbian, Gay, and Bisexual Adults: Prevalence, Psychological Correlates, and Methodological Issues,* 12 J. INTERPERSONAL VIOLENCE195–215 (1997); e Janet Swim, Laurie Cohen, e Lauri Hyers, *Experiencing Everyday Prejudiceand Discrimination, in* PREJUDICE: THE TARGET'S PERSPECTIVE, (J. Swim and C. Stangor eds., SanDiego: Academic Press, 1998).

[37] Em Doe v. University of Michigan, 721 F. Supp. 852 (E.D. Mich. 1989), uma regulamentação da Universidade de Michigan, que proibiu qualquer comportamento que "estigmatize ou vitime" um indivíduo com base em sua raça, sexo, etc., e que tenha alguns "efeitos razoáveis e previsíveis de interferir com os esforços acadêmicos de um indivíduo" ou que "crie um ambiente intimidador, hostil ou humilhante para a vida acadêmica", foi derrubada sob o argumento de que era demasiadamente ampla. Em um panfleto que foi distribuído pela Universidade para explicar a nova regulamentação, o seguinte exemplo foi dado como comportamento proscrito: "Um estudante do sexo masculino diz em classe algo

demasiadamente amplas, formas de conceber o discurso de ódio e de regulamentá-lo, que entrarem em conflito com os princípios de Mill e com os princípios constitucionais; mas se há formas plausíveis de conceber discurso de ódio e de regulamentá-lo que não entrem em conflito com os princípios de Mill e com os princípios constitucionais. Para focar nossa atenção de modo eficiente, será discutido a forma mais sensível de regulamentação de linguagem agressiva de que se tem conhecimento.

O estatuto da Universidade de Stanford sobre assédio discriminatório fornece uma ideia útil de caracterização do discurso do ódio[38]. Ele proíbe a perseguição de estudantes em função do seu sexo, da sua raça, da sua cor, das suas deficiências, da sua religião, da sua orientação sexual, ou da sua origem étnica ou nacional. Perseguições proibidas "incluem intimidação discriminatória por ameaça de violência e difamações pessoais aos estudantes".

> Discurso ou outras expressões constituem assédio por difamação pessoal se: (a) for realizado com intenção de insultar ou estigmatizar um indivíduo ou um pequeno número de indivíduos baseado no sexo, raça, cor, deficiência, religião, orientação sexual, ou origem étnica ou nacional; e (b) for endereçado diretamente a indivíduo ou indivíduos a quem se insulta ou estigmatiza; e (c) fizer uso de palavras insultantes ou *fighting words* ou símbolos não verbais.

As regulamentações de Stanford entendem o discurso do ódio como um conceito bastante restrito – mais restrito que muitas regulamentações que têm como alvo discursos discriminatórios. Proviso-

como 'Mulher não são tão boas nessa área como o homem' o que cria um ambiente hostil para o aprendizado de uma colega de classe." *Cf.* UWM Post v. Board of Regents of the University of Wisconsin,774 F. Supp. 1163 (E.D. Wis. 1991) (decidindo sumariamente a confirmação de uma decisão da corte de primeira instância em que a norma da Universidade sobre antidiscriminação era demasiadamente ampla e não restrita a *fighting words*. Dambrot v. Central Michigan University, 839 F. Supp. 477 (E.D. Mich. 1993)(derrubando uma política sobreo assédio discriminatório como sendo demasiadamente ampla e nula por imprecisão).

38 O estatuto de Stanford é reproduzido, entre outros lugares, em Thomas Grey, *Civil Rightsvs. Civil Liberties: The Case of Discriminatory Verbal Harassment*, 8 SOC. PHIL. & POL'Y 106–107 (1991). Como explicado na Seção X, o estatuto de Stanford foi derrubado pela corte estadual.

riamente, podemos caracterizar o discurso discriminatório como um discurso que ecoa os estereótipos de grupos e apontam os grupos ou os seus membros como inferiores em razão desses estereótipos. Porém, nem todos os discursos discriminatórios é linguagem agressiva, ao menos da forma entendida por Stanford. De acordo com os dispositivos do estatuto de Stanford, o discurso do ódio deve se utilizar de palavras insultuosas ou de *fighting words* ou de símbolos não verbais em um encontro *tête à tête* com a intenção de insultar ou estigmatizar, baseada no fato de que o outro é membro de certo grupo. Por exemplo, se um professor de sociologia ratifica, de forma escrita ou em classe, explicações genéticas para um padrão de crime entre negros, isso não constitui perseguição discriminatória[39]. Um heterossexual pode dizer a um homossexual que ele não possui os mesmos direitos que um heterossexual, sem violar as regulamentações. E epítetos (e. g. *nigger*, *kike* e *faggot*[40]) que não poderiam ser empregados por nenhum estudante ao se referir a outro, podem ser empregados em um fórum público, por exemplo, em uma reunião *no campus* organizada por neonazistas[41].

Alguns aspectos do estatuto de Stanford merecem comentários ou reservas. O dispositivo não requer expressamente que o discurso seja vivenciado como um insulto ou como um estigma pela pessoa a quem é endereçado. No entanto, o estatuto não requer que o discurso

39 *Cf.* "Contrastam as seguintes afirmações direcionadas a novatos negros em Stanford: (A) LeVon, se você sentir dificuldades em seguir as aulas por aqui, você deveria perceber que não é sua culpa. Simplesmente você é beneficiário de uma política disruptiva de ações afirmativas que colocam estudantes negros desqualificados, despreparados e frequentemente sem talento em ambiente educacional desafiante como este. Os objetivos igualitários dessa política talvez estejam bem intencionados, mas devido ao fato de que testes de qualificação colocam afro-americanos em um patamar quase que completamente abaixo da média, mesmo que controlem disparidades socioeconômicas, eles são também profundamente mal orientados. A verdade é que você provavelmente não deveria estar aqui, e sua experiência universitária será uma longa queda. (B) Sai daqui, "jungle bunny." Henry Louis Gates, Jr. *Let Them Talk,* NEW REPUBLIC Sept. 20 and 27, 1993, at 45. A norma de Stanford proíbe (B), mas não (A).

40 [N.T.] Trata-se de gírias ofensivas utilizadas para se referir, respectivamente, aos negros, aos judeus e aos homens homossexuais.

41 *Ver* Grey, *Civil Rights vs. Civil Liberties*, 94–95.

empregue *fighting words* ou símbolos não verbais, e as *fighting words*, como já demonstradas, são aqueles epítetos que "por sua emissão infligem dano ou tendem a incitar imediatamente uma destruição da paz". Presumivelmente, devemos entender as *fighting words*, como *Chaplinsky* as entende, como sendo aquelas palavras que teriam efeitos imediatos em um homem médio. Ainda, se certas palavras ou símbolos causariam dano ou provocariam um homem médio, dependerá de vários fatores dentro de um contexto. Por exemplo, *fighting words* tenderão a ser mais danosas ou provocativas se direcionadas a um membro de um grupo historicamente marginalizado e emitidas por um membro de um grupo historicamente privilegiado do que se direcionadas a indivíduos que não são membros desses grupos. Nesse sentido, à medida que isso requer que o emissor tenha a intenção de insultar ou de estigmatizar, o estatuto talvez seja demasiadamente estrito. Seria suficiente que o emissor pudesse razoavelmente prever que o seu discurso ou os símbolos são, por sua natureza, tais que causam dano ou provocam um homem médio[42]. E poder-se-ia perguntar se as restrições do estatuto aos ataques a indivíduos e a pequeno grupos, contidos nos dispositivos (a) e (b) são convincentes. Não é certo se as *fighting words* são menos danosas ou provocadoras quando direcionadas a um grupo do qual um indivíduo é um membro do que quando direcionadas a um indivíduo em particular. Finalmente, devemos considerar a restrição do discurso de ódio a um discurso que é adequadamente difícil de evitar e que, assim, envolva um público cativo. Especialmente em fóruns públicos, é comum estar mais preocupado sobre os efeitos de discursos ofensivos sobre um público cativo[43]. Não é que a magnitude da ofensa ou do dano precise ser menor quando impostos a um público não cativo, que poderia evitar o discurso- mas não o

---

42 *Ver Chaplinsky*, p. 573, confirmando a interpretação da corte estadual sobre o teste de ofensividade em termos de reação de "homem de inteligência comum", em vez de reação da audiência presente. Preocupações com os efeitos imediatos sobre um homem médio reduz a preocupação de que o estatuto dê a uma pessoa um tipo de poder de veto sobre o discurso, como uma interrupção inaceitável de um discurso.

43 *Cf.* Lehman v. Shaker Heights, 418 U.S. 298 (1974) (confirmando uma norma da cidade que desautorizava mensagens políticas e de serviço público controversas em ônibus da cidade como forma de proteger o público cativo).

fez –, do que quando impostos a um público cativo. Ao contrário, a ofensa ou o dano parecem menos significantes moralmente se pudessem ser facilmente evitados. Embora o tipo de incidente descrito acima envolva encontros *tête à tête* na qual a vítima presumivelmente era classificada como público cativo, encontros *tête à tête* não precisam envolver uma audiência cativa se essa audiência pode facilmente antecipar e evitar o encontro. Deve-se, portanto, considerar restringir as *fighting words* a discursos, independentemente se endereçados a um indivíduo em particular ou a um grupo, que sejam endereçados a uma audiência cativa[44]. Assim, enquanto provavelmente o dispositivo será expandido para abarcar discursos públicos, provavelmente deve-se restringi-lo para uma audiência cativa[45]. Provavelmente será útil, para

---

44 Outro—mais expansivo—conceito de discurso de ódio não faria da audiência cativa uma condição do discurso de ódio, mas reconheceria que, todos os demais sendo iguais, discurso de ódio é o pior se direcionado a audiência cativa.

45 Discurso de ódio que não envolva uma audiência cativa não estaria dentro do escopo da referida regulamentação. Como referida a regulamentação seria aplicada ao tipo de discurso em questão em *Skokie* não é inteiramente claro. *Ver* Skokie v. National Socialist Party of America, 373 N.E.2d 21 (1978); Collin v. Smith, 578 F.2d 1197 (7th Cir.)(1978); Collin v. Smith, 439 U.S. 916 (1978) (negando esforços para proibir grupos neonazistas de promover um movimento em Skokie, Ill—uma comunidade com uma grande população de judeus, incluindo vários sobreviventes do holocausto – como inconsistentes com a liberdade de expressão). O plano inicial do movimento era de que acontecesse em um ambiente público (em ruas) e foi anunciado com antecedência, permitindo, dessa forma, que as partes ofendidas evitassem o movimento ou que se opusessem com discursos em sentido contrário. Como essas coisas são verdadeiras, pode ser argumentado que não havia audiência cativa e que o plano de realizar o movimento de Skokie não seria contrário a uma regulamentação sobre o discurso de ódio. No entanto, há um senso real de que cidadãos de Skokie eram uma audiência cativa. Dado ao fato de que a justiça permitiu que os neonazistas realizassem os movimentos em Skokie, seria fácil demais supor que os sobreviventes do holocausto que habitavam Skokie poderiam evitar passar por uma experiência traumática simplesmente fechando suas cortinas. Esses aspectos relacionados à audiência cativa da controvérsia em Skokie se fundamentam no sentido de deixar que os neonazistas realizassem o movimento, só que em outro lugar. *Cf.* Frisby v. Shultz, 487 U.S. 474 (confirmando uma determinação legal proibindo a realização de piquetes residenciais direcionados a residências específicas como uma forma de proteção legítima a audiências cativas, isto é, condicionada a uma exigência de deixar aberta amplas alternativas de canais de comunicação).

o propósito e a discussão, construir uma regulamentação das *fighting words* que seja inspirada no estatuto de Stanford, mas que tente incorporar esses comentários e reservas. Tal dispositivo, a princípio, deveria ser escrito da seguinte maneira:

> Discurso ou outras expressões constituem um assédio proibido por difamação pessoal se e apenas se: (a) empregarem palavras de ódio ou símbolos não verbais que insultem ou estigmatizem em razão do sexo, da raça, da cor, de deficiência, da religião, da orientação sexual ou da origem étnica ou nacional; (b) forem endereçados a uma audiência cativa; (c) o insulto ou estigma for vivenciado por um homem médio nessas circunstâncias; e (d) fosse razoável para o emissor prever que as palavras emitidas teriam esses efeitos em um homem médio nessas circunstâncias.

Por conta de um aproveitamento óbvio do estatuto de Stanford, esse dispositivo deve ser chamada de neoestatuto de Stanford. Ele articula um conceito de discurso proibido, mas não especifica sanções ao não cumprimento. Sanções razoáveis variariam de acordo com a severidade da infração, mas presumivelmente incluiriam advertências, desqualificações para certas honras dos *Campi* e privilégios, além de outras sanções tipicamente empregadas por infrações ao Código de conduta acadêmico.

6. OS PRINCÍPIOS DE MILL E O DISCURSO DO ÓDIO

Pode-se facilmente entender como os princípios de Mill fazem a regulamentação do discurso do ódio parecer suspeita. Liberdade de expressão é, entre outras, uma das liberdades constitucionais mais fundamentais por conta do papel central que discussões abertas têm no exercício adequado das nossas capacidades de agir responsavelmente. Isso porque as restrições específicas de conteúdo sobre os discursos tendem a ser especialmente problemáticas[46]. Claro, nem os princípios de Mill nem os constitucionais implicam que liberdades

[46] Por exemplo, Robert Post baseia seu ceticismo sobre regulamentações do discurso do ódio na obrigação de que os valores deliberativos sejam associados a uma autogovernança democrática*Ver* Robert Post,*Free Speech and Religious, Racial, and Sexual Harassment: Racist Speech, Democracy, and the First Amendment,* 32 WM. &MARY L. REV. 267–327 (1991).

fundamentais nunca possam ser restringidas. Para Mill, o princípio do dano limita a liberdade de expressão; se é provável que um discurso cause dano significativo a outrem, então esse discurso deve ser restringido. Como uma questão constitucional, mesmo o discurso de alto valor deve ser restrito desde que o Estado o restrinja na busca de um interesse superior e o faça da maneira menos restritiva possível. Devem ser permitidas, por exemplo, as restrições a protestos públicos que apresentem um perigo claro e iminente, e Mill concordaria (ii 1). Porém, pode parecer que a regulamentação do discurso do ódio não se enquadra na classe de restrições legítimas das liberdades fundamentais, por parecerem que são elaboradas para impedir ofensas. Mill, como já explicado, é bastante explícito ao dizer que meras ofensas não constituem dano a outrem, ao discutir o princípio do dano. Ao contrário, a conduta deve causar dano a um interesse importante para ser classificada como danosa.

Parece difícil reconhecer um interesse superior quando se quer impedir uma ofensa. Direitos são considerações com certa força dialética em questões de moralidade política. Eles reprimem ou garantem o triunfo de argumentos de conveniência ou utilidade. Se alguém tem um direito, então deveria ser errado privá-lo do direito simplesmente com base no argumento de que essa privação seria útil ou evitaria ofensas. Se garantias constitucionais são direitos, então não pode ser considerada garantia suficiente infringi-las sob o argumento de que evitaria ofensas e desconfortos para outros. Desconfortos e ofensas são o preço que deve ser pago por direitos constitucionais. O ex-Juiz da Suprema Corte Americana, Brennan, aplica esse princípio às liberdades garantidas pela Primeira Emenda, no caso em que deu uma reviravolta na condenação por profanação da bandeira americana, *Texas v. Johnson*, quando ele escreveu: "Se há um princípio fundamental sob a Primeira Emenda, é o de que o Governo não deve proibir a exposição de ideias simplesmente porque sociedade é da opinião de que esta ideia é ofensiva ou desprezível"[47].

---

[47] 491 U.S. 397 (1989) (invalidou uma lei que proibia leis contra profanação de bandeiras se aplicado a alguém que queima a bandeira americana como uma forma de expressão de protesto político.) p. 414.

Mill considera restrições no discurso intemperado que exceda "os limites de uma discussão justa". (ii 44) Ele faz a observação de que há mais coisas a serem ditas a favor dessas restrições, quando elas são aplicadas à exposição de pontos de vista prevalecentes do que quando são aplicadas a exposição de ideias das minorias:

> Em geral, as opiniões contrárias àquelas comumente recebidas podem apenas obter uma audiência justa por moderações estudadas da linguagem e pela mais cuidadosa forma de evitar uma ofensa desnecessária, da qual ela quase nunca se afasta, mesmo em uma pequeno grau, sem perder seus fundamentos, enquanto insultos desmedidos empregados pelas opiniões prevalecente realmente impedem as pessoas de professar opiniões contrárias e que outras pessoas escutem aqueles que as professam. Portanto, pelo interesse para com a verdade e para com a justiça é muito mais importante restringir esse emprego de linguagens de insulto que outros (ii 44).

Porém, Mill, em última instância, rejeita todas essas restrições, argumentando que é "óbvio que não é da conta do direito e da autoridade... restringir nenhuma delas" (ii 44). Isso pode fazer parecer que está claro que Mill está comprometido em rejeitar regulamentação do discurso do ódio.

No entanto, repare que Mill concebe o discurso intemperado como um discurso que se utiliza de "insulto, sarcasmo, personalidade e assim por diante" (ii 44). Porém, a classe de discursos intemperados é muito mais ampla do que a classe de discurso de ódio. Um indivíduo pode rejeitar regulamentações extensas sobre discursos intemperados, enquanto que aceita regulamentações mais limitadas do discurso de ódio. Ademais, apesar de Mill rejeitar as restrições sobre discursos intemperados, ele (na passagem citada acima) reconhece razões deliberativas especiais para essas restrições quando aplicadas a exposições de pontos de vista prevalecentes. O argumento dele é que o discurso intemperado, especialmente contra os pontos de vista da minoria, tende a abafar a exposição das visões minoritárias ou a impedir a referida minoria de ter uma audiência justa. Considerando que os interesses deliberativos em regulamentar o discurso intemperado não devem ser suficientes para justificar essas restrições tão extensas, os interesses deliberativos similares devem ser suficientes para justificar restrições mais limitadas sobre o discurso de ódio. De fato, Mill parece reconhecer uma exceção, aplicável às *fighting words*, à usual proibição da censura:

> Mesmo as opiniões perdem sua imunidade quando as circunstâncias nas quais elas são expostas são tais que tornam as suas manifestações uma instigação positiva para alguns atos perniciosos. Uma opinião de que vendedores de milho são os que deixam os pobres famintos ou que a propriedade privada é um furto deve circular livremente pela imprensa; mas devem resultar em pena justificável quando expostas oralmente para uma multidão reunida em frente à casa de um vendedor de milho ou quando entregue à mesma multidão em forma de letreiro (iii 1).

Para entender como Mill pode defender a regulamentação do discurso do ódio apesar de sua opinião oposta às várias formas de censura, é instrutivo considerar seu ponto de vista sobre o paternalismo. Lembre que a afirmação inicial de Mill sobre o simples princípio que subjaz o seu ensaio é que as restrições sobre a liberdade são permitidas somente se decorrem da aplicação do princípio do dano; nesse princípio, o paternalismo nunca é justificado. Porém, a afirmação de Mill sobre seu próprio ponto de vista é mais do que simples. Ele é forçado a qualificar sua proibição geral e irrestrita do paternalismo com o intuito de manter seu argumento de que ninguém deveria ser livre para se vender como escravo:

> Os fundamentos para, assim, limitar esse poder de voluntariamente dispor de seu próprio poder de decisão são aparentes e são claramente vistos nesse caso extremo. Ao se vender como escravo, ele abdica de sua liberdade; renuncia a qualquer uso futuro dessa liberdade a partir desse ato. Ele, portanto, destrói seu próprio argumento, o que justificaria o fato de um indivíduo poder se vender como escravo (v 11)

Se as objeções usuais de Mill ao paternalismo forem entendidas nos termos de seu apelo aos valores deliberativos, então se pode ver porque ele abriria essa exceção para o seu usual antipaternalismo. Como é a importância do exercício das capacidades deliberativas de um indivíduo o que explica a importância de certas liberdades, a razão usual para reconhecer liberdades fornece um argumento contrário a estender as liberdades para fazerem coisas que irão permanentemente eliminar o interesse futuro de um indivíduo em exercer essas mesmas capacidades. Nesse caso, uma exceção para a proibição usual ao paternalismo é motivada pelo apelo para o mesmo valor deliberativo que explica a proibição usual. Talvez uma exceção similar pode ser construída no caso da regulamentação do discurso do ódio para a usual proibição à censura. Pode a regulamentação do discurso do ódio ser demonstrada para proteger ou promover os mesmos valores deliberativos que expliquem por que a censura é usualmente proibida? Se sim, então, isso também tem uma importante origem no *status* constitucional da regulamentação de discurso de ódio. Nem todas as restrições ao conteúdo específico dos discursos provocam preocupações relacionadas à Primeira Emenda. A liberdade de empreender em um discurso de baixo valor, por exemplo, envolvendo difamação ou *fighting words*, não é uma liberdade fundamental e, como resultado, restrições em discursos de baixo valor não precisam satisfazer *strict scrutiny* ou padrão similar de análise constitucional. A razão para esse tratamento é que o discurso de baixo valor não emprega valores deliberativos em que uma liberdade central da Primeira Emenda está alicerçada. Se o discurso do ódio não promove, mas retarda, os valores deliberativos, então é o discurso de baixo valor e a regulamentação das *fighting words* não precisam satisfazer *strict scrutiny* ou padrão similar de análise constitucional.

7. O DISCURSO DO ÓDIO É UM DISCURSO DE ALTO VALOR?

Ao se decidir se a liberdade de se promover o discurso do ódio é uma liberdade fundamental, é importante ter em mente o quão restrito o conceito de discurso do ódio é concebido pelo estatuto de Stanford e pelo neoestatuto de Stanford. Há muitos discursos que são discriminatórios, mas não são considerados como discurso do ódio. Isso reflete e encoraja uma estereotipagem preconceituosa e nociva, embora não se empreguem epítetos com o objetivo de estigmatizar e insultar. Apesar de perniciosa, essa ampla classe de discursos discriminatórios poderia frequentemente ser parte de um debate franco sobre assuntos de acesso e oportunidade políticas, justiça distributiva e outros temas de interesse público e privado. Por exemplo, é difícil imaginar como se teria uma discussão franca e vigorosa sobre os méritos das ações afirmativas sem se permitir a manifestação de visões que, talvez, refletiriam e encorajariam uma estereotipagem racial. Ao revés, não parece difícil imaginar uma discussão franca e vigorosa sobre as ações afirmativas que não permitissem o uso de epítetos raciais para difamar e ferir. Ademais, parece plausível que o discurso do ódio seja pior que o discurso discriminatório. Em contraste com o discurso meramente discriminatório, o uso, pelo discurso do ódio, de epítetos e símbolos tradicionais de desprezo, com o objetivo de difamar em razão do pertencimento a um grupo, expressa o seu menosprezo para com seus alvos e parece ser mais suscetível de causar um sofrimento emocional e de incitar uma resposta visceral, em vez de uma refletida. Enquanto é complicado tratar todos os discursos discriminatórios como de baixo valor[48], o discurso do ódio pode razoavelmente ser inculpado de retardar e não aperfeiçoar, os valores deliberativos[49].

Considerem-se os efeitos imediatos do discurso do ódio sobre os interesses deliberativos. O discurso do ódio, como outros discursos que empregam (outras) *fighting words*, expressa a hostilidade e o desrespeito daquele que fala para com o seu público-alvo; contudo, não enuncia os fundamentos da perspectiva e das atitudes do emissor ou da proposta em debate e em decisão. Além disso, como as *fighting words*, o discurso do ódio incita uma resposta visceral, e não refletida; isso gera violência ou, mais comumente, um silêncio por meio de insultos ou intimidações. Charles Lawrence descreve precisamente a reação visceral e irrefletida que o discurso do odeio frequentemente incita:

> [...] resposta emotiva e visceral para um ataque pessoal impede o discurso. Ataques produzem uma reação psicológica defensiva e instinti-

---

[48] Esse é o porquê de a proibição genérica ao discurso discriminatório contida no artigo 4 da Convenção das Nações Unidas para a eliminação de todas as formas de discriminação racial parecer demasiadamente extensiva. É relevante que alguns países, como a Grã-Bretanha e a Alemanha, que têm procurado agir, de certa forma, em conformidade com o artigo 4, tenham rejeitado a proibição desse artigo por ser bastante ampla e tenham, ao seu turno, ratificado regulamentações mais estritas mirando a mesma forma de discurso do ódio. *Ver* Positive Measures Designed to Eradicate Racial Discrimination, 23-25.

[49] Na seção X, discuto a referida questão, surgida em R.A.V v. St. Paul, 505 U.S. 377(1992), se, e em caso positivo, sob quais condições, é permitido regular uma subclasse do discurso (e.g. o discurso do ódio) que é parte de uma classe mais ampla de um discurso problemático (e.g. discurso discriminatório ou *fighting words*)

va. Medo, raiva, choque e escapismo interferem em qualquer resposta racional. Palavras como *nigger*, *kike* e *faggot*, produzem sintomas que debilitam temporariamente a vítima, e seus perpetradores frequentemente utilizam essas palavras com a intenção de produzir tal efeito. Muitas vítimas não encontram palavras para uma resposta até momentos após os ataques, quando, covardemente, os ofensores já partiram.[50]

Isso explica bem por que, talvez, seja, de alguma maneira, psicologicamente ingênuo supor que nesse caso o melhor remédio para o discurso do ódio seja mais discurso; o discurso do ódio tipicamente inviabiliza um discurso mais profundo. Quando a discussão se encaminha para xingamentos, o discurso fundamentado torna-se difícil, senão impossível. Se entendermos as palavras agressivas, como *Chaplinsky* as compreende, para incluir aquelas palavras que silenciam por meio de agressões ou de intimidações, da mesma forma que aquelas que incitam brigas, o discurso do ódio – entendido de uma maneira similar ao estatuto de Stanford e o neoestatuto de Stanford –, pareceria ser um caso de palavras de ódio[51]. Ademais, como o discurso do ódio funda-se contrariamente a uma experiência de discriminação e de violência históricas e atuais, ele parece ser mais suscetível, do que outras formas de *fighting words*, de produzir reações viscerais de raiva, medo ou intimidação e silêncio[52]. À medida que o discurso

---

50 Lawrence, If he hollers let him go, p.68

51 Nadine Strossen queixa-se que enquanto as regulamentações do discurso do ódio estão preocupadas em impedir um dano emocional, a doutrina das *fighting words* está preocupada com a violência que o discurso pode causar; ver Nadine Strossen, Regulating racista speech on college campus: a modest proposal? Duke L.J.515(1990). Mas enquanto essa queixa acerca do escopo da doutrina das *fighting words* parece ser plausível sobre fundamentos doutrinários estritos, ela não tem um forte fundamento principiológico. Como eu sustentei na seção IV, *Chaplinsky* constrói corretamente as *fighting words* de maneira mais abrangente; se a falha em promover os valores deliberativos é a razão das *fighting words* serem de baixo valor, então há bastante razão para tratar palavras que silenciam por meio de danos psicológicos como de baixo de valor porquanto tem-se de tratar palavras que provocam brigas como de baixo valor.

52 Ver, e.g., Kent Greenwalt, Reflections on justifications for defining crimes by the category of victiim, Ann. Surv. Am. L. 617-28(1992-93); Herek et al. Hate crime victimization among lesbian, gay, and bisexual adults (afirmando que as consequências psicológicas da vitimização são maiores em vítimas de crimes de natureza preconceituosa do que as vítimas de crimes de natureza não preconcei-

do ódio, assim como as *fighting words*, expressa atitudes viscerais e produz reações irrefletidas, ele não patrocina valores deliberativos centrais para os princípios millianos e constitucionais que normalmente protegem o discurso.

Possivelmente, há, também, outros efeitos negativos, conquanto mais remotos, do discurso do ódio sobre os interesses deliberativos. Como Mill argumenta, uma deliberação efetiva exige uma consideração reflexiva e o acesso a alternativas, e isso demanda uma discussão aberta sobre pontos de vista variados. Como suas reflexões sobre o discurso imoderado sugerem (ii 44), é possível que a reprodução apropriada e a avaliação dos diversos pontos de vista necessitem de uma experiência cultural de respeito mútuo entre os membros de uma comunidade deliberativa. Mas o discurso do ódio pode contaminar a fonte do respeito mútuo e pode desencorajar a participação em uma comunidade deliberativa. Há algumas maneiras pelas quais a divisibilidade do discurso do ódio ameaça o desenvolvimento de uma cultura deliberativa. Primeiramente, uma cultura deliberativa robusta exige uma participação difundida, sobretudo por pessoas com pontos de vista diversos. Todavia, há alguma razão para pensar que, frequentemente, o discurso do ódio não apenas precede a uma resposta imediata, mas também desencoraja os alvos de participarem em deliberações públicas. À medida que o discurso do ódio diz a alguns membros de uma comunidade de inquiridores que eles não pertencem ou não são membros em boa conta, é provável que desencoraje um engajamento deliberativo por completo daqueles membros. De fato, há uma significante literatura empírica demonstrando que o inequívoco tratamento discriminatório usualmente leva os alvos da discriminação a se afastarem ou a evitarem contextos potencialmente discriminatórios[53].

---

tuosa); e Craig, Retaliation, fear, or rage (afirmando que as vítimas afro-americanas eram mais suscetíveis a expressar o desejo de vingança no caso de crimes de natureza preconceituosa do que as respectivas vítimas de crimes de fundo não preconceituoso).

[53] Ver, e.g. Barnes e Ephross The impact of hate violence on victims; Herek et al, Hate crime victimization among lesbian, gay, and bisexual adults; Swim, Cohen, and Hyers, Experiencing everyday prejudice and discrimination. Vários estudos sugerem que atitudes discriminatórias dentro de um ambiente frequentemente levam as vítimas a se afastarem desse ambiente como uma forma de

Conforme os alvos do discurso do ódio se retirem de participar de contextos deliberativos, isso afeta desfavoravelmente os seus interesses deliberativos e a qualidade das deliberações que acontecem sem o seu *input*. Em segundo lugar, como as reflexões de Mill sobre o discurso imoderado sugerem, o discurso do ódio poderia impedir os seus alvos de se expressarem livremente mesmo quando participem efetivamente. Uma atmosfera carregada de expressões de menoscabo não é conducente a uma avaliação minudente e imparcial da contribuição das vítimas. Há uma literatura empírica a sugerir que insultos ouvidos despretensiosamente afetam de modo adverso na maneira com que o público avalia a contribuição das vítimas[54].

Dessa maneira, o discurso do ódio contribui para um clima hostil que debilita a cultura de respeito mútuo necessária para uma expressão efetiva e para uma justa ponderação dos diversos pontos de vista. Essa é uma forma pela qual o discurso do ódio silencia suas vítimas[55].

---

preservação de sua autoestima. Ver, e.g. Claude Steele, A threat in the Air: how stereotypes shape intellectual identity and performance, 52 Am. Psychologist 613-29 (1997); Claude Steele e Joshua Aronson, Stereotype threat and the intellectual test performance of African Americans, 69 J, Personality & Soc. Psychology 797-811(1995); Joshua Aronson, Diane Quinn, and Stephen Spencer, Stereotype threat and the academic under perfomance of minorities and women, in Prejudice: the target's perspective; Kevin Allison, Stress and oppressed social category membership, in Prejudice: the target's perspective; Brenda Major and Toni Schmader, Coping with stigma through psychological disengagement, in Prejudice: the target's perspective; e Nyla Branscombe and Naomi Ellemers, Coping with group-based discrimination: individualistic versus group-based strategies, in Prejudice: the target's perspective.

[54] Ver Jeff Greenburg e Tom Pyszczynski, The effect of an overheard ethnic slur on evaluations of target: how to spread a social disease, 21 J. Experimental Soc. Psychology 61-72 (1985), e Jeff Greenburg, S.L. Kirkland, and Tom Pyszczynski, Some Theoretical notions and preliminary research concerning derogatory ethnic labels, in Discourse and discrimination, (G. smitherman-Donaldson and T. van Dijk eds., Detroit: Wayne State University Press, 1988).

[55] Catherine MacKinnon e outros têm sugerido que a pornografia silencia mulheres porque ela cria condições que tornam impossível que as mulheres elaborem alguns tipos de atos discursivos (e.g. elaborar um ato discursivo que signifique uma recusa a consentir ao sexo) e que, como resultado, as mulheres têm queixas contra os pornógrafos. Ver Catherine MacKinnon, Only words (Cambridge: Harvard University Press, 1993); cf. Era Langton, Speech acts and unspeakable acts, 22 Phil. &Pub. Aff. 293-330 (1993). Ao dizer que o discurso do ódio pode

Dessa forma, ele envolve um custo deliberativo que todos os membros da comunidade, inclusive os próprios perpetradores do discurso do ódio – e não apenas os seus alvos e entre outros –, devem pagar por um discurso do ódio desregulamentado[56]. Se o valor das liberdades de expressão depende de uma cultura de respeito mútuo, ponderações sobre a igualdade – os requisitos de respeito e consideração equânimes – limitam os tipos de liberdade que podem plausivelmente ser vistos como fundamentais[57].

Se o discurso do ódio retarda os valores deliberativos e a regulamentação do discurso do ódio protege os valores deliberativos, então não devemos ver as regulamentações do discurso do ódio,

---

e, de fato, silencia suas vítimas, não estou afirmando que o discurso do ódio torna a réplica das vítimas impossível ou que conceda às vítimas do discurso do ódio uma pretensão fundada na Primeira Emenda contra aqueles que perpetram o discurso do ódio. Essas alegações acerca do silêncio não me parecem como muito recorrentes como em ambos os casos dos discursos do ódio ou pornográfico. Ao revés, a minha alegação é igual a de Mill, que o discurso do ódio, especialmente quando dirigido por um membro de um grupo dominante contra um membro de um grupo historicamente marginalizado, tende a provocar respostas imediatas que são inarticuladas e tendem a sufocar a manifestação de pontos de vista marginalizados ou a impedi-los de receber uma audiência justa. Se assim o for, não significa que as vítimas do discurso do ódio tenham um direito fundado na Primeira Emenda contra os perpetradores do discurso do ódio (uma alegação que pareceria entrar em colisão com a observação tradicional de que a Primeira Emenda protege o discurso dos indivíduos contra a ação do Estado e não contra pessoas naturais). É que o discurso do ódio, de fato, retarda os mesmos valores deliberativos que explicam porque a censura sobre um conteúdo específico é normalmente proibida; se esse é o caso, então a regulamentação do discurso do ódio é uma exceção bem fundamentada à usual proibição à censura sobre um conteúdo específico.

56 Essa alegação de que os perpetradores do discurso do ódio, assim como os ouvintes, pagam um custo deliberativo pelo discurso do ódio é similar às alegações de Mill de que os exploradores e os opressores estão, eles mesmos, prejudicados em razão das relações de exploração, uma vez que essas relações são inconsistentes com o benefício pessoal e com o a interação social.(SW: iv 522-5,541)

57 Ao sugerir que as liberdades básicas estão condicionadas por uma concepção de igualdade que envolva preocupações idênticas e respeito pelos agentes deliberativos, não pretendo afirmar que as liberdades básicas estão condicionadas por uma concepção igualitária substantiva da justiça distributiva. Isso requisitaria consideravelmente mais argumentos.

como o estatuto de Stanford e o neoestatuto de Stanford, como limitadores das liberdades fundamentais. A regulamentação do discurso do ódio pode ser vista como uma exceção cabalmente motivada da recorrente proibição sobre regulamentação do conteúdo específico do discurso.

Entretanto, poderia ser alegado que, mesmo se muitos dos efeitos imediatos e mediatos do discurso do ódio não promovem e, até mesmo, frustram os valores deliberativos, alguns de seus efeitos mediatos promovem ou, ao menos, podem contribuir com os valores deliberativos. O discurso do ódio pode e, de fato, provoca um debate tipicamente racional por outros num momento posterior sobre a importância e os fundamentos da tolerância e do respeito mútuo e sobre a permissibilidade de formas de promoção desses valores. Por exemplo, o debate público sobre o discurso do ódio e a sua regulamentação são, eles mesmos, uma resposta ao discurso do ódio.

Na maioria das vezes, isso demonstra que os efeitos do discurso do ódio sobre os valores deliberativos são mistos: enquanto o discurso do ódio marginaliza suas vítimas e membros de outros grupos dentro de uma comunidade deliberativa, pode-se gerar um debate racional sobre tolerância e respeito mútuo ulteriormente. Contudo, há algo peculiar em afirmar que o discurso do ódio tem ou pode ter esse tipo de valor deliberativo ao criar-lhe corretivos. Parece um pouco como considerar a pobreza como uma condição que faz possível a caridade. Em ambos os casos, sugere-se que os valores destacados poderiam ser mais bem servidos se a condição, que demanda correção, nunca houvesse acontecido. Ademais, há um importante tipo de correção que o discurso mais aprofundado – condenando o discurso do ódio – parece inservível. Debates acadêmicos, ou até mesmo públicos, que são provocados pelo discurso do ódio não podem impedir o sofrimento emocional que esse discurso tende a causar aos seus alvos; tampouco, é provável que impeça que os alvos não se sintam marginalizados dentro da comunidade deliberativa. Essas considerações levam-me a duvidar se o valor deliberativo do discurso do ódio é genuíno ou, se for, se é proporcional aos seus custos deliberativos. Se o efeito geral do discurso do ódio sobre os valores deliberativos é negativo, não devemos reconhecê-lo como um discurso de alto valor.

Isso significa que o discurso do ódio é um discurso de baixo valor? Depende. A jurisprudência da Primeira Emenda é geralmente ambivalente, no sentido de que os discursos de alto e baixo valor são tratados como categorias mutuamente exclusivas e conjuntamente exaustivas. Nessa visão, se o discurso do ódio não for de alto valor, ele deverá ser de baixo valor. Mas a bivalência não é uma característica necessária da jurisprudência da Primeira Emenda. Uma abordagem alternativa é a escalar: avalia-se a liberdade de expressão em termos de sua centralidade para com os valores da Primeira Emenda e apoia-se sua a regulamentação em um *standard of review* cujo rigor seja proporcional com a importância dessas liberdades em jogo[58]. De fato, a doutrina da Primeira Emenda não é consistentemente bivalente. Sob as leis existentes, o discurso comercial, como o publicitário, não é tratado nem como de alto valor e nem como de baixo valor. Ele é concebido como um tipo de valor intermediário, com a consequência de que as restrições sobre o discurso comercial deverão satisfazer um *standard of review* intermediário[59]. Mesmo nessa abordagem escalar, um bom argumento pode ser levantado para que o discurso do ódio seja um discurso de baixo valor. Mas, talvez, essa afirmação seja mais controversa na visão escalar do que na bivalente. Mesmo que não concor-

[58] A abordagem escalar é defendida pelo *Justice* Scalia em sua opinião concordante em R.A.V.

[59] Virginia State Board of Pharmacy v. Virginia Citizens Consumer Council, 425 U.S. 748(1976) (reconhecendo o discurso comercial como protegido pela Primeira Emenda e invalidando um estatuto do Estado de Virginia que proibia os farmacêuticos de fazer publicidade dos preços dos remédios vendidos sob prescrição médica); Central Hudson Gas v. Public Service Commision of New York, 447, U.S. 557 (1980) (argumentando sobre o teste em quatro partes do discurso comercial – 1) os discurso tem de se referir a atividades lícitas e não ser enganoso; 2) deve haver um interesse substancial do governo na sua regulamentação; 3) a regulamentação tem de perseguir diretamente o interesse do governo; 4) não poderá haver um meio igualmente bom, mas menos restritivo, para alcançar o interesse governamental – e invalidando uma proibição de uma publicidade, dentro da atividade de serviços elétricos, elaborada para aumentar o consumo de energia, por não satisfazer o least restrictive means test[(iv)], e Board of Trustees of Suny v Fox, 492 U.S. 469 (1989) (interpretando o least restrictive means test de Hudson como um teste substancial e derrubando uma proibição da Universidade sobre a operação de empresas comerciais dentro dos dormitórios estudantis)

demos em tratar o discurso do ódio como um discurso de baixo valor, o argumento utilizado faz com que seja implausível tratá-lo como de alto valor. No máximo, poder-se-ia conceber um tipo de valor intermediário. Em caso afirmativo, a regulamentação do discurso do ódio deveria ser submetida, no máximo, a um *standard of review* intermediário entre o *rational basis of reviewe* o *strict srcutiny* – talvez um que exija que o Estado tenha um interesse significativo ou substancial que persiga uma maneira comparativamente restritiva.

8. PODEM AS REGULAMENTAÇÕES DO DISCURSO DO ÓDIO SATISFAZER O RELEVANTE STANDARD OF REVIEW?

Devemos determinar não apenas se o discurso do ódio é de alto ou baixo valor, mas também se as regulamentações do discurso do ódio podem satisfazer o *standard of review* correlato. É claro, se, como eu tenho argumentado, o discurso do ódio não for um discurso de alto valor, então isso faz com que a sua regulamentação seja consideravelmente mais simples de se justificar. Contudo, mesmo se reconhecermos o discurso do ódio como um discurso de alto valor, uma boa discussão poderia ainda ser suscitada sobre a permissibilidade da regulamentação do discurso do ódio.

Mill entende que mesmo as liberdades fundamentais podem ser restringidas quando o seu exercício possa causar danos a outrem. Como já apontamos, ele é bastante explícito em argumentar que a mera ofensa não constitui dano para os propósitos do princípio do dano; mais precisamente, uma conduta deverá afetar adversamente importantes interesses para ser entendida como danosa. Eu poderia me ofender por suas práticas religiosas ou sexuais, mas isso não demonstra que elas me causem dano (cf. OL: iv 14-16, 20-21). Isso parece correto. Mas seria um equívoco supor que o efeito do discurso do ódio seja tão-somente uma ofensa[60].

---

[60] Ronald Dworkin, em vários lugares, tem recorrido ao princípio de que ofensa e desgosto são fundamentos insuficientes para restringir o discurso para condenar a regulamentação do discurso do ódio e a regulamentação da pornografia. Ver Ronald Dworkin, Freedom's Law 204-205, 218-219 e 237-38 (Cambridge: Harvard University Press, 1996). Se Dworkin entende que esse princípio debilita as regulamentações do discurso do ódio, formuladas estritamente, como o estatuto

A mera ofensa tipicamente envolve um distúrbio psicológico não traumático que é, simultaneamente, ameno e efêmero, e não se ramifica consideravelmente para outros estados ou comportamentos psicológicos. Entretanto, os efeitos do discurso do ódio sobre os seus alvos são frequentemente traumáticos. Por um lado, esperar-se-ia que os alvos do discurso do ódio vivenciassem muitos dos efeitos psicológicos de curto e longo prazo comuns às vítimas dos mais diversos tipos de crimes. A *American Psychological Association Task Force on the Victimes of Crime and Violence* descobriu que as vítimas de diferentes crimes pessoais têm reações bastante similares, incluindo raiva, medo, ansiedade, desamparo, perda de sono, depressão, perda da autoestima e uma deterioração nas relações pessoais[61]. As pesquisas sugerem que o assédio baseado em preconceitos comumente produz tais efeitos de curto e longo prazos[62]. Ademais, como o discurso do ódio toma corpo diante de um quadro de descriminação e violência históricas e atuais, há uma razão para esperar que ele seja mais suscetível de produzir tais efeitos do que outras formas de assédio verbal[63]. Em particular, há provas consideráveis de que o assédio fundado em preconceitos leva as suas vítimas a modificar os seus objetivos e os seus comportamentos – por exemplo, aonde eles querem ir, o que eles querem fazer, com quem eles pretendem associar-se, onde eles procurarão êxito e como eles avaliar-se-ão-, de várias maneiras com a intenção de evitar uma potencial descriminação[64]. Ademais, o assédio

---

de Stanford, como suas observações sugerem, então eu acho que confunde dano com ofensa. Entretanto, num ponto, Dworkin, de fato, sugere que as regulamentações do discurso do ódio formuladas estritamente nos termos do estatuto de Stanford, regulariam o discurso além do escopo das liberdades protegidas; ver Freedom's Law, 255-56.

61 American Psychological Association, Final report of the task force on the victims of crime and violence 25 (Washington, D.C.: American Psychological Association, 1984) Ver, também Jacobs and Potter, Hate crimes, 31.

62 Ver, e.g., Barnes and Ephross, The impact of hate violence on victims, and Herek et al., Hate crime victimization among lesbian, gay, and bisexual adults.

63 Ver, e.g. Greenwalt, Reflections on justifications for defining crimes by the category of victim, and Herek et al., Hate crime victimization among lesbian, gay, and bisexual adults; Barnes and Ephroos, The impact of hate violence on victims.

64 Ver, e.g., American psychological association, task force on the victims of crime and violence, 25-27; Barnes and Ephroos, The impact of hate violence on vic-

fundando em preconceito tende a reduzir a autoestima de seus alvos; com o objetivo de se evitar esses efeitos adversos sobre a autoestima, as vítimas tendem, outra vez, a modificar seus objetivos e sua conduta de maneira variada[65]. Aquelas pesquisas sugerem que os custos psicológicos que as vítimas do discurso do ódio frequentemente suportam são significativos e perenes e têm importantes ramificações psicológicas. Esses custos psíquicos vão além da mera ofensa; eles não são menos danosos por serem psicológicos[66].

De fato, esses custos possivelmente podem constituir um sofrimento emocional que dá ensejo a uma ação de responsabilização civil[67]. De acordo como *Restatement of Torts*:

---

tims; e Swim, Cohen and Hyers, Experiencing everyday prejudice and discrimination.

65 Sobre as consequências adversas sobre a autoestima, ver, e.g.: Hope Landrine and Elizabeth Klonoff, The schedule of racist events: a measure of racial discrimination and a study of its negative physical and mental health consequences, 22 J. Black psychology 144-68 (1996); Hope Landrine et al., Physical and psychiatric correlates of gender discrimination: an application of the schedule of sexist events, 19 Psychology women Q. 473-92(1995); e Herek et al. Hate crimes victimization among lesbian, gay, and bisexual adults. Sobre o afastamento como um maneira de proteger a autoestima, ver, e.g.: Steele, A threat in the air: how stereotypes shape intellectual identity and performance; Steele and Aronson, Stereotype threat and the intellectual test performance of African Americans; Aronson, Quinn e Spencer, Stereotype threat and academic under perfomance of minorities and women; Allison, Stress and oppressed social category membership; Major e Schmader, Coping with Stigma Through psychological disengagement; e Branscombe e Ellemer, Coping with group-based discrimination. Alguns (e.g., Barnes e Ephroos, The impact of hate violence on victims e Craig, Retaliation, fear, or rage) negam encontrar grandes efeitos adversos sobre a autoestima das vítimas em casos de crimes fundados em preconceito, mas é compatível com o efeito do afastamento.

66 Ver também, Frederick Schauer, The phenomenology of speech and harm, 103 Ethics 635-53 (1993), e Susan Brison, Speech, Harm, and the mind-body problem in First Amendment jurisprudence, 4 Legal Theory 39-61 (1998).Comparar com Larry Alexander, banning hate speech and the sticks and stones defense, 13 Const. Commentary 71-100(1996).

67 Richard Delgado, Words that wound: A tort action for racial insults, epithets, and name calling, reeditado em Words that wound, (Matsuda et al. eds.) e Michael Steenson, Civil actions for emotional distress and R.A.V v City of St. Paul, 18 Wm. Mitchell L. Rev. 983-99 (1992). Hustler magazine v Falwell, 485 U.S. 46(1988) (impedindo a reparação por uma figura pública em razão de im-

"A tranquilidade emocional completa é raramente alcançada nesse mundo, e alguns graus de sofrimento emocional transitório e trivial é parte do preço de se viver entre pessoas. A lei intervém apenas onde o sofrimento é tão severo que nenhum homem poderia suportá-lo." [68]

A reparação à causação de um severo sofrimento emocional é possível, se os efeitos são previsíveis e resultarem de um comportamento "tão ultrajante em seu caráter e tão extremado, que vá além de todos os possíveis limites da decência e que seja visto como atroz e altamente intolerável em uma comunidade civilizada."[69] Não se parece desarrazoado considerar o tipo de incidentes infligidos pelo discurso do ódio descritos acima como intoleráveis em uma sociedade civilizada, pautada por princípios de tolerância e respeito mútuos; ou considerar o dano emocional, que o discurso do ódio causa, como tamanho que nenhuma pessoa possa suportá-lo.

Quando se calcula o dano que o discurso do ódio causa, devemos reconhecer não apenas aqueles danos psicológicos, mas também os efeitos adversos sobre os interesses deliberativos que nós já consideramos ao argumentar que o discurso do ódio não é um discurso de alto valor. O discurso do ódio expressa atitudes viscerais e incentiva reações imoderadas, e isso debilita a cultura de respeito mútuo necessária para manifestações efetivas e uma consideração justa dos diversos pontos de vista. Esse é um custo deliberativo que todos os membros da comunidade pagam, mas que as vítimas do discurso do ódio, nitidamente, arcam com a maior parcela. Em razão da importância dos interesses deliberativos na abordagem de Mill sobre a fe-

posição intencional de um sofrimento emocional decorrente das publicações em questão sem demonstrar que a publicação continha declarações falsas de que fora feito com o conhecimento de que essas declarações eram falsas ou em descaso negligente da sua verdade) é compatível com esse argumento. O foco do caso *Hustler* era sobre figuras públicas, apesar de não haver tal foco nas regulamentações do discurso do ódio. Ademais, os estatutos do discurso do ódio em apreço envolvem uma classe de discurso desprotegida, notadamente as *fighting words*; não está claro se a paródia em questão, contida no caso *Hustler*, envolve *fighting words*.

68 Restatement (second) of Torts §46, comment (j) (1997)

69 Restatement §46, comment (d)

licidade humana e sobre os interesses e liberdades fundamentais, os efeitos adversos do discurso do ódio sobre os interesses deliberativos das vítimas devem ser entendidos como danos.

Essas são boas razões para se considerar o discurso do ódio como danoso e não meramente ofensivo. Essa abordagem libertária *(laissez-faire approach)* que deixa o discurso do ódio desregulamentado é custosa. É relevante destacar que os custos do *laissez-faire* não são distribuídos igualmente[70]. Como o discurso do ódio é tipicamente praticado contra membros de grupos historicamente marginalizados por pessoas que a eles não pertencem; e, como, nesses casos, o histórico de marginalização torna o discurso do ódio especialmente danoso, os custos do *laissez-faire* caem desproporcionalmente sobre aqueles que já são objetos de discriminação e marginalização. Tampouco, creio, há muita razão para supor que o impacto desigual do *laissez-faire* será igualmente distribuído dentro da comunidade no longo prazo. Se a importância das liberdades da Primeira Emenda implica que devemos estar preparados para pagar um preço por elas, então os custos devem ser distribuídos igual e justamente. Na medida em que os custos da interpretação libertária (*laissez-faire interpretation*) das liberdades da Primeira Emenda são suportados desproporcionalmente sobre aqueles grupos já marginalizados, lançam-se sérias dúvidas sobre essa interpretação das liberdades fundamentais da Primeira Emenda.

Essas considerações, sobre os tipos de dano que o discurso do ódio causa e a maneira iníqua por que são distribuídos, explicam a razão pela qual uma boa discussão pode ser suscitada para se pensar que mesmo se o discurso do ódio fosse um discurso de alto valor, regulamentações minunciosamente elaboradas poderiam satisfazer o *strict scrutiny*. Por isso é razoável supor que há um interesse superior (*compelling interest*) em impedir algumas pessoas de infligir sofrimento emocional a outras, mantendo-se um clima de tolerância e respeito mútuos no qual cada um possa deliberar efetivamente sobre assuntos privados e públicos, e garantindo-se uma distribuição justa dos custos de se manter um sistema de liberdades fundamentais. Qualquer regulamentação do discurso do ódio teria de satisfazer ao *least restrictive*

[70] Ver uma discussão proveitosa em Frederick Schauer, Uncoupling free speech, 92 Colum. L. Ver. 1321-57(1992)

means test, mas algo bastante parecido com o estatuto de Stanford e o neoestatuto de Stanford parece atender essa restrição.[71]

9. PREOCUPAÇÕES PRAGMÁTICAS

Mesmo se as objeções principiológicas à regulamentação do discurso do ódio podem ser respondidas, restará uma preocupação pragmática comum. Aqueles que se opõem a uma regulamentação não defendem que o discurso do ódio seja um discurso de alto valor; mais precisamente, eles alegam que é impossível traçar uma linha clara entre discurso de alto e de baixo valor, e como consequência não se pode regulamentar o discurso do ódio sem comprometer ou ameaçar o discurso de alto valor. De fato, é geralmente sugerido que se permitirmos que o discurso do ódio seja regulamentado, estaremos a meio passo de um caminho sem volta rumo à regulamentação dos direitos de expressão de vários grupos (v.g. negros, homossexuais, mulheres) que são alvos do discurso do ódio[72]. Por exemplo, argumenta-se que

[71] Os estatutos do discurso do ódio, que nós temos debatido, miram em todos os discursos do ódio baseados em gênero, raça, cor, deficiências, religião, orientação sexual ou nacionalidade e origem étnica – não apenas o discurso do ódio dirigido a um membro de um grupo historicamente marginalizado por um membro de um grupo historicamente dominante. Esse tipo de ponto de vista de neutralidade é razoável conforme as razões para tratar o discurso do ódio como um discurso de baixo valor e para pensar que ele causa danos, os quais há um interesse superior em impedir, aplica-se, a princípio, aos discursos de membros de grupos historicamente marginalizados também. Mas o argumento para a regulamentação do discurso do ódio tem especial força quando o discurso é dirigido a um membro de um grupo historicamente marginalizado por um membro de um grupo historicamente dominante. Para esses contextos, o histórico de marginalização, frequentemente por meio de violência, afeta a importância dos epítetos e dos símbolos não verbais; a tendência do discurso do ódio nessas circunstâncias de provocar reações viscerais, em vez de moderadas, para difamar, ameaçar e contaminar uma cultura de tolerância e respeito mútuos é maior; esses fatores circunstanciais devem afetar o tipo de discurso que um homem médio esperaria como insultuoso ou estigmatizante. Mesmo se os estatutos do discurso do ódio pudessem ser formulados em termos de pontos de vista de neutralidade estritos, a sua aplicação deveria ser guiada por um robusto senso da importância dos exemplos históricos de discriminação.

[72] Strossen, Regulating racist speech on college campus, 512-13, 515, 526-30, 536-37, 556-58.

protestos realizados por esses grupos marginalizados e o uso intragrupal de epítetos – v.g. o uso da palavra "*nigger*" entre os negros ou a palavra "*queer*" entre os homossexuais – poderiam deixar de ser protegidos.

De uma maneira genérica, tais argumentos pragmáticos não são especialmente convincentes. Apesar de geralmente buscarmos princípios e categorias bem definidas nos julgamentos, sempre utilizamos a lei para traçar importantes distinções entre as classes de condutas, mesmo se isso significar que haverá alguns casos fronteiriços difíceis[73]. Imagine alguém pensando que a lei civil não deveria permitir reparação em casos de negligência, sob o argumento de que uma vez que se permita a alguém recorrer em razão da geração culposa de um risco, estar-se-ia a meio passo de um caminho sem volta rumo à responsabilidade estrita. As cortes têm articulado princípios sobre negligência que as permite fazer um trabalho satisfatório em distinguir entre imposições de dano negligentes e não negligentes e entre várias formas de negligência, mesmo que em alguns casos seja difícil de decidir. Tampouco parecem melhores os argumentos pragmáticos nessa área particular. Podemos distinguir entre discursos de baixo e de alto valor em termos de valores deliberativos e isso nos permite explicar porque as Cortes tratam e deveriam tratar certas formas de discurso como de baixo valor. Mas os mesmos princípios sugerem que o discurso do ódio, como tratado aqui, é um discurso de baixo valor. Formas tradicionais de protestos cívicos dos grupos marginalizados não serão contadas como discurso do ódio. Esses protestos articulam e expressam desígnios morais contra a comunidade e, portanto, é uma parte apropriada da deliberação pública sobre a ação da comunidade; é tipicamente organizado publicamente e não envolve um público cativo. Em regra, não emprega epítetos que pretendem difamar seu público simplesmente com base no pertencimento a um grupo. Ademais, no caso de uso intramuros de epítetos, é claro que não há intenção de insultar ou difamar com fundamento no pertencimento a um grupo. Não seria razoável àqueles a quem o discurso é direcionado

[73] Irwin v Gavit, 268 U.S 161 (1925), 168; e Frederick Schauer, Slippery slopes, 99, Harv.L. rev. 361-83 (1985).

considerar esse uso dos epítetos como insultuosos ou provocativos. Assim, esse discurso não seria tratado como discurso do ódio.

Com efeito, há um tipo de justificação pragmática da regulamentação do discurso do ódio, entendido como aqui tem sido feito. O foco, dentro da classe dos discursos discriminatórios, sobre as *fighting words* pode ser compreendido, em parte, como selecionando um princípio bem definido. Como temos visto, é plausível supor que o discurso do ódio seja pior que o discriminatório, que não emprega palavras agressivas, no sentido de que aquele tende mais que o último a causar aqueloutros efeitos que tornam um discurso de baixo valor e danoso. Tudo se mantendo igual, o discurso do ódio é mais suscetível de causar um sofrimento emocional, de provocar respostas viscerais, em vez de moderadas, e de sublimar a manifestação dos pontos de vista marginalizados ou de impedi-los de receber uma avaliação justa. Mas nem sempre tudo sai como esperado. Alguns exemplos de discursos meramente discriminatórios têm efeitos, ao menos, tão maléficos quanto alguns exemplos de discurso do ódio. Se assim o é, por que mirar apenas no discurso do ódio? Uma resposta pragmática parcial é que assim se foca em uma subcategoria do discurso discriminatório que é usualmente pior do que outros tipos de discurso discriminatório e que é comparativamente mais fácil de identificar; talvez seja mais problemático de identificar outros tipos de discurso discriminatório como tal ou de averiguar a extensão na qual ele produz os efeitos que fazem o discurso de ódio ser de baixo valor e danoso. Focando-se no discurso do ódio dá-nos uma linha comparativamente clarividente.

Não estou sugerindo que não haverá problemas em articular e em aplicar uma regulamentação plausível do discurso do ódio. Mas não vejo razão para pensar que os problemas aqui serão piores do que aqueles já enfrentados na jurisprudência da Primeira Emenda e em outros lugares. Deverá ser seguramente uma afirmação empírica que é mais difícil traçar linhas principiológicas e clarividentes aqui do que em outro lugar. Não havendo substrato empírico para essa reivindicação, mostra-se irresponsável desistir de se regulamentar o discurso do ódio sem uma tentativa séria. Se se mostrar que os nossos melhores esforços diante de uma concepção principiológica e clarividente do discurso do ódio e de sua regulamentação não tem apenas um inevitável efeito ameaçador sobre o discurso de alto valor, mas, que, em verdade, prejudique os interesses legítimos de manifestação dos vários grupos a quem as regulamentações do discurso do ódio deveriam proteger, então essa seria uma boa objeção pragmática à regulamentação do discurso do ódio. A regulamentação do discurso do ódio seria um experimento fracassado. Mas o experimento não teria ainda começado; afirmações de que ele teria falhado são, portanto, prematuras.

10. STANFORD *PROVISION* E R.A.V X ST. PAUL

Antes de concluir, gostaria de discutir a decisão da Suprema Corte em *R.A.V x St. Paul* e o seu posicionamento sobre o modelo de regulamentação do discurso do ódio contido no estatuto de Stanford. Em 1992, o Estado da Califórnia aprovou uma lei (chamada de "Leonard *law*") que proibia universidades privadas de punir os estudantes por discursos os quais as universidades públicas não poderiam punir[74]. A Corte estadual baseou-se em *R.A.V* para concluir que o estatuto de Stanford violaria a Primeira Emenda se Stanford fosse uma universidade pública e, desse modo, concluiu que o estatuto Stanford violava a lei estadual[75]. Infelizmente, Stanford não recorreu da decisão[76].

Em 1990, o munícipio de St. Paul, em Minnesota, adotou o *Bias-motivated Crime Ordinance* que determinava:

> "Qualquer um que porte, em público ou em propriedade particular, um símbolo, um objeto, um nome, uma caracterização ou um grafite, incluindo, mas não apenas, uma cruz em chamas ou uma a suástica nazista, que se sabe ou seja razoavelmente sabido que produza raiva, alarme ou ressentimento em outros, em razão de sua raça, cor, credo, religião ou gênero comete conduta contra à ordem e deve ser culpado por contravenção."[77]

---

74 Cal. Educ. Code § 94367.

75 Corry v. Stanford University, no. 740309 (Cal. Sup., Santa Clara city., feb, 27, 1995).

76 Para uma discussão proveitosa do histórico do estatuto de Stanford e as críticas à decisão da Corte estadual, ver Thomas Grey, How to write a speech code without really trying: reflections on the Stanford Experience, 29, U.C. Davis L. Ver. 891-956 (1996).

77 Minn. Legis. Code (1990) §292.02

R.A.V era um jovem que fora condenado sob o ato estatal de queimar uma cruz no gramado de uma família negra. A Suprema Corte de Minnesota manteve o ato estatal como constitucional, alegando que a frase "produza raiva, alarme ou ressentimento em outros" deveria ser compreendida restringindo o alcance do ato estatal às *fighting words* dentro do raciocínio do caso *Chaplinsky*, e que o ato estatal satisfazia o *strict scrutiny.*[78] A Suprema Corte dos Estados Unidos modificou a decisão. O *justice* Scalia externou a opinião da Corte (a qual os *justices* Rehnquist, Kennedy, Souter e Thomas aderiram). Os *justices* White, Blackmun, O'Connor e Stevens concordaram com o resultado, mas rejeitaram a argumentação de Scalia.

Scalia aceitou, ao menos por fins argumentativos, a interpretação da Suprema Corte de Minnesota de que o ato estatal restringia-se às *fighting words.* Ele sustentou que, mesmo se assim fosse, e se supusesse que as *fighting words* fossem um discurso de baixo valor, isso não implicaria que o ato estatal pudesse regulamentar *fighting words* preconceituosas e repulsivas. A tese de Scalia é que mesmo se toda a categoria de *fighting words* fosse um discurso desprotegido, não se poderia restringir unicamente uma parte considerável dessa categoria com base em seu conteúdo (*fighting words* que insultem ou provoquem violência em razão de raça, cor, credo, religião ou gênero); a não ser que se demonstrasse que as mesmas razões que fizeram, num primeiro momento, uma classe desregulamentada, tenham especial aplicação para a subclasse adequada. Scalia admitiu que não se podia dar razão a esse raciocínio e concluiu que a regulamentação do ato estatal sobre *as fighting words* repulsivas tinha de ser submetida ao mesmo *standard of review* a que se submete o discurso regulamentado. Ele acabou por rejeitar a alegação da Suprema Corte de Minnesota de que o ato estatal satisfazia o *strict scrutiny.* Considerando que St. Paul tinha um interesse superior em impedir que os membros de grupos historicamente perseguidos fossem molestados, Scalia afirma que não se adotou o meio menos restritivo (*least restrictive means)* para alcançar esse fim, porque deveria ser adotada uma restrição de neutralidade do conteúdo (a *topic-neutral restriction*) sobre as *fighting words.*

78 In re Welfare of R.A.V., 464 N.W.. 2 ed 507 (Minn. 1991)

Simpatizo com aqueles que concordaram com o resultado, embora não tenham aderido ao posicionamento de Scalia. Eles concordam que o ato estatal é inconstitucional, mas porque ele é muito indeterminado (*overbroad*). O ato estatal proíbe qualquer conduta que possa gerar raiva, alarme ou ressentimento em terceiros, em razão de sua raça, cor, credo, religião e gênero, e não apenas *fighting words* com esses efeitos. Desse modo, mira-se o discurso discriminatório e não apenas as *fighting words* ou o discurso do ódio, e, assim, restringe mais do que o discurso de baixo valor.

Contudo, a tese de Scalia, de que as restrições específicas de conteúdo dentro de uma classe de discursos desregulamentados são suspeitas, não é convincente. Talvez concordássemos que o Estado pudesse adotar uma restrição de neutralidade do conteúdo mais abrangente sobre *fighting words*. Entretanto, a questão é se há algo de inadmissível em o Estado focar na subclasse proeminente das *fighting words* repulsivas. Como ambos os *justices* White e Stevens observaram, há inúmeros casos nos quais a Suprema Corte tem mantido as restrições seletivas de conteúdo específico dentro da classe das liberdades não fundamentais. Podemos ilustrar esse ponto fora da jurisprudência da Primeira Emenda. Na era pós Lochner, a liberdade contratual não é vista como uma liberdade fundamental e, assim, várias formas de regulamentação econômica elaboradas para proteger os interesses dos trabalhadores e para regulamentar padrões industriais são submetidas tão-somente ao *rational basis of review*[79]. Regulamentações destinadas a certas atividades – como a indústria do leite – não são consequentemente suspeitas; elas têm apenas de buscar um interesse estatal legítimo de uma maneira razoável[80]. Na jurisprudência da Primeira Emenda, há também vários exemplos de subclassificação legítima. Como temos visto, o discurso comercial, como o publicitário, não é tratado nem como de alto nem como de

79 Lochner v New York, 198 U.S. 45 (1905) (invalidando um estatuto do Estado de Nova Iorque que regulamentava o número máximo de horas que os empregados de padarias poderiam trabalhar, por ser uma violação a liberdade contratual protegida pela cláusula do devido processo contida na Décima Quarta Emenda).

80 Nebbia v. New York, 291 U.S. 502 (1934) (mantendo regulamentações sobre o controle de preços na indústria do leite por ser consistente com o *rational basis of review* exigido pelo devido processo)

baixo valor. Ele é concebido como um tipo de valor intermediário, com a consequência de que restrições sobre o discurso comercial devem satisfazer um nível de *review* intermediário. Não obstante, o governo pode escolher regulamentar o discurso comercial seletivamente. Por exemplo, o governo pode escolher regulamentar propostas de advogados diferentemente da maneira em que regula propostas de contadores[81]. Muito próximo à regulamentação do discurso do ódio estão as restrições específicas de conteúdo sobre o discurso incorporada na lei de discriminação no emprego. A Seção 703 do Título VII do *Civil Rights Act* de 1964 proíbe a discriminação, nas relações de emprego, sob o fundamento de raça, religião, nacionalidade e gênero[82]. As cortes têm declarado que o assédio pelo empregador ou por colega de trabalho, que crie um ambiente hostil, é considerado como discriminação nos termos do Título VII, de modo que o empregador pode ser declarado responsável[83]. Como a restrição sobre *fighting words* repulsivas, a lei de discriminação no emprego tem por objetivo, no âmbito da categoria "assédio no ambiente de trabalho", apenas o assédio com base em raça, religião, nacionalidade e gênero[84]. Como

---

81 Compare Ohralik v Ohio State Bar, 436 U.S. 447 (1978) (mantendo uma regra disciplinar que proíbe os advogados de aceitar emprego por oferecerem opiniões jurídicas não solicitadas) com Edenfield v. Fane 507 U.S. 761 (1993) (invalidando uma lei estadual que proibia as CPAs de propostas profissionais repulsivas)

82 42 U.S.C. § 2000 e-2

83 Meritor Savings Bank v Vinson, 477 U.S. 57 (1986) (afirmando que o Título VII proíbe assédio sexual que torne o ambiente hostil); e Harris v Forklift Systems, Inc., 510 U.S 17 (1993) (afirmando que aqueles que se queixam de um ambiente hostil não precisam demonstrar dano pessoal se um homem médio achasse que o ambiente de trabalho seja hostil)

84 Scalia tenta distinguir R.A.V e o título VII, argumentando que regulamentação específica de conteúdo seletivo sobre o discurso de baixo valor é permitida se produzir uma conduta "de danos secundários". Discurso discriminatório, num ambiente de trabalho, ele argumenta, tem o efeito secundário de um assédio no local de trabalho (R.A.V., 389). Mas, nem o discurso do ódio, nem o contexto título VII são especialmente capazes de enxergar o dano como um efeito mediato ou secundário do discurso em questão. No contexto do título VII, um ambiente de trabalho hostil não é um efeito mediato do discurso discriminatório, cuja ocorrência dependa de uma miríade de outros fatores. Ao contrário, modelos de discurso discriminatório constituem, propriamente, um ambiente hostil. Igualmente, como *Chaplinsky* aduz, *fighting words* são palavras "que por

esses exemplos ilustram, a Corte tem mantido as restrições seletivas específicas de conteúdo no âmbito das liberdades não fundamentais.

Talvez o governo não possa ser arbitrário no subconjunto dos discursos desprotegidos que ele escolhe regulamentar. *Rational basis review*, que é o *standard of review* apropriado para restringir as liberdades não fundamentais, exige isso. Todavia, não há razão para pensar que o foco, no âmbito das *fighting words*, naquelas consideradas repulsivas seja arbitrário. O discurso do ódio é uma forma familiar de *fighting words* com uma histórico peculiar, o que ajuda a explicar porque o discurso do ódio é uma ocorrência comum de *fighting words*, especialmente suscetível de causar dano ou incitar distúrbios.

Com efeito, restrições específicas de conteúdo sobre *fighting words* repulsivas podem preencher as exigências de Scalia. Ele sustenta que mesmo se a categoria inteira de *fighting words* for um discurso desprotegido, não se pode restringir apenas uma parcela considerável dessa categoria com base em seu conteúdo, a não ser que se possa demonstrar que as mesmas razões que fazem, num primeiro momento, essa classe desprotegida, tenham especial aplicação na subclasse adequada. Mas podemos suprir esse raciocínio. Como temos visto, a razão para que as *fighting words* sejam vistas como um discurso de baixo valor é que elas não contribuem com os valores deliberativos subjacentes das liberdades centrais da Primeira Emenda e são, por sua natureza, suscetíveis de causar dano ou incitar distúrbios. Enquanto todas as *fighting words* ofendem ou incentivam a confrontação, por serem provocativas, as *fighting words* repulsivas são especiais. Sair de seu próprio caminho para abordar um estudante negro e dizer

sua própria expressão impõem danos ou tendem a incitar uma imediata ruptura da paz" (*Chaplinsky* 571-72). Em qualquer caso, não importa o que dissermos sobre o status dos efeitos do discurso discriminatório, aqui não parecerá haver dissimilitude ou assimetria entre R.A.V e o Título VII. Os danos causados pelas *fighting words* repulsivas estão para aquelas palavras, assim como o ambiente hostil gerado pelo discurso discriminatório no local de trabalho está para esse discurso. Se assim for, Scalia concorda que a regulamentação específica de conteúdo sobre o discurso contida na lei de discriminação no emprego, no Título VII, é permitida, então ele não tem fundamentado para negar que o ato estatal de St. Paul é permitido se, como ele admite, ele deve ser interpretado como limitado às *fighting words*.

"*nigger go home*" é diferente de chamar alguém de "*rotten bastard*" no calor de uma discussão política ou de um protesto. As *fighting words* repulsivas não são unicamente provocativas; invocando exemplos históricos de discriminação sistemática e de violência recorrente, elas rotulam seus alvos como inferiores e indignos igualmente de consideração e respeito, e, frequentemente, produzem aflições razoáveis sobre a privacidade e a segurança de suas vítimas. Dessa maneira, *fighting words* repulsivas são especialmente traumáticas e divisionistas. Como resultado, *fighting words* repulsivas tendem a silenciar suas vítimas e a debilitar a cultura de respeito e tolerância mútuos necessária a uma representação adequada e uma avaliação justa dos pontos de vista alternativos, de uma maneira que outras *fighting words* não fazem. Assim, *fighting words* repulsivas têm um impacto adverso distinto sobre valores deliberativos que debilita as liberdades nucleares da Primeira Emenda e isso explica porque as *fighting words* são um discurso de baixo valor[85].

Por fim, têm-se de destacar os problemas com a aplicação do *strict scrutiny* por Scalia. Se esses argumentos estão corretos, *strict scrutiny* é o *standard of review* incorreto para aplicar restrições específicas de conteúdo sobre o discurso do ódio; elas deveriam se submeter a um *stardard of review* menos rigoroso, tal como o *rational basis of review*. Entretanto, não há razão para pensar que as restrições sobre o

[85] Essa defesa de uma subclassificação seletiva, dentro da uma categoria mais larga de *fighting words*, sugere uma defesa do discurso do ódio como uma instância de subclassificação seletiva dentro de uma categoria mais ampla de discurso discriminatório. Outras formas de discurso discriminatório talvez sugira produzir os tipos de efeitos que tornam o discurso do ódio um discurso de baixo valor e danoso. Mesmo se o Estado puder adotar mais restrições genéricas sobre o discurso do ódio, isso não estabelece nada proibido sobre o foco estatal recair sob uma subclasse do discurso discriminatório que emprega *fighting words*. Ademais, como nós vimos, há uma boa razão para pensar que as mesmas razões que tornariam o discurso discriminatório proscrito, aplicam-se com especial força à própria subclasse do discurso discriminatório que emprega *fighting words*. Parece plausível que o uso, por parte do discurso do ódio, de epítetos ou símbolos de desprezo para difamar faz isso, em comparação como o discurso meramente discriminatório, que é mais propenso a causar um sofrimento emocional, provocar reações viscerais, em vez de moderadas, e debilitar a manifestação de pontos de vista marginalizados ou impedi-los de ter uma recepção apropriada.

discurso do ódio não poderiam satisfazer o *strict scrutiny*. Scalia admite que o município de St. Paul tem o interesse superior em garantir os direitos humanos básicos aos grupos que têm sido historicamente sujeitados à discriminação[86]. Ele se pergunta se a restrição em questão é razoavelmente necessária para alcançar o interesse superior do município e conclui que não. "um ato estatal, não limitado a tópicos favorecidos, por exemplo, teria, precisamente, o mesmo efeito benéfico."[87] Mas isso é confuso. Uma restrição a todas as *fighting words* não serviria melhor ao interesse de proteger os membros de grupos que têm sido historicamente submetidos à discriminação, do que uma restrição às *fighting words* repulsivas. Contudo, a restrição de todas as *fighting words* seria seguramente mais, e não menos, restritiva. Quiçá Scalia pretenda que a restrição de todas as *fighting words* seja o meio menos restritivo, que não é o de conteúdo específico. Apesar de talvez verdadeira, essa afirmação seria irrelevante. Para a questão que estamos discutindo, se uma regulamentação, que é formulada para ser de conteúdo específico, pode, não obstante, passar pelo *strict scrutiny*. Mas, então, essa não poderia participar do teste que o *strict scrutiny* impõe: a lista de meios, pelos quais o meio menos restritivo será selecionado, inclui apenas os meios de conteúdo neutro.

Assim, a única boa objeção ao ato estatal de *St. Paul* é a objeção consensual de que é demasiadamente ampla e não restrita às *fighting words*. *R.A.V* não seria, portanto, uma objeção ao estatuto de Stanford por ser bastante restrito.

11. REGULAMENTAÇÃO DO DISCURSO DO ÓDIO EM PERSPECTIVA

A perspectiva milliana explica a importância das liberdades de expressão em termos de valores deliberativos que são essenciais para sermos agentes responsáveis, moral e politicamente; e, alguns argumentos deliberativos parecem guiar a própria percepção da Corte sobre as liberdades nucleares da Primeira Emenda. Quando as liberdades da Primeira Emenda são entendidas em termos de valores deli-

---

86 R.A.V, 395-96

87 Id., 396

berativos, um argumento plausível pode ser levantado para restrições restritivamente concebidas ao discurso do ódio. Os valores deliberativos atuam em dois papéis na perspectiva millian do discurso do ódio. Em primeiro lugar, os valores deliberativos explicam por que não devemos tratar o discurso do ódio como um discurso de alto valor ou reconhecer a liberdade de se promover o discurso do ódio, como uma liberdade fundamental. O discurso do ódio não expressa apenas atitudes discriminatórias; ele fere, ameaça, difama o seu público de modo que evoca reações viscerais, em vez de moderadas.

Além disso, ele debilita uma situação cultural de respeito mútuo, essencial para a representação e avaliação adequadas dos diversos pontos de vista, o que desencoraja a participação em uma comunidade deliberativa. Enquanto o discurso do ódio retardar, em vez de aperfeiçoar, os valores deliberativos, ele não será um discurso de alto valor; como conseqüência, a regulamentação do discurso do ódio não precisará satisfazer o *strict scrutiny*, mas apenas algum *standard of review* menos rigoroso, como o *rational basis review*.

Em segundo lugar, os valores deliberativos parecem satisfazer o *standard of review* relevante. É nosso interesse impedir o sofrimento emocional e proteger os interesses deliberativos, especialmente daqueles que já são menos favorecidos e objetos de discriminação, o que justifica restringir a liberdade de se engajar no discurso do ódio. Isso é claramente suficiente para satisfazer o relevante *standard of review* se não há liberdade fundamental a se engajar no discurso do ódio. Essas considerações sobre os tipos de danos que o discurso do ódio dá ensejo e a maneira iníqua pela qual esses danos são distribuídos explicam por que um bom argumento pode contribuir para pensar que, mesmo se o discurso do ódio fosse um discurso de alto valor, as regulamentações restritamente elaboradas poderiam satisfazer o *strict scrutiny*. Por isso é razoável supor que há um interesse superior em impedir algumas pessoas de infligir sofrimento emocional a terceiros, mantendo-se um clima de tolerância e respeito mútuos, no qual cada um possa deliberar efetivamente sobre assuntos privados e públicos, garantindo-se uma distribuição equânime dos custos da manutenção de um sistema de liberdades fundamentais.

Qualquer regulamentação do discurso do ódio deveria satisfazer o *least restrictive means test*, mas algo muito parecido com os estatutos do discurso do ódio, que temos discutido, pareceria preencher esses critérios. À medida que a perspectiva millian sobre o discurso do ódio justifica a regulamentação invocando valores deliberativos, ela recorre aos mesmos valores que explicam porque a censura é normalmente proibida. Desse modo, a regulamentação do discurso do ódio é uma exceção bem fundamentada à proibição recorrente à censura[88]. Considerando-se as dimensões morais e constitucionais do discurso do ódio e a sua regulamentação pelos princípios millianos, podemos colocar a importância do debate sobre o discurso do ódio em uma perspectiva proveitosa.

Por um lado, tentativas de regulamentar o discurso do ódio não têm a importância que muitos supõem. É profundamente confuso de se ver propostas para regulamentar o discurso do ódio como uma campanha em nome do "politicamente correto" ou outro item da agenda liberal. O discurso do ódio é apenas uma parcela relevante do discurso genuinamente discriminatório e uma parte bem pequena dele. Como o discurso politicamente incorreto é presumivelmente uma classe ainda mais ampla do discurso do que o discurso genuinamente discriminatório, é um absurdo supor, como alguns fazem, que as regulamentações do discurso do ódio refletem uma preocupação (ou anseio) pelo politicamente correto. O argumento para a regulamentação do discurso do ódio não é estabelecer, pela força se necessária, um consenso liberal no discurso e no pensamento. Bem ao contrário, refreando as manifestações de atitudes discriminatórias mais irrefletidas, danosas e divisionistas, as regulamentações do discurso do ódio visam a estabelecer um tipo de cultura na qual uma discussão e um debate vigorosos entre as mais díspares visões podem ser tanto possíveis quanto proveitosos.

Seria um equívoco superestimar a importância prática dessa defesa da regulamentação do discurso do ódio. A regulamentação do dis-

---

88 Em caso afirmativo, em Free Speech and religious, racial, and sexual harassment, é incorreto pensar que o apelo aos valores deliberativos associados com a autogovernança democrática, tem de condenar restrições estritas sobre o discurso do ódio. De fato, os mesmos valores no quais Post baseia o seu ceticismo sobre a regulamentação do discurso do ódio fornece o fundamento para tais regulamentações.

curso do ódio do modo aqui tratado não é uma panaceia para o racismo, sexismo, homofobia ou outras formas de discriminação e desigualdade. Apesar de o discurso discriminatório ter efeitos discriminatórios, ele é um sintoma das atitudes discriminatórias subjacentes, que são, elas mesmas, sintomas de relações sociais de iniquidade e discriminação subjacentes. A regulamentação do discurso do ódio mira nos sintomas e não na doença. Muitas formas de discurso discriminatório não serão consideradas como discurso do ódio e, desse modo, não entrará no escopo das regulamentações do discurso do ódio legítimas. Seria ingênuo supor que as regulamentações do discurso do ódio exercem um papel de relevo na luta contra a discriminação. Não obstante, as regulamentações do discurso do ódio podem ter um valor simbólico importante ao refrear as mais extremas expressões de atitudes discriminatórias. Além disso, a existência e o reconhecimento das regulamentações do discurso do ódio podem servir como uma advertência a cada membro da comunidade de que as liberdades protegidas estão condicionadas ao reconhecimento de outros membros da comunidade como membros de boa reputação, que têm direito aos elementares sinais de tolerância e de respeito.

Parte da importância da perspectiva milliana sobre o discurso do ódio é jurisprudencial. A perspectiva milliana guia-se entre dois extremos metodológicos geralmente encontráveis na literatura do discurso do ódio. Por um lado, os proponentes da regulamentação do discurso do ódio algumas vezes invocam um relativamente novo viés interpretativo que desafia os métodos tradicionais ou princípios doutrinários familiares. Por exemplo, Charles Lawrence embute a sua eloquente defesa das regulamentações do discurso do ódio no âmbito de uma leitura bastante controversa de *Brown v. Board of Education*[89], como um caso da Primeira Emenda[90]. Tais visões ameaçam fazer a hipótese

89 *Brown v. Board of education of Topeka*, 347 U.S. 483 (1954) (invalidando políticas educacionais segregacionistas por serem intrinsecamente iníquas e, portanto, violadoras da proteção igualitária pelo Direito).

90 Lawrence interpreta a política estatal de segregação escolar como uma atividade expressiva e afirma que *Brown* deve ser lido como um caso da Primeira Emenda, no qual a Corte reconhece a possibilidade de regulamentar o discurso discriminatório. Assim sendo, *Brown* torna-se um precedente para manter a regulamentação do discurso do ódio. Mas é inviável e desnecessário ler *Brown*

da regulamentação do discurso do ódio refém daqueles novos métodos e princípios. Por outro lado, oponentes da regulamentação do discurso do ódio algumas vezes parecem manejar a doutrina constitucional e o *Case Law* de uma forma irrefletida, por exemplo, quando eles invocam a construção cada vez mais restritiva que a Corte tem produzido na doutrina da *fighting words* sem considerar adequadamente se a razão de se tratarem as *fighting words* como de baixo valor requer, num primeiro instante, uma construção mais ampla da doutrina das *fighting words*[91]. Tais críticas tornam o argumento contrário à regulamentação do discurso do ódio inescrupuloso. A perspectiva milliana pretende evitar ambas as tendências. Ao invocar valores deliberativos cujo apelo e importância filosóficos podem ser explicados de uma forma franca e que subjazem os aspectos centrais da jurisprudência da Primeira Emenda, tentei explicar a legitimidade das regulamentações restritivamente elaboradas. À medida que o discurso do ódio retarda, em vez de aperfeiçoar, os valores deliberativos, o discurso do ódio pode ser defendido, recorrendo-se aos mesmos valores que explicam por que a censura específica de conteúdo é normalmente proibida. Desse modo, a regulamentação do discurso do ódio representa uma exceção principiológica à usual proibição da censura específica de conteúdo.

---

como uma hipótese da Primeira Emenda. Lawrence antecipa a resistência à sua interpretação, alegando com base na doutrina do *state-action-* que propõe que os direitos individuais reconhecidos no *Bill of Rights* e na Primeira Emenda são pretensões contra o Estado, e não pretensões contra ações individuais- e desafia essa doutrina. Mas a doutrina do *state-action* é uma pista falsa. O problema em analisar *Brown* como um caso da Primeira Emenda não é que isso dá aos indivíduos o direito constitucional de pleitear contra outros indivíduos, assim como contra o Estado; ao contrário, o problema é que isso dá direitos ao Estado, assim como aos indivíduos. Em outras palavras, apesar de a doutrina do *state-action* preocupar-se contra quem alguém pode pleitear seus direitos, o obstáculo de ler *Brown* como um caso da Primeira Emenda reside em quem tem direitos. Parece bastante claro que o *Bill of Rights* e a Décima Quarta Emenda concedem direitos aos indivíduos, não para o Estado (e, de acordo com a doutrina do *state-action*, esses são direitos contra a ação estatal). Acho que a nova interpretação de Lawrence sobre *Brown* é muito pouco recomendável. Felizmente, nem *Brown* nem a defesa da regulamentação do discurso do ódio exigem-nos apoiar nessa bagagem interpretativa.

91 Ver Strossen, Regulating racist speech on college campus, 515.

Finalmente, a perspectiva milliana sobre o discurso do ódio chama a nossa atenção para importantes, porém difíceis, questões na teoria política e constitucional sobre como se determina quais interesses e quais liberdades são fundamentais para que os indivíduos possam chamar de direitos. É geralmente reconhecido que os indivíduos não possuem o direito à liberdade per se, ao menos porque as leis civis e criminais legitimamente restringem algumas liberdades com o objetivo de impedir várias formas de distúrbios e de danos. Nós temos direitos não à liberdade como tal, mas a liberdades importantes ou fundamentais, incluindo as liberdades da Primeira Emenda. A teoria constitucional reconhece isso; ela trata alguns interesses e algumas liberdades como mais fundamentais que outras. Ela reconhece esses interesses e essas liberdades fundamentais como direitos constitucionais ao lhes conceder proteção especial.

A teoria constitucional submete a legislação que interfere nos interesses e nas liberdades fundamentais ao *strict scrutiny* ou outro *standard* comparável. Apesar de a teoria constitucional, de fato, tratar as liberdades da Primeira Emenda como liberdades fundamentais, ela não reconhece a liberdade de discurso da Primeira Emenda como tal. A jurisprudência da Primeira Emenda distingue entre discursos de alto e de baixo valor, e concede a proteção central da Primeira Emenda apenas aos discursos de alto valor. Para explicar quais liberdades, inclusive quais liberdades de expressão, são fundamentais e por qual razão, têm-se de, aparentemente, invocar valores em vez da liberdade propriamente. A perspectiva milliana explica a importância das liberdades e outros interesses em termos de valores deliberativos que são essenciais para sermos agentes responsáveis política e moralmente, e os valores deliberativos explicam o próprio posicionamento da Corte acerca das liberdades centrais da Primeira Emenda. Nessa visão, as liberdades fundamentais são explanatoriamente posteriores aos valores deliberativos.

Quando as liberdades fundamentais são entendidas em termos deliberativos, uma hipótese plausível pode ser suscitada para se refutar o reconhecimento da liberdade fundamental de se engajar em um discurso do ódio. À medida que o discurso do ódio retarda, em vez de aperfeiçoar os valores deliberativos e debilitar o histórico cultural de respeito mútuo essencial para uma representação e uma avaliação adequadas dos diversos pontos de vista, as regulamentações do discurso do ódio não deveriam ser vistas como limitadoras das liberdades fundamentais. Se a importância das liberdades fundamentais implica que temos de estar preparados para pagar o preço de se reconhecerem direitos a essas liberdades, os custos devem ser distribuídos igual ou justamente. À medida que os custos de se incluir o discurso do ódio entre as liberdades centrais da Primeira Emenda são suportados desproporcionalmente por grupos já marginalizados, devemos rejeitar essa interpretação em torno delas.

Isso dá a perspectiva milliana sobre o discurso do ódio uma importância jurisprudencial muito mais ampla. Para que possamos perguntar que valores deliberativos implicam sobre outros tópicos da Primeira Emenda – incluindo a permissibilidade de se regular pornografia e obscenidade, o nível apropriado de *scrutiny* para as legislações que afetam o discurso comercial, a legitimidade de uma justiça em disseminar doutrinas que requerem que a mídia destine tempo de transmissão para assuntos de relevância pública e para representar diversos pontos de vista sobre tópicos difundidos e a permissibilidade de restrições sobre o discurso político envolvido em campanhas por reformas financeiras – e sobre a correta interpretação de outros interesses e liberdades fundamentais – incluindo a natureza e o escopo do direito à privacidade. Esses são todos os assuntos sobre os quais a perspectiva milliana, articulada aqui, é proveitosa de se explorar[92]. Essas explorações têm de ser reservadas para outra ocasião. A presente discussão sugere que a perspectiva milliana seria um guia valioso.

---

92 Haverá uma convergência entre a perspectiva milliana sobre esses tópicos e a perspectiva fundada na autogorvenança democrática. Cf. Sustein, Democracy and the problem of free speech, and Owen Fiss, The irony of free speech (Cambridge, MA: Harvard University Press, 1996)

3

UM ENSAIO SOBRE A LIBERDADE DE EXPRESSÃO: OS ESTADOS UNIDOS VERSUS O RESTO DO MUNDO

Robert A. Sedler[1]

Durante os últimos anos, além de inúmeras apresentações sobre a proteção constitucional da Liberdade de Expressão que fiz em eventos americanos, tenho feito algumas apresentações ao público estrangeiro, incluindo uma apresentação em um colóquio na Universidade de Utrecht, na Holanda e palestras para a Faculdade de Direito da Universidade Estadual de Mari em Yoshkar-Ola, Rússia. Nas apresentações diante de platéias estrangeiras, tenho comparado a muito forte proteção constitucional da Liberdade de Expressão nos Estados Unidos com a proteção, um pouco menor, da Liberdade de Expres-

---

1 Distinto professor de direito da Universidade Estadual Wayne. A.B., 1956, J.D., 1959, Universidade de Pittsburgh. O título deste trabalho foi retirado de uma apresentação que eu fiz na Série de Colóquios de Humanidades Brown Bag da Universidade Estadual Wayne em 18 de outubro de 2005.
Tradução: Sérgio Rubens Birchal Becattini. Advogado formado na Universidade Federal de Minas Gerais (UFMG), especialista em Relações Diplomáticas pela Faculdade Milton Campos, mestrando em direito público pela Pontifícia Universidade Católica de Minas Gerais (PUCMG).

são prevista nas Constituições de outras nações democráticas e sob as normas internacionais de direitos humanos.

Meu público estrangeiro reagiu com surpresa ao ouvir o quão longe os Estados Unidos vão na proteção de formas altamente ofensivas de discurso que o resto do mundo proíbe como "discursos do ódio". Nestas apresentações, tenho tentado explicar porque é que a Constituição americana oferece tanta proteção para a Liberdade de Expressão, incluindo o tipo de discurso que a maior parte do resto do mundo democrático proíbe.

Meu público estrangeiro permaneceu cético, e seu ceticismo é compartilhado por aqueles comentaristas americanos de direito constitucional, que há muito tempo sustentam que a Suprema Corte tem ido "longe demais" na proteção da Liberdade de Expressão contra o esforço do governo para impedir e sancionar discurso "prejudicial".[2]

Em uma das minhas apresentações[3], eu pedi aos participantes para explorar a diferença entre a proteção constitucional da Liberdade de Expressão nos Estados Unidos e "no resto do mundo" à luz dos valores humanistas. Eu pedi-lhes para considerar questões tais como, se os valores humanistas fornecem orientações sobre o quão fortemente devemos proteger a liberdade de expressão quando ela toma a forma de "discurso de ódio" e o que a maioria de nós considera "más idéias". Por outro lado, pedi-lhes para considerar se os valores humanistas poderiam ser invocados para justificar a forte proteção constitucional que damos à liberdade de expressão nos Estados Unidos.

Para minha surpresa, um consenso parecia emergir. O consenso foi de que a forte proteção constitucional para liberdade de expressão nos Estados Unidos era em si um valor humanista *americano*, um

---

2 Para as críticas das decisões da Suprema Corte sobre "discurso de ódio" e pornografia, ver, por exemplo, MARI MATSUDA, CHARLES LAWRENCE, RICHARD DELGADO & KIMBERLE CRENSHAW, WORDS THAT WOUND (1993); THE PRICE WE PAY: THE CASE AGAINST RACIST SPEECH, HATE PROPAGANDA AND PORNOGRAPHY (Laura Lederer & Richard Delgado eds., 1995); Catherine MacKinnon, *Pornography, Civil Rights and Speech*, 20 HARV. C.R.-C.L. L. REV. 1 (1985).

3 Robert A. Sedler, Wayne State University Humanities Center Brown Bag Colloquium Series, *Freedom of Speech: United States vs. the Rest of the World* (Oct. 18, 2005).

valor que foi o produto de nossa própria história e experiência, e um valor que se reflete na *cultura* americana. Assim, nos Estados Unidos, uma preocupação para com os valores humanísticos justificaria proteger "más ideias" e "discurso prejudicial" ao invés de restringí-los. Esta conclusão foi de acordo com minha posição de longa data de que a forte proteção de constitucional da liberdade de expressão nos Estados Unidos é uma parte integrante da cultura americana, resultante da nossa própria história e experiência. É um fenômeno americano. Da mesma forma, tenho também afirmado que outras nações, com história e experiências diversas, podem ser compreensivelmente menos protetoras da liberdade de expressão do que nós somos, e que a liberdade de expressão tem um papel menos importante na cultura daquela nação do que desempenha na cultura americana.

O exemplo clássico de tal nação, na minha opinião, é a Alemanha, um país que tenta combater o legado terrível do nazismo e do Holocausto, de modo que, certamente, não se poderia esperar que a Alemanha tolere qualquer forma de "discurso de ódio" ou qualquer exibição de símbolos nazistas ou de qualquer defesa do genocídio. O mesmo pode ser verdade para as nações européias que suportaram o sofrimento terrível sob agressão nazista na Segunda Guerra Mundial, o Holocausto e para o Estado de Israel. Em qualquer caso, eu mantenho que a forte proteção constitucional da liberdade de expressão nos Estados Unidos está incorporada na cultura americana do século XXI e que a interpretação expansiva da Suprema Corte da garantia da Liberdade de Expressão na Primeira Emenda serve para implementar os valores da sociedade americana de hoje.

Eu começo minhas apresentações sobre a forte proteção da liberdade de expressão na Constituição americana, apontando que muitas das garantias do Bill of Rights, tais como a Primeira Emenda, foram redigidas em termos gerais e abrangentes, de modo que seu significado depende da interpretação dessas disposições pela Suprema Corte em um longo período de tempo[4]. Eu também saliento que, desde a

---

[4] Eu me referi a essas disposições como "amplamente formuladas e de significado aberto" e são melhor descritas como "generalidades majestosas". Robert A. Sedler, *The Legitimacy Debate in Constitutional Adjudication: An Assessment and a Different Perspective*, 44 OHIO ST. L.J. 93, 122 (1983). Elas, entretanto,

Constituição dos Estados Unidos foi promulgada em 1787, quando o direito internacional ainda estava na infância, não deveria ser surpresa que, ao contrário da situação em alguns países com Constituições modernas, o direito internacional não é parte do direito constitucional americano[5]. Isso significa que as normas internacionais de direitos humanos relacionadas às limitações da liberdade de expressão não são, pela sua própria força, uma parte do direito constitucional americano.

A Suprema Corte tem interpretado a garantia da Primeira Emenda de Liberdade de Expressão de forma muito expansiva, e a proteção constitucional conferida a Liberdade de Expressão é, talvez, a mais forte proteção conferida a qualquer direito individual nos termos da Constituição. Nos Estados Unidos, como uma questão constitucional, o valor da liberdade de expressão geralmente prevalece sobre outros valores democráticos, tais como igualdade, dignidade humana e privacidade. Nos Estados Unidos, outros valores democráticos devem ser implementados por meios que não limitem a liberdade de expressão. É por esta razão que a proteção constitucional conferida à liberdade de expressão nos Estados Unidos é, aparentemente, sem paralelo em qualquer outro lugar no mundo, e a causa da visão americana da liberdade de expressão nem sempre ser compatível com as normas internacionais de direitos humanos e com a proteção da liberdade de expressão em outros países democráticos. As normas internacionais de direitos humanos e o direito constitucional de outros países democráticos tratam a liberdade de expressão como um direito importante, mas que deve ser sopesado por outros direitos democráticos. Assim sendo, as normas internacionais de direitos humanos e o direito constitucional de outros países democráticos reconhecem certas restrições à liberdade de expressão que seriam proibidas pela Primeira Emenda.

---

necessitam de definição massiva para operarem efetivamente como limitações ao poder governamental, como os fundadores intencionavam.

[5] De fato, sobre a cláusula de supremacia, Artigo IV, Seção 2, um tratado é igualado à uma lei federal, assim, se um tratado está em conflito irreconciliável com uma lei federal posteriormente promulgada, a lei federal se sobrepõe, mesmo se esta efetiva revogação do tratado possa colocar os Estados Unidos em violação de suas obrigações sob a lei internacional. Veja Chae Chan Ping v. United States, 130 U.S. 581 (1889).

O melhor exemplo de tal restrição é aquela da "propaganda de guerra" e "discurso de ódio", impostas pela Convenção Internacional sobre Direitos Civis e Políticos. Embora o artigo 19 da Convenção geralmente proteja a liberdade de expressão, o artigo 20 requer que qualquer propaganda de guerra e qualquer defesa de ódio nacional, racial ou religioso que constitua estímulo à discriminação, hostilidade ou violência, seja proibida por lei[6]. "A propaganda de guerra" e o "discurso de ódio" são, na maioria das circunstâncias, protegidos pela Primeira Emenda[7]. Desta forma, quando o Senado dos Estados Unidos ratificou a Convenção, a resolução de ratificação conteve uma reserva no sentido de que "o artigo 20 não autoriza ou exige legislação ou qualquer outra ação pelos Estados Unidos que restrinja o direito de liberdade de expressão e de associação protegidos pela Constituição e leis dos Estados Unidos"[8].

Em minhas apresentações, eu dou minha explicação de como a Suprema Corte dos EUA chegou a uma interpretação tão abrangente da garantia da Primeira Emenda de liberdade de expressão, com o resultado de que a proteção constitucional conferida à Liberdade de Expressão nos Estados Unidos é, aparentemente, sem paralelo em qualquer outro lugar do mundo. Na minha opinião, isso resulta do fato de que, em nosso sistema constitucional, direito constitucional se desenvolve baseado caso a caso, por meio do processo de litígio constitucional[9]. À medida que a Suprema Corte decidiu casos envolvendo a Primeira Emenda ao longo dos anos, ela tem elaborado conceitos, princípios, doutrinas e estabelecendo precedentes. Esses conceitos, princípios, doutrinas e precedentes compreendem o que eu chamo de "lei da Primeira Emenda", e como a proteção constitucional foi

---

6 Convenção Internacional de Direitos Civis e Políticos arts. 19-20, 23 de Mar. 1976, 999, U.N.T.S. 171 [doravante Convenção Internacional.

7 *Veja, e.g.*, R.A.V. v. City of St. Paul, 505 U.S. 377 (1992); Dawson v. Delaware, 503 U.S. 159 (1992).

8 S. Exec. Res. 95-2, 102d Cong., Cong. Rec. 4783 (1992) (enacted).

9 Como discutido previamente, a Primeira Emenda foi redigida em termos amplos e abrangentes, e, por esta razão, o texto da Primeira Emenda não contém qualquer critério para restrição possível à liberdade de expressão. As restrições possíveis são aquelas que foram desenvolvidas pela Suprema Corte na interpretação da Primeira Emenda.

estendida para a liberdade de expressão em uma situação, essa proteção tem sido transferida para outras situações implicando direitos oriundos Primeira Emenda. A soma total dos componentes da lei da Primeira Emenda fornece uma grande proteção para a liberdade de expressão, e, por essa razão, em casos de litígios envolvendo a Primeira Emenda, há uma grande probabilidade de que a alegação sobre Primeira Emenda prevaleça[10].

A operação da lei da Primeira Emenda pode ser melhor compreendida a partir da perspectiva do advogado litigante e do juiz a que foram apresentados uma questão envolvendo a Primeira Emenda. Para o advogado litigante e o juiz, é como se os diferentes componentes da lei da Primeira Emenda fossem exibidos como um menu em uma tela de computador, e a tarefa do advogado ou do juiz, por assim dizer, é pressionar a tecla correta. Isso aciona o componente aplicável da lei da Primeira Emenda e os precedentes relevantes. A tarefa do advogado e do juiz, então, é aplicar o componente correto e os precedentes para a resolução da questão envolvendo a Primeira Emenda apresentada no caso em particular. Os parâmetros para a resolução dessa questão estão agora estabelecidos e, em muitos casos, essa resolução vai ser bastante clara.

A maneira que a proteção constitucional da Liberdade de Expressão tem se desenvolvido nos Estados Unidos pode ser contrastada com a forma que os direitos individuais são protegidos pelos documentos internacionais de direitos humanos, como a Convenção Internacional sobre Direitos Civis e Políticos, mencionada acima. Nesse o processo é legislativo e os redatores estão em posição de balancear e acomodar diferentes direitos individuais, e de fazer juízos de valor, tais como as limitações adequadas a um direitos individual em especial. Assim, os redatores da Convenção Internacional sobre os Direitos Civis e Políticos fizeram um juízo de valor no artigo 19 de que a Liberdade de Expressão é um direito individual importante que deve ser protegido[11]. Mas, no artigo 20, eles qualificaram a proteção dada à Liberdade de Expressão, negando proteção ao que eles consideraram

---

10 *Veja* Robert A. Sedler, *The First Amendment in Litigation: The "Law of the First Amendment,"* 48 WASH. &LEE L. REV. 457 (1991).

11 *Veja* Convenção Internacional *supra* nota 7, art. 19.

ser particularmente idéias prejudiciais, tais como a "defesa do ódio nacional, racial ou religioso que constituí estímulo à discriminação, hostilidade ou violência."[12]

Quando a Suprema Corte dos Estados Unidos foi confrontada com um desafio constitucional referente às leis que proibiam "discursos de ódio" ou "estímulo à discriminação, hostilidade ou violência ",[13] o Tribunal resolveu esses desafios por meio da aplicação de dois princípios que surgiram a partir de casos ao longo dos anos: o princípio da neutralidade de conteúdo e o princípio da proteção ao discurso ofensivo. A aplicação desses princípios não deixa espaço para o tipo dos juízos de valor consagrados no artigo 20 da Convenção Internacional sobre os Direitos Civis e Políticos. Pelo contrário, a aplicação desses princípios exige a proteção de todas as idéias, não importa o quão prejudicial o Tribunal pode considerar que elas sejam e não importa o quão desagradável ou ofensivo elas podem ser para a sociedade em geral.

Eu vou agora discutir estes princípios e relacioná-los à proteção constitucional do "discurso de ódio" sob a Primeira Emenda – um resultado que muitos Americanos e a maioria do resto do mundo democrático lamenta claramente.

Quanto à proteção do discurso ofensivo, a Suprema Corte declarou que "se existe um princípio fundamental subjacente à Primeira Emenda, é que o governo não pode proibir a expressão de uma idéia simplesmente porque sociedade acha a idéia ofensiva ou dissonante."[14] O Tribunal fez esta declaração quando foi invalidar uma lei que proíbe a profanação da bandeira americana, notando que "nós não reconhecemos uma exceção a esse princípio, mesmo quando a nossa bandeira está envolvida."[15] Nem pode o governo proibir a expressão de uma idéia de uma maneira particular que seja altamente ofensiva para muitas pessoas como foi, por exemplo, a oposição expressa de uma pessoa contra o recrutamento militar durante a Guerra do Vietnã, por meio de uma jaqueta estampada com o "palavrão indecente",[16]

[12] *Id.* At art. 20.

[13] *Id.*

[14] Texas v. Johnson, 491 U.S. 397, 414 (1989).

[15] *Id.*

[16] Cohen v. Califórnia, 403, U.S. 15, 23 (1971).

"Foda-se o Projeto"[17]. Esse princípio se estende até a proteção da propaganda ofensiva[18]. Sob este princípio, então, sempre que o governo tenta justificar a proibição de uma expressão sob o fundamento de que a idéia em si, ou a maneira pela qual é expressada, é altamente ofensiva para muitas pessoas, essa justificação é necessariamente inadequada.

O princípio referente à Primeira Emenda mais importante na prática é o de neutralidade de conteúdo. Segundo esse princípio, o governo não pode proibir qualquer expressão devido ao seu conteúdo, particularmente por causa do ponto de vista que ela expressa. A premissa subjacente a esse princípio é que a Primeiro Emenda estabelece um mercado de idéias, que todas as idéias, boas e más, devem ser capazes de competir neste mercado, e que o remédio para o mau discurso é mais discurso, não o silêncio forçado.[19] O princípio da neutralidade de

---

17 *Id a 16.*

18 *Veja* Bolger v. Young Drug Prods. Corps., 463 U.S. 60 (1983) (considerou-se como violação da Primeira Emenda uma lei federal que proibia a propaganda de produtos contraceptivos com o fundamento de que esse tipo de propaganda seria ofensivo para muitas pessoas).

19 É esta premissa subentendida que é sujeita a ataques incansáveis pelos críticos da atual jurisprudência da Suprema Corte sobre a Primeira Emenda. Eles rejeitam a noção de mercado de idéias, e afirmam que não pode haver competição justa neste mercado. A mídia e os interesses dos ricos, eles apontam corretamente, tem "presença muito maior no mercado" do que grupos dissidentes. Isso é verdade, é claro, mas a história da Primeira Emenda nos Estados Unidos tem sido a de grupos dissidentes procurando acesso ao mercado, para que possam expressar suas idéias com quaisquer recursos que tenham. Mas, acima de tudo, dizem os críticos, existem más idéias, como genocídio, racismo, sexismo e homofobia, que conseguem acessar o mercado, e o governo deveria ser capaz de proibir a expressão de más idéias por causa do prejuízo que elas causam a sociedade e a "grupos de vítimas". Minha réplica aqui é essa, em tempos diferentes na história de nossa nação, o governo tentou reprimir o que muitas pessoas naquele momento acreditavam ser uma idéia má. Durante a era da Guerra Fria, o governo tentou reprimir a idéia do comunismo, o que expandiu para qualquer oposição ao sistema econômico capitalista e a política externa americana. Durante os movimentos pelos direitos civis, os governos dos estados do sul tentaram reprimir a idéia de integração como "prejudicial ao modo de vida do sul". Durante a era Vietnã, o governo tentou reprimir a oposição a guerra como sendo "não patriótica" e "ajuda ao inimigo". Hoje, é discutido que o governo deveria suprimir o que a maioria de nós considera serem más idéias, como genocídio,

conteúdo invalida uma lei que proíbe a exibição de qualquer símbolo na frente de uma embaixada estrangeira que "tenda a levar aquele governo estrangeiro ao 'ódio público' ou ao 'descrédito público,'" já que apenas proíbe exibições que são críticas a governos estrangeiros e não exibições que lhe são favoráveis.[20] Esse princípio também invalida uma lei federal que permite o uso de uniformes de militares americanos em performaces e representações somente se a performace ou representação não "tenda a desonrar os militares."[21] O princípio da neutralidade de conteúdo foi a base para a Suprema Corte derrubar leis federais e estaduais que proibiam a queima da bandeira americana. Desde que as leis autorizaram a queima como uma forma adequada de dispor de uma bandeira rasgada ou suja, o impacto da proibição foi direcionado para o "conteúdo da mensagem" transmitida pela queima, e, como tal, é inconstitutional.[22]

Os princípios da proteção ao discurso ofensivo e da neutralidade de conteúdo explicam porque é que o "discurso de ódio" nos Estados Unidos recebe proteção constitucional. O governo não pode proibir o "discurso de ódio" com o fundamento de que pode ser ofensivo para muitas pessoas e para "grupos de vítimas." A natureza ofensiva do discurso, longe de justificar sua proibição, é precisamente a razão que o faz merecer a proteção constitucional. E, como explicado acima, o governo não pode proibir os "discurso de ódio" com o fundamento de que expressam uma "má idéia" e são inconsistentes com os valores democráticos. De acordo com o princípio da neutralidade de conteúdo, a idéia de desigualdade tem o direito de competir no mercado de idéias com a idéia de igualdade. Da mesma forma, a idéia de genocí-

---

racismo, sexismo e homofobia. A lista para más idéias em potencial é infinita, e se o governo pudesse suprimir o que esse grupo ou aquele grupo considera ser uma má idéia naquele momento ou em outro momento, um grande número de idéias teria desaparecido do discurso público, e o governo seria o censor perpétuo das "más idéias". Sob o princípio da neutralidade de conteúdo, entretanto, o governo não pode suprimir qualquer idéia. Todas as idéias, boas ou más, devem ser livres para competir no mercado de idéias, e cabe ao povo, não ao governo, decidir o que é uma "má idéia".

20 Boos v. Barry, 485 U.S. 312, 315 (1988).

21 Schacht v. United States, 398 U.S. 58, 62 (1970).

22 Texas v. Johnson, 491 U.S. 397, 412 (1989); *veja também* United States v. Eichman, 496 U.S. 310, 317–18 (1990).

dio, a idéia da negação do holocausto e qualquer idéia, não importa o quão extrema ou repugnante, pode ser expressa. Assim, a Primeira Emenda protege uma passeata dos autodenominados "nazistas", com uniformes nazistas e suásticas em uma cidade com uma grande população judaica, incluindo muitos sobreviventes do holocausto[23]. Tal passeata, é claro, seria proibida pelas normas internacionais de direitos humanos.[24]

Vemos, então, que a liberdade de expressão nos Estados Unidos recebe uma grau muito elevado de proteção constitucional. A proteção constitucional conferida é talvez mais forte do que a conferida a qualquer outro direito individual sob a Constituição americana, e o valor da liberdade de expressão, em geral, prevalece sobre outros valores democráticos, tais como igualdade, dignidade humana, privacidade.[25]

---

23 *Veja* Collin v. Smith, 578 F.2d 1197, 1198–99 (7th Cir. 1978).

24 Uma série de decisões judiciais tem defendido leis de "discurso de ódio" contra reivindicações de liberdade de expressão. *Veja* The Queen v. Keegstra, [1990] 3 S.C.R. 697, 698 (alegando que a lei canadense que proíbe a "promoção voluntária de ódio contra um grupo identificável" não viola a garantia da liberdade de expressão da Carta Canadense de Direitos e Liberdade); *Robert Faurisson v. France*, U.N. Human Rights Comm'n, U.N. Doc. CCPR/C/58/D/ 550/1993 (1996) (lei francesa que torna uma ofensa contestar a existência das categorias de crimes contra a humanidade, tal como definido na Carta de Londres de 08 de agosto de 1945, que inclui genocídio, não viola as garantias da liberdade de expressão, do artigo 10 da Convenção sobre os Direitos Humanos da União Europeia ou do artigo 19 da Convenção Internacional sobre Direitos Civis e Políticos); Caso de negação do holocausto, Bundesverfassungsgericht [BVerfGE] [Corte Constitucional Federal], 13 de abr. de 1994, 90 Entscheidungen des Bundesverfassungsgerichts [BverfGE] 241 (F.R.G.) (a aplicação de uma lei que proíbe o encontro de um grupo que promove a negação do holocausto não viola a garantia da liberdade de expressão da Constituição Alemã). *Cf.* Ceylan v. Turkey, 30 Eur. Ct. H.R. 73 (2000) (o Tribunal julgou que a condenação de um líder trabalhista por escrever um artigo de jornal denunciando as políticas "terroristas" anti-curdos do governo turco viola o artigo 10 da Convenção Européia de Direitos Humanos).

25 Eu acho que o Justice John Marshall Harlan Jr. tem dado o que é, talvez, a explicação mais convincente do valor da liberdade de expressão na Primeira Emenda e de seu papel como parte integrante da cultura americana:
O direito constitucional de liberdade de expressão é um remédio poderoso em uma sociedade tão diversa e populosa como a nossa. Ele é pensado e intencionado para remover restrições governamentais da arena pública de discussão, colo-

A conseqüência desse grau muito elevado de proteção constitucional à liberdade de expressão nos Estados Unidos é que as idéias que a maioria dos americanos consideram muito repugnantes, e que podem ser prejudiciais para algumas pessoas, como o ódio racial, podem ser expressas livremente. Ao mesmo tempo, a proteção expandida à liberdade de expressão sob a Primeira Emenda garante um debate robusto sobre todas as questões públicas e a mais ampla divulgação de todas as idéias. Como dito acima, sob a Primeira Emenda, não há tal coisa como uma "má idéia", e o remédio para o mau discurso é "mais discurso, e não o silêncio forçado."[26] É parte da nossa cultura que as pessoas sejam "livres para falar o que pensam" e que não precisem ter medo de que elas serão sancionadas por dizer algo que é ofensivo

---

cando a decisão de quais visões devem ser divulgadas amplamente nas mãos de cada um de nós, na esperança de que o uso de liberdade vai finalmente produzir cidadãos mais capazes e uma política mais perfeita e na crença de que nenhuma outra abordagem iria se adequar com a premissa da dignidade e escolha pessoal que sustenta nosso sistema político.

Para muitos, a conseqüência imediata dessa liberdade pode muitas vezes aparecer ser apenas tumulto verbal, a discórdia, e até mesmo expressão ofensiva. Estes são, no entanto, dentro dos limites estabelecidos, na verdade, efeitos colaterais necessários de valores mais amplos duradouros que o processo de debate aberto nos permite alcançar. Que o ar pode, as vezes, parecer cheio de cacofonia verbal é, neste sentido, não é um sinal de fraqueza, mas de força. Não podemos perder de vista o fato de que, de outra forma pode parecer um exemplo trivial e irritante de abuso do mau gosto individual de um privilégio, estes valores fundamentais da sociedade são verdadeiramente implicados.

Cohen v. California, 403 U.S. 15, 24–25 (1971) (internal citation omitted).

[26] Recentemente, eu participei do Programa Visitante Internacional do Departamento de Estado Norte Americano, fazendo apresentações sobre o Direito Constitucional americano para grupos pequenos, na maioria de visitantes muçulmanos vindos de países europeus. Ao mesmo tempo, a controvérsia grassava em todo o mundo sobre a publicação de uma charge do profeta Maomé em um jornal dinamarquês. Da mesma forma, a França teve recentemente aprovada uma lei contra o uso do lenço de cabeça por alunas muçulmanas, e na Turquia, uma nação majoritariamente muçulmana, mas oficialmente secular, há muito tempo proibiu o uso do lenço de cabeça islâmico em qualquer prédio público. Apontei ao meu público que, nos Estados Unidos, a Primeira Emenda protege o direito de um jornal publicar um cartoon do profeta Maomé, e também protege o direito das alunas muçulmanas e as mulheres muçulmanas de usar o lenço de cabeça como uma forma de expressão religiosa.

ou impopular. O governo não é obrigado, e, mais importante, não lhe é permitido tomar decisões sobre quais idéias podem, ou não podem, ser expressas. A garantia constitucional da liberdade de expressão sob a Primeira Emenda, por fim, significa liberdade de expressão no sentido mais amplo. Para o melhor ou pior, este é o modo americano.

4

LIBERDADE DE EXPRESSÃO EM DECISÕES NA EUROPA E NOS ESTADOS UNIDOS: UM ESTUDO DE CASO NA ARQUITETURA CONSTITUCIONAL COMPARADA

Frederick Schauer[1]

Constituições e Direitos humanos são direitos diferentes em culturas diferentes. Não só na sua substância, mas também em sua arquitetura. Alguns direitos são redigidos de forma ampla e vaga, enquanto outros são escritos em termos mais estritos e precisos. Em alguns ordenamentos jurídicos, a determinação do âmbito de aplicação do direito é mesclada com a determinação de sua força, enquanto que, em outros sistemas, questões no âmbito da força são bem delineadas. Alguns direitos são aparentemente absolutos; outros permitem revo-

[1] Professor de Direito da Universidade da Virgínia; Frank Stanton Professor sobre a Primeira Emenda, Escola de Governo John F. Kennedy da Universidade de Harvard até 2008.. Este artigo foi apresentado pela primeira vez em 7 de maio de 2003, em Göttingen, na Alemanha, por ocasião do Colóquio UniDem da Comissão de Veneza do Conselho da Europa. Apoio à pesquisa foi generosamente fornecida pelo Joan Shorenstein Center on the Press, Politics and Public Policy. Tradução Alessandra Bagno. Revisão Deborah Lamounier Sampaio

gações. Alguns direitos são universalmente aplicáveis no seu âmbito de jurisdição, enquanto outros aplicam-se apenas a algumas pessoas ou em alguns momentos ou em alguns lugares. Alguns direitos são inderrogáveis, enquanto outros são sujeitos a suspensão em casos de catástrofe ou em circunstâncias de emergência ou de crise.

Embora essas diferenças permeiem o tema da arquitetura dos direitos constitucionais e humanos[2], tais questões arquitetônicas têm sido especialmente visíveis e especialmente contestadas com respeito aos direitos fundamentais como a liberdade de expressão, liberdade de discurso e liberdade de comunicação, incluindo a liberdade de imprensa, o direito de reunião, a liberdade de associação, e vários outros direitos (liberdade acadêmica e liberdade artística, por exemplo), geralmente associados em todo ou em parte com o conjunto de direitos de comunicação. Em parte, porque os conceitos de linguagem, expressão e comunicação são bastantes amplos e, em parte, porque os interesses que aparecem com eles colidentes muitas vezes são especialmente importantes. Em ambos os casos tem havido uma preocupação explícita com a concepção de liberdade dos direitos de comunicação em praticamente todos os países com sofisticadas culturas constitucionais ou dos direitos humanos e proteção legal. Essa preocupação com a estrutura e o desenho dos direitos de comunicação surgiu de uma necessidade para delimitar o âmbito dos direitos que, se tomados literalmente teriam alcance ilimitado, e tem sido, portanto, dada atenção para a necessidade de conceber os direitos de modo simultâneo para garantir a sua proteção eficaz e também para proporcionar espaço apropriado de respiração para uma multiplicidade de importantes interesses contrapostos.

Como as questões relacionadas com a arquitetura de direitos surgiram com particular frequência no contexto da liberdade de comunicação, passou a haver uma divisão importante sobre a arquitetura de tais direitos. Mais particularmente, há uma visão, difundida no

2 Para o meu próprio pensamento sobre a estrutura dos direitos em geral, ver Frederick Schauer, "A Comment on the Structure of Rights," Georgia Law Review, vol. 27 (1993), p. 415-34; Frederick Schauer, "Exceptions," University of Chicago Law Review, vol. 58 (1991), p. 871-99; Frederick Schauer, "Can Rights Be Abused,?" Philosophical Quarterly, vol. 31 (1981), p. 225-30.

Canadá, na Europa e na África do Sul, de que o discurso americano em decisões envolvendo a liberdade de expressão é obcecado com uma série de classificação e definição[3]. Sob esse ponto de vista, no julgamento de casos envolvendo a liberdade de expressão, há decisões em que certas formas de comunicação, de liberdade de expressão e liberdade de imprensa ficam de fora do âmbito de proteção da Primeira Emenda. Esse processo de exclusão categórica mascara a dificuldade

[3] Uma amostra da literatura comparada sobre esse ponto inclui Nadia Ahmad, " "The Canadian Charter of Rights and Freedoms: An Example of Canadian Dependence on the United States or Commitment to International Law," Detroit College of Law Journal of International Law and Practice, vol. 7 (1998), p. 89 et seq.; Donald L. Beschle, "Clearly Canadian? Hill v. Colorado and Free Speech Balancing in the United States and Canada," Hastings Constitutional Law Quarterly, vol. 28 (2001), p. 187 et seq.; Paul Horwitz, "Law's Expression: The Promise and Perils of Judicial Opinion Writing in Canadian Constitutional Law," Osgoode Hall Law Journal, vol. 38 (2000), p. 101 et seq.; Vicki C. Jackson, "Comparative Constitutional Federalism and Transnational Judicial Discourse," International Journal of Constitutional Law, vol. 1 (2004), p. 91 et seq.; Vicki C. Jackson, "Ambivalent Resistance and Comparative Constitutionalism: Opening Up the Convsreation on 'Proportionality',' Rights and Federalism," University of Pennsylvania Journal of Constitutional Law, vol. 1 (1999), p. 583 et seq.; Simon Mount, "R v Shaheed: The Prima Facie Exclusion Rule Reexamined," New Zealand Law Review, vol. [2003], p. 45 et seq.; Aaron J. Polak, "Free Legal Trade: American First Amendment Theory Fails to Persuade Canadian Courts," Emory International Law Review, vol. 8 (1994), p. 579 et seq.; Cedric Merlin Powell, "The Mythological Marketplace of Ideas: R.A.V., Mitchell, and Beyond," Harvard Blackletter Law Journal, vol. 12 (1995), p. 1 et seq.; Adrienne Stone, "The Limits of Constitutional Text and Structure: Standards of Review and Freedom of Political Communication," Melbourne University Law Review, vol. 23 (1999), p. 668 et seq.; Nadine Strossen, "Recent U.S. and International Judicial Protection of Individual Rights: A Comparative Legal Process Analysis and Proposed Synthesis," Hastings Law Journal, vol. 41 (1990), p. 805 et seq.; Clive Walker and Russell L. Weaver, "The United Kingdom Bill of Rights 1998: The Modernisation of Rights in the Old World," University of Michigan Journal of Law Reform, vol. 33 (2000), p. 497 et seq.; Lorraine C. Weinrib, "Hate Promotion in a Free and Democratiuc Society: R. v. Keegstra," McGill Law Journal, vol. 36 (1991), p. 1416 et seq.; Lorraine C. Weinrib, "The Supreme Court of Canada and Section One of the Charter," Supreme Court Law Review, vol, 10 (1988), p. 469 et seq. Ver também Eric Barendt, Freedom of Speech (Oxford: Oxford University Press, 1985); Kent Greenawalt, Fighting Words: Individuals, Communities, and Liberties of Speech (Princeton: Princeton University Press, 1995), especialmente o Capítulo 2.

do mecanismo de sopesamento que a estrutura canadense, europeia e sul-Africana tanto facilita quanto torna mais transparente. A abordagem americana, dizem seus críticos no exterior, produz resultados que são substancialmente indesejáveis e processualmente inadequados, sendo consequência de uma preocupação com as categorias e da relutância em reconhecer a importância dos numerosos valores que frequentemente vezes entram em conflito com os valores da liberdade de comunicação.

Meu objetivo neste artigo é abordar esses contrastes e essa controvérsia, relacionando algumas delas a questões mais abstratas sobre a teoria dos direitos; algumas a questões mais amplas acerca do método constitucional e outras a divergências genuínas sobre a substância e a força do direito e não sobre sua estrutura. Não é meu objetivo aqui tomar uma posição particularmente comprometida com a conveniência de uma abordagem ou estrutura em detrimento da outra, embora eu sugira que os críticos da abordagem americana ignorem, menos do que os próprios americanos, em que medida confiam nas categorizações e em que medida eles disfarçam ou negligenciaram suas escolhas. Meu objetivo é, portanto, essencialmente descritivo e explicativo, embora suspeite que tanto a descrição como a explicação apresentam um pouco do sabor de uma defesa da abordagem americana contra as acusações de seus críticos. Em certa medida, isso é verdade. No entanto, a defesa não deve ser entendida como uma receita para que as outras jurisdições sigam o exemplo americano; melhor seria se fosse tomada como uma explicação do porquê a abordagem americana é mais naturalmente aplicada a partir de escolhas mais profundas da cultura constitucional do país.

1. A DIFERENÇA DESCRITA

A diferença básica entre as abordagens americana e não americana pode ser melhor descrita na estrutura formal e literal das garantias relevantes, embora as diferenças na estrutura formal de um direito sejam o início e não o fim da análise. Ainda assim, as diferenças formais são uma boa forma de entrar no problema. Em termos de tais diferenças, a parte mais notável da garantia da liberdade de expressão (e da liberdade de imprensa) na Primeira Emenda da Constituição dos Estados Unidos é que ela parece *prima facie* na forma de um direito absoluto: "O Congresso não fará nenhuma lei, cerceando a liberdade de expressão ou de imprensa"[4]

Embora o texto da Primeira Emenda aluda ao "Congresso", é aceito que, em virtude da "incorporação" da Primeira Emenda pela Décima Quarta Emenda, a Primeira Emenda agora delimita os poderes dos Estados, bem como aqueles do Governo Federal. [Stromberg *v.* California, US 283 359 (1931); Gitlow v. New York, 268 US 652 (1925)]. Como está escrita, essa garantia não faz nenhuma referência à força dos interesses potencialmente concorrentes, nenhuma referência à possibilidade de o direito a ser superado ou ultrapassado, nenhuma referência a casos em que seu exercício possa ser limitado. De acordo com seus termos literais, a Primeira Emenda é absoluta.

Em contraste com o aparente caráter absoluto da Primeira Emenda, a típica proteção moderna não americana do mesmo direito difere de seu congênere americano em dois aspectos importantes. Primeiro, o mais óbvio, no artigo 10 º da Convenção Europeia dos Direitos Humanos, é a presença de uma lista explícita de várias qualificações ou exceções para esse direito. Embora o artigo 10 (1) da Convenção proteja a liberdade de expressão em termos aparentemente absolutos (exceto pela previsão de autorização para transmissão da radiofrequência e de imagens), o artigo 10 (2) passa a permitir a existência de restrições em nome da "segurança nacional, integridade territorial ou segurança pública, prevenção do crime, proteção da saúde ou da moral, proteção da reputação ou dos direitos de outrem, para impedir a divulgação de informações confidenciais ou para garantir a autoridade e imparcialidade do poder judicial". Assim como o dispositivo 1º garante o direito, o dispositivo 2º aparece de forma significativa para circunscrevê-lo.

Em segundo lugar, e mais significativamente, a típica proteção não-americana da liberdade de comunicação[5] autoriza explicitamente

---

4 O texto completo é como se segue:
"O Congresso não fará nenhuma lei relacionada ao estabelecimento de religião, ou proibindo o livre exercício dela; ou cerceando a liberdade de expressão ou de imprensa, ou o direito do povo de se reunir pacificamente, e de dirigir petições ao Governo para reparação de injustiças."

5 Para os fins desta análise, não vou fazer distinção entre liberdade de expressão, liberdade de discurso e liberdade de comunicação..

um processo de equilíbrio de interesse entre liberdade de comunicação e outros interesses concorrentes. Na Convenção Europeia dos Direitos Humanos, a metodologia de equilíbrio é contida diretamente no artigo 10 (2) que define a lista de interesses colidentes acompanhada da afirmação de que a liberdade de expressão, uma vez que implica deveres e responsabilidades, pode ser submetida a certas formalidades, condições, restrições ou sanções, previstas pela lei, desde que sejam necessárias numa sociedade democrática. "Mais comumente, essas habilitações estão contidas em uma cláusula de limitações aplicáveis a todos os direitos, como por exemplo, na Carta Canadense de Direitos e Liberdades, que protege a liberdade de expressão (bem como as liberdades relacionadas com pensamento, crença, opinião, imprensa, reunião e associação) na Seção 2, mas que, na Seção 1, a cláusula de limitações, permite que os direitos contidos na seção 2, bem como todos os outros direitos, possam submeter-se a "limites razoáveis prescritos pela lei e comprovadamente justificados em uma sociedade livre e democrática."

Da mesma forma, a África do Sul designa alguns direitos fundamentais como inderrogáveis, mas para todos os outros, incluindo o direito à liberdade de expressão, os direitos podem ser "limitados nos termos da lei de aplicação geral, na medida em que a limitação seja razoável e justificável em uma sociedade aberta e democrática, baseada na dignidade humana, igualdade e liberdade, tendo em conta todos os fatores relevantes, incluindo – a). a natureza do direito; b). a importância da finalidade da limitação; c). a natureza e a extensão da limitação, d). a relação entre a limitação e o seu propósito; e). e meios menos restritivos para alcançar o objetivo."[6]

O modelo canadense de uma cláusula geral de limitações, aparelhado pelo critério da proporcionalidade sul-africano, tornou-se dominante entre as avançadas democracias constitucionais. As Leis

---

6 Constituição da República da África do Sul, Seção 36. O direito à liberdade de expressão está contida na Seção 16, os direitos de reunião, manifestação, greve, petição e associação estão contidos nas Seções 17 e 18. E embora a Secção 16 esteja sujeita à cláusula de limitações gerais, A Seção 16 deixa claro que as proteções não se estendem à "propaganda de guerra", "incitamento à violência iminente" ou "defesa de ódio que se baseie na raça, etnia, sexo ou religião, e que constitua incitação de causar danos."

Fundamentais de Israel permitem limitação de direitos fundamentais, quando estiver "de acordo com os valores do Estado de Israel, for concebida para um propósito adequado e numa extensão não maior do que a requerida."[7] A Lei Fundamental da República Federal alemã permite explicitamente restrições de direitos fundamentais, desde que estabelecidas de forma explícita por uma lei de aplicação geral, desde que preserve a "essência" do direito afetado.[8] A Carta dos Direitos da Nova Zelândia, Lei de 1990, autoriza expressamente limitações em linguagem virtualmente idêntica à que consta da Carta Canadense de Direitos e Liberdades[9] e as disposições de limitações da Convenção Europeia dos Direitos Humanos são agora lei, diretamente ou por incorporação,[10] em toda a Europa.

Como o embate tem sido desenvolvido, a questão não é saber apenas se as limitações devem ser omitidas, como nos Estados Unidos, ou ligadas a direitos específicos, como na Convenção Europeia, ou aplicadas a todos ou quase todos os direitos, como no Canadá, Alemanha, África do Sul e Nova Zelândia.[11]

Em vez disso, a importância do problema deriva do modo pelo qual, textualmente, as diferentes formulações podem ser pensadas para produzir diferentes processos de decisão. Sob a abordagem americana, ele aparece como se a única tarefa fosse a de delinear os contornos de um direito que é, então, tratado como tendo vigor infinito, de tal forma que toda "ação", por assim dizer, está em fase de definição. Em contraste, a abordagem não americana aparece explicitamente para autorizar um processo de dois passos, em que o primeiro passo é para delinear o âmbito do direito e, em seguida, se alguma atividade ou alguma restrição governamental cai dentro desse âmbito; a partir daí, passa-se a determinar se as limitações são justificadas de acordo com a carga designada da justificação e da proporcionalidade.

---

7 Estado de Israel, Lei Básica – Dignidade Humana e Liberdade, § 8.

8 Lei Fundamental da República Federal da Alemanha, o artigo 19.

9 Nova Zelândia, Carta de Direitos de 1990, § 5.

10 Ver, por exemplo, o Reino Unido Lei de Direitos Humanos de 1998.

11 Sobre essa distinção, ver David Kretzmer, "Basic Laws as a Surrogate Bill of Rights: The Case of Israel," in Philip Alston, ed., Promoting Human Rights Through Bills of Rights: Comparative Perspectives (Oxford: Oxford University Press, 1999), pp. 75-92..

III. O DEBATE ATUAL

O debate atual entre essas duas abordagens, na verdade, envolve duas controvérsias diferentes. Uma delas trata da estrutura formal dos direitos e se desenvolvem conforme descrevemos anteriormente. De um lado do debate está a visão de que os direitos fundamentais devem ser projetados e delineados de modo absoluto, com a melhor estrutura de direitos sendo a de uma lista de direitos (provavelmente) específico, estritamente definidos, mas infinitamente vinculantes. [12] Segundo essa abordagem, as articulações de direitos específicos são estabelecidas com o entendimento de que os direitos assim descritos são absolutos. Nenhum sopesamento, balanceamento ou teste de proporcionalidade está envolvido ou permitido; os direitos, como uma matéria de estrutura, são designados de tal modo que não podem ser superados ou declarados inaplicáveis com respeito a qualquer conduta que cais no âmbito linguístico de sua proteção

Segundo seus defensores, as vantagens dessa forma de arquitetura dos direitos fundamentais residem principalmente no domínio das preocupações sobre os deslizes na sua aplicação[13]. As prevalências de outros interesses se darão especialmente porque os titulares de certos direitos – especialmente os direitos à liberdade de expressão e do justo procedimento em direito penal – serão desproporcionalmente impopulares (ou culpados), pois expressarem ideias impopulares ou praticarem condutas antissociais[14].Diante desse fenômeno, o argumento segue, a permissão para a prevalência de outros interesses sobre os direitos dá-se num ambiente em que é altamente provável que o exer-

---

[12] Tal abordagem é desenvolvida em Charles Fried, Right and Wrong (Cambridge, Massachusetts: Harvard University Press, 1978).

[13] Veja John Hart Ely, "Flag Desecration: A Case Study in the Roles of Categorization and Balancing in First Amendment Analysis," Harvard Law Review, vol. 88 (1975), p. 1482 et seq; Mark Tushnet, "'Of Church and State and the Supreme Court': Kurland Revisited," The Supreme Court Review, vol. 1989, p. 373 et seq., p. 382, 400.

[14] Veja Frederick Schauer, "Slippery Slopes," Harvard Law Review, vol. 99 (1985), p. 361 et seq; Frederick Schauer, "Codifying the First Amendment: New York v. Ferber," The Supreme Court Review, vol. 1982, p. 285 et seq; Frederick Schauer, "Categories and the First Amendment: A Play in Three Acts," Vanderbilt Law Review, vol. 34 (1981), p. 265 et seq.

cício do direito vá parecer indevido e convincentes os motivos para sua não incidência.

Com tal ambiente psicológico, sociológico e político, assim continua o argumento, direitos será ultrapassados, superados ou não prevalecerão com grande frequência. O único remédio, diz-se, é dedicar um esforço considerável no início para definir os direitos com cuidado, e depois de tê-lo feito, em seguida, criar um sistema de tal forma que a não superabilidade (overridability) torne os direitos tão duráveis no caldeirão de aplicação prática quanto se imaginava quando o direito foi o primeiramente projetado[15].

Por outro lado. temos o argumento da imprevisibilidade. Cuidadosamente escritos, projetados e não superáveis, os direitos fundamentais assemelham-se aos códigos escritos, publicamente acessíveis e sem necessidade de interpretação, tão celebrados por Jeremy Bentham,[16] mas passíveis das mesmas falhas. Assim como nenhum código de leis pode antecipar todas as eventuais situações protegidas, tampouco pode antecipar *ex tante* todas as exceções ao exercício de um direito. Como descrito por Bentham, nenhum código ou lei civil tem sido capaz de sobreviver sem a incorporação de mecanismos de modificação interna contínua. A mesma coisa sucede com os direitos. A menos que eles contenham a flexibilidade necessária para permitir a sua própria modificação e que prevejam a possibilidade de eventos imprevistos que os superem os direitos serão amplamente ignorados e destinados a ser substituídos por algo mais flexível ou, pior ainda, condenados à ineficácia em garantir os interesses cuja proteção é a sua razão de ser.

O debate em torno da rigidez, flexibilidade e dos desvio dos direitos é um dos debates pertinentes. Diz um grande número de canadenses, europeus e sul-africanos, entre outros, que a abordagem americana é questionável, não só porque ela representa uma solução

---

15 Veja Kathleen M. Sullivan, "Post-Liberal Judging: The Roles of Categorization and Balancing," University of Colorado Law Review, vol. 63 (1992), pp. 293 et seq; Kathleen M. Sullivan, "Foreword: The Justices of Rules and Standards," Harvard Law Review, vol. 106 (1992), p. 22 et seq.

16 Ver Gerald M. Postema, Bentham and the Common Law Tradition (Oxford: Clarendon Press, 1986).

equivocada sobre o, mas também porque é falaciosa, pois os americanos acabam fazendo subrepticia e dissimuladamente o que o resto do mundo constitucional avançado faz com honestidade e transparência. Às vezes, os críticos dizem, é só uma questão de acrescentar exceções e qualificações e de elaborar testes para os direitos aparentemente absolutos. Quando os tribunais americanos permitem que os direitos de livre expressão possam ser anulados por interesses prevalecentes[17] após intrincados testes que envolvem três e quatro operações analíticas,[18] estão empenhados num similar exame de proporcionalidade ou de *balacing* de modo menos franco e disciplinado.

Pior ainda, dizem os críticos, é o que acontece na primeira fase do tese. Reconhecendo que os direitos de liberdade de expressão devem ser extraordinariamente fortes, os americanos, dizem os críticos, fazem o seu tese de balanceamento e proporcionalidade quando definem os direitos[19] e dissimuladamente afirmam que certas atividades estão fora do âmbito de proteção do direito, quando seria mais sábio, mais transparente e mais honesto fazer essa operação abertamente. Ao insistir que os direitos não prevalecentes não são realmente direitos, dizem os críticos, os americanos fazem por debaixo da mesa o que a maioria dos outros países faz mais abertamente.

IV. EM BUSCA DA EXPLICAÇÃO

Como em muitos outros debates, há o risco de que essa discussão sobre a arquitetura da liberdade de expressão caia num simples debate normativo entre os defensores que alardeiam as virtudes da posição adotada em seu próprio país. Nesse antigo, vou tentar apresentar algu-

---

17 Veja New York v Ferber, 458 US 747 (1293).

18 Veja Miller v Califórnia, 413 US 15 (1973) (obscenidade); Central Hudson Gas & Electric Corporation v Public Service Commission of New York, 447 US 557 (1980) (publicidade comercial).

19 Na literatura norte-americana, esse processo tem sido ocasionalmente referido como "equilíbrio de definição." Ver Melville Nimmer, "The Meaning of Symbolic Speech Under the First Amendment," UCLA Law Review, vol. 21 (1973), p. 29 et seq; Melville Nimmer, "The Right to Speak from Times to Time: First Amendment Theory Applied to Libel and Misapplied to Privacy," California Law Review, vol. 56 (1968), p. 935 et seq..

mas explicações sobre as razões da abordagem americana e sua diferença para as outras, mas sem entrar na discussão do que é melhor ou pior. Na verdade, o meu ponto de vista é que não se trata de uma questão de melhor ou pior, mas sim de forma como as diferentes arquiteturas emergem de diferentes pontos de vista, compromissos substantivos e de experiências diferentes sobre o *locus* do poder de decisão.

A. *A Questão da Idade*

A abordagem americana sobre a liberdade de expressão não é caracterizada apenas pelo uso de exames complexos, como mencionado acima, e por delimitação do que fica dentro ou fora da cobertura da Primeira Emenda,[20] mas também por uma grande variedade de qualificações, exceções, princípios, regras e presunções. À primeira vista, a tentação é ver isso como algo barroco, formal e um tanto ridículo. No entanto, por mais tentadora que seja essa caracterização, devemos resistir a ela. Afinal, exames complicados, divididos em máximas de três ou quatro itens, estão presentes na avaliação de numerosos estatutos e regulamentos em todo o mundo, com seus princípios, regras, presunções, qualificações e exceções, os quais permeiam virtualmente todos os temas legais. Dito isso e tendo em vista que a liberdade de expressão deve ser vista como uma área do Direito e não apenas como um aparente conteúdo abstrato destinado á proclamações em feriados nacionais, a questão muda de figura, de modo que nos deparamos com a possibilidade de que a liberdade de expressão, do mesmo modo que os contratos, os delitos, a propriedade real, a concorrência desleal ou regulamentação de valores mobiliários, é simplesmente um assunto jurídico maduro – uma área bem desenvolvida da doutrina jurídica – com todas as características que a maturidade pode trazer.

Para colocar o mesmo problema de uma maneira diferente, uma possibilidade é que a abordagem americana, quando comparada com a que prevalece em outros lugares, é dada, sobretudo, em função da

20 Sobre a questão da "cobertura", o equivalente americano do inquérito primeira etapa canadense, europeu e adjudicação do Sul Africano, ver Frederick Schauer, "The Boundaries of the First Amendment," Harvard Law Review, vol. 117 (2004).

experiência e do resultado de casos e desafios que se sucedem no tempo. Atualmente, a Primeira Emenda conta com 213 anos. E apesar da primeira alteração séria remontar a 1919[21], há, nos Estados Unidos, nada menos do que 85 anos de intenso engajamento judicial (bem como público e político) em julgamentos sobre a liberdade de expressão.

Por outro lado, a experiência com questões que dizem respeito à liberdade de expressão, no âmbito da Convenção Europeia dos Direitos Humanos, tem perto de vinte e cinco anos; a Carta Canadense de Direitos e Liberdades tem pouco mais de vinte anos e na maioria dos outros países mencionados acima um pouco mais de dez anos.

Esse enorme diferencial obtido pela simples experiência na quantidade de julgamentos sobre liberdade de expressão tornou os Estados Unidos mais experientes no tema, não no sentido avaliativo do termo, mas porque permitiu que os tribunais americanos enfrentassem uma maior quantidade e diversidade de questões sobre liberdade de expressão. Como surgiu um grande número de problemas diferentes sobre liberdade de expressão, essas questões e casos, não surpreendentemente, arranjaram-se em padrões, os quais podem ser menos aparentes e mais fluidos do que em países com uma base experimental substancialmente menor. Tal como a Common Law se tem tornado substancialmente menos fluida à medida em que padrões de disputas se repetiram ao longo de centenas dos anos e como os códigos em países da Civil Law se têm tornado mais e mais refinados na disciplina das matérias, assim também, a jurisprudência sobre a liberdade de expressão consolida-se ao longo do tempo por meio da experiência. O que parece para os canadenses e europeus como uma obsessão americana com limites, definições, categorias, testes e regras pode muito bem ser uma obsessão, mas é provável que uma obsessão pela experiência e, portanto diferente da obsessão com todos os apetrechos

[21] Em discussões anteriores e aplicações da Primeira Emenda, principalmente nos tribunais inferiores, ver David M. Rabban, Free Speech in Its Forgotten Years (Cambridge: Cambridge University Press, 1997). The modern era of free speech adjudication in the Supreme Court is commonly taken to begin with a series of important 1919 cases, including Scehck v. United States, 249 U.S. 47 (1919); Frohwerk v. United States, 249 U.S. 204 (1919); Debs v. United States, 249 U.S. 211 (1919); and Abrams v. United States, 250 U.S. 616 (1919).

da doutrina jurídica, a qual caracteriza um grande número de outros temas jurídicos igualmente velhos e densos.

Quando a Corte Europeia de Direitos Humanos tratou do caso Sunday Times (Talidomida)[22] acerca da questão da publicidade da matéria, ele se posicionou sobre um problema inteiramente novo para ela, ainda que contando com uma considerável experiência sobre a questão nos diferentes Estados-membros.

A questão era nova para a Corte e não deve causar surpresa que o assunto tenha decidido de forma substancialmente aberta, mesmo levando em conta a margem de apreciação que a Convenção e a Corte consideram diante das diferentes histórias e práticas nacionais.

Mas seria uma grande surpresa se, no ano, digamos, 2029, meio século após o caso Talidomida, o mesmo tribunal fosse tratar cada caso sobre o assunto como se fosse um novo caso. Muito mais provável é que a Corte em 2029 tivesse uma experiência cada vez mais profunda sobre a questão e que os tribunais nacionais, por sua vez, tivessem cada vez mais experiência em trabalhar os vários detalhes dentro dos interstícios da lei nos termos do artigo 10 da Convenção, de modo que essa experiência tivesse produzido não só precedentes, mas também regras, princípios, cânones, máximas, presunções e todos os outros dispositivos cada vez mais complexos da doutrina jurídica sobre o tema. Em teoria, continua a ser possível que julgamentos sobre a liberdade de expressão no Canadá, na Europa e em outros países que não nos Estados Unidos permanecerão, em "Q'adi-like fashion", continuamente abertos e contextualmente específicos.

Mas essa possibilidade é muito remota e se fosse ocorrer constituiria um desafio não só para o desenvolvimento da teoria americana sobre liberdade de expressão, mas para a Common Law em geral.[23]

---

22 (1979) 2 EHRR 245.

23 Na jurisdição constitucional norte-americana como em grande parte do processo da common law, ver David A. Strauss, "Common Law Constitutional Interpretation," University of Chicago Law Review, vol. 63 (1996), p. 877 et seq. Para aplicação da liberdade de expressão, ver David A. Strauss, "Freedom of Speech and the Common-Law Constitution," in Lee C. Bollinger and Geoffrey R. Stone, eds., Eternally Vigilant: Free Speech in the Modern Era (Chicago: University of Chicago Press, 2002), p. 33-59.

Muito mais provável que, como mais e mais casos sendo apresentados, haverá muito mais regras no direito europeu, como há nos Estados Unidos, e que as diferenças aparentes em 2004 são muito mais uma função da experiência diferencial do que por algo mais profundo ou mais permanente. Isso é especialmente destacada nas fronteiras mais do que no centro da doutrina sobre a liberdade de expressão I

No Canadá, na Europa e na África do Sul, casos de liberdade de expressão tem-se mostrado bastante comuns, pelo menos no sentido de trazerem para deslinde questões que teóricos e práticos têm tratado por gerações, tais como difamação, pornografia, publicidade nos meios de comunicação de massa, discurso de ódio e suposto discurso de ameaça à segurança nacional. Os tribunais americanos, embora se tenham há muito debruçado sobre o tema, continuam envolvidos (talvez "atormentados" seja a melhor palavra) com um grande número de casos que suscitam pedidos de liberdade de expressão que estão em algum lugar entre o normal e o absurdo. Afirmações de que a Primeira Emenda limita a disciplina sobre valores mobiliários, as leis antitruste, a lei de fraude e muitos outros temas são uma amostragem do atual ambiente americano da liberdade de expressão.[24] É, portanto, uma questão de vital importância para os Estados Unidos distinguir as reivindicações legítimas das frívolas, mesmo que o frívolo e o legítimo estejam ambos envolvidos pela palavra "discurso" no sentido ordinário do temo. Esse aspecto das decisões americanas sobre liberdade de expressão tende a não aparecer nos julgamentos sobre a liberdade de expressão fora dos Estados Unidos. Embora a Suprema Corte do Canadá, por exemplo, tenda a entender que quase todas as reivindicações apresentadas a ela estão englobadas pela seção 2,[25] ainda necessita ter a oportunidade de decidir se "liberdade de expressão" inclui a declaração pela qual os executivos corporativos fixam os preços dos seus produtos ou se a "liberdade de imprensa" inclui as publicações de ofertas de valores mobiliários e de outros instrumentos

[24] Sobre esse fenômeno, ver Frederick Schauer, "The Boundaries of the First Amendment," op. cit. nota 20

[25] Veja Richard Moon, The Constitutional Protection of Freedom of Expression (Toronto: University of Toronto Press, 2000); W.J. Waluchow, ed., Free Expression: Essays in Law and Philosophy (Oxford: Clarendon Press, 1994).

de investimento ou ainda se "liberdade de associação" inclui corporações criminosas não-políticas.[26] E quando ela tiver a oportunidade de fazer, como os tribunais americanos tiveram, duas alternativas podem emergir. Uma é que todas ou a maioria dessas atividades seja englobada pela direito, caso em que se tornará evidente que o escopo (ou âmbito ou cobertura) do direito não tem limites e que o que é textualmente concebido como um processo de dois estágios é na verdade um processo de um só estágio. A Suprema Corte do Canadá irá olhar para a finalidade da garantia constitucional e determinar se atividades como negociação de valores mobiliários e fixação de preços integram ou não, para além de qualquer finalidade plausível, o significado de "expressão", "associação," ou "imprensa".

E se esse for o caso, a Corte encontrar-se-á fazendo exatamente o que os tribunais americanos têm feito (de modo controverso) com a obscenidade e de modo muito menos controverso com inúmeros outros temas. Ainda é cedo para dizer exatamente o que os tribunais nacionais europeus, do Canadá, da África do Sul, da Nova Zelândia e a Corte Europeia de Direitos Humanos farão com tais afirmações; mas até que esses tribunais tenham que enfrentar uma vasta gama de casos envolvendo o que é, literalmente e o que deixa de ser, expressão, mas é incrivelmente sobre liberdade de expressão, pode ser muito cedo para marcar a abordagem americana como equivocada. O que agora parece aos não americanos como um equívoco pode ser simplesmente o resultado de uma maior experiência e uma variedade muito maior de desafios da livre expressão. O que à primeira vista parece aos não americanos como uma abordagem americana diferente ou única ou excepcional pode ser pouco mais do que a progressão natural da simplicidade à complexidade a que assistimos em quase todas as formas de desenvolvimento da lei comum.

B. *Sobre a relação entre a estrutura e a substância*

Como mencionado acima, muitos dos argumentos utilizados para formar um conjunto precisamente delineado de regras não suplantá-

[26] Ver Roger A. Shiner, Freedom of Commercial Expression (Oxford: Oxford University Press, 2003).

veis baseiam-se na importância de preservar uma cultura intensa de liberdade de expressão e proteger os direitos a ela pertinentes. No entanto, é óbvio que isso não é um objetivo compartilhado pela maioria das culturas constitucionais não americanas, pelo menos não na forma e e na medida em que é realizada nos Estados Unidos. Como é bem conhecida, a doutrina americana relativa à Primeira Emenda protege o incitamento ao ódio racial,[27] a negação do Holocausto [28] e outras formas de ódio amplamente criminalizadas no resto do mundo e explicitamente excluídas dos princípios de liberdade de expressão em numerosos documentos de direitos humanos. A Doutrina americana da Primeira Emenda restringe também a lei de difamação a um grau praticamente impensável até mesmo para os vários países que explicitamente consideraram (rejeitaram) a abordagem americana,[29] além de tratar da liberdade de imprensa como algo muito mais importante do que os direitos dos réus e das vítimas em processos penais.[30] Aplica-se a Primeira Emenda quase tão vigorosamente a informações obtidas ilegalmente quanto à informação obtida de forma legítima[31] e trata de reivindicações de segurança nacional com uma dose de ceticismo muito maior do que a observada em grande parte do mundo desenvolvido.[32] Em todas essas dimensões e em muitas mais, os Estados Unidos, por uma questão de substância e não por uma questão

---

27 Ver Brandenburg v Ohio, 395 US 444 (1969). Veja também os chamados "casos Skokie", protegendo as ações comunicativas do Partido Nazista Americano, Collin v. Smith, 578 F.2d 1197 (7th Cir. 1978), stay denied, 436 U.S. 953 (1978), cert. denied, 439 U.S. 916 (1978); National Socialist Party of America v. Village of Skokie, 432 U.S. 43 (1977), R.A.V. v. St. Paul, 505 U.S. 377 (1992).

28 Que não há congênere norte-americana para o caso canadense de R. v Keegstra, 3 SCR 697 (1990), é apenas uma função do fato de que é completamente implausível para a doutrina americana sobre a liberdade de expressão que negação do Holocausto esteja sujeita a sanções penais ou civis.

29 Veja Leonard Leigh, "Of Free Speech and Individual Reputation: New York Times Co. v. Sullivan in Canada and Australia," in Ian Loveland, ed., Importing the First Amendment: Freedom of Speech and Expression in Britain, Europe and the USA (Oxford: Hart Publishing, 2000), p. 51-68..

30 Jornal Richmond, Inc. v Virgínia, 448 US 555 (1980); Florida estrela v BJF, 491 US 524 (1989); Cox Broadcasting Corp v Cohn, 420 US 469 (1975).

31 Bartnicki v Vopper, 121S. Ct. 1753 (2001); Landmark Communications, Inc. v Virginia, 435 US 829 (1978).

32 New York Times v. US (Pentágono Caso Papers), 403 US 713 (1971).

de estrutura, é uma exceção em questões afetas à liberdade de expressão, insistindo que a sua abordagem "excepcional" à liberdade de expressão e à liberdade de imprensa é mais sábia e mais fiel às tradições políticas e jurídicas americanas, do que seria o análogo americano para a visão canadense e europeia sobre os assuntos relacionadas com essas questões.[33]

Essa não é a ocasião para encontrar explicações possíveis para o excepcionalismo da abordagem americana sobre a liberdade de imprensa e l de expressão e certamente não é a ocasião para oferecer um parecer sobre se a abordagem americana é melhor ou pior do que a observada na maior parte do mundo aberto, liberal, democrático e constitucional. Essa é, no entanto, a ocasião para se abordar a questão de haver uma relação entre o enfoque americano em questões de fundo e de arquitetura do direito de liberdade de expressão. E sobre essa questão, parece que existe uma relação significativa. Esse relacionamento é ilustrado por um debate que teve lugar na Suprema Corte dos Estados Unidos nas décadas de 1950 e 1960 e na literatura acadêmica da mesma época e estendendo-se um pouco mais além. Esse debate teve de um lado aqueles que alegavam mais metafórica que literalmente que a Primeira Emenda era absoluta. Entre eles estavam os juízes da Suprema Corte Hugo Black[34] e, em menor medida, William Douglas,[35] e os acadêmicos Alexander Meiklejohn[36] e Laurent Frantz[37] Do outro lado estavam juízes da Suprema Corte como

---

33 Sobre as diferenças entre os Estados Unidos e o resto do mundo moderno liberal desenvolvido sobre a liberdade de expressão e liberdade de imprensa, ver os vários ensaios em Ian Loveland, ed, an Loveland, ed., Importing the First Amendment: Freedom of Speech and Expression in Britain, Europe and the USA (Oxford: Hart Publishing, 2000).

34 Veja Konigsberg v State Bar of California, 366 US 36 (1961) (Black J., dissidente); Hugo Black, "The Bill of Rights", New York University Law Review, vol. 35 (1960), pp 865 ss. Veja também Harry Kalven Jr., "Upon Rereading Mr. Justice Black on the First Amendment," UCLA Law Review, vol. 14 (1967), p. 428 et seq.

35 Brandenburg v Ohio, 395 US 444 (1969) (Douglas, J., concorrente); Roth v. US, 354 US 476 (1957) (Douglas, J., divergente).

36 Alexander Meiklejohn, The First Amendment is an Absolute," The Supreme Court Review, vol. 1961, p. 245 et seq.

37 Laurent Frantz, "Is the First Amendment Law: A Reply to Professor Mendelsohn," California Law Review, vol. 51 (1963), p. 729 et seq.; Laurent Frantz,

Felix Frankfurter[38] e John Marshall Harlan[39] e críticos como Wallace Mendelsohn,[40] que defendiam a necessidade de um "equilíbrio" entre os valores de liberdade de expressão e valores colidentes, segundo as peculiaridades de cada caso.

Como na maioria dos debates do gênero, não houve um claro vencedor. Mesmo com a ausência de um vencedor, o debate foi amplamente difundido. É largamente sabido hoje que do lado do "absolutismo" do debate estavam os que tendiam a ser os mais entusiasmados defensores da liberdade de expressão. Os que defendiam o "balanceamento" eram mais propensos a acreditar que liberdade de expressão, seja qual fosse sua importância, era somente um interesse mais e, dificilmente, um interesse deve ser concedido com a presunção de prioridade em casos em que entram em conflito com outros interesses.[41] Além disso, o debate, não é surpreendente que ocorrido no contexto de uma Suprema Corte que estava basicamente passiva em face da era McCarthista, num tempo em que se começava a reconhecer a improbabilidade de uma revolução comunista nos Estados, foi produto mais significativamente de uma desconfiança de discrição e um medo da capacidade oficial para avaliar com precisão os perigos que poderiam advir da fala, da escrita e da publicação de ideias. Para os absolutistas nesse debate, o que estava errado sobre balanceamento não era estruturalmente a ideia de equilíbrio, mas a preocupação de que, na prática, os interesses da liberdade de expressão seriam muito levemente ponderados em favor dos interesses contrapostos demasiadamente pesados.

Essa atitude de desconfiança do processo de balanceamento ainda permeia a cultura americana da liberdade de expressão, uma cultura

---

"The First Amendment in the Balance," Yale Law Journal, vol. 71 (1962), p. 1424 et seq.

38 Dennis v. US, 341 US 494 (1951) (Frankfurter, J., concordando com a sentença).

39 Konigsberg v. State Bar of California, 366 U.S. 36 (1961).

40 Wallace Mendelsohn, "The First Amendment and the Judicial Process: A Reply to Mr. Frantz," Vanderbilt Law Review, vol. 17 (1964), p. 479 et seq.

41 Para a visão de que um processo de equilíbrio poderia produzir uma proteção poderosa à liberdade de expressão, ver Gerald Gunther, "In Search of Judicial Quality on a Changing Court: The Case of Justice Powell," Stanford Law Review, vol. 24 (1001), pp. 1972.

de extrema desconfiança existente no que é em si uma cultura de desconfiança. E como uma cultura forte de proteção da liberdade de expressão, ela anda de mãos dadas com a desconfiança em torno de estruturas que permitem incentivar ou mesmo exigir uma ponderação dos interesses. Ao tomar como um dado – para esses fins – o compromisso americano com uma proteção excepcionalmente forte da liberdade de expressão e da liberdade de imprensa, a preferência dada à categorização na primeira fase e balanceamento limitado na segunda não é um exemplo de ingenuidade ou desonestidade ou ignorância da extensão com que algum equilíbrio ocorre mesmo na primeira fase, mas sim um compromisso deliberado com a liberdade de expressão, pois o balanceamento como categoria e não em casos individuais é muito menos provável de causar erosão aos princípios fortes dessa liberdade. Se reconhecermos, de modo imparcial, as diferenças entre as culturas em questão, não devemos ser surpreendidos pela abordagem tipicamente americana, que cresceu a partir da amplitude e da força da liberdade de livre expressão e imprensa. Já a proteção definida pela abordagem europeia e canadense desenvolveu-se na forma de um compromisso não americano com a liberdade de expressão, sendo importante, mas não necessariamente mais importante, digamos, igual aos direitos das pessoas acusadas de crimes, à segurança nacional ou a qualquer um dos outros valores listados como qualificações à liberdade de expressão no artigo 10º da Convenção Europeia dos Direitos do Homem.

C. O Papel dos Tribunais

Uma vez que reconheçamos a importância do debate entre os absolutistas e os relativistas, melhor entendido como um debate entre o balanceamento por categorização e balanceamento casuístico,[42] verificaremos que grande parte do debate se dá, na verdade, em torno da legitimidade da revisão judicial, da autoridade judiciária e da natureza do julgamento constitucional. E, aqui, há diferenças importantes que podem explicar parte da diferença de abordagem entre os Estados

[42] Veja Frederick Schauer, op. cit. nota 14; John Hart Ely, op. cit. nota 14; Kathleen M. Sullivan, op. cit. Nota 15.

Unidos por um lado, e a Europa, o Canadá e a África do Sul, entre outros, por outro.

O mais importante dessas diferenças é o fato de que a revisão judicial nos Estados Unidos permanece como fonte ativa de debate, em parte, devido à ausência de qualquer autorização explícita no texto constitucional para que ocorra. Embora se tenha passado mais de 200 anos desde que a Suprema Corte a realizou pela primeira vez, em Marbury v. Madison,[43] e não sejam muito fortes as postulações para por-lhe fim, o fato produziu um intenso e permanente debate nos Estados Unidos, mais do que em outro lugar, sobre a própria legitimidade de seu exercício e sobre a sua amplitude e força, notadamente à luz da sua fonte textual e historicamente frágil,[44] Embora o poder de revisão judicial nos Estados Unidos seja muito fortalecido para enfrentar alguns desafios no atacado, há uma preocupação maior com o assunto do que a existente na maioria dos outros países que possuem um sistema de revisão judicial forte. Tal questão se refere à possibilidade de o tribunal poder estar em contínuo monitoramento dos detalhes das ações de governo, assim como de poder estar intimamente envolvido com as questões empíricas de política e com as consequências que decorrem desse monitoramento.

Dado o ceticismo em curso, a respeito da sabedoria de permitir que os tribunais em geral ou a Suprema Corte em particular tenham de obter o controle das mazelas das decisões sobre política governamental, não é surpreendente que haja preferência pela tomada de decisão mais baseada na categorização nos Estados Unidos do que em seus homólogos no mundo liberal desenvolvido. A decisão sobre a proporcionalidade e, portanto, sobre o que é "necessário" em uma sociedade democrática, é tomada com grande frequência nos tribunais americanos, às vezes, de modo explícito e implicitamente ainda mais. No entanto, essa tarefa é realizada nos Estados Unidos com mais relutância do que com entusiasmo, pois é feita sob a sombra da contínua

---

43 1 Cranch (5 EUA) 137 (1803).

44 Para analise das questões e dos debates, ainda hoje, ver os vários ensaios em John H. Garvey e Alexander T. Aleinikoff, Modern Constitutional Theory: A Reader (St. Paul, Minnesota: West Group, 1999).

crítica do seu próprio exercício.[45] Nesse contexto, é surpreendente que, pelo menos, marginalmente e onde há alguma escolha sobre o assunto, os tribunais americanos relutem muito mais explicitamente a verem como um troféu cheio de interesses, fatos e elementos que apoiariam uma análise cuidadosa do peso da proporcionalidade.

A aversão à proporcionalidade ou à análise do balanceamento é agravada pela natureza da carga de trabalho da Suprema Corte dos EUA. No período de 2002-2003, o Tribunal foi chamado a decidir um pouco mais de 8000 casos, mas, na verdade, analisou o mérito de apenas 74 deles. Em quase todo o restante dos casos, o Tribunal não conheceu do recurso (no briefs), excetuados aqueles que pediam a revisão em primeira instância, baseada na falta de sustentação oral e parecer escrito, cujo não conhecimento não produzia efeito de precedente. Mas para um tribunal que nos dias atuais decide apenas em um ano setenta a oitenta casos e que, mesmo no seu período mais ativo raramente decide mais de cento e cinquenta casos, a função de orientação aparece em maior escala e as desvantagens de uma abordagem caso a caso parecem mais evidentes. Quando a Suprema Corte decide um caso, ela não está apenas a decidir esse caso, mas também está dando orientações para literalmente milhares de cortes inferiores e centenas de tribunais de recurso de segunda instância. Além disso, ele está dando instruções ao Congresso, ao Presidente, a um grande número de órgãos administrativos federais e aos legisladores, governadores e ao aparelho administrativo de cinquenta Estados, do Distrito de Columbia e vários territórios e protetorados. Embora o Tribunal possa ser menos autoconsciente e obsequioso sobre essa função de orientação do que alguns de nós desejariam,[46] ainda exerce significati-

---

45 Na Suprema Corte, o mais proeminente crítico de qualquer coisa parecida com "equilíbrio" é Scalia. Veja Antonin Scalia, "The Rule of Law as a Law of Rules," University of Chicago Law Review, vol. 56 (1989), pp. 1175 et seq. E embora Scalia pode fazer o argumento de uma forma mais forte e mais ousada e, embora em muitos aspectos, continua a ser uma voz minoritária sobre essa questão, o destaque de sua opinião é uma evidência útil da maneira com que os juízes e comentadores americanos permanecem muito desconfiados do balanceamento explícito e do processo de ponderação na jurisdição constitucional

46 Veja Frank H. Easterbrook "Ways of Criticizing the Court," Harvard Law Review, vol. 95 (1982), p. 802 et seq.; Frederick Schauer, "Opinions as Rules," University of Chicago Law Review, vol. 62 (1995), p. 145 et seq.

vo papel na autocompreensão judicial, levando os tribunais relutantes a fazerem muito mais no julgamento dos casos concretos.

Dados os recursos e o papel da Corte, não é implausível vê-la tão envolvida no que compõe essencialmente um processo de criação de normas quanto, se não mais, no processo de adjudicação.

E dado que os pleitos de liberdade de expressão são desproporcionalmente suscetíveis de serem defendidos e acionados pelos que foram descritos pelo Justice Frankfurter, em um contexto diferente, como "pessoas não muito agradáveis",[47] uma abordagem da liberdade de expressão baseada em regras não é de todo surpreendente. Apesar de as abordagens baseadas em regras necessariamente ignorarem as particularidades dos casos concretos que podem de fato ser importantes, isso é simplesmente o que e como fazem as regras.[48] A diferença entre as abordagens americanas e não americanas sobre julgamento da liberdade de expressão não é totalmente alheia às diferenças entre o "limite de velocidade de 100 quilômetros por hora" e "dirigir cautelosamente." Há bons argumentos para ambas as abordagens em diferentes momentos, lugares e circunstâncias diferentes, mas a diferença entre elas podem ajudar-nos a compreender as diferenças entre diversas abordagens nacionais à livre tomada de decisão sobre a matéria.

V. UM PROCESSO DE DOIS ESTÁGIOS?

Por uma questão conceitual, a fundamentação de uma regra ou um princípio é diferente das razões que podem existir para substitui-los ou para recusar-se a aplicá-los. Para tirar um exemplo da jurisprudência clássica[49] uma regra que proíbe veículos de trafegar no parque pode refletir a lógica subjacente de proteção da segurança ou da prevenção do ruído, mas essas lógicas são analiticamente distintas da razão pela

---

47 United States v Rabinowitz, 339 US 56, 69 (1950) (Frankfurter, J., dissidente). Veja Frederick Schauer, "The Heroes of the First Amendment," Michigan Law Review, vol. 101 (2003), p. 2118-2133

48 Veja Frederick Schauer, Playing By the Rules: A Philosophical Examination of Rule-Based Decision-Making in Law and in Life (Oxford: Clarendon Press, 1991).

49 H.L.A. Hart, "Positivism and the Separation of Law and Morals," Harvard Law Review, vol. 71 (1958), p. 593-629.

qual podemos decidir revogar a regra, quando a Rainha pretende visitar o parque na limusine real. Pode haver uma boa razão para permitir que a rainha possa fazê-lo, e que o bom motivo possa ser considerado mais importante do que seguir a regra nesse caso, mas que não muda o fato de que a própria regra reflete princípios de segurança e redução de ruído. Ainda mais importante, se decidirmos que a regra não proíbe erigir uma estátua de certa marca de veículo como um memorial de guerra, porque a marca dessa empresa não se referiria à lógica por trás da regra,[50] se não decidirmos que essas justificativas podem ser revogadas. Revogar um raciocínio aplicável, como no caso da limusine da Rainha, é diferente de concluir que a lógica é inaplicável, como no caso do memorial de guerra baseado na marca do veículo.

Uma vez que entendamos que essa ordinária distinção entre revogar e inaplicar uma regra, podemos ver que as decisões americanas sobre o tema da liberdade de expressão, em sua primeira fase, é mais frequentemente uma questão de inaplicabilidade da regra do que uma regra aplicável com mais rigor. Assim, quando a Suprema Corte dos Estados Unidos em Roth v. United States[51] e em casos subsequentes, decidiu que obscenidade não era abrangida pela liberdade de expressão, estava fazendo pouco mais do que dizer, antes de qualquer processo de avaliação dos motivos para a restrição, que, como na lei do caso da marca de veículo, a obscenidade não era parte do que a Primeira Emenda abrangia e não parte da razão que está por trás dela. Agora é bem possível que a Suprema Corte estivesse errada no modo de concluir, como muitos críticos apontaram[52], mas não há nada analiticamente falho ou necessariamente hipócrita sobre a abordagem de um processo em que o escopo do direito é decidido na primeira fase, sem referência às razões para revogá-la, e em que os argumentos para substituição são considerados na segunda fase, pois simplesmente refletem a estrutura profunda de todas as regras e os princípios.

---

50 Lon L. Fuller, "Positivism and Fidelity to Law – A Reply to Professor Hart," Harvard Law Review, vol. 71 (1958), p. 630-672.

51 354 US 476 (1957).

52 Veja Harry Kalven Jr., "The Metaphysics of the Law of Obscenity," The Supreme Court Review, vol. 1960, p. 1 et seq.

Curiosamente, portanto, a abordagem americana de liberdade de expressão parece, na prática, ser mais fiel à estrutura textual não-americana, tendo muito dessa abordagem. Como é bem conhecido, a primeira fase do julgamento canadense é, na prática, bem abrangente, ao afirmar que a "liberdade de expressão" se aplica a qualquer ato humano de comunicar uma mensagem.[53] E por conta dessa abrangência, todo o trabalho difícil fica para a segunda fase, incluindo, muitas vezes mais implícita que explicitamente, a determinação de se observar se os valores por trás o direito estão mesmo implicados em tudo. Sob essa abordagem, o que textualmente é designado como uma abordagem em duas fases acaba por condensar uma abordagem de uma só fase e, assim, ironicamente, acaba por ser menos fiel à demarcação textual de duas fases sob a Carta dos Direitos e Liberdades do que é a abordagem americana.

Porque todos os direitos envolvem, necessariamente, um processo de dois estágios – nenhum direito tem cobertura infinita e poucos têm infinito vigor – está longe de ser fantasioso sugerir que qualquer processo que realmente se divida em duas etapas não só é mais fiel ao que Canadá, África do Sul, Nova Zelândia e a Convenção Europeia de Direitos Humanos expressamente incorporaram em seus textos, como mais precisamente encarna algo importante sobre a estrutura profunda dos direitos. Às vezes a abordagem americana erra na incorporação de um processo de ponderação na primeira fase e às vezes outras jurisdições parecem que erram também, em grande parte, ignorando a primeira fase do processo. Uma vez que reconheçamos que o processo tem duas fases e que a primeira fase, no seu melhor, não deve ser um processo da sopesamento de interesses tanto quanto um processo de não sopesamento de delimitação de um direito à luz da linguagem de sua formulação e da razão de sua existência, encontraremos a forma mais fácil de entender e avaliar as diferentes abordagens e talvez de ser mais relutantes também para criticar tão hipocritamente o processo que visa a manter a separação das duas etapas de investigação, cuja separação está no cerne da estrutura de todas as regras, de todos os princípios e, portanto, de todos os direitos.

---

[53] Consulte Referência de re § § 193 e 195,1 (1) (c) do Código Penal (Man.) (1990) 56 CCC (3d) 65.

5

A TEORIA E A POLÍTICA NAS PROTEÇÕES DA PRIMEIRA EMENDA À CONSTITUIÇÃO DOS ESTADOS UNIDOS: POR QUE A SUPREMA CORTE FAVORECE MAIS A LIVRE EXPRESSÃO EM RELAÇÃO À LIBERDADE RELIGIOSA?

Stephen M. Feldman[1]

---

[1] Jerry W. Housel/Carl F. Arnold Reconhecido Professor de Direito e Professor Adjunto de Ciências Políticas da Universidade de Wyoming. Eu agradeço Alan Chen, Richard Delgado, Deb Danahue, Frank Ravitch, Lew Schlosser, e Mark Tushnet por seus comentários úteis nas versões anteriores. Eu, também, agradeço aos paraticipantes do Colóquio da Faculdade da Universidade de Wyoming. Tradução: Jamir Calili Ribeiro. Doutora em Direito Público pela Faculdade Mineira de Direito da Pontifícia Universidade Católica de Minas Gerais. Mestre em Administração Pública pela Fundação João Pinheiro. Bacharel em Direito pela Faculdade Mineira de Direito da Pontifícia Universidade Católica de Minas Gerais. Bacharel em Ciências Sociais pela Universidade Federal de Minas

Por que a Suprema Corte favorece mais a livre expressão em relação a liberdade religiosa? Essa predileção judicial aparece durante as primeiras séries de casos envolvendo o debate sobre a Primeira Emenda nas décadas de 1930 e 1940, particularmente aqueles casos tratando as Testemunhas de Jeová, e continua até hoje. Meu propósito é situar e explicar a primeira série de casos no contexto da transformação da democracia – de um viés republicano para um viés de democracia pluralista – o que ocorreu durante as décadas de 1920 e 1930. Mais brevemente, a democracia republicana enfatiza as virtudes de se perseguir o bem comum, enquanto a democracia pluralista destaca a participação generalizada de diversos grupos sociais.

Para iniciar, algumas ressalvas devem ser feitas. Primeiro, apesar de enfatizar as relações entre democracia e as liberdades da 1ª emenda, eu não quero sugerir que a democracia sozinha determina nem as concepções de liberdade religiosa nem as de liberdade de expressão. Diversas causas – políticas, legais, culturais dentre outras – influenciam no desenvolvimento de ambos tipos de democracia e das liberdades da Primeira Emenda e minha narrativa deverá aproveitar esses outros fatores em pontos específicos. A mudança na democracia – do movimento da república para a democracia pluralista – fornece uma lente que ilumina proveitosamente elementos-chave das liberdades religiosas, liberdades de expressão e suas transformações. Segundo, embora eu foque os pronunciamentos da Suprema Corte, especialmente sobre a democracia pluralista, é preciso lembrar que os significados constitucionais não emanam exclusivamente dela. Certamente, se alguém deseja compreender o significado das liberdades religiosas e das liberdades de expressão, a Corte é uma importante instituição, mas também o são o Congresso, o Executivo e outros corpos governamentais e não governamentais. As decisões judiciais produzidas no nível da Suprema Corte são somente um entre muitos mecanismos formais e informais de gerar significado constitucional. Portanto, minha narrativa irá ocasionalmente discutir atores não-judiciais e instituições. Ninguém poderá compreender a liberdade religiosa no

Gerais. Advogado, Consultor Jurídico, Professor Universitário e Pesquisador. *Currículo Lattes:* http://lattes.cnpq.br/4394272754394986.

Século XIX, por exemplo, sem levar em conta o fato de na sociedade americana prevalecer o Protestantismo[2].

Com essas ressalvas postas, a tese emerge: a transição da democracia republicana para a democracia pluralista praticamente transformou os conceitos de liberdade religiosa e de liberdade de expressão da Primeira Emenda sobre suas cabeças (a liberdade de expressão e a liberdade religiosa sendo entendidas ecumenicamente e, portanto, não se limitando aos pronunciamentos da Suprema Corte)[3]. Em uma democracia republicana, a teoria e a política constitucionais, frequentemente, favorecem a religião sobre a expressão, mas numa democracia plural, que se emergiu entre a década de 1920 e 1930, a teoria e a política passaram, consistentemente, a favorecer a expressão em relação à religião. A liberdade de expressão transformou-se na "*estrela guia*"[4], enquanto a proteção da liberdade religiosa passou a ser esporádica.

Teoria Constitucional, nesse artigo, significa a descrição abstrata, a explanação e a justificação de um sistema governamental, incluindo o grupo de direitos e liberdades individuais dentro desse sistema. Portanto, uma teoria constitucional deve, entre outras coisas, explicar o funcionamento da democracia, as concepções predominantes de liberdade religiosa e de liberdade de expressão, e o papel dos tribunais na aplicação dos direitos e das liberdades. A maioria das teorias constitucionais possui, ao mesmo tempo, componentes descritivos e prescritivos. Descritivamente, as teorias constitucionais geralmente afirmam ser fundamentadas em práticas reais dos governos e da so-

---

2 Philip Hamburger, Separation of Church and State (2002) (foco na relação Protestantes-Católicos no Século XIX).

3 A Suprema Corte decidiu tão poucos casos sobre a 1ª Emenda durante o século XIX, que seria difícil apoiar uma tese robusta sobre o entendimento da Corte acerca das liberdades religiosas e da liberdade de expressão durante esse período de tempo. Cf., Henry J. Abraham, Freedom and the Court 308-18, 364-76 (5th ed. 1988) (listagem das decisões da Suprema Corte sobre o livre exercício religioso e decisões sobre a cláusula de laicidade). Quando as decisões da Corte, no entanto, são complementados com evidências de outras fontes, incluindo declarações de *Justices* da Suprema Corte fora do contexto judicial, pode-se chegar a conclusões razoáveis sobre os significados das liberdades da 1ª Emenda durante a era da democracia republicana.

4 G. Edward White, The First Amendment Comes of Age: The Emergence of Free Speech In Twentieth-century America, 95 Mich. L. Rev. 299, 300-01 (1996).

ciedade, embora a maioria das teorias não leve em conta a totalidade de tais práticas.

Por exemplo, uma teoria pode afirmar que todos os cidadãos são iguais, mas, na realidade, os cidadãos podem ser separados por grandes disparidades de riqueza que geram desigualdades de poder político. Prescritivamente, as teorias constitucionais geralmente incluem um mandado normativo para que práticas reais, se inconsistentes com a teoria[5], sejam alteradas para se ajustar à teoria. Políticas constitucionais, entretanto, referem-se às preferências políticas ou ideológicas que influenciam as interpretações da Constituição dada pelos juízes da Suprema Corte, incluindo as liberdades da Primeira Emenda, e que também formam o entendimento popular da Constituição. Preferências políticas ou ideológicas são determinadas por inúmeros fatores, incluindo os valores culturais, interesses econômicos, convicções religiosas, e assim por diante[6].

A parte I deste artigo explica a transição da democracia republicana para a democracia pluralista[7], enquanto a Parte II analisa a forma como a Corte, por meio de uma série de casos envolvendo Testemunhas de Jeová, esforçou-se para explicar a democracia pluralista e suas implicações para a revisão judicial[8]. A parte II conclui ressaltando como os juízes consistentemente preferiram a liberdade de expressão à liberdade religiosa nos casos envolvendo as Testemunhas de Jeová[9]. A parte III foca na teoria constitucional e política constitucional: como a teoria e a política, em um regime democrático pluralista, favorecem mais a liberdade de expressão à religião.[10] A parte IV, a conclusão, brevemente explora a forma como a Suprema Corte, ain-

---

5 Para as descrições relacionadas de teoria que enfatizam os componentes descritivos e prescritivos da maioria das teorias, ver Stephen M. Feldman, How to Be Critical, 76 Chi.-Kent L. Rev. 893, 893-94 (2000).

6 Ver Stephen M. Feldman, The Rule of Law or the Rule of Politics? Harmonizing the Internal and External Views of Supreme Court Decision Making, _ L. & Soc. Inquiry _ (forthcoming) (discussão sobre a relação entre política e a doutrina legal na produção das decisões da Suprema Corte).

7 Ver texto infra com notas anexas _-_

8 Ver texto infra com notas anexas _-_

9 Ver texto infra com notas anexas _-_

10 Ver texto infra com notas anexas _-_

da hoje, demonstra uma preferência pela livre expressão à liberdade religiosa[11].

I. DA DEMOCRACIA REPUBLICANA A DEMOCRACIA PLURALISTA

Desde o tempo da criação da Constituição até o início do Século XX, os governos norte-americanos foram entendidos como democracias republicanas[12]. O elemento democrático da democracia republicana emerge da soberania popular: o governo supostamente repousa sobre o consentimento dos governados. A soberania, em última análise, fundamenta-se nos pessoas[13]. Cidadãos e funcionários governamentais estão supostamente imbuídos de virtude cívica, que teoricamente os levaria a perseguir o bem comum em vez de "interesses parciais ou privados"[14]. Direitos e liberdades individuais foram de extrema importância, sendo protegidos da interferência governamental excessiva, mas de forma significativa, esses direitos e liberdades eram sempre subordinados ao poder governamental que age para o bem comum[15]. Em outras palavras, qualquer direito individual ou liberdade poderia ser sacrificado em benefício da comunidade[16].

---

11 Ver texto infra com notas anexas _-_

12 Constitution of North Carolina (1776), reprinted in 2 The Federal and State Constitutions, Colonial Charters, and other Organic Laws of the United States 1409, 1409 (BenPerley Poore ed., 2d ed. 1878) [a seguir Poore]; Constitution of Pennsylvania (1776), reprinted in 2 Poore, supra, p 1540, 1540.

13 Virginia Bill of Rights (1776), reprinted in 2 Poore, supra nota 11, p. 1908, 1908-09.

14 Gordon S. Wood, The Creation of the American Republic, 1776-1787, p. 59 (1969) [a seguir Wood, Creation]. A Constituição de Massachusetts, 1780, por exemplo, prevê: Governos são instituídos para o bem comum, para a proteção, segurança e prosperidade do povo, e não para o lucro, honra, interesses privados de algum homem, família ou algum tipo de classe de homens. Constitution of Massachusetts (1780), reprinted in 1 Poore, supra nota 11, p. 956, 958.

15 James Kent explicou que interesses privados precisam ser subservientes aos interesses gerais da comunidade. James Kent, 2 Commentaries on American Law 276 (1827; Legal Classics Library Reprint).

16 Ver William J. Novak, The People's Welfare (1996) (focado no século XIX, período pré-guerra, e como a distinção entre bem comum e interesses privados e parciais limitavam o poder governamental).

Os componentes da democracia republicana facilitaram a exclusão de vários grupos sociais da política americana. Por exemplo, enquanto os autores da Constituição nacional buscaram construir um governo democrático republicano, eles concordaram com diversas restrições governamentais ao sufrágio. Na época, mais de metade da população foi impedida de votar. Qualificações de propriedade e de riqueza desclassificaram alguns homens brancos, enquanto as mulheres, nativos americanos e afro-americanos escravos eram geralmente excluídos das votações, antes e depois da Guerra Civil[17]. Tais exclusões do sistema político – do povo – foram justificadas em nome de princípios democráticos republicanos: esses grupos sociais foram considerados insuficientemente virtuosos para compreender ou contribuir para o bem comum. Assim, quando um grande número de imigrantes católicos romanos começou a ir para os Estados Unidos em meados do século XIX, nativistas protestantes foram rápidos em condenar os imigrantes como "incapazes para a cidadania"[18]. Católicos, conforme o entendimento dos protestantes nativos, não tinham a virtude cívica necessária para a participação nas instituições republicanas americanas[19]. Na década de 1830, Samuel Morse explicou laconicamente: "*O Protestantismo favorece Republicanismo, enquanto o Papismo favorece o Poder Monárquico*"[20].

---

17 Alexander Keyssar, The Right to Vote: The Contested History of Democracy in the United States 54-60 (2000); Rogers M. Smith, Civic Ideals 170-73 (1997); Gordon S. Wood, The Radicalism of the American Revolution 294 (1991) [a seguir Wood, Radicalism]. Keyssar escreveu: Em 1790, de acordo com as estimativas, insolentemente 60 a 70 por cento dos homens broncos adultos (e alguns outros poucos) podiam votar... Keyssar, supra, at 24. Gordon Wood anotou, entretanto, que pelo menos alguns americanos começaram a discutir o voto universal durante a era revolucionária. Wood, Creation, supra nota 13, p. 182-83. Por 1825, todos, com exceção de três Estados, Rhode Island, Virginia, e Louisiana, tinham eliminado as restrições de propriedade e de riqueza. Wood, Radicalism, supra, p. 294. Keyssar noticia que durante o início do século XIV, números crescentes de Estados impediram afroamericanos livres de votar. Keyssar, supra, p. 55-57.

18 John Higham, Strangers in the Land: Patterns of American Nativism, 1860-1925, p. 6 (1992 ed.).

19 Id. (enfatizando como Protestantes enxergavam as tradições católicas como contrárias a liberdade americana); veja Hamburger, supra nota 1, p. 234-40 (discussão sobre a relação entre política e religião).

20 Smith, supra nota 16, p. 209 (citando Samuel Morse) (ênfase omitida).

Independentemente das propensões excludentes da democracia republicana, seu parâmetro básico – a ênfase básica na soberania popular, virtude e o bem comum – provou ser notavelmente resistente, durando até o século XX. No entanto, os entendimentos específicos desses conceitos mudaram consideravelmente durante o século XIX. Por exemplo, muitos constituintes acreditavam que a virtude estava concentrada em um segmento da elite da sociedade americana, enquanto que durante as primeiras décadas do século XIX, um número crescente de norte-americanos começou a acreditar que a virtude era dividida igualmente por todas as pessoas comuns (principalmente por protestantes brancos homens)[21]. Da mesma forma, a partir da Revolução até a década de 1820, os partidos políticos foram considerados incompatíveis com o governo democrático republicano. Partidos políticos eram vistos como grupos de interesse entre as facções que corruptamente perseguiam interesses privados e parciais, ao invés do bem comum. Em parte por essa razão, Thomas Jefferson e seus partidários acreditavam verdadeiramente, no final do século XVIII, que o energético Alexander Hamilton procurou liderar um partido político e criar um exército nacional com o objetivo de derrubar o governo republicano[22]. No entanto, pela década de 1820 e 1830, os partidos políticos tornaram-se instituições aceitas na democracia republicana, pois eles eram cada vez mais compreendidos como instrumentos úteis para gerar a participação política por parte do homem comum[23].

Enquanto a nação sobreviveu à Guerra Civil, a democracia republicana foi submetida a muitas tensões durante o final do século XIX e início do XX. Essas tensões apareceram em uma variedade de

21 O advogado e teórico republicano, Tunis Wortman, explicou que a verdade não é uma cortesã, cuja residência está confinado a palácios, nem sempre é para ser encontrada na gravidade solene de uma assembléia deliberativa. A verdade é para ser descoberta e apurado pelo juízo, e a capacidade de julgamento é uma faculdade possuída em comum pela humanidade. Tunis Wortman, A Treatise Concerning Political Enquiry, and the Liberty of the Press 49 (1800; 1970 reprint ed.); ver Richard Hofstadter, Anti-Intellectualism in American Life (1962) (discussão sobre o desenvolvimento de uma sociedade Americana anti-elitista; Smith, supra nota 16, p.t 201 (discussão sobre a retórica antielitista dos anos Jacksoniano).

22 Stanley Elkins & Eric McKitrick, The Age of Federalism 596-617 (1993).

23 Edward Pessen, Jacksonian America 197-232 (rev. ed. 1985); Harry L. Watson, Libertyand Power 171-74 (1990).

domínios, incluindo o cultural, social, econômico e intelectual. Por exemplo, durante a era antes da guerra, a ciência e a religião eram geralmente entendidas como sendo harmoniosas, mas, após a Guerra Civil, muitos pesquisadores acadêmicos, em universidades emergentes, clamaram por um tipo de objetividade científica divorciada de crenças religiosas[24]. Em pouco tempo, uma reação religiosa cristalizada enfatizou um novo tipo de protestantismo fundamentalista[25]. Enquanto isso a industrialização nas cidades em crescimento do Nordeste e Centro-Oeste gerou tensão entre essas áreas geográficas e as regiões agrárias, produzindo disparidades de riqueza inéditos nos Estados Unidos. Foram introduzidas consequentemente perigosos e entorpecentes trabalhos de fábrica, bem como instituídas organizações corporativas burocráticas[26]. Os industriais encorajaram a imigração de modo que eles teriam uma fonte infinita de trabalhadores baratos, mas a imigração maciça engendrou tensões culturais quando milhões de europeus do leste e do sul invadiram o país[27]. Esses grupos criaram

---

24 George M. Marsden escreveu que o colapso das velhas tecnologias levou pesquisadores do pós-guerra a exibir uma paixão pela ordem, sistematização, eficiência, princípios científicos, [e] disciplina pessoal. George M. Marsden, The Soul of the American University: From Protestant Establishment to Established Nonbelief 187 (1994). Sobre a importância da autoridade e objetividade científica, ver Peter Novick, That Noble Dream: The Objectivity Question and the American Historical Profession 16, 31 (1988); Dorothy Ross, The Origins of American Social Science 62 (1991).

25 Sydney E. Ahlstrom, A Religious History of the American People 725-27 (1972); Martin E. Marty, Protestantism in the United States: Righteous Empire 211-12 (2d ed. 1986). Outros livros importantes para compreender a história do Cristianismo Americano inclui os seguintes: Jon Butler, 25William E. Forbath, The Shaping of the American Labor Movement, 102 Harv. L. Rev. 1109, 1218-19 (1989); Richard Hofstadter, The Age of Reform 223, 231-33 (1955); William M. Wiecek, The Lost World of Classical Legal Thought: Law and Ideology in America, 1886-1937, at 82-83 (1998). Awash in a Sea of Faith: Christianizing the American People (1990); Nathan O. Hatch, The Democratization of American Christianity (1989).

26 William E. Forbath, The Shaping of the American Labor Movement, 102 Harv. L. Rev. 1109, 1218-19 (1989); Richard Hofstadter, The Age of Reform 223, 231-33 (1955); William M. Wiecek, The Lost World of Classical Legal Thought: Law and Ideology in America, 1886-1937, p. 82-83 (1998).

27 Joseph R. Gusfield, Symbolic Crusade: Status Politics and the American Temperance Movement 23 (1963). 27 Hofstadter, supra nota 25, p. 259-61; Arthur S. Link & Richard L. McCormick, Progressivism 54 (1983).

movimentos políticos de massa, como o populismo e o progressismo, que desafiou a democracia republicana, mas acabou deixando intacta a preocupação central republicana com a busca do bem comum[28].

A concepção do governo americano como uma democracia republicana, na berlinda desde o século XIX, finalmente desmoronou na década de 1920 e 1930. Governos republicanos democráticos, construído sobre a economia agrária, propriedade latifundiária da terra e os valores protestantes, já não cabiam na América urbana, industrial e culturalmente diversa que se consolidara entre as Guerras Mundiais[29]. De fato, a velha guarda[30] americana continuou a resistir às invasões urbanas e de imigrantes. A crescente e forte reação nativista (muitas vezes com o apoio dos progressistas) deu origem a *Prohibition*, uma greve religiosa e cultural contra os católicos[31]. Em 1924, os nativistas conseguiram restringir fortemente a imigração[32]. Mas com tais êxitos, os nativistas tornaram-se complacentes, esvaziados pelos seus próprios triunfos, assim como outras forças posteriormente transforma-

---

28 Hofstadter, supra nota 25, em 259-61; Arthur S. Link & Richard L. McCormick, Progressivism 54 (1983).

29 Veja Anthony J. Badger, The New Deal: The Depression Years, 1933-1940, at 58 (1989) (explicação sobre a divisão dentro da sociedade americana); William E. Leuchtenburg, Franklin D. Roosevelt and the New Deal 332 (1963) (enfatizando a participação dos antigos grupos minoritários dentro da coalização do *New* Deal); Robert S. McElvaine, The Great Depression 197-98 (1984) (discussão sobre as mudanças de valores na America).

30 **N.T.**: No original o autor se utiliza da expressão "*old-stock americans*" que traduzimos aproximadamente para velha-guarda americana. O termo *old stock* – com ou sem hífen – geralmente é utilizado para se referir ao grupo de primeiros colonizadores, "fundadores" da cultura americana, como os brancos protestantes e judeus em oposição aos imigrantes europeus que vieram após a independência e a guerra de secessão. Representa, principalmente, um grupo de brancos conservadores, latifundiários, anticatólicos, contrários à miscigenação e a imigração. Não encontramos um termo exato para representar a palavra.

31 *Prohibition* representou uma vitória cultural para "*a velha classe média da sociedade americana*". Gusfield, supra nota 26, na 122. Gusfield explica que "*o poder dos americanos protestantes, nativos rurais era maior que o da classe alta do leste, dos imigrantes católicos e judeus, e da classe média urbanizada*". Id, na 123.

32 E. P. Hutchinson, Legislative History of American Immigration Policy, 1798-1965, at187-92 (1981).

das pela sociedade e cultura americana. No meio da próspera década de 1920, os industriais perceberam que os maiores lucros não residiam na opressão dos trabalhadores, mas na conversão desses trabalhadores em consumidores. Com a ajuda da crescente mídia de massas – filmes, rádio e imprensa – a cultura de consumo tomou lugar. Imigrantes urbanos, assim como outros americanos, foram convidados a gastar o seu dinheiro em produtos de massa, para um mercado de produtos de massa[33].

Eventualmente, no âmbito político, as concepções republicanas do bem comum, que há muito foram reforçadas pelos tradicionais valores dos americanos protestantes, foram questionados. Exemplo emblemático desta mudança foi a nomeação pelos democratas de *Al Smith*, um católico de Nova York, como seu candidato presidencial em 1928[34]. Brevemente, a Grande Depressão acelerou a transição na democracia. Considerando que a democracia republicana tinha assumido uma nítida separação entre uma esfera privada de atividades econômicas e uma esfera pública de atividades governamentais – as intervenções governamentais na esfera privada estavam proibidas, exceto se fossem para o bem comum -, demandas pela intervenção governamental no mercado capitalista começaram a se tornar lugar comum na década de 1930[35]. Franklin Roosevelt construiu com sucesso sua coalizão pelo *New Deal*, respondendo a essas chamadas para o alívio das privações econômicas[36]. A coalizão se fortaleceu quan-

---

33 Gary Cross, An All-Consuming Century: Why Commercialism Won in ModernAmerica 20-41 (2000); Lynn Dumenil, The Modern Temper 56-97 (1995); 2 Who Built America? Working People and the Nation's Economy, Politics, Culture and Society 270-87 (Stephen Brier, supervising ed., 1992). Durante os anos de 1920, "*progressos consideráveis foram realizados através de publicidade, compras parceladas, um nível de vida crescente, e uma nova ênfase no consumismo para o desenlace dos trabalhadores de seus valores tradicionais, remodelando-os em consumistas, individualistas e amorais...*". McElvaine, supra nota28, at 202.

34 Samuel Lubell, The Future of American Politics 48-55 (3d ed., revised, 1965). Para um estudo estatístico amplo das eleições de 1928, ver Allan J. Lichtman, Prejudice and the Old Politics: The Presidential Election of 1928 (1979).

35 Ver Bruce Ackerman, We the People: Foundations 116-19 (1991) (enfatizando o desenvolvimento por um governo nacional mais ativo durante o *New Deal).*

36 Leuchtenburg, supra nota 28, p. 331-35. "*Em 1934, o início do padrão New Deal estava começando a emergir. Suas características distintivas foram a ten-*

do a mão de obra imigrante não qualificada, previamente alienada da política nacional, metamorfoseou-se em eleitores, em grande parte, por meio da canalização do movimento operário. Embora existissem bravamente antes da década de 1930, os sindicatos só floresceram mesmo com a legislação do *New Deal*. Eles filiaram membros aos milhões e, por sua vez, mobilizaram trabalhadores como participantes democráticos (inchaço que deu suporte para o *New Deal*)[37]. Um número grande de imigrantes e seus filhos haviam se tornado parte da política americana[38].

A ascensão de governos totalitários na Europa, durante a década de 1930, ajudou a fortalecer a transição para a democracia pluralista nos Estados Unidos. Fascistas e nazistas governavam de modo autoritário, impondo arbitrariamente punições e suprimindo minorias religiosas e raciais, dentre outras. Em oposição, os americanos fortaleceram a democracia e o Estado de Direito, incluindo os direitos constitucionais e a proteção das minorias. Estes componentes presumidos da vida americana e do governo separavam o *nós, deles*[39]. Assim, por exemplo, em *Martin v. City of Struthers*, decidido durante

---

tativa de reparar os desequilíbrios da velha ordem, criando um novo equilíbrio no qual uma variedade de grupos e classes seria representado".Id. p. 84.

37 Badger, supra nota 28, p. 250; Leuchtenburg, supra nota 28, at 147-51, 188-89, 239-41. Fontes úteis sobre o movimento operário durante o *New Deal* incluem o seguinte: Auerbach, Labor and Liberty (1966); Melvyn Dubofsky, The State and Labor in Modern America (1994); William E. Forbath, Law and the Shaping of the American Labor Movement (1991); Karen Orren, Belated Feudalism: Labor, the Law, and Liberal Development in the United States (1991).

38 Badger, supra nota 28, p. 248-49. "*Em 1936, Franklin Roosevelt tinha forjado uma nova coalizão política baseada firmemente sobre as massas nas grandes cidades do norte ... Enquanto a velha elite americana, nas pequenas cidades, agarrou-se ao Partido Republicano, os grupos* étnicos *mais recentes, nas cidades, se inclinaram para Roosevelt, principalmente, além da gratidão pelas medidas de bem-estar do New Deal, mas em parte pelo gosto da sua principal concessão... o 'reconhecimento*'". Leuchtenburg, supra nota 28, p. 184.

39 Para a ênfase nas diferenças entre Governo Americano e Governos Totalitários, ver Clarence Dykstra, The Quest for Responsibility, 33 Am. Pol. Sci. Rev. 1 (1939). Em1940, Roosevelt disse: "*A onda de eventos no exterior tem feito alguns poucos céticos dentre nós perguntar: Será este o fim de uma história que foi contada?* É o livro *da democracia agora a ser fechado e colocado longe em cima das prateleiras empoeiradas do tempo?*". Leuchtenburg, supra nota 28, p. 348.

a Segunda Guerra Mundial, a Corte derrubou a condenação de uma Testemunha de Jeová baseada em uma lei que proibia a distribuição de materiais escritos de porta em porta[40]. Com o raciocínio de que a aplicação da proibição violaria a Primeira Emenda, a opinião majoritária do *Justice Black* sublinhou que "*a liberdade de distribuir a informação* ... é tão claramente vital para a preservação de uma sociedade *livre que ... deve ser totalmente preservada*"[41]. O apoio ao voto majoritário do *Justice Murphy*, aderido pelos *Justices Douglas* e *Rutledge*, acentuaram a diferença entre o governo americano e os totalitários: "*Repressão não tem lugar neste país. É a nossa orgulhosa realização demonstrar que a unidade e a força são mais bem realizadas, não pela ortodoxia imposta de pontos de vista, mas pela diversidade de opinião por meio do maior grau possível de liberdade de consciência e pensamento*"[42].

Até o final da década de 1930, os intelectuais estavam lutando para explicar e justificar a nova democracia que surgira[43]. Essa democracia pluralista era, é claro, ainda baseada na soberania popular – o consentimento do governado – mas agora os cidadãos podiam perseguir seus interesses privados. A política voltou-se para a construção de coalizões – grupos de interesse – e disputas de vantagens na arena política, harmonizando-se, quando necessário, para maximizar a satisfação dos interesses de cada um. Enquanto o objetivo final da democracia republicana era alcançar o bem comum, o objetivo final

[40] Martin v. City of Struthers, 319 U.S. 141 (1943).

[41] Id. p. 146-47.

[42] Id. p. 150 (Murphy, J., concordância). Murphy adicionou: "*Nestes dias os homens livres não têm responsabilidade mais elevada do que a preservação dessa liberdade. Uma nação dedicada a esse ideal não vai sofrer, mas irá prosperar em sua observância*". Id. p. 152; Ver *West Virginia State Board of Ed. v. Barnette*, 319 U.S. 624, 641 (1943) (comparação entre os EUA e seus inimigos totalitários).

[43] John G. Gunnell, The Descent of Political Theory 105, 122-23, 127-45 (1993); Edward A. Purcell, Jr., The Crisis of Democratic Theory 112-14, 138 (1973). Por exemplo, em seu discurso presidencial para a Associação Americana de Política Social, *Clarence Dykstra* declarou, "*A questão fundamental que o mundo enfrenta é se a responsabilidade pode ser alcançada e mantida através do processo democrático*". Clarence Dykstra, The Quest for Responsibility, 33 Am. Pol. Sci. Rev. 1, 22 (1939).

da democracia pluralista era participar – e para ganhar (ou pelo menos para ganhar o máximo possível). Em teoria, todos os grupos e indivíduos podiam participar, de modo a expressar seus interesses e valores no mercado democrático. Ninguém foi excluído simplesmente pelo seu *status* racial, religioso ou étnico[44]. De fato, enquanto que a própria Suprema Corte, antes da década de 1930, quase nunca havia mencionado a democracia, os juízes começaram a falar incessantemente sobre participação democrática, sobre como eles se esforçavam para delinear os contornos precisos do novo regime pluralista democrático[45].

É certo que a realidade da democracia pluralista, muitas vezes, não coincide com a teoria. A teoria exige plena e igual participação democrática, mas o campo majoritário dos brancos protestantes, no entanto, desenvolveu vários mecanismos para impedir a participação do elemento externo, pelo menos até certo ponto, e, assim, para manter seu próprio domínio social e cultural. A longa luta, que durou até a década de 1960, para superar as discriminações raciais legalmente protegidas, tais como consagradas nas leis *Jim Crow*, fornece o exemplo mais notável[46]. Além disso, os *outsiders* que conseguiram se tornar participantes plenos no sistema democrático, muitas vezes o fize-

---

44 Para relatos contemporâneos de (pluralista) democracia, ver V.O. Key, Politics, Parties, and Pressure Groups (4th ed. 1958) (publicado pela primeira vez em 1942) (enfatizando política como o exercício do poder, e discutindo a regra pelo qual jogam os grupos de pressão no exercício do poder); David B. Truman, The Governmental Process (1951) (amplo estudo sobre o funcionamento e a influência política dos grupos de interesses); Robert Dahl, A Preface to Democratic Theory (1956) (explicando a teoria democrática a partir da perspectiva pluralista). Dahl explicou: "*Todo o processo de tomada de decisões vinculativas, os cidadãos devem ter uma oportunidade adequada, e uma igualdade de oportunidades, para expressar suas preferências quanto ao resultado final. Eles devem ter oportunidades adequadas e iguais para colocar questões sobre a agenda e para expressar razões para endossar um resultado mais do que outro*". Robert A. Dahl, Democracy and its Critics 109 (1989) [hereinafter Dahl, Democracy].

45 Ver Morton J. Horwitz, Foreword: The Constitution of Change: Legal Fundamentality Without Fundamentalism, 107 Harv. L. Rev. 30, 56-57 (1993) (discutindo a importância da emergência da democracia). John Ely, talvez mais que qualquer outro teórico, elaborou as implicações teóricas da democracia pluralista para a revisão judicial. John H. Ely, Democracy and Distrust (1980).

46 Para uma detalhada discussão sobre o Movimento dos Direitos Civis, ver David J. Garrow, Bearing the Cross: Martin Luther King, Jr., and the Southern

ram a um preço. Para participar, um indivíduo comumente precisava renunciar a qualquer identificação ou marca relevante de suas origens étnicas ou religiosas. Por exemplo, durante a década de 1930, muitos judeus conseguiram obter empregos governamentais, mas apenas se eles não deixassem transparecer serem claramente judeus, conforme os estereótipos dominantes[47].

A transição para a democracia pluralista tinha inúmeras implicações importantes para a sociedade e para o governo americano[48]. Por exemplo, sob a democracia republicana, o *lobby* foi considerado um corrupto sistema de obtenção de interesses parciais ou privados contrários ao bem comum. A enciclopédia legal ordenadamente resumiu a atitude geral para com *lobby*: "*A política pública exige que todos os legisladores devam agir isoladamente ... com o olho unicamente para o interesse público, e os tribunais universalmente declarar ilegais todos os contratos de serviços que envolvam ... o exercício de influências e ameaças pessoais sobre os legisladores para garantir seu voto em favor de um ato legislativo*"[49]. No entanto, durante os anos 1930, com o início da democracia pluralista, a atuação de grupos de interesses especiais se tornou aceitável como meio de participação política[50].

Christian Leadership Conference (1986); Robert Weisbrot, Freedom Bound: A History of America.s Civil Rights Movement (1990).

47 Jerold S. Auerbach, Unequal Justice: Lawyers and Social Change in Modern America 224-32 (1976); Stephen M. Feldman, Please Don't Wish Me a Merry Christmas: A Critical History of the Separation of Church and State 213-14 (1997) [a seguir Feldman, Please Don't]; ver Robert A. Burt, Two Jewish Justices: Outcasts in the Promised Land 39 (1988) (enfatizando como Felix Frankfurter minimizou especificamente sua origem judaica para facilitar o sucesso profissional).

48 No pensamento jurídico, estudiosos do "*processo legal*" no pós-Segunda Guerra Mundial construíram suas teorias jurisprudenciais sobre o fundamento da democracia pluralista. Para uma descrição do surgimento do processo legal, ver Stephen M. Feldman, American Legal Thought From Premodernism to Postmodernism: An Intellectual Voyage 115-28 (2000) [a seguir Feldman, Intellectual Voyage]. Para exemplos de escritos sobre processo legal, ver Alexander M. Bickel, The Least Dangerous Branch (1962); Herbert Wechsler, Toward Neutral Principles of Constitutional Law, 73 Harv. L. Rev. 1 (1959).

49 XV The American and English Encyclopaedia of Law 969 (David S. Garland & Lucius P. McGehee eds., 2d ed. 1900).

50 Lynn Dumenil, The Modern Temper 49-51 (1995).

De grande importância para o desenvolvimento das liberdades da Primeira Emenda, a transição do república para a democracia pluralista interrompeu as práticas institucionais de revisão judicial, particularmente em relação aos direitos constitucionais. De um modo geral, sob a democracia republicana, os tribunais tinham revisto as ações governamentais determinando se a ação em disputa atendia ao bem comum – e, por conta disso, era admissível – ou se atendia a interesses parciais e particulares, sendo, portanto, inadmissível[51]. Por exemplo, em 1829, em um caso da Suprema Corte do *Tennessee*, o *Justice John Catron*, que acabaria por se sentar na Suprema Corte dos Estados Unidos, explicou que: "*O direito à vida, a liberdade e a propriedade de cada indivíduo devem permanecer ou cair pela mesma regra ou lei que rege todos os outros membros do corpo político*"[52]. Assim, *Catron* continuou, "*toda lei parcial ou privada, que propõe diretamente destruir ou afetar direitos individuais ... é inconstitucional e nula*"[53]. Em 1851, o *Chief Justice Lemuel Shaw* de Massachusetts elucidou o poder de polícia do Estado, enfatizando que os direitos individuais, incluindo especialmente o direito à propriedade, deviam ser subordinados a medidas legislativas em busca do "*bem comum e do bem-estar geral*"[54].

Em suma, os princípios básicos da democracia republicana, particularmente a distinção entre os interesses do bem comum e os interesses parciais ou privados, estruturaram a prática de revisão judicial. Quando a democracia pluralista suplantou a democracia republicana, a estrutura ou o quadro de análise dos atos do governo entrou em colapso; a finalidade da revisão judicial turvou. Sob a democracia pluralista, o governo não era obrigado a procurar o bem comum. Os cidadãos procuraram perseguir os seus interesses privados por meio de vários mecanismos governamentais, incluindo a legislação. Como,

---

51 Howard Gillman, The Constitution Besieged: The Rise and Demise of Lochner Era Police Powers Jurisprudence 51-55 (1993). Para exemplos, ver *State Bank v. Cooper*, 10 Tenn. 599 (1831); *Eakin v. Raub*, 12 Serg. & Rawle 330 (Pa. 1825); *Goshen v. Stonington*, 4 Conn. 209, 221 (1822).

52 Vanzant v. Waddel, 10 Tenn. 260 (1829) (Catron, J.).

53 Id.

54 *Commonwealth v. Alger*, 61 Mass. 53, 7 Cush. 53, 84-85 (1851).

então, os Tribunais reveriam a legitimidade – a constitucionalidade – das ações governamentais?

Em uma esfera, pelo menos, a resposta a esse enigma estava clara. De 1937 em diante, com a solidificação da democracia pluralista, os tribunais aceitaram a regulamentação legislativa do mercado econômico. Os tribunais, com efeito, admitiam todas as regulamentações econômicas razoáveis, em vez de questionar se visavam ao bem comum[55]. Mas a famosa quarta nota de rodapé do *Justice* Stone nos *Carolene Products* questionava se tal deferência era apropriada, quando a legislação infringia as liberdades protegidas pela *Bill of Rights*, incluindo a liberdade de expressão e a liberdade religiosa, restrições a participação nos processos democráticos ou discriminações a "*minorias discretas e insulares*"[56]. No entanto, pode-se razoavelmente argumentar que o Tribunal nunca articulou um fundamento tão teoricamente elegante para revisar as ações governamentais sob a democracia pluralista como o utilizado na democracia republicana, distinguindo o bem comum de interesses parciais ou privados. Eu não quero sugerir, no entanto, que a elegância teórica da revisão judicial republicana democrática tornava simples a aplicação – não tornava – nem sugiro que o Tribunal se absteve de exercer o seu poder de revisão judicial sob a democracia pluralista[57]. Ao contrário, a Corte, em alguns contextos,

---

55 *West Coast Hotel Co. v. Parrish*, 300 U.S. 379 (1937). Nos casos de regulamentação econômica: "*a existência de fatos que suportam o entendimento legislativo devem ser presumidos, uma legislação regulatória que afete as transações comerciais ordinárias não deve ser pronunciada inconstitucional a não ser à luz dos fatos conhecidos ou feitos geralmente assumidos de tal natureza que se exclui a suposição de que ela repousa sobre uma base racional dentro do conhecimento e experiência dos legisladores*". *United States v. Carolene Products Co.*, 304 U.S. 144, 152 (1938).

56 *United States v. Carolene Products Co.*, 304 U.S. 144, 152-53 n.4 (1938). Durante o início da carreira de *Stone* como o reitor da *Columbia Law School*, tornou-se conhecido como um defensor dos direitos da liberdade de expressão do corpo docente. The Oxford Companion to the Supreme Court of the United States 838-39 (Kermit Hall ed., 1992).

57 No que diz respeito à dificuldade de se resolverem os casos sob uma perspectiva de revisão judicial democrática republicana, bastam lembrar as controvérsias da era *Lochner*. *Lochner v. New York*, 198 U.S. 45 (1905); ver Barry Cushman, Rethinking the New Deal Court: The Structure of a Constitutional Revolution (1998) (discutindo o repúdio aos argumentos da era Lochner a partir da perspec-

continuou a afirmar vigorosamente seu poder, incluindo, por vezes, a esfera das liberdades da Primeira Emenda. Mesmo assim, dentro do regime democrático pluralista, o Tribunal tem-se esforçado para justificar o seu exercício do poder judicial e para identificar se as ações governamentais específicas violam garantias constitucionais.

II. OS CASOS DAS TESTEMUNHAS DE JEOVÁ

O Tribunal decidiu inúmeros casos durante os anos 1930 e 1940 envolvendo Testemunhas de Jeová[58]. Estes casos giravam em torno das incertezas do florescimento da democracia pluralista e suas implicações para a revisão judicial. O significado da democracia pluralista para as liberdades contidas na Primeira Emenda, em particular, estava no centro dos casos judiciais relativos à Saudação à Bandeira: *Minersville School District v. Gobitis*[59] e *West Virginia State Board of Education v. Barnette*[60]. *Gobitis*, decidido em 1940, surgiu porque o conselho escolar local em *Minersville*, na Pensilvânia, determinou que professores e alunos, a cada dia, saudassem a bandeira e recitassem o juramento de lealdade. As crianças *Gobitis*, com idades entre doze e dez, "*haviam sido criadas e conscientizadas a acreditar que tal gesto de respeito à bandeira tinha sido proibido pelo comando da escritura*"[61]. Como elas se recusaram a participar da cerimônia de sau-

---

tiva da doutrina legal); William E. Leuchtenburg, The Supreme Court Reborn (1995) (discutindo o repúdio aos argumentos da era Lochner a partir da perspectiva política).

[58] Fontes úteis para as Testemunhas de Jeová e seus casos judiciais incluem os seguintes: Peter Irons, The Courage of Their Convictions 13-35 (1988); Eric Michael Mazur, The Americanization of Religious Minorities: Confronting the Constitutional Order 28-61 (1999); Shawn Francis Peters, Judging Jehovah's Witnesses (2000); Vincent Blasi & Seana V. Shiffrin, The Story of West Virginia State Board of Education v. Barnette: The Pledge of Allegiance and the Freedom of Thought, in Constitutional Law Stories 433 (Michael C. Dorf ed., 2004); William Shepard McAninch, A Catalyst for the Evolution of Constitutional Law:Jehovah's Witnesses in the Supreme Court, 55 U. Cin. L. Rev. 997 (1987).

[59] 310 U.S. 586 (1940), superado por, *West Virginia State Board of Ed. v. Barnette*, 319 U.S. 624 (1943).

[60] 319 U.S. 624 (1943).

[61] *Minersville School Dis. v. Gobitis*, 310 U.S. 586, 592 (1940).

dação à bandeira diária, foram expulsas da escola. A família *Gobitis* argumentou que essa penalidade violara dois direitos constitucionais das crianças: o livre exercício da religião e a liberdade de expressão[62].

O Tribunal rejeitou ambas as alegações e manteve as expulsões. *Justice Frankfurter*, escrevendo a opinião da maioria, ponderou que o melhor meio para manter a democracia era nutrindo uma cultura democrática. A democracia deve ser "*enraizada nos hábitos das pessoas e não executada contra a política imposta pela população por meio de coerção imposta por lei*"[63]. O Tribunal deve, portanto, em geral, deferência aos resultados do processo legislativo – independentemente do conteúdo desses resultados – "*desde que os canais de resolução do processo democrático permaneçam abertos e desobstruídos*"[64]. Mesmo quando o legislador tiver colidido com as liberdades da Primeira Emenda, o Tribunal deve referendar o julgamento do legislativo, exceto nos casos que os juízes identificarem algum defeito no processo democrático[65]. De fato, do ponto de vista de *Frankfurter*, a deferência da Corte com a democracia era susceptível de gerar exatamente esses tipos de debates políticos que propagam a cultura democrática[66]. A divergência apresentada pelo *Justice Stone* no caso *Gobitis* articula uma relação diferente entre a democracia pluralista e as liberdades da Primeira Emenda. *Stone* inicialmente observou que a supressão dos direitos das minorias não deve mais ser justificada pela referência ao bem comum da democracia republicana. "*A história nos ensina que tem havido só poucas infrações às liberdades individuais pelo Estado que não têm sido justificadas, como elas estão aqui, em*

---

62 *Gobitis* era realmente um erro de ortografia do nome da família. Blasi & Shiffrin, supra nota 56, at 436 n.15.

63 *Minersville School Dis. v. Gobitis*, 310 U.S. 586, 599 (1940), superado por, *West Virginia State Board of Ed. v. Barnette*, 319 U.S. 624 (1943).

64 Gobitis, 310 U.S. em 599.

65 Ver Ely, supra note 43, em 73-104 (explicando a regra da corte na fiscalização do processo democrático).

66 Frankfurter escreveu: "*Onde todos os meios eficazes de induzir mudanças políticas são deixados livres de interferência, o abandono da educação da tola legislação* é em si um *treinamento em liberdade. Combater sabiamente o uso do poder legislativo no fórum da opinião pública e antes de assembleias legislativas, em vez de transferir tal competição para arena judicial, serve para justificar a autoconfiança de um povo livre*". Gobitis, 310 U.S. at 600.

nome do ... interesse público, e poucas que não tenham sido dirigidas, como são agora, às minorias politicamente impotentes"[67]. Mas, é claro, *Frankfurter* não se tinha apoiado na democracia republicana para rejeitar as alegações constitucionais. Ao contrário, *Frankfurter* tinha formulado a abordagem da revisão judicial sob a democracia pluralista. Assim, *Stone* começou criticando o apelo democrático do argumento de *Frankfurter*[68]. Em particular, *Stone* criticou a afirmação de *Frankfurter* de que o Tribunal deveria deixar para o julgamento legislativo, "*contanto que os canais de resolução do processo democrático permaneçam abertos e desobstruídos*"[69].

Stone, para ficar claro, não se opôs à recusa do Tribunal de deixar para o legislativo quando o processo democrático estiver obstruído, pois ele acreditava que o Tribunal deveria fazer mais para fiscalizar a democracia[70]. Citando sua quarta nota de rodapé no caso *Carolene Products*, *Stone* acrescentou que "*preconceitos contra minorias discretas e insulares tendem a restringir o funcionamento dos processos democráticos*", e, portanto, deveriam estimular uma "*profunda pesquisa judicial sobre o julgamento legislativo*"[71]. Para reforçar essa conclusão, *Stone* argumentou que "*liberdade de mente e espírito*", que incluiria a liberdade de expressão e a liberdade religiosa, é pré-requisito para a própria democracia[72]. Assim, de acordo com *Stone*, a preservação das liberdades da Primeira Emenda é parte integrante para se alcançar objetivo é um governo livre[73].

Estimulados, em parte, pela decisão da Corte no Caso *Gobitis,* e, em parte, por temores de uma guerra iminente, conselhos escolares, em todo o país, rapidamente impôs o dever de saudação à bandeira[74].

---

[67] Id. p. 604 (Stone, J.,divergência).

[68] Quando John Ely articulou sua teoria constitucional baseada na democracia pluralista, ele a chamou de reforço da representação. Ely, supra nota 43, p. 101-02, 181.

[69] *Gobitis*, 310 U.S. p. 605-06 (Stone, J., divergência).

[70] Ely identificou o papel do Tribunal como fiscalizador dos processos democráticos ou representativos. Ely, supra nota 43, p. 102.

[71] Gobitis, 310 U.S. p. 606 (Stone, J., divergência).

[72] Id. p. 606.

[73] Id.

[74] McAninch, supra nota 56, p. 1019.

Dignos de nota, inúmeros linchamentos públicos foram orquestrados contra as Testemunhas de Jeová em retribuição por sua suposta deslealdade, como evidenciada por sua recusa de saudar a bandeira[75]. O Tribunal anunciou a decisão no Caso *Gobitis* em 3 de junho de 1940, e, até 20 de junho, o Departamento de Justiça já havia relatado centenas desse tipo de ataques[76]. Talvez, em resposta a esses eventos, o Tribunal logo reconsiderou a questão relativa ao dever de saudação à bandeira.

Em outro caso envolvendo Testemunhas de Jeová, *West Virginia State Board of Education* v. *Barnette*, o Tribunal alterou o entendimento dado no Caso *Gobitis* e considerou que a obrigação de saudar a bandeira violava a Primeira Emenda[77]. Os votos, no Caso *Barnette,* novamente, giravam em torno do significado da democracia pluralista e suas implicações para a livre expressão e a liberdade religiosa[78]. O voto condutor da maioria, proferido pelo *Justice Jackson,* afirmou que o cerne da Primeira Emenda era, categoricamente, retirar a liberdade de expressão e a liberdade religiosa da volatilidade da democracia pluralista. Já que a democracia pluralista era baseada no consentimento dos governados, a *Bill of Rights* impedia o governo de coagir o consentimento dos governados[79]. Governo livre não podia existir sem as garantias da Primeira Emenda.

---

[75] Peters, supra nota 56, p. 72-95; McAninch, supra nota 56, p.1018-21.

[76] McAninch, supra nota 56, p. 1019 & n.147.

[77] *West Virginia State Board of Ed. v. Barnette,* 319 U.S. 624 (1943). O voto majoritário do *Justice Jackson* se referiu aos linchamentos públicos contra as Testemunhas de Jeová, mas *Justice Stone* o convenceu a deletar tais referência porque eles estariam sugerindo que a Corte estava superando o *Caso Gobitis* por razões políticas. Blasi & Shiffrin, supra nota 56, p. 451.

[78] *Jackson* escreveu: "*O propósito da Bill of Rights era retirar certos assuntos das vicissitudes das controvérsias políticas, para colocá-los fora do alcance de maiorias e funcionários e para estabelecê-los como princípios jurídicos a serem aplicadas pelos tribunais. São os direitos à vida, à liberdade,* à propriedade, à liberdade de expressão, *uma imprensa livre, liberdade de culto e de reunião e outros direitos fundamentais que não podem ser submetidos a voto, pois eles não dependem do resultado de eleições*". *West Virginia State Board of Ed. v. Barnette,* 319 U.S. 624, 638 (1943).

[79] *Jackson* escreveu: "*Nós montamos o governo pelo consentimento dos governados, e o* Bill of Rights *nega aos que estão no poder qualquer oportunidade legal para coagir esse consentimento. Autoridade aqui é para ser controlada pela opinião pública, não a opinião pública pela autoridade*". Id. p. 641.

Dessa vez, *Frankfurter* encontrou-se em dissidência. Ele reiterou que sua preocupação principal era promover a democracia: "*A razão pela qual, desde o princípio, a limitada autoridade judicial de anular uma legislação ter sido vista com olhares despeitados é que ela tem servido para impedir o funcionamento integral do processo democrático*"[80]. Mais uma vez, ele enfatizou a necessidade de promover uma cultura democrática como o melhor meio para preservar a democracia. A execução judicial dos direitos individuais estava, provavelmente, no final, minando a democracia.

> Particularmente na legislação que afeta a liberdade de pensamento e a liberdade de expressão muito do que ofenderia uma sociedade de espírito livre é constitucional. A confiança nos mais preciosos interesses da civilização, portanto, deve ser encontrada fora de sua defesa nos tribunais. Apenas uma positiva persistência na transformação da fé numa sociedade livre para a convicção, o hábito e a ação de uma comunidade é a confiança final inabalável contra as tentações que acorrentam o espírito humano[81].

Durante esses recentes anos de incerteza, com os juízes debatendo os contornos da democracia pluralista e os parâmetros da revisão judicial, o Tribunal, de fato, experimentou diferentes abordagens para a resolução concreta das disputas relativas à Primeira Emenda. Por um breve período, o Tribunal concluiu que certos direitos constitucionais, incluindo a liberdade de expressão e a liberdade religiosa, eram as liberdades preferidas[82]. Como tais, mereciam proteção judicial espe-

---

80 Id. p. 650 (Frankfurter, J., divergência).

81 Id. p. 670-71.

82 Por exemplo, em 1943, a Corte declarou que "*[L]iberdade de imprensa, liberdade de expressão, liberdade de religião estão em uma posição preferida*". *Murdock v. Pennsylvania*, 319 U.S. 105, 115 (1943); ver *Thomas v. Collins*, 323 U.S. 516, 529-30 (1945) (usando a linguagem das liberdades preferidas); Howard Gillman, Preferred Freedoms: The Progressive Expansion of State Power and the Rise of Modern Civil Liberties Jurisprudence, 47 Pol. Res. Q. 623, 640-45 (1994) (discutindo o aumento da abordagem das liberdades preferidas). Anteriormente, *Chief Justice Stone* tinha escrito divergindo: "*A 1ª Emenda não se limita a salvaguardar a liberdade de discurso e de religião contra as tentativas discriminatórias que pretendem exterminá-las. Pelo contrário, a Constituição, em virtude da 1ª e da 14ª Emendas, colocou essas liberdades em posição preferencial*". *Jones v. Opelika*, 316 U.S. 584, 608 (1942) (*Stone*, C.J., divergência).

cial. Em muitos casos, porém, o Tribunal tratou esses direitos constitucionais como valores ou interesses que eram balanceados com outros interesses, particularmente os interesses governamentais, dentro de um regime democrático pluralista[83]. "*Decisão quanto à licitude da condenação exige a pesagem de dois conflitantes interesses*", disse a Suprema Corte no caso *Cantwell v. Connecticut*[84]. "*A lei fundamental declara que aos Estados Unidos interessa que o livre exercício da religião não seja proibido e que a liberdade de comunicar informações e opiniões não seja reduzida*"[85]. Mas, o Tribunal complementa imediatamente, "*O estado de Connecticut tem um óbvio interesse na preservação e proteção da paz e da boa ordem dentro de suas fronteiras*"[86]. Apesar desse tipo de linguagem, sugerindo uma imparcial ponderação de interesses, o Tribunal, às vezes, distorce o balanceamento contra o governo, especialmente se o direito constitucional invocado for a liberdade de expressão, liberdade religiosa ou ambas[87]. Os juízes reconhecem sua luta para harmonizar a proteção judicial dos direitos constitucionais em uma democracia pluralista. Escrevendo em *Barnette*, *Justice Jackson* suavemente lamentou: "*A tarefa de traduzir as majestosas generalidades do Bill of Rights, compreendidas como parte de um governo liberal, no século XVIII, em restrições concretas a funcionários que lidam com problemas do século XX, é perturbadora às nossas próprias convicções*"[88].

Para uma discussão sobre o fim da terminologia das liberdades preferidas, ver G. Edward White, The Constitution and the New Deal 149-52 (2000).

83 E.g., *Martin v. City of Struthers*, 319 U.S. 141, 143-44 (1943); ver T. Alexander Aleinikoff, Constitutional Law in the Age of Balancing, 96 Yale L.J. 943 (1987) (explorando e criticando a emergência do teste de ponderação/balanceamento nas leis constitucionais).

84 310 U.S. 296, 307 (1940).

85 Id.

86 Id.

87 E.g., *Schneider v. State*, 308 U.S. 147, 161-62 (1939) (derrubando condenações por distribuir panfletos aplicando o teste de equilíbrio que favoreceu a liberdade de expressão). Em alguns desses casos, especialmente no campo do livre exercício, o Tribunal teria argumentado que a ação governamental poderia ser acolhida apenas se fosse necessária para alcançar um interesse ou propósito governamental. E.g., *Sherbert v. Verner*, 374 U.S. 398 (1963).

88 *West Virginia State Board of Ed. v. Barnette*, 319 U.S. 624, 639 (1943).

Significativamente, enquanto as opiniões da Corte, frequentemente, ligam a liberdade de expressão e as liberdades religiosas – por exemplo, nos preferidos casos de liberdades –, a Corte, consistentemente, mostrou maior solicitude para a livre expressão do que pelos argumentos de livre exercício religioso. Esse favorecimento judicial da expressão sobre a religião emergiu mais claramente em vários dos casos envolvendo as Testemunhas de Jeová. Membros das Testemunhas de Jeová muitas vezes procuram cumprir suas obrigações religiosas divulgando informações sobre a religião por alguns meios de baixo custo, tais como a distribuição de folhetos ou livros nas esquinas das ruas ou de porta em porta. Tais indivíduos foram condenados por inúmeras violações penais, incluindo ruptura da paz e recusar a pagar as taxas de licença[89]. Devido à natureza de suas ações, os acusados argumentaram que tanto a livre expressão e quanto o livre exercício religioso haviam sido blindados contra as ações punitivas governamentais. O Tribunal, no entanto, sempre se recusou a defender as reivindicações do livre exercício de forma isolada. O Tribunal consideraria, por um lado, as ações dos acusados desprotegidas, por outro lado, consideraria as ações protegidas tanto pela livre expressão por si só, ou pela combinação da livre expressão com o livre exercício religioso[90].

---

[89] *Murdock v. Pennsylvania*, 319 U.S. 105 (1943); *Chaplinsky v. New Hampshire*, 315 U.S. 568 (1942); *Cantwell v. Connecticut*, 310 U.S. 296 (1940).

[90] Ver, e.g., *Martin v. City of Struthers*, 319 U.S. 141 (1943) (derrubando a condenação com base somente na liberdade de expressão); *Chaplinsky v. New Hampshire*, 315 U.S. 568 (1942) (se recusando a reconhecer o caráter religioso da ação do acusado e rejeitando o apelo da liberdade de expressão por causa da *fighting words doctrine* – doutrina em que se proíbe palavras de cunho odioso ou racista). *Mazur* explicou: "*A maioria das decisões proferidas pelos Justices contam com o papel e a importância do direito* à liberdade de expressão *da 1ª Emenda ao lado – mas, com mais frequência, em vez de – outros direitos da 1ª Emenda como a do livre exercício religioso. Desde o início, o argumento da liberdade do exercício religioso foi menos convincente do que o argumento de liberdade de expressão. Todos os casos ouvidos pela Corte que foram completamente negados de 1937 a 1940 se basearam unicamente nos fundamentos da liberdade do exercício religioso, enquanto que três dos cinco casos que foram apreciados pela Corte durante esse mesmo período e que dependiam, em parte ou totalmente, de argumentos de liberdade de expressão foram decididos em favor das Testemunhas de Jeová*". Mazur, supra nota 56, p. 50 (ênfase no original).

Sem o apoio de livre expressão, a afirmação da liberdade religiosa inevitavelmente sucumbiria[91].

Os juízes demonstraram o tratamento judicial diferenciado entre as reivindicações de livre expressão e das liberdades religiosas nos dois casos envolvendo a saudação à bandeira[92]. Em *Gobitis*, o voto majoritário de *Frankfurter* começou concentrando-se na liberdade religiosa: "*Precisamos decidir se a exigência de participação em tal cerimônia, exigido de uma criança que se recusa por motivos religiosos sinceros, infringe sem o devido processo legal a liberdade garantida pela 14ª Emenda*"[93]. De fato, referindo-se ao livre exercício religioso como um "*direito precioso*"[94], *Frankfurter* articulou uma visão aparentemente ampla da liberdade religiosa:

> Certamente, a busca afirmativa das convicções pessoais sobre o mistério supremo do universo e da relação do homem com ele é colocado fora do alcance da lei. O governo não pode interferir com a expressão, organizada ou individual, da crença ou descrença. Propagação de crenças – ou mesmo de descrença no sobrenatural – é protegida, seja na igreja ou capela, mesquita ou sinagoga,

91 *Cantwell v. Connecticut*, 310 U.S. 296 (1940), é um caso que poderia ter sido interpretado baseado somente no direito de livre exercício religioso, pelo menos para derrubar a condenação em uma das (informações) consideradas. Em um ponto, o Tribunal escreve: "*O Estado é do mesmo modo livre para regular o tempo e o modo das solicitações em geral, no interesse da segurança pública, paz, conforto ou conveniência. Mas para condicionar os pedidos de ajuda para perpetuação de visões ou sistemas religiosos mediante licença, cuja concessão se baseia no exercício de uma determinação da autoridade estatal sobre o que é uma causa religiosa, é colocar um fardo proibido sobre a liberdade de exercício protegida pela Constituição*". Id. p. 306-07. Mas ao longo da manifestação e de fato na passagem citada, a discussão sobre a liberdade religiosa é constantemente misturada com referências à liberdade de expressão. Embora claro, eu tenda a concordar com a conclusão de Mazur segundo o qual na decisão a Corte "*deu especial atenção aos argumentos da liberdade de expressão oferecidos pelas Testemunhas de Jeová, afirmando sua plausibilidade como significativa na decisão*". Mazur, supra nota 56, em 50.

92 *West Virginia State Board of Education v. Barnette*, 319 U.S. 624 (1943), modificando o entendimento no *Caso Minersville School District v. Gobitis*, 310 U.S. 586 (1940).

93 *Gobitis*, 310 U.S. p. 592-93.

94 Id. p. 593.

tabernáculo ou local de encontro. Da mesma forma, a Constituição assegura generosa imunidade, para o indivíduo, afastando imposição de sanções pela ofensa, no curso de suas próprias atividades religiosas, de opiniões religiosas dos outros, sejam eles uma minoria ou aqueles que são dominantes no governo[95].

No entanto, *Frankfurter* imediatamente qualifica o direito individual à liberdade religiosa por meio de um raciocínio que deve ser temperado pelo reconhecimento dos interesses da sociedade[96]. Mais importante, *Frankfurter* explicou, o direito ao livre exercício religioso não exime o indivíduo de obedecer às leis de aplicabilidade geral. "*A mera posse de convicções religiosas que contradizem as preocupações relevantes de uma sociedade política não isenta o cidadão dos encargos das responsabilidades políticas*"[97]. Nesse caso, o Tribunal concluiu que as crianças *Gobitis*, apesar de suas convicções religiosas, não deveriam ser dispensadas da sua obrigação de participar nas cerimônias de saudação à bandeira. Somente depois de enfatizar, em última análise, rejeitando, a alegação de livre exercício religioso, *Frankfurter* deu atenção à liberdade de expressão. Ele rapidamente rejeitou essa defesa, argumentando que o interesse social na unidade nacional era superior ao interesse da livre expressão[98]. A cerimônia diária de saudação à bandeira, determinada pelo conselho escolar, incutia nos alunos o compromisso desejado com a unidade nacional.

Quando o Tribunal reconsiderou a questão de saudação à bandeira em *Barnette*, os advogados das Testemunhas de Jeová, como os advogados em *Gobitis*, destacaram a liberdade religiosa. Independentemente, o voto majoritário do *Justice Jackson* em *Barnette* baseava-se quase que exclusivamente na livre expressão[99]. *Jackson* mencionou

---

95 Id.

96 "*Mas o caráter multiforme das relações humanas podem trazer a sua concepção de dever religioso em conflito com os interesses seculares de seus companheiros*". Id.

97 Id. p. 594-95.

98 Id. p. 595.

99 Resumo dos apelados, *West Virginia State Board of Ed. v. Barnette*, 319 U.S. 624 (1943) (1942 Term, No. 591), reimpresso em 40 Landmark Briefs and Arguments of the Supreme Court of the United States: Constitutional Law 39, 65-137 (Philip B. Kurland & Gerhard Casper eds., 1975); Resumos para os Réus,

o teste do *perigo claro e presente* e, de uma forma um pouco obscura, adotou uma abordagem de balanceamento como relevante para as questões relativas a liberdade de discurso[100], mas, no final, aparentemente, ele interpretou a proteção de liberdade de expressão da Primeira Emenda como sendo absoluta, pelo menos nas circunstâncias do caso. "*Nenhum agente público, de alta ou baixa patente, pode prescrever o que será ortodoxo em política, nacionalismo, religião e outros assuntos relativos a opinião, ou forçar o cidadão a confessar por palavras ou atos sua fé neles. Se existem quaisquer circunstâncias que permitem uma exceção, elas não ocorrem agora para nós*"[101].

Para a Corte em *Barnette*, a saudação da bandeira foi, sem dúvida, "*uma forma de expressão*"[102]. Além disso, não só a saudação à bandeira foi um tipo de expressão, como era uma expressão política. O governo usou a cerimônia da bandeira precisamente "*como um símbolo de adesão ao governo como atualmente organizado. Ela exige do indivíduo que se comunique por meio da palavra e sinal a sua*

Minersville School Dis. v. Gobitis, 310 U.S. 586 (1940) (1939 Term, No. 690), reimpresso em 37 Landmark Briefs and Arguments of the Supreme Court of the United States: Constitutional Law 367, 381-99 (Philip B. Kurland & Gerhard Casper eds.,1975); Blasi & Shiffrin, supra nota 56, p. 437-38. Jackson argumentou: "*Nem o assunto, como o vemos, tornou-se propriedade de algumas visões religiosas particulares nem a sinceridade com que são realizadas. Enquanto a religião fomenta as razões dos apelantes para sofrer o desconforto a respeito do assunto desse caso, muitos cidadãos que não compartilham dessa visão religiosa apoiam tal rito obrigatório infringindo as liberdades constitucionais do individuo. Não é necessário indagar se as crenças que não aceitam tais ritos serão isentas do dever de saudar a bandeira, a menos que encontremos poder para fazer essa saudação um dever legal*". Barnette, 319 U.S. p. 634-35.

100 Jackson, expressamente, se referiu ao teste de claro e perigoso dano. 319 U.S. p. 633. A referência para o balanceamento é ambígua: "*A base do conflito é entre a autoridade e os direitos do indivíduo. O Estado afirma seu poder para condicionar o acesso à educação pública obrigando um sinal e uma declaração solene e ao mesmo tempo força o seu cumprimento punindo pais e filhos. O último fica no direito de auto determinação em assuntos que se referem a opinião e atitude pessoal*". Id. p. 630-31.

101 Id. p. 642; ver Thomas I. Emerson, The System of Freedom of Expression 29 (1970) (discutindo os diferentes testes invocados no voto de *Jackson*).

102 Barnette, 319 U.S. p. 632.

aceitação às ideias políticas que isso, portanto, evidencia"[103]. Mas, nos Estados Unidos, *Jackson* enfatizou, o governo decorre do consentimento do povo – o consentimento que o próprio governo por ele mesmo não poderia coagir[104]. Pungentemente ressaltando esse ponto sobre a relação entre o governo e o discurso político, a Corte aludiu a acontecimentos no mundo contemporâneo: "*aqueles que começam a eliminar coercitivamente a dissidência, logo se veem exterminando os dissidentes. Unificação compulsória de opinião atinge apenas a unanimidade do cemitério*"[105].

Assim, a Corte no *Caso Barnette* anulou o entendimento do *Caso Gobitis* e considerou que a obrigatoriedade da saudação à bandeira violava a liberdade de expressão. Mas por que a Corte do *Caso Gobitis* realçou a liberdade religiosa quando rejeitou as alegações de violação à Primeira Emenda, enquanto a Corte do *Caso Barnette* concentrou-se quase exclusivamente na liberdade de expressão, quando repudiou a obrigatoriedade da saudação à bandeira? De modo mais geral, por que os juízes consistentemente favorecem o argumento da liberdade de expressão ao argumento da liberdade religiosa?

III. FAVORECENDO MAIS A LIBERDADE DE EXPRESSÃO DO QUE A LIBERDADE RELIGIOSA

A. *Teoria Constitucional*

De qualquer maneira, a democracia republicana parecia favorecer a religião (leia-se: o protestantismo) sobre a expressão. De um modo geral, as cortes iriam rever as ações governamentais, no âmbito do regime da democracia republicana, para determinar se as ações foram realizadas para atender ao bem comum ou para atender aos interesses parciais e particulares. Porque os direitos e liberdades individuais

---

[103] Id. p. 633.

[104] "*Montamos um governo pelo consentimento dos governados, e o Bill of Rights nega aos que estão no poder qualquer oportunidade legal de coagir esse consentimento. Autoridade aqui é para ser controlada pela opinião pública, não a opinião pública pela autoridade*". Id. p. 641.

[105] Id.

eram geralmente subordinados ao bem comum, o governo possuía o poder de punir a palavra ou a escrita, se tal punição fosse atender ao bem comum[106]. E a sanção penal, presumivelmente, seria para o bem comum, se a fala ou escrita tivessem uma má tendência ou pudesse gerar uma provável consequência perniciosa. Essa justificação teórica que aborda um estreito conceito de livre de expressão elucida a doutrina jurídica que prevaleceu na maioria dos Estados ao longo do século XIX. Liberdade de expressão e imprensa livre foram consideradas direitos e liberdades fundamentais, mas os indivíduos eram responsáveis por seus abusos. Assim, no contexto de processos judiciais por difamação ou sedição, a preocupação com o bem comum engendrou a doutrina da verdade condicional, primeiramente articulada pelo juiz *James Kent* em *People v. Croswell*[107]. Sob essa abordagem, a verdade era uma defesa contra a acusação de difamação, mas apenas se o réu havia publicado por bons motivos e fins justificáveis. Se o material publicado era falso ou se era verdadeiro, mas com más intenções, então era criminalmente punível[108]. Dada essa teoria e doutrina, os tribunais geralmente eram menos protetores da livre expressão na democracia republicana.

Na esfera religiosa, no entanto, o governo – incluindo as cortes – tendia a ser solidário. Mais precisamente, o governo (os governos estadual e nacional) alimentava o protestantismo dominante, mas não outras religiões[109]. Nos termos da democracia republicana, o protes-

---

106 *James Wilson* foi um dos primeiros teóricos constitucionais a justificar a supressão do discurso e da escrita por causa dos princípios da democracia republicana. *James Wilson*, II The Works of James Wilson 279-80, 287, 313, 393-97 (James DeWitt Andrews ed., 1895 ed.).

107 *People v. Croswell*, 3 Johns. Cas. 337 (N.Y. Sup. Ct. 1804).

108 Para exemplos de casos sobre liberdade de expressão onde a Corte usou a terminologia da condição da verdade ou das más tendências, ver *Moody v. State*, 94 Ala. 42 (1892); *People v. Most*, 128 N.Y. 108(1891); *Commonwealth v. Morris*, 3 Va. 176 (1811); *Commonwealth v. Clap*, 4 Mass. 163 (1808).

109 A cláusula religiosa da 1ª Emenda inicialmente era, em sentido, jurisdicional: o Governo Nacional poderia deixar a matéria da religião para os Estados e os governos locais. O Governo Nacional, em outras palavras, não iria interferir na liberdade de consciência, e estabelecimentos oficiais surgiriam somente das diversas escolhas realizadas no nível local e estadual – não no nível federal. Feldman, Please Don't, supra nota 45, p. 164-67; Leonard W. Levy, The Es-

tantismo, supostamente imbuia os cidadãos com a virtude e o entendimento do que seria o bem comum. Como *George Washington* declarou em seu discurso de despedida, "*religião e moral são apoios indispensáveis ... dos deveres dos homens e dos cidadãos*"[110]. Assim, ao longo do século XIX, os juristas mais influentes, como *Joseph Story* e *Kent James*, consideravam o cristianismo como se fosse parte do *Common Law*. *Story*[111], professor de Direito de *Harvard*, bem como *Justice* da Suprema Corte, considerava-se um forte defensor das liberdades religiosas[112]. Independentemente disso, em 1833, *Story* declarou que "é impossível para aqueles que acreditam na verdade do cristianismo, como uma revelação divina, duvidar que é dever especial do governo fomentá-la e incentivá-la entre todos os cidadãos e súditos"[113]. Mes-

---

tablishment Clause: Religion and the First Amendment 66-67, 83-84, 108-09 (1986) [a seguir como Levy, Establishment Clause]. Dado que os governos estaduais (tanto quanto o governo nacional) eram conceitualmente democracias republicanas, a relação teórica entre religião e governo emergia de forma mais clara no nível estadual.

110 Washington's Farewell Address (Sept. 17, 1796), reimpresso em I Documents of American History 169, 173 (Henry Steele Commager ed., 9th ed. 1973).

111 Morton Borden, Jews, Turks, and Infidels 31, 98-103 (1984); Naomi W. Cohen, Jewsin Christian America: The Pursuit of Religious Equality 55-56 (1992); Frederic Cople Jaher, AScapegoat in the New Wilderness: The Origins and Rise of Anti-Semitism in America 139 (1994); cf. Perry Miller, The Life of the Mind in America 195-96 (1965) (reconhecendo que alguns juristas negavam o cristianismo como parte do *common law*); Stuart Banner, When Christianity was Part of the Common Law, 16 L. & Hist. Rev. 27 (1998) (questionando a significância das declarações, no século XIX, de que o cristianismo fazia parte da *common Law).* B.H. Hartogensis, Denial of Equal Rights to Religious Minorities and Non-Believers in the United States, 39 Yale L.J. 659 (1930) (rastreando a noção de que o cristianismo é parte do *common law* para *Lord Coke*).

112 Para um resumo dos mais amplos pontos de vista jurisprudencial de *Story*, ver Feldman, Intellectual Voyage, supra nota 46, p. 81-82; Stephen M. Feldman, From Premodern to Modern American Jurisprudence: The Onset of Positivism, 50 Vand. L. Rev. 1387, 1414-17 (1997).

113 Joseph Story, *3 Commentaries on the Constitution of the United States* 723 (1991; originalmente publicado no 1833). David Hoffman, professor de Direito na *University of Maryland*, escreveu: "A pureza e a sublimidade da moral bíblica não tiveram sido questionada até momento; é o fundamento da *common law* em cada nação cristã. A religião cristã é parte da lei da terra, e, como tal, poderia certamente receber porção não desconsiderável da atenção dos advogados". David Hoffman, A Course of Legal Study 65 (2d ed. 1846).

mo após a Guerra Civil, quando muitos jurisprudentes tomaram para si mais a orientação positivista do que a orientação do direito natural, *Thomas Cooley* explicou: "*[Nós não estão impedidos] de reconhecer, nas regras prescritas para a conduta dos cidadãos, o fato patente de que a religião predominante nos Estados é cristã*"[114]. Sem surpresa, então, numerosos estados estabeleceram o *Sabbath* Cristão no domingo como doutrina do *common-law* (e alguns estados promulgaram as *Blue Laws*[115**])[116]. Não tão distante, como no início do século XX, a polícia prendeu dezenas de milhares de judeus por violar tais leis[117]. Além disso, as minorias religiosas, especialmente os judeus, católicos e os mórmons, viviam em muitos Estados, com a ameaça de que o grupo protestante dominante poderia iniciar processos judiciais por blasfêmia. Um Tribunal de *Delaware*, mantendo uma condenação por blasfêmia em 1837, explicou que tinha "*sido há muito perfeitamente estabelecido pelo common Law, que a blasfêmia contra a divindade em geral ou que um ataque mal-intencionado e leviano contra a religião cristã de um individuo, com o propósito de expor suas doutrinas ao desprezo e ridículo, é condenável e passível de punição*"[118].

---

[114] Thomas M. Cooley, A Treatise on the Constitutional Limitations Which Rest Upon the Legislative Power of the States of the American Union 471 (Da Capo Press ed. 1972) (reimpresso da 1ª ed. 1868). Cooley, no entanto, tende a divergir mais dos jurisprudentes pré-modernos, como Story, sobre o cristianismo sendo parte da *common law*. Id. p. 471-78; ver Feldman, Intellectual Voyage, supra nota 46, p. 101-06.

[115] ** **N.T.:** *Blue Laws* são leis típicas dos Estados Unidos e Canadá; visavam à implementação de padrões de comportamentos religiosos, tais como o descanso obrigatório aos domingos.

[116] Borden, supra nota 109, p. 111-25.

[117] Cohen, supra nota 109, p. 110-11; Lawrence M. Friedman, A History of American Law 587 (2d ed. 1985); Irving Howe, World of Our Fathers 362 (1976).

[118] *State v. Chandler*, 2 Del. 553, 555 (1837). De acordo com a Corte de *South Carolina*, "*todas as publicações consideradas blasfêmia, carregando sobre o seu rosto a rejeição irreverente de Deus e sua santa religião, o que as torna perigosas para a comunidade, sempre foram tidos como caluniosas, e puníveis pela common law*". City Council of Charleston v. Benjamin, 33 S.C.L. 508 (1848) (condenação do réu judeu por violar a *Sunday Law*). Para outros casos em que os processos por blasfêmia foram aprovados, ver *Commonwealth v. Knee land*, 37 Mass. 206 (1838); *Updegraph v. Commonwealth*, 11 Serg. & Rawle 394 (Pa. 1824) (aprovando o Estatudo da Blasfêmia mas derrubando indiciamento por

Com a transição do modelo republicano para a democracia pluralista na década de 1920 e 1930, no entanto, esse favorecimento da religião (protestante) sobre a expressão foi revertida. No primeiro caso explícito em que a liberdade de expressão ganhou na Suprema Corte[119], decidido em 1931, a Corte expressamente fundamentou a proteção da liberdade de expressão para o funcionamento da democracia: "*a manutenção da oportunidade de livre discussão política a fim de que o governo possa ser sensível à vontade das pessoas e que as mudanças possam ser obtidas por meios legais, uma oportunidade essencial para a segurança da República, é um princípio fundamental de nosso sistema constitucional*"[120]. Desse ponto em diante, a Corte não só se tornou mais protetora da liberdade de expressão, mas também elaborou uma justificativa teórica para a ampla proteção baseada na democracia pluralista.

Em 1937, o Tribunal reiterou a "*necessidade de preservar os invioláveis direitos constitucionais de liberdade de expressão, liberdade de imprensa e de reunião, mantendo, assim, a oportunidade de livre discussão política, a fim de que o governo possa ser sensível à vontade do povo*"[121]. A proteção da liberdade de expressão era "*imperativa:* porque forneceu o "*próprio fundamento do governo constitucional*"[122]. Democracia pluralista, como os *Justices* a elaboraram, aceita a diversidade em vez de tentar reprimi-la, confiando-a dentro dos limites culturais homogêneos próprio da ideia do bem comum. A liberdade de expressão, portanto, não precisa ser constrangida para a

---

motivos técnicos); People v. Ruggles, 8 Johns. R. 290 (N.Y. 1811); cf., Perry v. Perry, 1 Barb. Ch. 516 (1846) (raciocinando que o uso de linguaguem considerada blasfemia foi comprovatório da ação violenta); Leonard W. Levy, Blasphemy 400-23 (1993) (discutindo os Casos do Estatuto da Blasfêmia do momento pré-Guerra Civil Americana).

[119] Harry Kalven, Jr., A Worthy Tradition: Freedom of Speech in America 167 (1988).

[120] Stromberg v. California, 283 U.S. 359, 369 (1931). Em caso anterior que parecia provocar questões de liberdade de discurso, o Corte julgou procedente o pedido do réu à liberdade constitucionalmente protegida, mas o voto focou-se exclusivamente no devido processo legal e não discutiu a liberdade de expressão. Fiske v. Kansas, 274 U.S. 380, 386-87 (1927).

[121] De Jonge v. Oregon, 299 U.S. 353, 365 (1937).

[122] Id.

preservação "*da ordem existente*"[123]; os *Justices* não tinham "*medo de que a liberdade de ser intelectualmente e espiritualmente diverso, ou mesmo contrário, fosse desintegrar a organização social*"[124]. Por volta de 1940, o Tribunal enfatizou que "*a vitalidade de instituições civis e políticas em nossa sociedade depende da livre discussão*"[125], e que a concepção forte de liberdade de expressão foi, portanto, um "*estrela fixa em nossa constelação constitucional*"[126].

Em suma, se a marca da democracia pluralista é, como o Tribunal fundamentou, a participação plena e aberta por diversos indivíduos e grupos em processos governamentais, então a liberdade de expressão deve ser fortemente protegida. Participação política não pode ser aberta e justa para todos os cidadãos, a menos que cada indivíduo seja teoricamente capaz de expressar seus interesses e valores no mercado democrático. Essa liberdade de expressão, pode-se dizer, é pré-requisito para o funcionamento da democracia pluralista. Não por coincidência, em 1948, *Alexander Meiklejohn* definitivamente articulou o autogoverno racional – o fundo teórico da liberdade de expressão na democracia pluralista[127]. "*O princípio da liberdade de expressão nasce das necessidades do programa de autogoverno*", escreveu *Meiklejohn*[128]. "É uma dedução a partir do acordo americano básico que questões públicas são decididas por sufrágio universal"[129]. A maioria dos constitucionalistas ainda sustentam que as demandas de autogoverno democrático requerem um núcleo fortemente protetor do discurso e da escrita política, e que a liberdade de expressão é, portanto, uma estrela-guia[130] da Constituição. Um acadêmico, por exemplo, recentemente proclamou que "*o coração de uma sociedade livre é o direito – e de fato o dever – de todos os cidadãos discutir política e criticar o governo*"[131].

---

[123] *West Virginia State Board of Ed. v. Barnette*, 319 U.S. 624, 642 (1943).

[124] Id. p. 641.

[125] *Terminiello v. Chicago*, 337 U.S. 1, 4 (1949).

[126] *West Virginia State Board of Ed. v. Barnette*, 319 U.S. 624, 642 (1943).

[127] Alexander Meiklejohn, Free Speech: And its Relation to Self-Government 25-27, 45 46 (1948).

[128] Id. p. 26.

[129] Id. p. 26-27.

[130] White, supra nota 3, p. 300-01.

[131] Paul Finkelman, Speech, Press, and Democracy, 10 Wm. & Mary Bill Rts. J. 813, 813 (2002).

Os vínculos teóricos entre a liberdade religiosa e a democracia pluralista nunca foram tão claros ou convincentes. Enquanto muitos concordam que a liberdade de expressão é essencial para a democracia – um direito "*essencial para o processo democrático*"[132], nas palavras de *Robert Dahl* – muitos insistem que o mesmo não acontece com a liberdade religiosa. De fato, pode-se razoavelmente argumentar que convicções religiosas profundas estão em tensão com um regime democrático pluralista. Democracia pluralista pressupõe que os cidadãos trazem diversos interesses e valores pré-existentes para a arena democrática, e que os cidadãos se acotovelam pelas vantagens e tentam ganhar as eleições de forma democrática e que – e aqui está o problema – os cidadãos se harmonizam quando necessário[133].

Sob a democracia pluralista, em outras palavras, os cidadãos possuem teoricamente interesses e valores preexistentes, e esses interesses e valores podem ser fortemente mantidos e perseguidos, mas os cidadãos devem ser sempre capazes de acomodar os interesses e os valores dos outros[134].No entanto, algumas crenças religiosas não são apenas fortes, são convicções – crenças imbuídas de certezas, excluindo a dúvida. Para alguns indivíduos, tais convicções religiosas não podem ser acomodadas a outros interesses e valores na arena democrática. Não se harmoniza, por exemplo, uma verdade absoluta derivada da vontade de Deus. Não é possível para alguns comprometerem, por exemplo, sua busca pela salvação eterna. Crenças religiosas, a partir desse ponto de vista, não se adéquam aos processos de democracia pluralista. Em parte, por essa razão, alguns teóricos argumentam que as crenças religiosas não devem ser invocadas em

---

[132] Dahl, Democracy, supra nota 42, p. 170. "*Liberdade de discurso ... é duplamente necessário para a participação efetiva e para o entendimento iluminado; assim também são liberdade de imprensa e liberdade de assembleia*". Id.

[133] Ver, e.g., John Dewey, Freedom and Culture 175-76 (1939) (discutindo a importância da negociação no processo democrático). Para os teóricos iniciais da democracia pluralista, "*compromisso, praticidade e evolução social lenta são bons*", enquanto todas as formas de "*absolutismo moralista*" são maus. Purcell, supra nota 41, p. 253.

[134] Ver Dahl, Democracy, supra nota 42, p. 260 (argumentando que a poliarquia ou a democracia pluralista falharam quando as subculturas distintas não puderam se acomodar umas as outras).

debates políticos ou, isto é, na arena pública. A partir dessa perspectiva, as razões seculares devem ser postas em qualquer debate público, porque as convicções religiosas são susceptíveis de inibir a discussão livre e aberta e as negociações que a democracia pluralista demanda[135].

No entanto, alguns teóricos argumentam que a liberdade religiosa ainda deve ser protegida tanto quanto a liberdade de expressão em uma democracia pluralista. Por exemplo, alguém poderia argumentar que as crenças religiosas são tão importantes para o povo americano que qualquer posição que banisse a religião da esfera pública, inevitavelmente, ofuscaria a realidade[136]. Para os religiosos americanos conservadores, razões seculares não podem substituir as convicções religiosas, pois para esses americanos religiosos, crenças constituem o núcleo de seus seres, suas identidades. Ou, em alternativa, pode-se teorizar que a liberdade religiosa – pelo menos para as religiões minoritárias – deva ser vigorosamente protegida porque, nas palavras do *Justice Stone* na quarta nota de rodapé, discriminação contra "*minorias discretas e insulares*" devem ser inadmissível em um regime pluralista[137]. Discriminação intencional, contra uma discreta e insular minoria (religiosa), manifesta um defeito do próprio processo democrático[138]. Ou, ainda mais, pode-se teorizar que a proteção constitu-

---

135 Para exemplos, ver Robert Audi, The Place of Religious Argument in a Free and Democratic Society, in Law and Religion: A Critical Anthology 69 (Stephen M. Feldman ed., 2000); Abner S. Greene, The Incommensurability of Religion, in Law and Religion: A Critical Anthology 226 (Stephen M. Feldman ed., 2000); William P. Marshall, The Other Side of Religion, in Law and Religion: A Critical Anthology 96 (Stephen M. Feldman ed., 2000). Alguns teóricos têm, também, abordado se os juízes poderiam confiar nas suas crenças religiosas para decidir os casos. Kent Greenawalt, Private Consciences and Public Reasons 141-50 (1995).

136 Richard John Neuhaus, A New Order of Religious Freedom, in Law and Religion: A Critical Anthology 89 (Stephen M. Feldman ed., 2000). Daniel O. Conkle argumentou que as visões religiosas fundamentalistas poderiam ser excluídas do debate, mas que outras crenças religiosas não absolutas poderiam ser permitidas. Daniel O. Conkle, Secular Fundamentalism, Religious Fundamentalism, and the Search for Truth in Contemporary America, in Law and Religion: A Critical Anthology 317 (Stephen M. Feldman ed., 2000).

137 *United States v. Carolene Products Co.*, 304 U.S. 144, 152-53 n.4 (1938).

138 Essa teoria, para todas as minorias discretas e insulares e não apenas para as minorias religiosas, tem sido mais completamente desenvolvida por John Ely.

cional da liberdade religiosa proíbe a exclusão ou a participação dos grupos religiosos, na qualidade de grupos religiosos, na política americana[139].

De qualquer forma, enquanto alguns teóricos poderiam ser persuadidos por qualquer um desses argumentos (ou, para esse fim, por outro argumento ou a combinação de argumentos), nenhuma simples justificativa teórica para a ampla proteção da liberdade religiosa conta com o apoio quase universal que é conferida à lógica de autogoverno no caso da liberdade de expressão[140]. Por reforço, muitos teóricos da liberdade de expressão oferecem justificativas adicionais para proteger a livre expressão, mas a maioria concorda que, no mínimo, a expressão política deve ser protegida porque é parte integrante da democracia pluralista[141]. Muitos concordam que sem liberdade de expressão, "*o processo democrático não existe*"[142], mas uma afirmação semelhante para a liberdade religiosa provavelmente provocaria discórdia generalizada. Em suma, a importância da liberdade de expressão em um regime democrático pluralista é facilmente perceptível, mas o mesmo não acontece com a liberdade religiosa.

B. POLÍTICA CONSTITUCIONAL

Teoria é uma coisa, mas a sua aplicação é outra. Seja quais forem as perspectivas teóricas dos vários *Justices* envolvidos, eles implementaram essas teorias de dentro de seus respectivos horizontes polí-

---

Ely, supra nota 43, p. 148-53.

139 Suzanna Sherry, Civic Virtue and the Feminine Voice in Constitutional Adjudication, 72 Va. L. Rev. 543 (1986).

140 Mesmo um crente religioso confesso pode reconhecer os problemas quando as crenças religiosas são chamados na esfera pública. E.g., Michael J. Perry, Liberal Democracy and Religious Morality, in Law and Religion: A Critical Anthology 115 (Stephen M. Feldman ed., 2000).

141 Emerson resume três razões filosóficas, além de autogoverno: a autorealização, busca de verdade, e estabilidade social.Thomas I. Emerson, The System of Freedom of Expression 6-7 (1970).

142 Dahl, Democracy, supra nota 42, na 170.

ticos (aliás, as opiniões políticas dos *Justices*, sem dúvida, contribuíram com suas preferências teóricas, em primeiro lugar)[143].

Sob a democracia republicana, a doutrina legal predominante para determinar o alcance da liberdade de expressão foi o *Caso Croswell* e seu padrão condicional da verdade[144***]. Material publicado será criminalmente punível, se for falso, ou, se verdadeiro, tiver má intenção[145]. Nesses casos, quando um indivíduo estava sendo processado, os tribunais sempre consideravam que o direito de expressão do acusado não deveria ser protegido, pois era falso ou poderia produzir maus resultados. Afinal, o simples fato de que o réu estava sendo julgado demonstrava que, pelo menos, alguns atores governamentais acreditavam que o discurso poderia ser prejudicial ou ruim. Por exemplo, em um processo federal de 1879 pelo envio de materiais obscenos, o tribunal aprovou uma definição de obscenidade, baseada no conceito de más intenções. O material seria considerado obsceno "*se ele tivesse uma tendência de sugerir pensamentos impuros e libidinosos nas mentes das pessoas que estivessem abertas à influência de tais pensamentos e, portanto, depravariam e corromperiam sua moral, se eles lessem tal material*"[146]. Em 1891, a promotoria de Nova York promoveu o Caso *People v. Most*, tendo o Estado condenado o réu sob um estatuto que tratava de reuniões ilegais, por fazer uma ameaça em conjunto com duas outras pessoas[147]. No contexto de uma situação política volátil e em frente a uma plateia simpática, *Most* "*denunciou os assassinos de ... 'amigos e camaradas' e prometeu vingança*"[148]. Em defesa da condenação, o Tribunal argumentou que o governo poderia proteger contra expressão de má tendência. "*Também não é ...*

---

143 Para uma discussão da relação entre a política e a doutrina legal na produção das decisões da Suprema Corte, ver Stephen M. Feldman, The Rule of Law or the Rule of Politics? Harmonizing the Internal and External Views of Supreme Court Decision Making, _ L. & Soc. Inquiry _ (forthcoming).

144 *** **N.T.:** No Brasil, o tema é tratado no Direito Penal, nos casos de crimes de injúria, difamação ou calúnia por meio do fenômeno da exceção da verdade.

145 *Moody v. State*, 94 Ala. 42 (1892); *Commonwealth v. Morris*, 3 Va. 176 (1811); *Commonwealth v. Clap*, 4 Mass. 163 (1808).

146 *United States v. Bennett*, 24 F.Cas. 1093, 1103-04 (C.C.S.D.N.Y. 1879).

147 *People v. Most*, 128 N.Y. 108 (1891).

148 Id. p. 114.

uma resposta à acusação de que as ameaças relacionadas a atos que atualmente não estão a ser realizados, mas para serem realizados em algum momento futuro, quando o assunto estiver maduro para a rebelião prometida", explicou o Tribunal[149]. "*O principal objetivo da common law e das leis relativas* às assemble*ias ilegais é a proteção da paz pública*"[150]. Sem surpresa, nos primeiros casos que envolviam a questão da liberdade de expressão na Corte Suprema, no século XX, os *Justices*, também, geralmente aprovavam a abordagem da má tendência[151].

Políticos influenciaram a livre expressão de outra forma, fora das interpretações judiciais da doutrina jurídica realizada pelos tribunais. Em particular, o padrão da má tendência coexistiu com duas tradições concorrentes: a tradição da dissidência e a tradição de repressão. Ambas as tradições não só tinham raízes que remontam antes da Revolução Americana aos tempos coloniais, mas ambas as tradições também tinham sido repetidamente manifestada por meios de canais oficiais e não oficiais. Durante a época da Revolução, por exemplo, *American Patriots* consistentemente declaravam a importância da dissidência em oposição ao domínio e ao sistema jurídico britânico. "*Não há nada tão atormentador e vexatório, nada tão justamente terrível aos tiranos, e aos seus instrumentos e cúmplices, como uma imprensa livre*", proclamou *Samuel Adams* no *Boston Gazette*[152]. No entanto, esses mesmos *American Patriots* foram rápidos em suprimir os pontos de vista dos *Tories*[153]**** e legalistas britânicos, que estavam assustados em silêncio, expulsos da cidade, ou humilhados[154]. Significativamente, a tradição de supressão bem como a definição legal estreita

---

149 Id. p. 115.

150 Id.

151 *Frohwerk v. United States*, 249 U.S. 204, 208-09 (1919); *Fox v. Washington*, 236 U.S. 273, 277 (1915); *Patterson v. Colorado ex rel. Attorney General*, 205 U.S. 454, 462 (1907).

152 Leonard W. Levy, Emergence of a Free Press 67 (1985) (citando Samuel Adams, Boston Gazette (March 14, 1768)).

153 **** **N.T.**: *Tories* é um partido político ou corrente política do sistema político britânico, ligado principalmente aos partidos conservadores.

154 Wilbur H. Siebert, The Loyalists of Pennsylvania 22 (1920) (descrevendo o tratamento dos *Tories* de *Philadelphia* em 1775).

de liberdade de expressão no Século XIX se encaixam perfeitamente com o componente excludente da democracia republicana, que pretensamente justifica a negação dos direitos individuais a grandes grupos da população, tais como mulheres e afro-americanos. A supressão da fala e da escrita, para os indivíduos desses grupos, foi apenas um aspecto da suas limitadas liberdades e participação na política.

Durante o meado das décadas do século XIX, muitas disputas envolvendo a liberdade de expressão foram centradas em outros fóruns fora dos tribunais. Invocações das tradições de dissidência e supressão foram, consequentemente, mais importantes do que citações de autoridades legais e doutrina. Nesses anos, as tradições concorrentes se enfrentaram várias vezes dentro do debate sobre a escravidão e sua abolição. A escravidão era a questão política que embalou os atores do século XIX, forçando um confronto após o outro até o confronto final da Guerra Civil[155]. A partir daí, enquanto os americanos se preocupavam com a liberdade de expressão, por meio da maioria desses conflitos pré-guerra, a liberdade de expressão era um instrumento retórico a ser usada como vantagem política. Por exemplo, no meio da década de 1830, a Sociedade Abolicionista Americana iniciou um abaixo-assinado, inundando o Congresso com petições assinadas por milhares de abolicionistas. Com efeito, os abolicionistas tentaram invocar a tradição de dissidência, manifestando-se por meio do direito de petição. Senhores de escravos, no entanto, foram rápidos para buscar a supressão e Líderes Sulistas no Congresso conseguiram impor uma mordaça na Câmara que barraram a apresentação dos pedidos abolicionistas[156].

Virando-se para a religião sob a democracia republicana, o último estabelecimento religioso oficial estatal encerrou-se em 1833[157], mas a maioria dos americanos continua a entender a liberdade religiosa a partir de uma visão, em grande parte, protestante. Em 1853, o clérigo e professor *Bela Bates Edwards* sintetizou esse ponto de vista:

---

155 Ver Michael Kent Curtis, Free Speech, The People's Darling Privilege: Struggles for Freedom of Expression in American History (2000) (discutindo as disputas sobre liberdade de expressão no período antebélico).

156 William Lee Miller, Arguing About Slavery (1996).

157 Levy, Establishment Clause, supra nota 107, p. 38-61.

"*Liberdade religiosa perfeita não implica que o governo do país não seja um governo cristão*"[158]. *Alexis de Tocqueville* havia observado que "*nos Estados Unidos, o próprio cristianismo é um fato estabelecido e irresistível*"[159]. *James Bryce*, em 1888, também percebeu que "*cristianismo é de fato entendido para ser, embora não a religião legalmente estabelecida, mas a religião nacional*"[160]. Sem surpresa, então, muitos Estados explicitamente limitaram os direitos civis dos não-cristãos, muitas vezes, mesmo muito tempo depois dos estabelecimentos religiosos estatais terem sido eliminados. No início de 1800, por exemplo, os judeus podiam advogar em apenas quatro Estados, Pensilvânia, Virgínia, Carolina do Sul, e Nova York[161]. Numerosos Estados, durante grande parte do século XIX, restringiu o acesso a cargos públicos de modo a favorecer os protestantes, em especial, ou cristãos em general[162].

---

158 Robert T. Handy, A Christian America 49 (2d ed. 1984) (citando Bela Bates Edwards, 1 Writings of Bela Bates Edwards 490 (Boston 1853)); de acordo com Philip Schaff, Church and State in the United States (1888), reimpresso na Church and State in American History 151 (John F. Wilson & Donald L. Drakeman eds., 2d ed. 1987).

159 Alexis de Tocqueville, 2 Democracy in America 6 (Henry Reeve text, revised byFrancis Bowen, edited by Phillips Bradley; Vintage Books ed. 1990). Tocqueville acrescenta que, na América, "*desde o início, política e religião contraíram uma aliança a qual tem sido nunca desfeita*"; Governo Americano e Protestantismo, portanto, corriam juntos "*em uma só corrente*". Por essa razão, conclui Tocqueville, "não há nenhum país no mundo onde a religião cristã mantenha maior influência sobre as almas dos homens do que na América". 1 Tocqueville, supra, p. 300, 302-03, 308.

160 James Bryce, 2 The American Commonwealth 698-704 (3d ed. 1894), reprinted in Church and State in American History 154, 156 (John F. Wilson & Donald L. Drakeman eds., 2d ed. 1987). Bryce acrescenta que Americanos "*consideram ser a aceitação geral do cristianismo uma das principais fontes de sua prosperidade e de sua nação, como se fossem objeto de um favor divino*". Id.

161 Jaher, supra nota 109, p. 121.

162 Constitution of Maryland (1776), reprinted in 1 Poore, supra nota 11, p. 817, 820; Final Form of the "Jew Bill" (1826), reprinted in The Jews of the United States, 1790-1840, A Documentary History 53, 53 (Joseph L. Blau & Salo W. Barron eds., 1963). Essa carta foi incorporada na Constituição de Maryland de 1851. Ver Constitution of Maryland (1851), reprinted in 1 Poore, supra nota 11, p. 837, 839. Constitution of North Carolina (1776), reprinted in 2 Poore, supra nota 11, p. 1409, 1413-14; ver Amendments to the Constitution of 1776, reprin-

Pelos primeiros 150 anos de existência da nação, raramente a Suprema Corte decidiu casos relacionados com a religião, seja sob a cláusula de livre exercício, seja sob a cláusula de estabelecimento ou sob outro fundamento. Quando os ocasionais casos envolvendo religião chegaram à Corte, os pronunciamentos jurídicos dos *Justices* normalmente manifestavam a natureza protestante da cultura e da sociedade americana[163]. Em 1844, por exemplo, a Corte decidiu *Vidal v. Girard's Executors*[164]. *Girard* legou seus consideráveis bens para a finalidade de criar uma escola para órfãos pobres e estudiosos. O desejo de *Girard*, no entanto, incluiu a seguinte limitação: "*Nenhum eclesiástico, missionário ou ministro de qualquer seita que seja, jamais tomará ou exercerá qualquer posto ou dever no dito colégio; nenhuma das pessoas referidas será admitida para qualquer finalidade ... no interior das instalações ... do dito colégio*"[165]. A sua vontade foi contestada como sendo hostil ao cristianismo e, portanto, contrária à *common Law* da Pensilvânia, onde residia *Girard*. Na defesa da validade da vontade, o Tribunal reconheceu que "*Cristianismo [é] parte*

---

ted in 2 Poore, supra nota 11, p. 1415, 1418 (permitindo a todos os Cristãos de ocupar cargos); Constitution of North Carolina (1868), reprinted in 2 Poore, supra nota 11, p. 1419, 1430 (essa Constituição ainda exclui "*todas as pessoas que negarem ser Deus todo poderoso*"); Borden, supra nota 109, p. 42-50. Constitution of Connecticut (1818), reprinted in 1 Poore, supra nota 11, p. 258, 264. Constitution of New Hampshire (1792), reprinted in 2 Poore, supra nota 11, p. 1298-1301, 1308-09 (as emendas foram moldadas pela Convenção em 1876 e ratificadas pelas pessoas no dia 13 de Março de 1877). New Hampshire foi o ultimo Estado a eliminar seu teste de religião ou restrições para ocupar cargos públicos. Ver Borden, supra nota 109, p. 32. Frederic Cople Jaher escreveu: "*Entre 1780 e 1830 essas restrições (de ocupação de cargo público) foram elimitadas exceto em New Jersey, North Carolina, Rhode Island, e New Hampshire, e estavam ausentes dos capítulos fundamentais dos novos Estados admitidos. De 1789 a 1792, por exemplo, Delaware, Pennsylvania, South Carolina, e Georgia ... emancipou Judeus*". Jaher, supra nota 109, p. 121.

163 Uma razão pela qual alguns casos chegaram à Corte foi que eles tinham ocorrido em 1845 quando as cláusulas religiosas não eram aplicadas contra os governos Estaduais de todo. *Permoli v. City of New Orleans*, 44 U.S. (3 How.) 589 (1845); ver, também, *Barron v. Baltimore*, 32 U.S. (7 Pet.) 243 (1833) (5ª Emenda possui cláusulas que não se aplicam contra os Estados).

164 43 U.S. (2 How.) 127 (1844).

165 Id. p.133.

da common Law do estado [da Pensilvânia, no sentido de] que a sua origem divina e verdade são admitidas, e, portanto, não é para ser mal dita e abertamente insultada e blasfemada, para o aborrecimento dos crentes ou o prejuízo do público"[166]. O Tribunal não viu qualquer tensão entre, por um lado, o Estado ter uma *common Law* que abrange o cristianismo e, por outro lado, ter uma Constituição Estadual, que incluiu cláusulas de laicidade e de livre exercício. Destacando ainda mais como a cultura hegemônica protestante forma a compreensão americana do que é liberdade religiosa, o Tribunal voltou-se para uma adicional, embora hipotética, questão: se um dispositivo "*para a propagação do judaísmo, ou deísmo, ou qualquer outra forma de infidelidade*" violaria a *commom Law*[167]. Ao recusar a decidir essa questão, uma vez que não fora levantada pelos fatos, a Corte sugeriu que tal dispositivo poderia impugnar ou repudiar o cristianismo e, dessa maneira, poderia ser inexequível[168]. Além disso, o Tribunal acrescentou que "*seria ousadia tal caso existir em um país cristão*"[169].

Quando a Corte considerou o raro caso religioso que desafiou a atividade federal, na maioria das vezes colocado sob a cláusula de livre exercício, os *Justices* defenderam a ação governamental como constitucional. Colocadas em palavras diferentes, as crenças e práticas religiosas de pessoas de fora eram inevitavelmente entendidas como subordinadas ao bem comum da política majoritária protestante. Em *Reynolds v. United States*, decidido em 1878, Reynolds apelou de sua condenação criminal por ter cometido poligamia em um território federal[170]. Sendo Mórmon, *Reynolds* alegou que ele era obrigado a seguir religiosamente a poligamia e, portanto, a condenação violava a cláusula de livre exercício. A Corte não só rejeitou o argumento da Primeira Emenda, confirmando a condenação de *Reynolds*, mas ao fazê-lo, a Corte também seguiu de perto a doutrina protestante. Credos protestantes em geral sustentam que se consegue a salvação somente pela fé ou crença em Cristo, não tendo relação com as condutas e

---

166 Id. p. 198.
167 Id. p. 198.
168 Id. p. 199.
169 Id. p.198.
170 98 U.S. 145 (1878).

ações deste mundo. Previsivelmente, então, a Corte também enfatizou a distinção entre crenças e ações. Segundo a Corte, o Congresso não podia constitucionalmente aprovar leis que infringissem as crenças e opiniões religiosas – até porque tais leis podiam interferir na salvação protestante – exceto para o bem da sociedade. Entretanto, o Congresso poderia restringir as ações, mesmo que essas ações fossem supostamente relacionadas com as crenças religiosas[171].

Quase 15 anos depois, os *Justices* consideraram uma lei federal que proibia a participação em contratos com estrangeiros para incentivar a imigração[172]. Apesar dessa proibição legal, a igreja tinha contratado um cidadão inglês para vir para a América como reitor e pastor da igreja. No *Caso Church of the Holy Trinity v. United States*, a Corte considerou que a lei federal não proibia esse contrato em especial porque o Congresso dos Estados Unidos, uma nação cristã, não poderia ter por objetivo proibir contratação de ministros cristãos. Afinal de contas, a Corte fundamentou: "*Esta é uma nação cristã*"[173]. A intenção do Congresso era proibir a importação de mão de obra barata e não qualificada – dos quais muitos eram não-cristãos – porque eles estavam perturbando o mercado de trabalho americano[174]. A Corte concluiu com uma pergunta retórica inacreditável: "*Poderíamos acreditar que um Congresso dos Estados Unidos teria a intenção de tornar ilícito uma igreja deste país contratar os serviços de um ministro cristão que residem em outra nação?*[175]"

Assim como com a liberdade de expressão, é claro, a política também molda a liberdade religiosa fora dos contextos judiciais e pro-

[171] Id. p. 164-67; ver Marci A. Hamilton, The Belief/Conduct Paradigm in the Supreme Court's Free Exercise Jurisprudence: A Theological Account of the Failure to Protect Religious Conduct, 54 Ohio St. L.J. 713 (1993) (enfatizando a importância da distinção entre crença e conduta nos casos envolvendo liberdade de exercício na Corte). Para outros casos, mantendo restrições contra a poligamia, ver *Davis v. Beason*, 133 U.S. 333 (1890). A Corte escreveu: "*Bigamia e Poligamia são crimes pelas leis de todos os países cristãos e civilizados. Eles são crimes pelas leis dos Estados Unidos*"... Id. p. 341.

[172] *Church of the Holy Trinity v. United States*, 143 U.S. 457 (1892).

[173] Id. p.471.

[174] Id. p. 463-71.

[175] Id. p. 471.

nunciamentos legais. Não-protestantes tipicamente desfrutaram de muito mais liberdade nos Estados Unidos do que tinham em suas terras natal. Nesse sentido, houve uma tradição popular de dissidência religiosa. Os judeus, por exemplo, deixaram a Europa Oriental em massa, em parte, porque eles se viram parte de programas patrocinados pelo governo em seus países de origem[176]. Na nação anfitriã, eles raramente tinham de suportar evidentes supressões governamentais ou violência. Essa tradição de dissidência, porém, foi talvez mais evidente dentro do protestantismo. Por causa da falta de apoio estatal às igrejas, protestantes prontamente mudaram de uma igreja para outra e com uma frequência surpreendente, especialmente durante o Segundo Grande Despertar do século XIX, quando foram criadas novas seitas protestantes e denominações[177].

Mas essa tradição da dissidência foi contrabalançada por uma vigorosa tradição de supressão. Durante o início do século XIX, por exemplo, o mais proeminente americano judeu era *Mordecai Noah*, o cônsul americano na Tunísia, de 1813 a 1815. Jornais menosprezavam *Noah* referindo-se a ele com apelidos antissemita, tais como "*Nariz Curvo*" e "*Shylock*"[178]. Ao final, o Secretário de Estado, *James Monroe*, demitiu *Noah* de seu posto porque "*a religião que você professa [é] um obstáculo ao exercício de suas funções consulares*"[179]. A tradição de supressão foi manifestada mais violentamente no caso dos Mórmons. *Joseph Smith Jr.* fundou o movimento Mórmon em Nova York no meio do Segundo Grande Despertar. No Livro dos Mórmons, escrito por *Smith*, ele incorporou a história da colonização europeia da América em escatologia cristã. Ou seja, o Mormonismo suplantaria o cristianismo tradicional, assim como o cristianismo primitivo tinha a intenção de suplantar o judaísmo (de acordo com o Novo Testamento)[180]. Dados tais pontos de vista religiosos, muitos americanos

---

176 Paul Johnson, A History of the Jews 356-67 (1987).

177 Butler, supra nota 24, p. 236-56; Hatch, supra nota 24, p. 9, 163-67.

178 Jaher, supra nota 109, p. 135-36.

179 Johnson, supra nota 171, p. 367 (citação James Monroe); ver Howard M. Sachar, A History of the Jews in America 45-46 (1992) (discutindo a demissão de Noah).

180 Ahlstrom, supra nota 24, p. 501-02; Butler, supra nota 24, p. 242-43; Hatch, supra nota 24, p. 114-16.

temiam que o mormonismo ameaçasse as formas predominantes do protestantismo, bem como a democracia republicana[181]. A perseguição aos Mórmons, sem surpresa, era comum e, muitas vezes, violenta, obrigando os seguidores de *Smith* a se deslocarem de um Estado para outro, enquanto buscavam refúgio. De Nova York, *Smith* foi para Ohio, onde ele acabou sendo arrastado de sua casa e humilhado. *Smith* se mudou para *Jackson County*, Missouri, onde a violência da multidão novamente o obrigou a fugir, dessa vez para o norte do *Missouri*. Mais violência levou os Mórmons para Illinois, onde *Smith* foi preso, em seguida, em junho de 1844, assassinado enquanto estava à espera do julgamento[182]. Finalmente, o sucessor de *Smith*, *Brigham Young*, levou a comunidade para a área de *Great Salt Lake*, onde estabeleceram o Estado Autônomo de *Deseret*, apenas para se envolver o governo federal nas lutas jurídicas que se estenderia por décadas[183].

A força política sobre as concepções de liberdade de expressão e a liberdade religiosa mudou com a transição da democracia republicana para a democracia pluralista. Os princípios da virtude cívica e do bem comum da democracia republicana por muito tempo facilitou a exclusão de diversos grupos sociais de participarem plenamente na política americana. Grupos, tais como trabalhadores imigrantes, foram excluídos ou desencorajados de participar, supostamente porque não tinham a virtude necessária para compreender ou contribuir para o conceito de bem comum – que normalmente incorpora os interesses e valores da velha elite americana[184], particularmente a elite pro-

[181] Ahlstrom, supra nota 24, p. 557.

[182] Id. p. 505-06.

[183] Id. p. 506-07; Mazur, supra nota 56, p. 69-89.

[184] Eu não quero sugerir que as elites protestantes sempre, conscientemente, procuraram vincular o bem comum aos seus próprios interesses e valores. Ao contrário, essas elites podem ter sinceramente acreditado que eles tinham corretamente especificado o bem comum, mas, é claro, suas percepções do bem comum foram tacitamente moldadas por seus próprios interesses e valores. Em outras palavras, o bem comum pode corresponder aos interesses e valores da elite protestante, independentemente de a elite buscar conscientemente essa correspondência. Para um exemplo desse tipo de fenômeno, veja a descrição de Linda Gordon de uma disputa relativa à adoção, em 1904, em uma pequena cidade mineira do Arizona. Os cidadãos brancos genuinamente acreditavam que eles agiram para o bem comum, quando eles impediram famílias mexicano-americanas de adotar

testante. Dado esse aspecto excludente da democracia republicana, a negação ou supressão de direitos individuais específicos, como a liberdade religiosa, muitas vezes era apenas parte de uma sociedade onde a subjugação política de grupos era mais abrangente. Os tribunais, nessa perspectiva, apenas reforçavam a tendência excludente da democracia republicana. Mas a transição da democracia republicana para a democracia pluralista minou as justificativas tradicionais para a opressão de pessoas de fora da sociedade ou, para usar termo de *Ran Hirschl*, os "*grupos periféricos*"[185]. Afinal de contas, o cerne da democracia pluralista foi a participação: todos os grupos e indivíduos, em teoria, passaram a participar, expressando seus interesses e valores no mercado democrático. Ninguém tinha necessidade de demonstrar dignidade democrática endossando as cores da concepção protestante da virtude e do bem comum.

Uma razão clara para o surgimento da democracia pluralista foi a expansão do poder real político promovido pelo governo americano, dos americanos excluídos e dos grupos periféricos, como os católicos irlandeses, os judeus da Europa Oriental e os trabalhadores em geral – poder crescente que reforçava o *New Deal*. O florescimento do poder político dos grupos periféricos, no quadro do regime democrático pluralista, ainda ameaçava o *status* e poder da velha-guarda (velha elite) americana. A velha elite protestante, na verdade, foi forçada a recuar da sua posição hegemônica – o recuo foi parte da transição para a democracia pluralista –, mas eles se recusaram a render voluntariamente ou completamente para os "forasteiros". Em vez disso, eles procuraram, em certo sentido, retirar-se: forçados a recuar, eles procuraram posições de onde eles se poderiam fortalecer e, assim, proteger sua

crianças brancas (católica irlandesa nova-iorquina). No entanto, esses cidadãos claramente agiram de maneira favorável aos seus próprios interesses e valores; muitos dos cidadãos líderes do protesto adotaram as próprias crianças. Linda Gordon, The Great Arizona Orphan Abduction 159-60 (1999).

185 Ran Hirschl, The Political Origins Of Judicial Empowerment Through Constitutionalization: Lessons From Four Constitutional Revolutions, 25 Law & Soc. Inquiry 91, 95-96 (2000) [Hirschl, Political Origins]; Ran Hirschl, Looking Sideway, Looking Backwards, Looking Forwards: Judicial Review vs. Democracy in Comparative Perspective, 34 U. Rich. L. Rev. 415, 432 (2000) [a seguir Hirschl, Looking].

posição (apesar de já não hegemônica), seus interesses e valores. Tal posição de fortificação estava nos tribunais[186].

Durante a década de 1930, a velha elite protestante se voltou para a disputa judicial dos direitos constitucionais como baluarte contra a majoritária ameaça potencial representada pelo ampliação democrática (pluralista) de grupos periféricos. Em outras palavras, a velha elite americana procurou "*a constitucionalização dos direitos*" – a designação de seus próprios interesses e valores como direitos constitucionais aplicáveis por meio do judiciário[187]. Quando os seus interesses e valores foram constitucionalizados como direitos judicialmente garantidos, eles foram efetivamente protegidos da instabilidade dos processos democráticos – processos esses que agora incluíam grupos periféricos e que, portanto, perigosamente abrangeram os interesses e valores daqueles anteriormente excluídos[188]. Para ter certeza, durante a era progressista e no início da era do *New Deal*, a velha elite tinha procurado proteger seus interesses econômicos por meio da revisão judicial, um esforço que produziu algumas das mais famosas decisões da era-*Lochner*, como no *Caso Adkins v. Children's Hospital*, sustentando que uma lei do salário mínimo violava a liberdade de contra-

186 Ver geralmente Kimberle Crenshaw, Race, Reform, and Retrenchment: Transformation and Legitimation in Antidiscrimination Law, 101 Harv. L. Rev. 1331 (1988) (argumentando que reformas liberais simultaneamente transformaram estruturas sociais até o momento legitimamente racistas).

187 Hirschl, Political Origins, supra nota 180, n p.96, 99, 103.

188 Hirschl escreve: "O *processo de fortalecimento judicial por meio da constitucionalização dos direitos pode acelerar quando a hegemonia das elites dominantes, na arena da tomada de decisões majoritárias, é ameaçada pelos grupos 'periféricos'. Se tais ameaças se tornarem mais graves, as elites hegemônicas, que possuem acesso e influência desproporcionais sobre a arena jurídica, podem iniciar um entrincheiramento constitucional de direitos, a fim de transferir o poder para os tribunais. Esse processo de consciente fortalecimento judicial é relativamente aberto. Essa política (...)*é provável que ocorra quando a reputação pública do Judiciário de imparcialidade política e retidão for relativamente alta e, quando os tribunais *decidirem, em geral, de acordo com as propensões culturais hegemônicas da comunidade. Em outras palavras, o fortalecimento judicial por meio da fortificação constitucional dos direitos pode fornecer um eficiente caminho institucional para as forças sociopolíticas hegemônicas preservar sua hegemonia e assegurar suas preferências políticas majoritárias, mesmo quando os processos de decisão não estão operando a seu favor*". Id. p. 95.

to[189]. Mas mesmo quando a velha elite foi forçada a recuar em 1937 – quando a regulação econômica tornou-se objeto de mera revisão em bases racionais[190] – eles ainda procuravam proteger os seus interesses e valores, por meio da aplicação judicial de outros direitos e liberdades, incluindo a liberdade de expressão e a liberdade religiosa. Essa estratégia contribuiu para o fortalecimento judicial das liberdades da Primeira Emenda.

Não foi coincidência, então, que na década de 1940 o controle protestante na Suprema Corte incorporou as cláusulas religiosas para aplicá-las contra os governos estaduais e municipais por meio da cláusula do devido processo[191]. Por essa altura, os católicos americanos constituíam o maior grupo cristão do país. O número total de protestantes ainda era em maior número do que os católicos, mas a maior denominação protestante já era menor do que os católicos[192]. A judicialização revigorada da cláusula de laicidade, agora aplicável contra os governos estaduais e locais, deu refúgio protestante contra o alcance do potencial poder político católico dentro do regime democrático pluralista. Por exemplo, em casos em que foram desafiadas as ajudas governamentais para escolas não públicas (predominantemen-

---

[189] 261 U.S. 525 (1923). Outros exemplos incluem os seguintes: *United States v. Butler,* 297 U.S. 1 (1936); *Schechter Poultry Corp. v. United States*, 295 U.S. 495 (1935); *Hammer v. Dagenhart*, 247 U.S. 251 (1918); *Coppage v. Kansas*, 236 U.S. 1 (1915); *Lochner v. New York*, 198 U.S. 45 (1905).

[190] *NLRB v. Jones & Laughlin Steel Corp.*, 301 U.S. 1 (1937); *West Coast Hotel Co. v. Parrish*, 300 U.S. 379 (1937).

[191] *Everson v. Board of Education*, 330 U.S. 1 (1947) (incorporando a cláusula da laicidade); *Cantwell v. Connecticut*, 310 U.S. 296 (1940) (incorporando a cláusula da liberdade de exercício). Sobre a composição da Suprema Corte, ver Stephen M. Feldman, Religious Minorities and the First Amendment: The History, the Doctrine, and the Future, 6 U. Pa. J. Const. L. 222, 232 & n.41 (2003). Recursos úteis nas relações Protestantes-Católicos e suas implicações para as decisões da Suprema Corte sobre a cláusula religiosa incluem os seguintes: Thomas C. Berg, Anti-Catholicism and Modern Church-State Relations, 33 Loy. U. Chi. L.J. 121 (2001); John C. Jeffries & James E. Ryan, A Political History of the Establishment Clause, 100 Mich. L. Rev. 279 (2001).

[192] Feldman, supra nota 186, p. 226-27. De fato, a Igreja Católica Romana tinha já se tornado "*a maior igreja cristã da América, por volta da metade do século XIX*", e continuou seu crescimento no século XX. Robert T. Handy, A History of the Churches in the United States and Canada 312 (1977).

te católicas), a Suprema Corte invalidou a ação governamental quase duas vezes mais do que confirmou a ação[193]. Onde quer que interesses e valores católicos e protestantes divergissem, as cláusulas protetoras da religião ofereciam um mecanismo judicialmente executável que os protestantes poderiam invocar para evitar ou retardar a imposição de pontos de vista católicos por meio dos processos democráticos[194].

Mas nem todos os direitos constitucionais são criados iguais. Os *Justices* da Suprema Corte não tratavam (e não tratam) todas as reivindicações para a proteção dos direitos individuais da mesma forma. Na verdade, o Tribunal favoreceu as reivindicações de liberdade de expressão sobre a liberdade religiosa em parte por causa do *status* dos requerentes vis-à-vis os *Justices* e a corrente majoritária cristã. Significativamente, enquanto que muitos dos requerimentos relativos à Primeira Emenda, a partir de 1930 e 1940, foram provocados pelos excluídos, a relevância dos requerentes, como excluídos, variou de acordo com o contexto particular de cada caso[195]. Em outras palavras,

---

193 Jeffries & Ryan, supra note 186, p. 282.

194 Berg, supra nota 186, p. 123-51; Jeffries & Ryan, supra nota 186, p. 312-27.

195 Ver Lichtman, supra nota 32, p. 73-76 (enfatizando como a relevância de preconceito contra os diferentes grupos de pessoas externas pode variar ao longo do tempo, dependendo de uma variedade de condições). Úteis fontes das ciências sociais nas relações entre incluídos-excluídos e os preconceitos incluem os seguintes: Marilynn B. Brewer, The Social Self: On Being the Same and Different at the Same Time, 17 Personality & Social Psychology Bulletin 475 (1991); Marilynn B. Brewer & Sherry K. Schneider, Social Identity and Social Dilemmas: A Double-edged Sword, in Social IdentityTheory 169 (Dominic Abrams & Michael A. Hogg eds., 1990); Johan M.G. van der Dennen, Ethnocentrism and In-Group/Out-Group Differentiation: A Review and Interpretation of the Literature, in The Sociobiology of Ethnocentrism 1 (Vernon Reynolds, Vincent Falger, & Ian Vine eds., 1986); Samuel L. Gaertner, Jeffrey Mann, Audrey Murrell, & John F. Dovidio, Reducing Intergroup Bias: The Benefits of Recategorization, 57 J. Personality & SocialPsychology 239 (1989); Norman Miller & Marilynn B. Brewer, Categorization Effects on Ingroup and Outgroup Perception, in Prejudice, Discrimination, and Racism 209 (John F. Dovidio & Samuel L. Gaertner eds. 1986) (a seguir Miller & Brewer, Categorization]; James Sidanius, The Psychology of Group Conflict and the Dynamics of Oppression: A Social Dominance Perspective, in Explorations in Political Psychology 183 (Shanto Iyengar & William J. McGuire eds., 1993); Henri Tajfel & John C. Turner, The Social Identity Theory of Intergroup Behavior, in Psychology of Intergroup Relations 7 (Stephen Worchel & William G. Austin eds. 2d ed. 1986); Wolfgang Tönnes-

o grau de inclusão ou o preconceito da velha elite contra os grupos periféricos não foi uma constante, tendo flutuado conforme as circunstâncias. Mais importante, então, a relevância de um requerente como um excluído tendia a ser mais intensa nos casos envolvendo a liberdade religiosa (especialmente no que se refere ao livre exercício) do que nos casos de livre expressão.

Pesquisas em Ciências Sociais demonstram que a diferenciação incluídos-excluídos tende a definir a identidade social do indivíduo: a associação do indivíduo em grupos sociais marcantes ou categorias determina em grande parte a identidade pessoal, seus valores e suas percepções[196]. Os indivíduos "*tendem a se perceber como tendo semelhantes e idênticos objetivos aos dos membros do seu próprio grupo e objetivos diferentes ou opostos a membros de outros grupos*"[197]. Mesmo uma percepção individual de próprio interesse varia

mann, Group Identification and Political Socialisation, in The Sociobiology of Ethnocentrism 175 (Vernon Reynolds, Vincent Falger, & Ian Vine eds., 1986); John C. Turner, The Experimental Social Psychology of Intergroup Behaviour, in Intergroup Behavior 66 (John C. Turner & Howard Giles eds., 1981).

196 Tajfel & Turner, supra nota 190, p. 7-24; Brewer & Miller, Beyond, supra nota 190, p. 281-82. "*O favoritismo dos incluídos e a hostilidade dos excluídos são vistos como consequências da formação da unidade entre o eu e outros membros dos incluídos e a ligação da própria identidade a eles*". Miller & Brewer, Categorization, supra nota 190, p. 213. "*Filiação psicológico do grupo é, antes de tudo, uma questão perceptiva e cognitiva, e ... um envolvimento emocional com o grupo pode seguir tais consequências de percepção da filiação ao grupo*". Tönnesmann, supra nota 190, na 184. Para discussão dos problemas de identificação da filiação ao grupo, ver Umberto Melotti, In-group/Out-group Relations and the Issue of Group Selection, in The Sociobiology ofEthnocentrism 94 (Vernon Reynolds, Vincent Falger, & Ian Vine eds., 1986); Gary R. Johnson, Susan H. Ratwik, & Timothy J. Sawyer, The Evocative Significance of Kin Terms in Patriotic Speech, in The Sociobiology of Ethnocentrism 157, 157-59 (Vernon Reynolds, Vincent Falger, & Ian Vine eds., 1986). A lei pode contribuir para o desenvolvimento da consciência de grupo. William N. Eskridge, Channeling: Identity-Based Social Movements and Public Law, 150 U. Pa. L. Rev. 419, 451-53 (2001).

197 Turner, supra nota 190, p. 97. Filiação a um grupo cultural pode moldar a maioria das reações emocionais individuais básicas. Hazel Rose Markus & Shinobu Kityama, The Cultural Construction of Self and Emotion: Implications for Social Behavior, in Emotion and Culture: Empirical Studies of Mutual Influence 89, 89-91 (Shinobu Kitayama & Hazel RoseMarkus eds., 1994).

de acordo com a relevância da divisão entre grupos[198]. "*Pessoas favorecem os membros do seu grupo na alocação de recompensas, de sua estima pessoal, e na avaliação dos produtos do seu trabalho*"[199]. Sem surpresa, então, os indivíduos tendem a discriminar membros de fora do seu grupo – muitas vezes, mesmo sem nenhum benefício tangível a ser realizado[200]. Evidência empírica mostra que "*um indivíduo irá discriminar outro de um grupo de fora, mesmo quando não houver conflito de interesse e não houver histórico de hostilidade entre os grupos*"[201]. Mas, quando conflitos tangíveis surgem entre membros do grupo e membros de outro grupo, ou quando as ações do outro grupo frustram os membros de um grupo, duas consequências importantes se seguirão. Primeira, o conflito é suscetível de reforçar a coesão ou solidariedade entre os membros do grupo (bem como a coesão entre os membros do outro grupo)[202]. Segunda, o conflito tende a aumentar a relevância da divisão entre os grupos; o preconceito dos membros de um grupo em face do outro grupo, portanto, provavelmente, será

---

198 "*O autoconceito é expansível e encontrável entre os diferentes níveis de identidade social com as transformações associadas na definição de si mesmo e as bases para a autoavaliação. Quando a definição do eu muda, o significado do autointeresse e do autofomento motivaciona, também se altera*". Brewer, supra nota 190, p. 476; conforme Brewer & Schneider, supra nota 190, p. 170 (contendo a mesma opinião). Mesmo o processo cognitivo básico é moldado pela filiação cultural. Richard E. Nisbett, Kaiping Peng, Incheol Choi, & Ara Norenzayan, Culture and Systems of Thoughts: Holistic Versus Analytic Cognition, 108 Psychological Rev. 291, 291-92 (2001); Hazel Rose Markus & Shinobu Kityama, Culture and the Self: Implications for Cognition, Emotion, and Motivation, 98 Psychological Rev. 224, 224-25, 231-35 (1991).

199 Gaertner, supra nota 190, p. 239 (citações omitidas).

200 Tönnesmann, supra nota 190, p. 183-84. "*Mera categorização é suficiente para produzir discriminação entre grupos*". Dennen, supra nota 190, p. 17. "*Não são os interesses objetivos mas a identificação social que pode ser mais preditiva da variável psicológica para o entendimento do desenvolvimento e da resolução dos conflitos inter grupais*". Turner, supra nota 190, p. 100.

201 Dennen, supra nota 190, p. 17. James Sidanius, quem elaborou a teoria da identidade social dentro da teoria da dominação social, enfatiza que "*preconceitos e discriminação*" não são "*condições patológicas ou quase patológicas*", mas, mais do que isso, representam as "*condições padrões*" ou normais das sociedades políticas. Sidanius, supra nota 190, p. 215.

202 Dennen, supra nota 190, p. 30.

intensificado[203]. "*Quando e quais membros do grupo se tornarão importantes para o indivíduo dependem de fatores situacionais*" explica *Wolfgang Tönnesmann*[204]. "*Alguém quase poderia dizer que eles são despertados em situações particulares (como ir a uma cabine de votação ou assistindo a um jogo de futebol entre duas equipes nacionais), e então determinar como a situação é vivida por um indivíduo e como ele reage às pessoas ao seu redor*"[205].

Aparentemente, então, um motivo para o qual as Cortes favoreceram a liberdade de expressão sobre a liberdade religiosa é que, ao afirmar a cláusula religiosa, os *Justices* estavam mais propensos a despertar seus preconceitos de grupo (Protestantes, Elite, Latifundiários) contra as reclamações dos grupos periféricos[206]. Muitos dos casos envolvendo a livre expressão e liberdade religiosa dos anos de 1930 a 1940 envolveram requerentes de grupos periféricos. De fato, como os casos de Testemunhas de Jeová revelam, do mesmo requerente, muitas vezes, partem argumentos tanto pela liberdade de expressão quanto pela liberdade religiosa. Mas as reclamações respectivas foram qualitativamente distintas. Quando um periférico invoca a livre expressão da Primeira Emenda, ele provavelmente descreve a liberdade de expressão como um princípio que se aplica igualmente a todos. O periférico, a partir dessa perspectiva, não procurou nenhum tratamento especial, mas sim, ele ou ela procurou ser tratado da mesma forma que os outros cidadãos. Mas quando esse mesmo excluído invoca a liberdade religiosa – particularmente o componente do livre exercício da Primeira Emenda – a reivindicação atinge um pedido de

---

203 Id. na 9; Tönnesmann, supra nota 190, p. 184. As Johan M.G. van der Dennen escreveu, "é a consciência da existência das categorias que gera a reação do grupo". Dennen, supra nota 190, p. 17 (ênfase acrescentada).

204 Tönnesmann, supra nota 190, p. 184. "*Deveria ser notado que um indivíduo pode ser identificado em vários diferentes grupos, e cada um deles pode ser mais relevante em um determinado momento histórico*". Id. p. 183.

205 Id. p.184.

206 Ver id. p.184 (discutindo como a relevância da filiação a um determinado grupo "se altera" de acordo com várias situações); cf., Kimberly A. Moore, Xenophobia In American Courts, 97 Nw. U. L. Rev. 1497, 1499-1501 (2003) (discutindo como preconceitos xenofóbicos influenciam a produção da decisão do júri).

tratamento especial por causa de diferenças religiosas (em relação a religião dominante)[207].

A grande maioria dos requerentes que invocam o livre exercício religioso solicita a partir do judiciário a isenção na aplicação geral da lei. Em tal situação, o governo adotou uma lei geral – não uma lei especificamente focada em uma religião – mas essa lei geral, no entanto, interfere com as práticas ou crenças de membros de uma religião minoritária. Por exemplo, no *Caso Goldman v. Weinberger*[208], a Força Aérea tinha adotado um regulamento que proibia o uso de chapéu ou outra cobertura na cabeça em certas circunstâncias. Convicções religiosas, no entanto, mandam que judeus ortodoxos sempre mantenham a cabeça coberta (usando, por exemplo, um quipá ou solidéu). *Goldman*, um judeu ortodoxo oficial da Força Aérea, buscou uma isenção no livre exercício para que ele pudesse seguir suas convicções religiosas, permanecendo na Força Aérea[209]. O ponto crucial da reivindicação pela liberdade de exercício é diferente da corrente religiosa dominante. *Goldman* não teria procurado uma isenção para livremente exercer sua religião senão pelo fato de ser judeu ortodoxo, que ao contrário da maioria cristã, é obrigado a usar revestimentos de cabeça. De fato, os membros das grandes religiões raramente procuram uma isenção que se justifique no livre exercício, porque as leis, geralmente aplicáveis, com pouca frequência, entram em conflito com as suas práticas ou crenças[210]. Os legisladores (ou outros produtores de lei) ou

---

207 Em outras palavras, os crentes incluídos (corrente majoritária do cristianismo) poderiam perceber as reivindicações de liberdade de exercício como tratamento especial precisamente porque as reivindicações dos requerentes excluídos diferem do conteúdo normativo cristão. Eu agradeço Lew Schlosser pela compreensão desse ponto. Cf., Lewis Z. Schlosser, Christian Privilege: Breaking a Sacred Taboo, 31 J. Multicultural Counseling & Development 44 (2003) (enfatizando como a sociedade americana propaga o privilégio cristão *vis-á-vis* religiões não cristãs).

208 475 U.S. 503 (1986).

209 A corte rejeitou o pedido de *Goldman*. A maioria se refere erroneamente ao seu desejo de usar um quipá como uma preferência pessoal. Id. p. 508.

210 Estudos empíricos demonstram que os membros da corrente religiosa predominante são menos dispostos a trazer reivindicações sobre livre-exercício. James C. Brent, An Agent and Two Principals: U.S. Court of Appeals Responses to Employment Division, Department of Human Resources v. Smith and the Re-

pertencem ou estão plenamente conscientes das grandes religiões e, portanto, é improvável que adotem leis que interfiram com as práticas tradicionais e crenças. Mas, quando o diferente procura uma isenção para o livre exercício de sua fé, fá-lo, precisamente, por causa das diferenças entre sua religião e a religião dominante.

Colocando isso em termos diferentes, o requerente da liberdade de exercício necessariamente coloca-se em conflito com a corrente dominante, manifestada na lei geral aplicável. Além disso, a postura do reclamante pode, potencialmente, frustrar os propósitos (dominantes) por trás da legislação aplicável. EsSte tipo de conflito e frustração é um canal suscetível de mexer com a notável sensibilidade dos *Justices* da Suprema Corte acerca da relação incluídos-excluídos. Consequentemente, na década de 1930 e 1940, quando os *Justices* se confrontaram com requerimentos de livre exercício, eles estavam propensos a experimentar uma sensação intensa de solidariedade com os outros *Justices* e com os protestantes dominantes, mesmo se não fossem normalmente muito devotos. Concomitantemente, os *Justices* teriam percebido uma grande proeminência na sua diferença em relação ao reclamante – o *status* do reclamante como excluído seria mais distinguível – e, portanto, teriam sido mais propensos a ter preconceitos contra o requerente e sua posição constitucional. Esses mesmos fenômenos, além disso, podem surgir em casos sobre a cláusula de laicidade, especialmente se o pedido fosse enquadrado de forma a destacar a divergência religiosa[211].

As diferenças religiosas podem, em certos contextos, gerar divisões salientes entre os americanos – incluindo os *Justices* e os litigantes. Tais divisões, além disso, quer moldem diretamente as reações dos *Justices* aos casos de liberdade religiosa, quer influenciem as posições políticas dos *Justices*, impactam a aplicação pelos *Justices*

ligious Freedom Restoration Act, 27 Am. Pol. Q. 236, 248 (1999); Gregory C. Sisk, Michael Heise, & Andrew P. Morriss, Searching for the Soul of Judicial Decision making: An Empirical Study of Religious Freedom Decisions, 65 Ohio St. L.J. 491, 563-64 (2004). Nos estudos de Sisk, Heise e Morriss, protestantes foram os juízes em 37,3% dos casos sobre religião, mas foram os reclamantes em apenas 1,7% desses. Sisk, supra, p. 563, 577. Agradeço a Greg Sisk por ter me esclarecido esse ponto.

211 Feldman, supra nota 186, p. 259-61.

das doutrinas jurídicas[212]. Mas, de um modo geral, como foram importantes as divisões religiosas na sociedade americana, particularmente nos anos de 1930 e de 1940? Evidências sugerem uma resposta inequívoca: sob certas (ou, poderíamos dizer, erradas) condições, as divisões religiosas predominaram sobre outras preocupações. Em um estudo empírico da eleição presidencial de 1928, *Allan J. Lichtman* identificou uma série de "*antagonismos que, alegadamente, rompeu a nação em duas Américas durante a década de 1920: Católicos contra protestantes, contrários a lei seca (wets) contra favoráveis a lei seca (drys), imigrantes contra nativo, urbanos contra rurais*"[213]. Uma campanha publicitária contemporânea descaradamente destaca estas divisões:

> *Se você acredita na dominação anglo-sax*ônica *protestante, se você acredita em tais princípios que fizeram do país o que é; se você acredita na* Prohibition, *a sua observância e aplicação, e se você acredita em uma política de imigração mais restrita ao invés de deixar as barreiras ainda mais baixas, então se você é um Republicano ou um Democrata, você vai votar em* Hoover...[214]

A eleição de 1928, é claro, merece uma destaque histórico especial, porque foi a primeira vez que um dos principais partidos políticos havia nomeado um candidato católico, *Al Smith*, e o estudo de *Lichtman* conclui que religião – a divisão protestantes-católicos – passou por cima de todos os outros antagonismos[215]. *Lichtman* tem o cuidado de sublinhar que a relevância dos protestantes anticatolicismo varia de acordo com o contexto[216]. Em 1928, argumenta *Lichtman*, o anticatolicismo intensificou justamente porque um católico se candidatou à

---

212 Stephen M. Feldman, The Rule of Law or the Rule of Politics? Harmonizing the Internal and External Views of Supreme Court Decision Making, _ L. & Soc. Inquiry _ (próximo) (explicando como as influências políticas dos *Justices* influenciam suas interpretações do matéria legal).

213 Lichtman, supra nota 32, p. 25.

214 Handy, supra nota 153, p. 176 (citação da publicação da Anti-Saloon League).

215 "*Religião era indubitavelmente a questão mais emocionalmente sensível de 1928*" Lichtman, supra nota 32, p. 40.

216 Id. p. 73-76, 121. "*Religião, mais que qualquer outro atributo dos eleitores, fez a coalizão de apoio a Smith and Hoover diferente de qualquer outra coalizão por trás de candidatos nos anos anteriores ou seguintes*". Id. p. 25.

Presidência. Depois de 1928, o anticatolicismo persistiu, mas recuou ao seu nível mais normal[217]. Dado esse grau normal de preconceito protestante contra os católicos, a relevância do anticatolicismo poderia se intensificar em determinadas condições. E as condições adequadas surgiriam, como já expliquei, em casos judiciais envolvendo a liberdade religiosa. Os juízes, de vez em quando, a portas fechadas, revelavam seus preconceitos religiosos. Por exemplo, *Justice William O. Douglas* passou um bilhete para o *Justice Hugo Black*, durante uma discussão oral, queixando-se de que "*se os católicos obtêm dinheiro público para financiar suas escolas religiosas, é melhor insistir em obter algumas boas orações nas escolas públicas ou os protestantes estar*ão fora do jogo"[218]. De fato, um recente estudo empírico dos casos de liberdade religiosa, nos tribunais federais inferiores, de 1986 a 1995, conclui que "*a influência mais proeminente, saliente e consistente na tomada de decisão judicial foi a religião – religião em termos de filiação do requerente, o histórico do juiz e os dados demográficos da comunidade*"[219].

Uma razão para que uma Suprema Corte controlada pelos protestantes favorecesse a liberdade de expressão sobre a liberdade religiosa durante os anos 1930 e 1940, foi o fato de que as alegações de liberdade religiosa eram mais prováveis de intensificar a importância da distinção entre *Justices* e reclamantes periféricos do que as alegações de

---

217 Lichtman escreveu que o anticatolicismo "*perdeu sua relevância imediata*". Id. p. 74.

218 The Supreme Court in Conference (1940-1985): The Private Discussions Behind Nearly 300 Supreme Court Decisions 401 n.26 (Del Dickson ed., 2001) (discutindo *Everson v. Board of Education,* 330 U.S. 1 (1947)). Para discussões sobre declarações anticatólicas adicionais por vários *Justices* da Suprema Corte, ver Berg, supra note 186, na 129; John T. McGreevy, Thinking on One's Own: Catholicism in the American Intellectual Imagination, 1928-1960, 84 J. Am. Hist. 97, 122-26 (1997). É interessante notar que as nomeações de *Justices* do *New Deal*, como *Douglas* e *Black,* membros da elite protestante, foram em parte devido ao apoio político católico para o *New Deal.* Essa ironia sugere que, embora certos protestantes e católicos possam ter uma congruência de interesses em algumas circunstâncias, os protestantes anticatolicismo podem tornar-se mais relevantes em outros contextos. Agradeço a Mark Tushnet por trazer esse ponto a minha atenção.

219 Sisk, supra nota 205, p. 614.

liberdade de expressão. Nos casos das Testemunhas de Jeová, quando um requerente invocou a liberdade de expressão, os juízes poderiam facilmente perceber o valor de um amplo princípio da liberdade de expressão para as elites protestantes, assim como para membros de grupos periféricos. De fato, para as elites protestantes, o desenvolvimento de um princípio mais amplo de liberdade de expressão pode ser especialmente útil, dada a ameaça de poder político dos grupos periféricos em um regime democrático pluralista emergente. Mas quando as Testemunhas de Jeová invocavam a liberdade religiosa, o seu próprio foco na religião era suscetível de provocar os preconceitos religiosos dos *Justices* contra os reclamantes de corrente minoritária[220]. Colocando isso em termos diferentes, uma reivindicação de liberdade religiosa era, na maioria das vezes, integralmente ligada ao *status* minoritários das Testemunhas de Jeová – um membro das discretas e insulares minorias (religiosa)[221]. Com uma reivindicação de liberdade de expressão, o requerente ainda era parte da minoria, uma Testemunha de Jeová, mas o ponto crucial era que a alegação raramente era sobre seu *status* de minoria como minoria. Consequentemente, as Testemunhas de Jeová tinham maior probabilidade de sair vitoriosas quando baseadas e focadas na justiça da livre expressão, em vez de na justiça da liberdade religiosa[222].

---

220 "*O realce de categorizações relevantes*" é "*um importante fator*" na determinação dos "*preconceitos intergrupal*". Gaertner, supra nota 190, p. 246. Vale notar que, em muitos desses casos, as decisões baseadas na liberdade religiosa poderiam ser construídas mais limitadamente que aquelas baseadas na livre expressão. Ou seja, a concessão de uma exceção para o livre exercício não teria alcance tão amplo como a articulação do princípio de livre expressão, contudo, os juízes, mesmo assim, contariam com uma decisão mais amplamente fundamentada. Tal confiança em fundamento mais amplo e não tão restrito vai contra as regras usuais da produção da decisão judicial, sugerindo que os juízes tentaram resolver esses casos de maneira a favorecer a corrente dominante (e não a dos excluídos). Agradeço a Alan Chen por levantar este ponto.

221 *United States v. Carolene Products Co.*, 304 U.S. 144, 152-53 n.4 (1938).

222 Liberdade religiosa abrange tanto as reivindicações de exercício livre quanto as contra a ordem estabelecida. As reivindicações de livre exercício quase sempre acentuam as diferenças religiosas do requerente, enquanto a reivindicação da cláusula de laicidade pode acentuar a diferença para um maior ou menor grau, em parte, dependendo de como a reivindicação é enquadrada. Minha análise sugere que uma reivindicação pela cláusula de laicidade tem uma maior chance de sucesso, se o requerente ressaltar suas semelhanças religiosas com o pensamen-

IV. CONCLUSÃO

Durante os anos de 1920 e 1930, a Suprema Corte contribuiu para uma transição do modelo republicano para a democracia pluralista. A principal característica da democracia republicana tinha sido a busca virtuosa do bem comum. Ações governamentais para os interesses parciais ou privados eram inaceitáveis. Sob a democracia pluralista, no entanto, os princípios da democracia republicana, a virtude e o bem comum, foram suplantados; do ponto de vista democrático pluralista, esses princípios tinham sido uma fachada para os interesses e valores da velha elite protestante, e, como tais, tinham sido usados para impedir ou evitar a participação de grupos periféricos na política americana. Sob a democracia pluralista, todos os indivíduos e grupos supostamente iriam participar, para expressar seus interesses e valores por meio das instituições democráticas. A política seria a construção de coalizões, disputas de vantagens, harmonização quando necessária e, geralmente, busca pela maximização da satisfação dos interesses pessoais.

Tendo a Corte se defrontado com a emergência do regime pluralista democrático nos anos 1930 e 1940, tanto a teoria constitucional, quanto política constitucional contribuíram para o desenvolvimento dos direitos e liberdades individuais. Por um lado, as liberdades da Primeira Emenda, em geral, foram revigoradas, mas por outro lado, os *Justices* favoreceram a liberdade de expressão sobre a liberdade religiosa. O desenvolvimento da teoria da democracia pluralista prontamente justificou um conceito amplo de liberdade de expressão. Um indivíduo não poderia ser um participante pleno e igual democraticamente, a menos que pudesse livremente reunir informações sobre questões políticas e irrestritamente expressar seu interesses e valores na arena democrática. No entanto, a relação teórica entre a democracia pluralista e a liberdade religiosa parecia mais ambígua. Embora várias teorias pudessem ser oferecidas para justificar a proteção da liberdade religiosa, nenhuma teoria contou com o apoio generalizado.

---

to dominante (em vez de diferenças). Ver Feldman, supra nota 186, p. 238-61 (discutindo estratégias de organizações judaicas nas crenças da Suprema Corte).

Em parte por estsa razão, os juízes imbuíam a liberdade de expressão, em vez da liberdade religiosa, com o maior vitalidade.

A política constitucional contribuiu ainda mais para essa preferência pela expressão sobre a religião. Com o regime democrático pluralista solidificado, a velha elite protestante, ajudada pelo controle protestante da Suprema Corte, constitucionalizou seus interesses e valores, particularmente nas liberdades da Primeira Emenda, de modo a formar um baluarte contra o poder emergente de grupos políticos periféricos. Mas por meio dessa constitucionalização dos direitos, os *Justices* diferenciaram livre expressão e liberdade religiosa. Quando um caso destacava a diferença do reclamante em relação ao grupo dominante – como iria acontecer muitas vezes nos casos envolvendo a liberdade religiosa –, os *Justices* eram menos propensos a julgar procedente o pedido constitucional. Enquanto isso, nos casos em que a Corte julgou procedente a alegação para proteção da Primeira Emenda, os *Justices* tinham maior probabilidade de ver os reclamantes com práticas semelhantes às práticas e interesses tradicionais. Por exemplo, em *Martin v. City of Struthers*, a Corte invalidou uma lei que proibia a distribuição porta-a-porta de materiais escritos como aplicado a uma Testemunha de Jeová[223]. Enfocando a liberdade de expressão, o voto majoritário do *Justice Black* enfatizou como o método das Testemunhas de Jeová, a distribuição porta-a-porta da literatura, estava adequado com as práticas dominantes.

> O uso difundido desse método de comunicação por muitos grupos, defendendo causas diversas, atesta a sua grande importância. (...). Muitas das nossas mais amplamente estabelecidas organizações religiosas têm utilizado esse método de disseminar suas doutrinas, e grupos de trabalho o têm utilizado no recrutamento de seus membros. O governo federal, em sua atual campanha de venda de títulos de guerra, incentiva os grupos de cidadãos para distribuir anúncios e circulares de casa em casa. Como toda pessoa familiarizada com a vida política sabe, campanha de porta a porta é uma das técnicas mais aceitas de buscar apoio popular. ...

[223] 319 U.S. 141 (1943).

Se a Corte, ocasionalmente, pensasse que as ações de um grupo periférico deviam ser protegidas pela Primeira Emenda, esses tipos de ação – encaixadas tão harmoniosamente com os interesses, valores e práticas dominantes – seriam ideais[224].

Finalmente, embora o tratamento pela Corte das reclamações sobre a livre expressão e a liberdade religiosa, durante o último meio século, tenha sido tudo menos consistente, a Corte, hoje, claramente, favorece mais a livre expressão do que a liberdade religiosa[225]. No *Caso Employment Division, Departament of Human Resources v. Smith*[226], decidido em 1990, a Corte considerou o teste adequado para as disputas envolvendo o livre exercício e leis de aplicabilidade geral. A Corte rejeitou expressamente o teste de escrutínio rigoroso, que exigiu do governo mostrar que sua ação era necessária para alcançar um interesse governamental.

---

[224] Em *Murdock v. Pennsylvania*, a Corte derrubou a taxa para obtenção de licença cobrada das Testemunhas de Jeová que estivessem distribuindo material escrito de porta em porta. 319 U.S. 105 (1943). O voto vencedor do *Justice Douglas* ligou a livre expressão e a liberdade religiosa, e assim fazendo, ele acentuou como as práticas das Testemunhas de Jeová estavam harmonizadas com as tradições dominantes. "*Nós não insinuamos ou sugerimos a respeito [das Testemunhas de Jeová] sobre a sinceridade que qualquer conduta possa adotar em um rito religioso e pelo zelo dos praticantes*", explicou *Douglas*. Id. p. 109. "*Nós só sustentamos que espalhar as crenças religiosas de alguém ou a pregação do Evangelho por meio da distribuição de literatura religiosa e de visitas pessoais é um tipo secular de evangelização que fortemente conclama proteção constitucional como nos tipos religiosos mais ortodoxos*". Id. p. 110 (grifo nosso). Os *Justices*, aliás, parecem especialmente aptos a defender as reclamações por liberdade de expressão, quando o discurso ou a escrita em disputa atacaram um grupo periférico. Por exemplo, em *Near v. Minnesota*, apenas a segunda vitória clara da liberdade de expressão, a Corte considerou os escritos em disputa, que foram atados com diatribes antissemitas, protegidos. 283 EUA 697 (1931). Em *Cantwell v. Connecticut*, a Corte considerou que um discurso atacando a religião católica deveria ser protegido. 310 EUA 296 (1940).

[225] Patrick M. Garry, Inequality Among Equals: Disparities in the Judicial Treatment of Free Speech and Religious Exercise Claims, 39 Wake Forest L. Rev. 361 (2004); Mark Tushnet, The Redundant Free Exercise Clause?, 33 Loy. U. Chi. L.J. 71 (2001).

[226] 494 U.S. 872 (1990).

Em vez disso, a Corte considerou que o "*processo político*" deve efetivamente determinar o escopo do livre exercício de direito[227]. A Corte, no entanto, articulou três exceções, quando o escrutínio rigoroso seria apropriado: primeiro, se o governo intencionalmente discrimina uma religião[228]; segundo, se o caso envolve a negação de auxílio-desemprego[229]; e, em terceiro lugar, se o caso envolve uma reivindicação "*híbrida*", em que o livre exercício é combinado com outros direitos constitucionais[230]. "*As únicas decisões*", a Corte escreveu para explicar a exceção das reclamações híbridas, "*em que nós consideramos que a aplicação da 1ª Emenda barraria uma lei neutra, geralmente aplicável a uma ação religiosamente motivada,* não envolveu a Cláusula de Livre Exercício sozinha, mas a Cláusula de Livre Exercício em conjunto *com outras proteções constitucionais, como a liberdade de expressão e de imprensa*"[231]. Porque as duas primeiras exceções raramente serão vistas, a exceção da reivindicação híbrida agora parece ser o principal meio para invocar uma pesquisa minuciosamente forte pelo Poder Judiciário.

Enquanto a atual Corte, de um modo geral, rigorosamente protege a liberdade de expressão, tipicamente presumindo que a fala é protegida a menos que caia em uma categoria de baixo valor de expressão, a liberdade religiosa é muitas vezes sujeita aos caprichos do processo político – a não ser que a reivindicação do livre exercício possa ser conjugada com outra reivindicação constitucional, particularmente a liberdade de expressão[232]. O livre exercício religioso, como tem

---

[227] Id. p.890.

[228] Id. p. 877-78; e.g., *Church of the Lukumi Babalu Aye, Inc. v. City of Hialeah*, 508 U.S. 520 (1993) (invalidando uma lei de crueldade animal que tinha sido interpretada para punir assassinatos por razões religiosas).

[229] Smith, 494 U.S. at 883; e.g., *Frazee v. Illinois Department of Employment Security*, 489 U.S. 829 (1989) (suportando como inconstitucional a negação de um benefício a desempregado cristão que se recusou a trabalhar nos domingos, mas não pertencia a uma igreja ou seita estabelecida).

[230] Smith, 494 U.S. at 882; ver Douglas Laycock, The Remnants of Free Exercise, 1990 Sup. Ct. Rev. 1, 41 (1990) (discutindo as exceções de *Smith*s).

[231] Smith, 494 U.S. p. 881.

[232] Em *Zelman v. Simmons-Harris*, 122 S.Ct. 2460 (2002), a Corte também rebaixou o nível do escrutínio a ser aplicado na maioria dos casos envolvendo a cláusula de laicidade. Feldman, supra nota 186, p. 261-65.

sido interpretado, é um direito constitucional de segunda classe. De pé sozinho, é pouco provável desencadear uma análise judicial minuciosa; na maioria dos casos, os tribunais vão apenas referendar as decisões legislativas. Previsivelmente, após o *Caso Smith*, os casos envolvendo religião têm sido muitas vezes construídos de forma a agregar questões de livre-expressão, justificando, assim, uma análise mais minuciosa[233].

Talvez sem surpresa, dadas as incertezas teóricas em torno da liberdade religiosa sob a democracia pluralista, a Corte no *Caso Smith* justificou sua atuação ressaltando os problemas inerentes a uma ordem jurídica sob um regime democrático pluralista[234]. "*Qualquer sociedade ao adotar [o teste do escrutínio rigoroso para determinar a constitucionalidade de uma lei geral] estaria cortejando a anarquia, mas o perigo aumenta em proporção direta com a diversidade social de crenças religiosas*", explicou a Corte[235]. "Precisamente porque 'somos uma nação cosmopolita constituída por pessoas de todas as

---

[233] *Good News Club v. Milford Central School*, 533 U.S. 98 (2001); *Rosenberger v. Rectors and Visitors of the University of Virginia*, 515 U.S. 819 (1995); *Lamb.s Chapel v. Center Moriches Union Free School District*, 508 U.S. 384 (1993). Um caso similar e anterior a Smith é *Widmar v. Vincent*, 454 U.S. 263 (1981); ver Garry, supra nota 220, p. 385-88 (discutindo os casos em que foi favorecida a liberdade de expressão sobre a liberdade religiosa). Um estudo empírico concluiu que, depois de *Smith,* advogados mudaram suas estratégias para enfatizar os componentes de expressão das reivindicações da liberdade religiosa. "*Antes de Smith, argumentos de liberdade de discurso eram levantados em somente 12,9% dos casos que nós estudamos envolvendo reivindicações de acomodação religiosa, enquanto que a proporção dos casos que tratavam do envolvimento dos direitos de expressão mais que dobrou para 28,7% depois de Smith*". Sisk, supra nota 205, p. 570.

[234] Eu não estou sugerindo que as razões para a Corte favorecer a liberdade de expressão em vez das liberdades religiosas são as mesmos que foram dadas durante 1930 a 1940. Há sobreposições, mas há, também, diferenças. Por exemplo, a Corte hoje é mais diversa religiosamente do que foi antes; ainda as evidências contemporâneas sugerem que o grau de religiosidade dos *Justices* geralmente importa mais que suas filiações religiosas. Um *Justice* protestante e conservador, consequentemente, tem visões mais aproximadas de um *Justice* católico e conservador, do que com um *Justice* protestante e liberal. Feldman, supra nota 186, p. 272-73; Sisk, supra nota 205, p.579-81.

[235] Smith, 494 U.S. p.888.

concebíveis preferências religiosas' e precisamente porque nós valorizamos e protegemos a divergência religiosa" a Corte continuou, "*não podemos nos dar ao luxo de considerar inválida presumivelmente (...), cada regulação de conduta que não proteja um interesse de primeira ordem*"[236]. Em outras palavras, exatamente porque a democracia pluralista baseia-se na inclusão de diversos grupos sociais dentro do sistema político americano, o direito à liberdade religiosa deve ser reduzido. Caso contrário, a Corte argumentou, o governo estaria paralisado, pois quase toda lei geral iria interferir com as práticas ou crenças de alguns grupos de religiosidade obscura – ou como assim foi sugerido pelo Tribunal. Claro que, como até mesmo a Corte reconheceu no *Caso Smith*, essa abordagem da liberdade religiosa favorece a corrente dominante – um resultado familiar do ponto de vista da política constitucional. "*Deixando a acomodação para o processo político, serão colocadas em desvantagem aquelas práticas religiosas que não são amplamente engajadas*", a Corte explicou melancolicamente, "*mas essa consequ*ência inevitável de um governo democrático deve ser *a preferida*"[237].

236 Id.

237 Id. na 890. Uma coisa que não mudou durante a transição da democracia republicana para a democracia pluralista foi o entendimento predominante de que a liberdade religiosa favorece a religião predominante. Mas, a natureza da liberdade religiosa, incluindo a relação com a liberdade de expressão, de outra forma, se altera de muitos modos e por muitas razões, incluindo o aumento da diversidade religiosa da nação e o aumento do número de casos que chegaram a Suprema Corte envolvendo a liberdade religiosa, durante o século XX.

6

ARTE, PORNOGRAFIA E A RECONSTRUÇÃO DO DIREITO COMPARADO FOUCAULTIANO

Uladzislau Belavusau[1]

"Art, like Nature, has her monsters, things of bestial shape and with hideous voices." (A Arte, como a natureza, tem seus monstros, coisas com formato bestial e com vozes hediondas"

(Oscar Wilde, The Picture of Dorian Gray)

1. INTRODUÇÃO

A pornografia é uma construção jurídica popular que distingue *high art* de práticas culturais alegadamente desprovidas de valor artístico. É necessário perceber que a "indústria adulta" tornou-se um negócio de bilhões de euros, incluindo sua ligação com grandes cor-

[1] Pesquisador PhD no European University Institute (Florência, Itália), Mestre pelo Collège d'Europe (Bruges, Bélgica). Eu gostaria de agradecer ao Boalt Hall School of Law – University of California at Berkeley (Berkeley, Estados Unidos), que recentemente me recebeu como acadêmico visitante por um semestre, e, em particular, ao Professor Martin Shapiro pelo seu encorajador *feedback* na versão anterior, assim como aos colegas, José María Lanzarote Guiral e Kira Krissinel, por seus comentários generosos. Todas as omissão são por minha conta. Email: Uladzislau.Belavusau@EUI.eu.
Tradução de Virgínia Astolfi.

porações, tais como *sex shops*, cinemas de filmes adultos, redes de hotéis, telefonia, empresas de TV a cabo e satélite. Entretanto, desde quando nós sabemos o que é o obsceno ou o que é o pornográfico e por que declaramos ilegais certas narrativas e visualizações quando se referem à esfera da liberdade de expressão? Essa questão se mantém vaga na legislação nacional (abarcada sob uma vaga referência à "moralidade pública") e ainda mais dispersa no Direito Internacional Contemporâneo. O último parece silenciar-se, de alguma maneira, sobre desenvolvimentos desconfortáveis e desatualizados da pornografia do início do século XX. Consequentemente, as primeiras "vítimas" dessa herança puritana antipornográfica na lei não são filmes, mas obras de arte.

Quando se lida com a justaposição de arte e pornografia, devem-se distinguir duas questões seminais: (1) se a pornografia é uma forma de arte e, consequentemente, desfruta da proteção das disposições da liberdade de expressão; (2) se algumas formas de arte se enquadram na definição jurídica de pornografia e, dessa forma, podem ser limitadas, senão diretamente proibidas, para certas audiências. A lista de dilemas sociojurídicos, semelhantemente, inclui a questão da arte (também quando se torna parte do patrimônio cultural), quando ofensiva com relação a uma comunidade em particular, assim como a questão da arte (pornográfica) como um patrimônio cultural propriamente dita.

Este artigo é uma tentativa de traçar a gênesis e a evolução da interpretação jurídica da arte na dicotomia da liberdade de expressão e da pornografia. Dessa forma, seguindo a introdução, a segunda parte trata do legado do conceito de "pornografia" no direto ocidental, inspirando-se no itinerário intelectual foucaultiano. Resumindo diversas perspectivas (do ponto de vista da história da arte, da história das ideias e, finalmente, da história jurídica), reconstruo a maneira pela qual as derrogações da "moralidade pública" calçaram o caminho para o direito contemporâneo, enquanto mantiveram a arte erótica em julgamento. Minha investigação vai além das narrativas nacionais legais, abarcando os discursos do direito internacional "esquecidos" do século XIX ao início do século XX. A terceira parte destaca a construção da dicotomia arte-pornografia por juízes na Europa e nos Estados Unidos.

Embora ambas as tradições ocidentais calquem suas epistemologias judiciais na mesma herança jurídica e, certamente, compartilhem muitas similaridades ao construírem uma lei sobre obscenidade, a visão da pornografia, *vis a vis* liberdade de expressão, não figuram idênticas. O teste jurídico popular (e talvez o mais citado), desenvolvido pela Suprema Corte Americana no Caso Miller, é o objeto da quarta parte, na qual faço um resumo das perspectivas contemporâneas com relação à pornografia e arte (moralista, liberal e feminista), assim como questiono a possibilidade de separar a pornografia da arte pós-moderna, sem cair em uma vertente escorregadia de censura. Essa posição leva às minhas conclusões, na quinta parte, de que o ressurgimento dos instrumentos de direito internacional do início do século XX, baseados na *rationale* do teste de Miller, irá, essencialmente, minar o desenvolvimento progressivo do direito internacional do patrimônio cultural, da liberdade de expressão, da não discriminação e, finalmente, desvalorizar os frutos preciosos da emancipação cultural.

§2. *ARS EROTICA*

Legado da Arte Erótica: Investigação Histórica

Nos anos 70, Michel Foucault empreendeu um projeto fundamental para a história das ideias, explicando a evolução da sexualidade como um foco da civilização ocidental[2]. Definitivamente, ele não foi o primeiro estudioso sobre a sexualidade, tendo sido influenciado pelos importantes desenvolvimentos nos campos da história, psicanálise, sociologia familiar, crítica literária, assim por diante. A ideia de "sexo reprimido", portanto, não era nova. De todo modo, a contribuição de Foucault é ainda marcante devido à sua demonstração convincente de que, historicamente, existem duas maneiras de construção do sexual. No mundo greco-romano, China, Japão e Índia, a sexualidade era idealizada como uma "*ars erotica*" (arte erótica), na qual o sexo é percebido como sendo uma experiência criativa especial, ou seja, não

[2] M. Foucault, Histoire de la sexualité 1: La volonté de savoir (Éditions Gallimard, Paris 1976). Outros dois volumes: "L'usage des plaisirs' and 'Le souci de soi".

é algo sujo ou vergonhoso. A prática sexual era um espaço mantido em segredo, somente por causa da visão de que perderia seu poder e seu prazer se divulgada.

A sociedade Ocidental, por outro lado, construiu o que Foucault denominou de *scientia sexualis*, a ciência da sexualidade. Sua ideia original, do século XVII, é baseada em um fenômeno diametralmente oposto à *ars erotica*: a confissão, que não é somente uma prática discursiva do Cristianismo, mas também, geralmente, o desejo de falar sobre a prática sexual. Surge uma fixação em descobrir a "verdade" acerca da sexualidade, uma verdade que deve ser confessada. Seria como se a sexualidade não existisse caso não fosse confessada. Todo traço de prazer experienciado deveria ser examinado, os juízes eram instruídos a fazê-lo, colocando-os em uma posição em algum lugar entre os padres e os psicanalistas. Uma obra de arte, como tal, não contém sexualidade: é construída aos olhos de um recipiente, que percebe um artefato por meio das lentes de suas próprias repressões sexuais, experiências confessionais, dogmas sociais, cultura artística, conhecimento e vitimização pessoal.

O legado jurídico da censura antierótica na Europa é uma descendência genética da incorporação da ética judaico-cristã à razão jurídica. Percepções mais antigas do erotismo eram essencialmente diferentes dos nossos genofóbicos traços de desonra. A cultura da *ars erotica* foucaultiana abarcava um longo catálogo, começando por, talvez, o primeiro "artefato nu" descoberto, a Venus de Willendorf do período paleolítico[3]; incluindo notórias ânforas *sex-centered* (centradas

---

[3] Quando se fala a respeito de arte sexualizada como parte do patrimônio cultural, não se pode esquecer que inicialmente a arte foi concebida para abarcar objetivos funcionais do que estéticos. Dessa forma, artefatos eróticos pré-históricos como a Vênus de Willendorf ou representações pictóricas de sexo do período Neolítico em cavernas, bem como numerosas obras de arte do Egito Antigo, Mesopotâmia, Grécia, etc... são considerados ao desempenhar seus papéis, primeiramente, como parte de um ritual (ex: caça ou colheita). Por exemplo, na Grécia Antiga, o Phallus, geralmente em forma de uma herma, era um objeto de adoração como um símbolo de fertilidade. Além do mais, a obscenidade dos rituais pagãos de Phallus é um conceito da relação humano-divino, posteriormente contrário à antropologia Judaico-cristã. Veja Rice, 'Prehistoric Venuses: Symbols of Motherhood or Womanhood?', 37 *Journal of Anthropological Research* 2 (1982),

em sexo) da Grécia Antiga; o eroticismo lésbico de Safo, e, cobrindo espaços culturais posteriores, tais como os rolos pintados à mão, do Japão Medieval, cheios de representações pictóricas de acoplamento. Civilizações Antigas, e, principalmente, o berço do Ocidente, advindo da Grécia e Roma, possuem obras de arte abundantes que teriam sido rotuladas como sendo pornográficas de acordo com os padrões puritanos contemporâneos.

Desde então, e no decorrer da história ocidental, a legitimidade estética de representação sexual explícita modificou o sistema normativo diversas vezes. A exclusão forçada das narrativas eróticas e representações visuais é significativa no tardio Império Romano ou Idade Média. A Igreja Medieval era a patrona da arte, mas também era sua maior censuradora. Dessa forma, os primeiros cristãos foram fortemente influenciados pela interpretação literal do Segundo Mandamento (similar à percepção conservadora judaica) e, dessa forma, abominavam imagens esculpidas[4]. A arte cristã não retratava os milagres de Jesus até por volta do século III e as visualizações do corpo eram rigorosamente censuradas. Certa liberalização ocorreu com os Conselhos em Milão (367) e Éfeso (431), que permitiram pinturas dentro dos templos.

As pinturas erotizadas permaneciam como um forte tabu, apesar de presente na cultura popular. Em um sentido amplo, a visualização humana estava no centro de um ardente debate na tradição jurídica da Igreja Medieval centrada. Nesse sentido, o mais infeliz fragmento da história Medieval da Europa foi talvez o movimento iconoclasmo[5],

---

p. 402–414; A. Stewart, Art, Desire, and the Body in Ancient Greece (CUP, New York 1997).

4 "To make no images of anything in heaven or on earth, or in the water under the earth, and not to worship idols" .

5 *Iconoclasmo* (do grego antigo *εικών* and *κλάω, literário* "quebra de imagens") é atribuído em sentido estrito ao período da história Bizantina (730–787 e 814–842). Entretanto, numa conotação mais ampla, o termo funciona para ilustrar a destruição dentro de uma cultura, dos artefatos da própria cultura por motivos religiosos ou políticos. Uma longa lista de episódios durante a história mundial, tanto precede como sucede o iconoclasmo Bizantino: a destruição do Templo de Salomão em Jerusalém pelo Rei Hezekiah, bem como a destruição de imagens politeístas durante a cristianização do Império Romano, a "briga" contra ima-

tanto na era Bizantina (quando, no século VIII, Leo III provocou a destruição de imagens de Jesus e uma severa perseguição a pessoas que resistiam à eliminação das imagens), como durante o Império Romano do Ocidente (quando, no final do século XV, a briga contra a nudez na arte alcançou seu auge com o auto-da-fé em Florença e a *great fire* organizada por seguidores entusiásticos de Girolamo Savonarola)[6].

A Renascença introduziu, novamente, tipos antigos de pinturas erotizadas do nu, tanto em práticas artísticas, como em narrativas literárias, o que provocou um aquecido debate sobre a normativa medieval relacionada à sexualidade. Essa revitalização do erótico no período pré-nação produziu outro fenômeno, no qual uma tradição *sex-centered* foi imediatamente imaginada, tanto por autores, como por audiências, para ser algo europeu, e não somente restrito ao local, "nacional". Esse fenômeno pavimentou o caminho para um legado intelectualizado do eroticismo durante o iluminismo.[7]

Mas, anteriormente, a Reforma e os dogmas protestantes haviam contribuído para a formação da "obscenidade" como um conceito jurídico ocidental, ao passo que a mudança filosófica, do século XVII, para uma epistemologia empírica, baseada na questão, promovendo o valor da sensação pessoal, para o benefício da emancipação do sexual, assim como da liberação do gênero pornográfico em meados do século XVIII.[8] Enquanto isso, a categoria jurídica da pornografia foi moldada bem recentemente, no berço da censura Vitoriana e da Ter-

gens durante a Reforma, os iconoclasmos francês e soviético pós-revolucionário, etc.

6 M. Carmilly-Weinberg, Fear of Art. Censorship and Freedom of Expression (R. Bowker Company, New York 1986), p. 10–17; Aldeeb Abu-Sahlieh, 'L'art figuratif en droits juif, chrétien et musulman', in Centre du droit de l'art (ed.), Liberté de l'art et indépendence de l'artiste. Kunstfreiheit und Unabhängigkeit der Kunstschaffenden (Schulthess, Geneve 2004), p. 113–151.

7 L. Hunt (ed.), The Invention of Pornography, 1500–1800: Obscenity and the Origins of Modernity (Zone Books, New York 1996), p. 364.

8 Discuto a mudança epistemológica cartesiana na tradição filosófica e seus efeitos na formação do conceito Europeu de liberdade de expressão, em Belavusau, 'Judicial Epistemology of Free Speech through Ancient Lenses', 23 *International Journal for the Semiotics of Law* 2 (2010), p. 165–183

ceira República Francesa, do século XIX.[9] Nesse aspecto, pode-se recordar a posição de Michel Foucault de que sexo não é somente uma questão de sensação e prazer, de lei e tabu, mas também de verdade e falsidade.[10] Portanto, a pornografia deveria ser entendida como sendo o produto de novas formas de regulamentações legais e de novos desejos por conhecimento.

Consequentemente, o gênero da pornografia, desde a Renascença até à Revolução Francesa, desempenhou seu papel peculiar em ataques às autoridades políticas absolutistas e, portanto, constituiu uma parte indispensável da sátira política. Nesse sentido, pode-se recordar que, mesmo passados cinco séculos de sua redação, em 1353, as cópias de Giovanni Boccaccio, *Decameron*, foram tomadas e destruídas por autoridades nos Estados Unidos e no Reino Unido. [11]

A tradição das narrativas eróticas continuou em uma obra da Renascença de *"I Modi"* (O Caminho, 1527), que combinou desenhos eróticos de atos sexuais por Giulio Romano (e, mais tarde, muito provavelmente, por Agostino Carracci) e sonetos obscenos por Pietro Aretino.[12] "Ragionamenti", de Aretino, rapidamente traduzido para os

---

9 Marcus, *The Other Victorians (*Basic Books, New York 1964); I. Hunter, D. Saunders, and D. Williamson, *On Pornography: Literature, Sexuality, and Obscenity Law* (St. Martin's Press, 1993); Dentre outros, Lynn Hunt destaca que "apesar do desejo, sensualidade, erotismo e mesmo pinturas de órgãos sexuais explícitos serem encontrados em muitas, senão em todas, as épocas e lugares, a pornografia como uma categoria artística jurídica parece ser principalmente uma ideia ocidental com uma cronologia e geografia específicas. Como um termo em sentido moderno, a pornografia se disseminou somente no século XIX. Para alguns observadores, consequentemente, o final do século XVIII e início do século XIX foram críticos no desenvolvimento de uma noção moderna de pornografia. Mas as principais linhas da tradição pornográfica moderna e sua censura se remontam à Itália do século XVI, e à Inglaterra e França dos séculos XVI e XVIII" (embora com importante precedente na Grécia e Roma antiga); Hunt (ed.), *The Invention of Pornography, 1500–1800: Obscenity and the Origins of Modernity*, p. 356.

10 M. Foucault, Histoire de la sexualité 1: La volonté de savoir (Éditions Gallimard, Paris 1976).

11 H. M. Hyde, A History of Pornography (Heinemann, London 1964), p. 77–82.

12 Um fragmento dos sonetos de Aretini: "*Contemporaneamente nella vostra vagina e nel vostro didietro, il mio pene mi vorrebbe rendere felice, e anche voi sarete Felice*" ("Tanto na sua vagina como por trás, meu pênis me fará feliz, e te

principais idiomas europeus, serviu de exemplo das primeiras sátiras políticas. Seus diálogos sobre a vida íntima de esposas, prostitutas e freiras estabeleceram certos paradigmas do gênero pornográfico, os quais estão evidenciados nos enredos de obras de arte pornográficas contemporâneas. O mesmo aconteceu com as gravuras de Agostino Carracci, que serviram de lei para as visualizações pornográficas até os dias de hoje, com seus órgãos genitais excessivamente grandes e corpos masculinos super-atléticos.

Essencialmente uma obra prima homoerótica do romance da Renascença, "La Cazzaria" (geralmente traduzido para o inglês como "The Book of Prick – 1525) explicita ainda mais a ênfase política. Escrita em 1525, por um jovem nobre toscano, Antonio Vignale, o texto é, ao mesmo tempo, uma fábula cômica de corpos e desejos, e uma ultrajante alegoria política. Uma sociedade de órgãos genitais antropomórficos (pênis, vaginas, testículos e ânus) ilustravam divisões políticas e apresentavam um *insight* crítico à vida do Sena do Século XVI[13]. A interação explícita com o poder em Cazzaria confirma a intuição Foucaultiana da correlação direta entre as estruturas políticas e visões de sexualidade. Historicamente, a pornografia não é análoga somente a conjuntos de "imagens sujas" construídas pela imaginação de religiosos traumatizados, puritanos ou feministas radicais. Trabalhos posteriores incluídos no mesmo campo incluem: '*La Retorica delle Puttane' (The Rhetoric of Whores*), de Ferrante Pallavicino (1642), *'L'école des filles' (The Girls' School),* atribuído a Michel Millot e Jean l'Ange (1655), e os *Dialogues of Luisa Sigla,* de Nicolas Chronier (por volta de 1660).

Essa posição também explica porque inicialmente a pornografia foi concebida, de maneira não identificada, dentro de uma vasta categoria de discursos censurados sob a nomenclatura de heresia, subversão política e radicalismo filosófico. Além disso, todos esses tipos de materiais aparen-

deixará em estado de felicidade). G. Romano e P. Aretino (a cura di R. Braglia), *I modi ed I sonetti lussuriosi* (2nd ed., Mandova, 2000). Foi originariamente publicado em 1527.

13 La Cazzaria' é um mundo alegórico, em que Cazzatello ('*un cazzo molto giusto, savio e riposato*') profere seus convincentes discursos. A. Vignale, *La Cazzaria* (Edizioni dell'Elefante, 1984). Foi originariamente publicado em 1525.

temente diferentes eram frequentemente rotulados como sendo "livros filosóficos". Consequentemente, a invenção da impressão facilitou a divulgação daquela "filosofia perigosa" ao redor da Europa. Na imaginação política dos séculos XVII e XVIII, as narrativas e visualizações de deboche eram vistas essencialmente como emancipadoras *vis a vis* da tirania ou do despotismo. Nesse sentido, um renomado enciclopedista francês, Denis Diderot, era tido como sendo um "autor de pornografia política do Iluminismo". Seu primeiro romance escandalizador, *'Les bijoux indiscrets' (The Indiscreet Jewels*, 1748), pode ser visto como uma alegoria política do melhor da tradição erótica da Renascença, retratando Luís XV como o sultão Mangoggul do Congo, que possui um anel mágico capaz de fazer os órgãos genitais femininos falarem.

Portanto, tanto como prática literária quanto visual, a pornografia está vinculada à Renascença e à Modernidade no seu sentido histórico amplo, ao passo que sua contrapartida da censura legalmente estruturada se remonta ao reacionismo vitoriano e ao dogmatismo conservador do final do século XIX ao início do XX. Esse último período está repleto de tentativas desesperadas de apontar a pornografia como sendo um gênero e de perseguir a sempre crescente indústria pornográfica.

B. *Acomodação da obscenidade na seara jurídica: em direção a um conceito ocidental de pornografia*

A censura *fin-de-siècle* é um episódio importante para entender as raízes da fobia sexual nos tribunais. A época é caracterizada pelo nascimento de várias ficções criminais, tais como a "obscenidade" anglo-saxônica ou o l'*homme moyen sensuele outrage aux bonnes moeurs* francês: uma imaginada sensibilidade pública com relação ao gênero pornográfico (mensurada por um vago padrão das pessoas comuns). A própria palavra pornografia tem a sua *petite histoire,* pois o seu primeiro uso foi atribuído ao livro *Le Pornographe,* do romancista francês Nicolas-Edme Rétif (1769), no qual ele, na verdade, se refere à prostituição e não à "pornografia" no entendimento contemporâneo. Uma palavra grega πόρνη (pornē) significa prostituta (a última derivada do latim)[14].

14 O primeiro uso da palavra pornógrafo é atribuído ao orador e gramático grego Athenaeus (2 a.C.), que aplicou o termo em sua descrição de artistas que pinta-

Posteriormente, a expressão pornográfica recebeu sua manifestação jurídica como uma exceção à liberdade de expressão sob a derrogação da política pública. A incorporação da "pornografia" no Direito Penal do Reino Unido e da França produziu um "efeito de arrasto", influenciando tanto o *common law* como as tradições continentais, ao interpretar o obsceno como uma categoria jurídica, quanto as leis das colônias.

Com o surgimento do protestantismo inglês e consequente secularização, as questões de (i) moralidade adquiriram uma nova acomodação diante dos tribunais. Desde o início do século XVIII, o obsceno não era tão somente um objeto de confissão ou uma questão que se colocava diante de tribunais eclesiásticos, mas se tornou essencialmente uma área dos tribunais de *common law*. O Parlamento Inglês, entretanto, não se preocupou com a normatização em relação à obscenidade até o século XIX.[15] A imoralidade sexual encontrou sua nova percepção dentro de um projeto imperial de higiene médica. Naquele período, contraceptivos e literatura sobre sexologia, juntamente com as propagandas de afrodisíacos, eram considerados algo sujo e insalubre.[16] A pornografia tornou-se um campo de batalha para associações voluntárias e redes de vigilância.

Sob essas circunstâncias, não é surpresa que Lord Campbell, autor do primeiro estatuto antipornografia (*Obscene Publication Act* - 1857), apresentou sua iniciativa diante da Casa dos Lordes como sendo algo para controlar um "veneno mais mortal que ácido prússico, estric-

---

vam cenas de amor. Veja *Martin, 'Jalons pour une histoire culturelle de la pornographie en Occident', Le Temps des Médias* 1 (2003), p. 10–30, em particular a p. 13. De acordo com Hunt, a palavra pornografia entra no espaço semiótico dos dicionários, definições e, consequentemente, das leis, em meados do século XIX. Em inglês, a palavra pornografia apareceu pela primeira vez no *Oxford English Dictionary* em 1857. Veja L. Hunt (ed.) The Invention of Pornography, 1500–1800: Obscenity and the Origins of Modernity (Zone Books, New York, 1996), p. 358.

15 Para um relato sobre a pornografia na Inglaterra, no século XIX, veja L. Sigel, *Governing Pleasures: Pornography and Social Change in England, 1815–1914* (Rutgers University Press, New Brunswick, New Jersey and London 2002).

16 Veja Heath, 'Obscenity, Empire and Global Networks', Commodities of Empire Working Paper No. 7 (April 2008),
Eletronicamente disponível em: www.open.ac.uk/Arts/ferguson-centre/commodities-of-empire/workingpapers/WP07.pdf (último acesso: 15.10.2010), p. 5–6.

nina e arsênico". Essa legislação provocou enorme debate à época e foi apresentada como parte de um projeto de cuidados à saúde e saneamento, para salvaguardar sua adoção escandalosa depois de diversas emendas[17]. A legislação foi considerada como a melhor maneira de restringir a circulação de gravações, livros e cartões postais eróticos franceses. O *Obscene Publications Act* sobreviveu a duas modificações (1959 e 1964), que ainda estão em vigor na Inglaterra e no País de Gales.[18]

Tal Ato tornou-se a primeira legislação específica que permitiu a policiais apreenderem material obsceno e buscarem sua destruição diante dos magistrados, afetando, dessa forma, principalmente o comércio de pornografia. Era vital, não apenas para a Grã Bretanha, mas também para todo o Império, transformar a regulação sobre obscenidade jurídica em formas de poder governamental. Esse conceito "inglês" de "obscenidade", posteriormente, incorporou-se a todas as tradições do *common law,* proveniente do Império Britânico (nos EUA, Canadá, Austrália, Índia, e assim por diante).

A primeira restrição na lei de liberdade de imprensa na França (promulgada um ano antes) se tornou um insulto de *outrage aux bonnes moeurs* (1882), um conceito que, subsequentemente, migrou para a legislação penal ou doutrina na maioria das tradições jurídicas continentais. O termo *bonnes moeurs* aparecera já no Código Penal de 1810, portanto, anteriormente à obscenidade no direito Inglês. O objetivo da cláusula era o de limitar a proliferação de literatura pornográfica relatadas pela polícia, e ainda é parte do Código Penal (artigos 283–290). A herança notória dessa provisão é frequentemente exemplificada com a perseguição das *Les fleurs du mal* de Baudelaire. Depois que o livro foi publicado, em 1857, o autor, hoje renomado,

---

17 Manchester, "Lord Campbell's Act: England's First Obscenity Statute", 9 Journal of Legal History 2 (1988), p. 223 241; Roberts, "*Morals, Art and the Law: the Passing of the Obscene Publication Act of 1857*", 28 *Victorian Studies* 4 (1985), p. 609–629.

18 O ato Irlandês divergiu da lei inglesa em 1929, substituindo o *Obscene Publication Act* of 1857. A seção 4 (1) do Ato de 1959 faz uma vaga reserva à arte: "*a person shall not be convicted of an offense [...] if it is proved that publication of the article in question is justified as being for the public good on the grounds that it is in the interests of science, literature, art or learning, or of other objects of general concern.*"

foi multado em 300 francos pela *outrage à la morale publique*, pela Corte Penal de Sena[19].

Entretanto, a gênesis jurídica dessa legislação é ainda mais complicada. Na verdade, os tribunais franceses tinham moldado a noção de direito civil das *bonnes moeurs* anteriormente. Além disso, os *bonnes moeurs* estão longe de ser uma invenção francesa. O *boni mores* tinha sido parte da tradição civil ocidental desde o Direito Romano, no qual essa noção de "boa moralidade" desempenhou seu papel peculiar em obrigações contratuais e não tinha nada a ver com o projeto burguês de "moralidade" do século XIX (a não ser a etimologia). Originariamente os *boni mores* determinavam o posto atribuído ao cidadão romano na cidade, sem qualquer distinção entre o privado e a vida pública.

É, portanto, curioso, que esse conceito (negando qualquer separação entre o privado e o público) tenha sido introduzido no código civil depois da Revolução Francesa[20]. Na época, o *boni mo-*

---

19 Flaubert foi acusado no mesmo ano, porém foi mais sortudo que Baudelaire, evitando a condenação escreveu "*de* perdre parfois de vue les régles que tout écrivain qui se respecte ne dois jamais franchir et d'oublier que la littérature, *comme l'art, pour accomplir le bien qu'elle est appelé à produir, ne doit pas seulement être chaste et pur dans sa forme et dans son expression.*" Veja G. Flaubert, Madame Bovary (Garnier, Paris 1960), p. 396, 399.

20 Para a original semântica jurídica do *boni mores* no direito Romano, veja Mayer-Maly, "*Die guten Sitten als Massstab des Rechts*", *Juristische Schulung* (1986), p. 596–600; G. Hannard, *Droit romain. Notions de base. Concept de droit, sujets de droti* (publicações des Facultés universitaires Saint-Louis, Bruxelles 1997), p. 98–99; Geraud-Llorca, "L'introduction des bonnes moeurs dans le code civil", em Centre universitaire de recherches administratives et politiques de Piacrdie (ed.), *Les bonnes moeurs* (PUF, Paris 1994); G. B. Ferri, *Ordine pubblico, buon costume e la teoria del contratto* (Giuffrè, Milano 1970). Para uma tentativa recente de reconstrução do princípio romano "*contra bones mores*", por meio da análise econômica da história jurídica, veja Cserne & Deli, "Law and Morality in the Regulation of Contracts: Lessons from Ancient Rome", *TILEC Discussion Paper* (November 2009), eletronicamente disponível em http://ssrn.com/abstract=1480685 (ùltimo acesso: 11.04.2010). Reinhard Zimmermann dá exemplos contemporâneos do direito contratual: "*recourse to the boni mores was held, particularly frequently, where the moral integrity of family life in the widest sense was threatened: hence the invalidity of agreements pressurizing somebody (albeit indirectly) to enter into, not to enter into,*

res tinha sido parte da tradição do direito civil na Europa, relevante primeiramente para o direito contratual (seja na sua forma latina ou traduzida nos idiomas nacionais tais como *guten Sitten em* alemão, *goede zeden* em holandês, *buon costume* em italiano, ou *bonnes moeurs* no Código Civil Francês, de 1804).[21] A maneira pela qual essa noção de Direito Civil entrou no vocabulário do Direito Penal Francês é uma história retórica e peculiar, na qual a semântica romana experimentou uma mutação substancial.

Portanto, o que migrou para a tradição penal continental (como um cláusula de "moralidade pública" do Código Penal Francês) já era uma noção existente no direito civil de *boni mores* sob uma nova semântica, apropriada para o projeto moralista de *fin-de-siècle.* Essa vaga cláusula continental de "moralidade pública" posteriormente passou a fazer parte da linguagem de tratados internacionais como uma exceção às liberdades artísticas e comerciais, assim como da construção constitucional do próprio direito à liberdade de expressão, depois da Segunda Guerra Mundial.[22]

---

to dissolve or not to dissolve a marriage [...] Agreements involving family relationships, too, are in many cases still regarded as morally offensive [...] But the area where this shift of standards has occurred most patently is probably that of sexual morality and common decency". Veja R. Zimmermann, *The Law of Obligations: Roman Foundations of the Civilian Tradition* (OUP, Oxford 1996).

21 Artigo 6 do Código Civil francês: *on ne peut déroger, par des conventions particulières, aux lois qui intéressent l'ordre publique et les bonnes moeurs.* Similarmente, o § 138 BGB (Bürgerliches Gesetzbuch, Código Civil alemão): *'Ein Rechtsgeschäft, das gegen die guten Sitten verstößt, ist nichtig'.* Veja K. Simitis, *Gutte Sitten und ordre publiqu*e (N.G. Elwert Verlag, Marburg 1960).

22 Dessa forma, o artigo 10 da Convenção Europeia de Direitos Humanos (1950), de certa forma, codifica a tradição europeia de liberdade de expressão e contêm, dentre outras, uma cláusula restritiva "i*n the interests of national security, territorial integrity or public safety, for the prevention of disorder or crime, for the protection of health or morals [...].*' Similarmente, o artigo 19 do Tratado Internacional sobre Direitos Civis e Políticos (1966) contêm também uma restrição *"for the protection of national security or of public order (ordre public), or of public health or morals".* O Artigo 32 TFEU (antigo artigo 30 do Tratado EC, antes das emendas do Tratado de Lisboa), por sua vez, prescreve "*restrictions on imports, exports or goods in transit justified on grounds of public morality, public policy or public security".* Ainda, o artigo 21 da Constituição italiana

Nesse sentido, a segunda metade do século XIX é crucial para uma compreensão jurídica da pornografia, pois *mere fin-de-siècle* moldou uma visão particular ocidental que, em um estado secular, é papel do juiz apreciar o obsceno. Desde então, a pornografia deixou de ser uma questão de dogmatismo da igreja e evoluiu para um discurso normativo sob a rubrica da moralidade pública. Ao explicar esse fenômeno, minha hipótese é a de que outro processo paralelo (juntamente com a secularização universal) contribuiu para a ideia de que o juiz seria um apropriado censor da arte.

A época é caracterizada pelo surgimento de uma tradição científica peculiar, assim chamada de crítica da arte (ou da literatura). Apesar da gênesis da escola literária se remontar às discussões sobre artigos clássicos durante a Renascença, a ênfase no objetivo acadêmico e, por sua virtude, a essência acadêmica deste gênero foi completamente alcançada somente em meados e final do século XIX.[23] Dessa forma, o julgamento da arte (que, em uma época secular, não poderia mais ser competência de instituições religiosas) finalmente se tornou possível nos tribunais. Um juiz, tal como um crítico literário (com quem geralmente se consultava), tornou-se uma figura central na mensuração de uma nova categoria de "valor artístico", para além dos puros interesses da comunidade (tanto religiosa como secular).

C. *Desenvolvimentos "esquecidos" do Direito Internacional*

O final do século XIX ao início do século XX lançou uma nova página na história jurídica da obscenidade, dessa vez destacando a pornografia por meio de instrumentos de Direito Internacional. Por um lado, o avanço tecnológico sem precedentes, o crescimento demográfico, a urbanização, industrialização, avanço na impressão, intensificação no comércio, revolução ferroviária, secularização, declínio do analfabetismo, surgimento da arte moderna não convencional, nascimento da fotografia e a invenção do cinema salvaguardou um nicho comercial peculiar para "materiais desconfortáveis". Por outro lado,

---

(1947): "*Sono vietate le pubblicazioni a stampa, gli spettacoli e tutte le altre manifestazioni contrarie al buon costume*".

[23] Clark, Critical Thinking, 38 College English 3 (1976), p. 231.

a indústria pornográfica, sempre crescente, e a impotência virtual de cláusulas nacionais penais para controlá-la, de acordo com o princípio da territorialidade, levantou sérias preocupações por parte de um *lobby* religioso ainda forte.

O protestantismo suíço, a integração francesa de liberdade de associação, o puritanismo inglês da era vitoriana são peças centrais para entender esses desenvolvimentos de *fin-de-siècle*. A Suíça, baluarte do calvinismo radical, tornou-se pioneira no movimento europeu antipornografia. Nesse aspecto, os nomes de Louis Bachelard (1811–1887), fundador da *L'Association Suisse contre la littérature immorale,* em Genebra (Associação Suíça Contra a Literatura Imoral, 1883) e de Eugène de Budé (1836–1910), fundador do *Bureau international contre la littérature immorale* (Departamento Internacional contra a Literatura Imoral, 1893), merecem ser citados.

O movimento suíço concebia a indústria pornográfica como sendo um problema internacional e defendia a união das "nações civilizadas" para lutar contra esse fenômeno. Influenciadas por relações privilegiadas entre Genebra e Paris, organizações análogas foram criadas na França com seu *boom* no *fin-de-siècle,* e também com o crescimento de iniciativas não governamentais[24].O Pastor Louis Count, de Saint-Etienne, fundou a *Fédération française pour le redressement de la moralité publique* (Federação Francesa para a Reabilitação da Moralidade Pública). Uma organização britânica análoga, *British Continental Federation,* com seu secretariado em *Neuchâte*l, foi criada em 1885, em Genebra[25].

---

[24] O discurso público da época era dominado pelas chamadas "ligas", que eram iniciativas privadas contra o alcoolismo, tuberculose, e mortalidade infantil. A integração destas organizações não governamentais levou à aprovação da lei francesa sobre a criação de associações, votada em julho de 1901. O papel das ONGs em instaurarem processo judicial em casos de liberdade de expressão ainda é grande na França. Veja Janssen, 'Limits to Expression on Religion in France',Agam & Religiusitas di Eropa, 5 Journal of European Studies 1 (2009), p. 22–45.

[25] Veja Stora-Lamarre, 'Censorship in Republican Times. Censorship and Pornographic Novels Located in L'Enfer de la Bibliothèque Nationale, 1800–1900', em L.Z. Sigel (ed.), International Exposure: Perspectives on Modern European Pornography. 1800–2000 (Rutgers University Press, New Brunswick 2005), p. 48–61.

Similarmente, diversas organizações com a mesma iniciativa, centradas no ethos antiobsceno, funcion na Alemanha ao abrigo da *Allgemeine Konferenz der deutschen Sittlichkeitsvereine* (Conferência Geral da Liga da Moralidade Alemã), que realizava conferências anualmente, bem divulgadas, e estabeleceu contatos com a parte alemã da Associação Suíça contra a literatura imoral.[26] O primeiro congresso internacional sobre obscenidade ocorreu em Berna, em 1897. Filantropos, em particular os protestantes, concordaram em organizar uma cruzada conjunta contra a literatura imoral.

Na ausência de tratados internacionais, os palestrantes se referiam ao Evangelho como uma fonte de progresso individual e social. Portanto, os participantes, caracteristicamente, limitaram o "caráter universal" do congresso à ética judaico-cristã. Similarmente, o subsequente e, de longe, mais representativo congresso não governamental contra a pornografia ocorreu em Paris (1908), e ainda foi dominado por discussões religiosas. No entanto, essa conferência foi importante para a cristalização da ideia de "dano geral" da pornografia no direito interestatal e para uma justificativa racional ao combate internacional. O objetivo do congresso era o de discutir a defesa dos Estados "civilizados" contra o "lixo" (*l'ordure*).

Todos os participantes destacaram que o princípio de territorialidade constituía o principal impedimento para a ação da lei antipornografia. Em particular, a atenção foi voltada para os catálogos populares impressos que circulavam no mercado negro, lojas de ruas e casas particulares. Um número impressionante (46 associações estrangeiras) fez parte deste evento, além da numerosa delegação francesa, 14 associações vieram da Alemanha, uma da Inglaterra (uma poderosa Associação Nacional de Vigilância); duas da Bélgica; uma da Dinamarca; cinco da Holanda; sete da Hungria; oito da Itália; uma da Noruega; cinco da Suíça. Dentre outros, um famoso rabino francês da época, Alfred Lévy, participou do congresso.[27]

---

[26] Veja G. D. Stark, Banned in Berlin: Literary Censorship in Imperial Germany. 1871–1918 (Berghahn Books, Oxford 2009).

[27] Stora-Lamarre, 'Le livre en question. La censure au Congres international contre la pornographie (Paris, 1908)', *Cahiers Georges Sorel, Les congrès lieux de l'échange intellectuel 1850–1914*, No. 7, (1989), Disponível em: www.persee.fr/web/revues/home/prescript/article/mcm_0755–8287_1989_num_7_1_980 (último acesso: 03.11.2010), p. 87–98.

Entretanto, mais uma vez, a comoção retórica da conferência não foi além da pregação judaico-cristã e nenhuma delegação fora da Europa foi representada. Os discursos centrais focaram-se na decadência moral causada pela enorme disseminação de imagens e publicações obscenas, publicadas sob o manto da ciência, higiene e arte.[28] Assim, Joseph Pappers citou que, entre os perigosos livros obscenos, estariam *L'amour est mon pèche*, *Le troisième sex* e *Femmes infidèles* [...]. O Comitê Goether , de Dresda, apontou os cartões postais ilustrados como os mais suspeitos. Tanto a delegação francesa como a alemã expressaram seus desapontamentos com relação ao fato do termo "obsceno" ter sido tão vagamente definido.

A Sociedade Contra a Imoralidade sugeriu pedir ao *Reichstag* alemão para aplicar uma lei contra a arte imoral para proteger o público. Alexander Coote, da Sociedade Nacional de Vigilância Inglesa, argumentou pesadamente sob a ótica da ideologia médica. Ele enfatizou a questão do pecado moral e do prejuízo à saúde em virtude da distribuição de "literatura ruim".

Essa ênfase na higiene é pertinente à época, bem como as preocupações britânicas com a necessidade de internacionalização de medidas sanitárias.[29] No imaginário imperial britânico, a pornografia era concebida na esfera de vícios não saudáveis. Coote demonstrou a aparente diferença entre as legislações inglesa (a qual ele propôs como modelo) e a francesa. Na primeira, às organizações e aos indivíduos era permitido reprimir livros indecentes e imagens em todos os casos, não precisando demonstrar a existência de má-fé. Portanto, a legislação inglesa permitia a prisão de qualquer vendedor de folhetos ou fotos indecentes nas ruas.

Além disso, devido ao *Post Office Protection Act* (1884), a legislação inglesa igualmente proibia o envio de figuras obscenas, e os carteiros poderiam apreender tais materiais. Por outro lado, as legislações *"soft"* belga e holandesa criaram um obstáculo para a luta pan-europeia contra a pornografia. Nesse sentido, os participantes insistiram na necessidade de uma conferência diplomática oficial para

28 Ibid., p. 93.

29 Veja Bynum, "Policing Hearts of Darkness: Aspects of the International Sanitary Conferences", 15 *History of Philosophy and Life Sciences* (1993), p. 422–423.

harmonizar esse domínio por meio de tratados internacionais. Tal conferência diplomática aconteceu dois anos mais tarde, em 18 de abril de 1910, pelo convite do governo francês, na qual foi decidido que cada Estado participante deveria estabelecer um órgão para a "repressão de publicações obscenas".

A responsabilidade pela cooperação internacional foi acordada com trocas judiciais ou diplomáticas. Ainda mais importante, de acordo com o primeiro instrumento internacional relacionado à pornografia, o *Agreement for the Suppression of Obscene Publications* (Acordo para a Repressão de Publicações Obscenas), de quatro de maio de 1910, um fotógrafo poderia ser processado perante um tribunal do local de sua residência e não somente perante um tribunal nacional. 14 países assinaram o acordo, abrangendo 12 europeus, mais o Brasil e os Estados Unidos. Uma cooperação especial foi acordada entre o *Home Office,* em *Whitehall,* a Autoridade Central da Bélgica, a Autoridade de Polícia em Berlim e o Ministério de Assuntos Internos da França para coibir as redes de distribuição de publicações obscenas.

A polícia de cada Estado mantinha uma lista de suspeitos. Por exemplo, a lista alemã continha 389 nomes, dos quais 86 estavam em Paris.[30] Um tratado mais representativo foi negociado após a Primeira Guerra Mundial, e a pornografia finalmente entrou no foco do Direito Internacional por meio da Convenção Internacional para a Supressão da Circulação e Tráfico de Publicações Obscenas (12 de setembro de 1923). Uma lista impressionante de 39 países e quatro colônias do Reino Unido assinaram a Convenção, incluindo China, Japão, Pérsia, Sião e Salvador.

Depois da Segunda Guerra Mundial, o protocolo assinado no Lago Sucesso, em Nova York, emendou a Convenção (novembro de 1947). A partir daí, pode-se observar um efeito "congelado", "adormecido", "esquecido" com relação à matéria no Direito Internacional. Não existem sinais de referências ativas relacionadas a esses instrumentos na prática da comunidade internacional pós- guerra.

---

30 Stora-Lamarre, em 7 Cahiers Georges Sorel, Les congrès lieux de l'échange intellectuel 1850–1914, No. 7, (1989), p. 98.

Resumindo a celebração de tratados, o crime de tráfico internacional de pornografia consistia na preparação, fabricação, posse, transporte, importação, exportação e distribuição de material obsceno entre dois ou mais países para outro motivo além do uso pessoal. A formulação vaga dos instrumentos (fruto da época moralista) dificilmente acrescentou algo substancial e identificável no Direito Internacional Penal. Nada nesses instrumentos definem a noção do obsceno e seu conteúdo é, portanto, dúbio. A proibição não se estende para indivíduos que possuam tais materiais para seu uso pessoal. O cerne da ofensa diz respeito à distribuição além das fronteiras nacionais. Sendo assim, tal ofensa caiu em desuso e somente poucos Estados permanecem vinculados a tal Convenção.[31]

Depois de 1947, a única preocupação visível da comunidade internacional com relação à pornografia se refere ao tráfico de material de pedofilia. Logo, o Direito Internacional da primeira metade do século XX encampou um padrão moralista de racionalizar o discurso sobre a pornografia sob a ética judaico-cristã. Nenhum dos instrumentos legais contra a pornografia contemplava qualquer exceção com relação a obras de arte. Acima de tudo, esses instrumentos foram explicitamente desenvolvidos para combater a circulação da florescente arte erótica.

O mesmo período é caracterizado pelo surgimento de um interesse geral em artefatos culturais no Direito Internacional, do ponto de vista de inúmeras dimensões humanas relacionadas à noção incipiente de patrimônio cultural. Nesse sentido, o *fin-de-siècle* e a primeira metade do século XX também foram períodos do surgimento dos primeiros instrumentos para mitigar os prejuízos da guerra nas obras de arte, tal como o Protocolo Final da Conferência de Bruxelas sobre Regras para o Combate Militar ("Declaração de Bruxelas"), em 1874, e duas Convenções de Haia, em 1907.[32]

---

31 M. Cherif Bassiouni, A Draft International Criminal Code (Sijthoff e Noordhoff Publishers B.V., Alphen aan den Rijn 1980).

32 Para a gênesis e o surgimento do conceito de patrimônio cultural veja 'Cultural Heritage', in R. Wolfrum, Max Planck Encyclopaedia of Public International Law (Heidelberg & OUP, 2008), p. 106.

Então, paradoxalmente, o abarcamento jurídico da arte e pornografia é fruto da mesma época. Enquanto desenvolvimentos relacionados à pornografia pararam depois de 1947, com relação à arte, o Direito Internacional pós-guerra deu origem à constituição da Organização das Nações Unidas para a Educação, Ciência e Cultura e diversos instrumentos importantes, ampliando o reconhecimento e escopo do patrimônio cultural. Por causa desse desenvolvimento, a propriedade cultural é tratada como um objeto distinto de proteção internacional, como uma expressão de diferentes tradições culturais. Tal ênfase na expressão cultural é uma característica de uma nova ética secular da cultura dos direitos humanos, na qual a liberdade de expressão (em seu sentido mais amplo, como um elemento central para a liberdade democrática) é implementada sobre vagas relíquias do passado moralista.

§3 ARTE E PORNOGRAFIA DIANTE DE TRIBUNAIS ATRAVÉS DO ATLÂNTICO

A. *Europa*

O núcleo genético da tradição europeia de censura à arte está intimamente ligado ao enfoque do século XIX em museus. A ideia de "museus de arte" nasceu no momento em que coleções privadas da Coroa, nobreza e instituições religiosas foram nacionalizadas após a Revolução Francesa. No século XIX, o museu evoluiu para um espaço simbólico, central para a mitologia histórica de um Estado-nação: um espaço de glória poetizada e de demonstração de riqueza nacional.[33] As "desconfortantes", *sex-centred,* "nus" ou ambíguas obras de arte eróticas se tornaram um grande problema para os curadores de museus, que se amedrontavam pelas possíveis maneiras de percepção pelo público burguês. Tal situação propiciou o surgimento do fenômeno de museus secretos. Essa terminologia foi pela primeira vez citada num contexto italiano de '*Gabinetto Segreto*' (Escritório Secreto) no Museu Nacional de Arqueologia de Nápoles, com suas grandiosas coleções *Pompeia.*

---

[33] T. Bennett, The Birth of the Museum: History, Theory, Politics (Routledge, London 1995).

Na cidade enterrada de *Pompeia*, as cinzas do Vesúvio tinham permitido a preservação de muitos exemplos de afrescos romanos, chão de mosaico ou grafites nas paredes que retratavam várias atividade sexuais, decorações com cenas de sexo em grupo de homossexuais, esculturas do deus Pan desfrutando da relação sexual com uma cabra, inscrições com falos gigantes, mesmo itens de casa (tal como lâmpadas de óleo fálico).[34]

Consequentemente, a *ars erotica* foulcautiana foi confrontada com a *ars scientia* do século XIX, distinguindo-se a categoria do obsceno, em outras palavras, a taxonomia desconhecida para o mundo greco-romano. Em *Pompeia,* pinturas eróticas não eram uma exceção vulgar, elas eram a regra. No Século XIX, para o público geral, aparentemente traumatizado pelas suas visões genofóbicas da arte, eram consideradas particularmente super-sensíveis para que fosse permitida sua exibição aberta. Consequentemente, a coleção erótica foi trancafiada em 1819, em uma parte secreta do museu e a porta foi até mesmo lacrada em 1849.

Em *Pompeia*, armários de metal trancados foram construídos sobre afrescos eróticos. Por uma tarifa maior, cavalheiros (não as damas) poderiam desfrutar desse "*peep show"*[35] Reaberto e fechado muitas vezes, o quarto secreto finalmente se tornou público em 2000.[36] Além das preocupações puramente moralistas, o problema com *Pompeia* surgiu por causa de contradições com um mito central da historiografia italiana pós *Risorgimento.* Os ancestrais gloriosos e moralmente puros dos italianos, os grandes romanos, não se poderiam ter empenhado em indecências sexuais. Consequentemente, durante uma notória parte da história italiana do século XX, Benito Mussolini (que

34 Pompeia foi destruída e completamente enterrada durante uma erupção catastrófica, de dois dias, do vulcão Vesúvio, em 79,a.C No entanto, descoberto em 1582, o local propiciou um lugar único de escavações para historiadores, tendo sido possível reconstruir uma perfeita vida "mumidificada" da cidade de Roma.

35 NT. Um peep show ou peepshow é uma exibição de fotografias, objetos ou pessoas visualizadas através de um pequeno furo ou lupa.

36 Veja W. Kendrick, The Secret Museum: Pornography in Modern Culture (University of California Press, Berkeley.

se fantasiava como César) fez de Pompeia um espaço cultural para propaganda fascista, validando a continuidade da herança romana.[37]

Um raciocínio similar sexofóbico levou à criação de um espaço reservado na *Bibliothèque Nationale,* em Paris, assim como de um espaço secreto no *British Museum,* em Londres. Walter Kendrick ligou a construção da pornografia na imaginação pública da Europa à criação de "museus secretos", para objetos classificados como pornográficos, assim como para o crescente volume de escritos sobre prostituição. Ele colocou o fenômeno do "museu secreto" no contexto de uma regulamentação normativa da obscenidade para excluir as classes de baixa renda e as mulheres.[38]

Outra página de severa censura à arte refere-se aos sombrios episódios de totalitarismo na Europa. O regime nazista produziu um conceito de *entartete Kunst* (literalmente "arte degenerada"). Apesar de concordarem com retratos do "nu" da "raça ariana" atlética, os fascistas perseguiram severamente artistas modernistas considerados pervertidos da nação alemã.[39] Similarmente, a arte foi objeto de forte censura estatal na União Soviética e nos países do bloco socialista. O chamado "realismo social" tornou-se o estilo oficial, cultivado pelo estado comunista. As obras de arte modernistas "alternativas" (em particular as eróticas) eram consideradas imorais, burguesas e hostis à

---

37 Veja J. Harris, Pompeii Awakened. A Story of Rediscovery (I.B. Tauris & C. Ltd, London 2007).

38 Veja W. Kendrick, The Secret Museum: Pornography in Modern Culture (University of California Press, Berkeley 1996).

39 Tal arte foi considerada como não alemã, ou judaica bolchevista, e aqueles identificados com obras de arte modernistas (na esfera do cubismo, dadaísmo, surrealismo, simbolismo, pós-impressionismo, fauvismo) eram demitidos de posições de professores, proibidos de exibir e vender suas obras de arte. "Arte degenerada" também foi o título de uma exibição em Munique (die Ausstellung 'Entartete Kunst') em 1937. As obras de arte dos modernistas eram caoticamente penduradas e acompanhadas com notas escarnecedoras. A exibição, subsequentemente, viajou para diversas outras cidades. Veja S. Brantl, Haus der Kunst München. Ein Ort und seine Geschichte *in Nazionalsozialismus*, (Allitera, München 2007); U. Fleckner, *Angriff auf die Avantgarde. Kunst und Kunstpolitik im Nationalsozialismus* (Akademie, Berlin 2007).

classe trabalhadora[40]. Apesar dessas páginas sombrias do século XX, a relação entre a arte e a lei experimentou uma significante liberalização na Europa.

Uma cultura voltada ao museu criou uma tradição europeia peculiar de patrocínio da arte com recursos públicos. Ao mesmo tempo, a secularização e desenvolvimentos intelectuais decisivos, na segunda metade do século XX, contribuíram para a ideia do relativismo moral e, consequentemente, para a premissa do papel perigoso de um estado de censura. A arte implicitamente adentrou em um espaço semiótico dos direitos humanos, pertinente à esfera da liberdade de expressão.

Ministérios da cultura, financiamento governamental, políticas fiscais privilegiadas, programas orientados para a arte nos rádios e televisões estatais, patrocínio para museus, galerias, casas de óperas, teatros e a integração nacional do cinema são todos parte dessa visão simbólica de *le droit à la culture*. Inicialmente concebida no paradigma de "utilidade social", o conceito de arte lentamente evoluiu para abranger o valor da pura significância estética: *l'art pour l'art* (arte para o bem da arte). O crescimento do conhecimento sobre sexualidade, juntamente como a revolução sexual das décadas 1960–1970, contribuiu para o declínio do tabu com relação à arte erótica na época da fotografia colorida e do vídeo[41]. O Direito Penal (o legado do *fin-de-siècle*) ainda permitia ao juiz determinar o que eram sensibilidades públicas. No entanto, era um paradoxo o fato de que, antes da intervenção de um juiz, era necessária a atuação da polícia, deixando, assim, um enorme poder discricionário para a aplicação da lei.

Desde a radical emancipação da moralidade após a Segunda Guerra Mundial, a aplicação da lei parecia revelar um menor interesse em intervenções desse tipo, e na maior parte da Europa, a pornografia tor-

---

[40] Veja K. Sliwińska, *Socrealizm w PRL I NRD* (Wydawnictwo Poznańskie, Poznań 2006).

[41] O historiador americano David Allyn defende que a revolução sexual foi uma época para "revelar" o sexo antes do casamento, a masturbação, fantasias eróticas, pornografia e orientação sexual. Veja também Allyn, *Make Love, Not War. The Sexual revolution: An Unfettered History* (MVNY, 2000). Veja Coulmont and Hubbard, 'Consuming Sex: Socio Legal Shifts in the Space and Place of Sex Shops', 37 *Journal of Law & Society* 1 (2010), p. 189–209.

nou-se um negócio florescente. Entretanto, a ideia inicial de que cabe a um juiz mensurar a sensibilidade pública permanecia vital. Alguns julgamentos, como a tentativa de processar o *"Lady Chatterley's Lover"* (escrito por D.H. Lawrence em 1928), com base no *Obscenity Act d*o Reino Unido, geralmente acabaram com a vitória dos artistas, editores e curadores de museus, diante dos tribunais, acompanhado pela ridicularização dos promotores na imprensa[42]. Em 1949, a pedido da *Société des gens de lettres, a* Corte de Cassação em Paris, em uma decisão de mérito, anulou o julgamento do Tribunal Regional de Sena (1857), mencionado anteriormente, e limpou o bom nome de Baudelaire. A decisão foi um marco para a compreensão da mudança na epistemologia jurídica europeia. A arte finalmente havia entrado no campo semântico do direito à luz da liberdade de expressão.

Três casos da Corte Europeia de Direitos Humanos são importantes para ilustrar a posição contemporânea do Conselho de Direito Europeu no que diz respeito à relação entre arte e indecência. Dois dos quais (nos anos 1970 e 1980) parecem ser as últimas sementes da história jurídica do *fin-de-siècle.* Eles ilustram a última incongruência de um juiz de Estrasburgo ao decidir sobre méritos artísticos e, consequentemente, passando a responsabilidade de "julgar" para o judiciário nacional (exercitando um recurso para uma doutrina confortável do *"margin of appreciation"* – margem de apreciação).

O terceiro caso (recente) é particularmente curioso por ter se embasado no conceito de patrimônio cultural. O caso de *Handyside* (1976)[43] surgiu mais uma vez no contexto do infame *Obscene Publications Act* Britânico. O proprietário de uma editora, Richard Handyside, publicou a tradução em inglês do então escandaloso livro *"Den Lille Røde Bog For Skoleelever"* (*'The Little Red Schoolbook'*), escrito em 1969 por dois professores dinamarqueses, Søren Hansen e Jesper Jensen. O livro, publicado com sucesso em 1976, em diversos países europeus (toda a Escandinávia, Bélgica, França, Alemanha Ocidental, Grécia, Itália, Holanda e Suíça) incluía 26 páginas sobre sexo (masturbação, homossexualismo, pornografia, etc.) e tinha como objetivo apresentar diversas questões "adultas" para alunos de uma forma não

---

42 C.H. Rolph (ed.), The Trial of Lady Chatterley: Regina versus Penguin Books Limited (Penguin Books, Harmondsworth 1961).

43 Handyside v. UK, no. 5493/72, Series A/24.

convencional. Após um extensivo debate público, a versão inglesa foi confiscada e *Handyside* foi processado por publicar materiais obscenos.

O julgamento da Corte Europeia de Direitos Humanos (ECHR) tornou-se um dos mais citados (senão o mais) na subsequente jurisprudência de Estrasburgo com relação à liberdade de expressão, devido a um famoso parágrafo no qual o Tribunal afirmou que a liberdade de expressão não é aplicada somente à "informação" ou às "ideias" que são favoravelmente recebidas ou tidas como inofensivas, ou sujeitas à indiferença, mas também, àquelas que ofendem, chocam, ou incomodam o Estado ou qualquer parte da população[44].

Contudo, apesar dessa interpretação liberal e ampla do direito à luz da liberdade de expressão (supostamente abarcando materiais obscenos), o Tribunal recorreu à doutrina da "margem de apreciação". Reconheceu que, devido ao conceito evolucionário da moral na Europa, autoridades estatais estariam, em principio, em uma posição melhor do que o juízo internacional para emitir opinião com relação "à proporcionalidade de tais medidas". Portanto, o Tribunal decidiu (por 13 votos a 1) que a interferência na liberdade de expressão não violava o Artigo 10 da ECHR. No caso *Müller* (1988)[45], a Corte Europeia de Direitos Humanos decidiu que nem a condenação e multa aplicada ao requerente, por exibir obras de arte obscenas, nem a apreensão dessas pinturas pelas autoridades suíças, violaram o Artigo 10 da ECHR.

O problema surgiu após uma exibição de arte contemporânea ('*Fri -Art 81*') no antigo *Grand Seminary,* em Friburgo. Um pintor de *St. Gall, Josef Felix Müller*, foi convidado para fazer parte da exibição e apresentou três pinturas denominadas de '*Drei Nächte, drei Bilder*' (Três noites, Três figuras), completas no local. As pinturas retratavam atos sexuais explícitos de masturbação e de relação homossexual. A exibição estava acessível ao público em geral, sem tarifa e sem nenhuma restrição de faixa etária. As autoridades multaram Müller, bem como os organizadores da exibição. As pinturas foram apreendidas e entregues para preservação a um museu de arte.

Os tribunais suíços apoiaram a posição das autoridades e consideraram as pinturas exibidas obscenas. O tribunal afirmou que o Artigo

44 Ibid., paragráfo. 49.

45 Müller & others v. Switzerland, no. 10737/84, Series A/133.

10 da ECHR abrangia expressões artísticas. No entanto, não aceitou a justificativa de que a definição do obsceno na legislação suíça era vaga e inapropriada para julgar obras de arte. O tribunal afirmou que a necessidade de evitar o excesso de rigidez e de acompanhar mudanças significativas, acarretaria, inevitavelmente, leis elaboradas, numa proporção maior ou menor, com termos vagos. Avaliando a proporcionalidade da restrição em questão, estabeleceu-se que era necessária, em uma sociedade democrática, para a proteção de um objetivo legítimo (segundo parágrafo do Artigo 10 da ECHR), a proteção da moral. Aos judiciários nacionais foi confiado, com uma margem elástica para apreciação, avaliar o obsceno sob parâmetros locais.

Os juízes, por conseguinte, concluíram (por 5 votos a 2) que não havia ocorrido nenhuma violação ao Artigo 10 da Convenção. O juiz A. Spielmann defendeu uma opinião divergente com relação à decisão, um marco, argumentando que tanto a multa como a apreensão eram inapropriadas, à luz do Artigo 10 da ECHR. Ele ressaltou três elementos em seus argumentos: (1) a relatividade da noção de obscenidade, (2) limites necessários ao conceito de "margem de apreciação" (sob pena de privar a Convenção de qualquer força), e (3) justificativa dúbia de "necessidade" em prol das autoridades suíças. A opinião de Spielmann é uma concisa peça retórica de racionalização jurídica da obscenidade *vis a vis* arte, mas poderosa.

Ele ligou o relativismo, a incerteza e o perigo dos julgamentos sobre arte erótica às perseguições de "*Madame Bovary*" e "*Les Fleurs du Mal*" no Século XIX. Infelizmente, outros juízes permaneceram surdos às *rationales* de Spielmann. 20 anos mais tarde, no caso recente de *Akdaş* (Fevereiro de 2010)[46], o tribunal, mais uma vez, referiu-se a *Müller*, não refutando o último, mas construindo um novo critério para a proteção da arte baseado no artigo de liberdade de expressão. Em 1999, Rahmi Akdaş (o requerente) publicou a tradução turca do romance erótico '*Les Onze Mille Verges*' *(The Eleven Thousand Rods – On Bir Bin Kırbaç)*, do escritor francês Guillaume Apollinaire. O livro contém descrições gráficas de cenas de relações sexuais, incluindo o sadomasoquismo e o vampirismo. Consequentemente, Akdaş foi

[46] Caso Akdaş versus Turquia (2010) No. 41056/04. Até o momento somente a versão francesa está disponível.

condenado, com base no Artigo 426, §1 do Código Criminal Turco, por publicar material pornográfico, responsável por explorar o desejo sexual entre a população, e foi multado numa quantia de aproximadamente mil e cem euros.

A Corte Europeia de Direitos Humanos percebeu que, assim como no caso Müller (§35), ainda não se tinha conseguido estabelecer qualquer unanimidade nas ordens jurídicas e sociais dos vários Estados europeus com relação à questão da obscenidade. As autoridades estatais se encontravam em uma posição melhor do que juízes internacionais para decidir se uma medida nacional era necessária.[47] Entretanto, em vez de um subsequente recurso conforme Müller para a margem de apreciação, o Tribunal ressaltou que 100 anos haviam se passado desde a primeira publicação do livro na França e que, nos dias de hoje, o livro havia conquistado um amplo reconhecimento em muitos países e constituía parte do patrimônio literário europeu[48].

Além disso, ressaltou-se que a medida parecia desproporcional. Por um lado, o julgamento Akdaş deve ser visto com bons olhos pelos editores que se deparam com censura moral. A ligação com o patrimônio cultural é um novo mecanismo de defesa para a justificativa da liberdade de expressão de obras de arte. No entanto, a relutância dos juízes do século XXI (dentre os quais estão renomados juízes europeus liberais, tais como András Sajó e Vladimiro Zagrebelsky) em refutar completamente o caso Müller é certamente problemática. Se o único critério de livramento para arte não convencional for o tempo, significa que tribunais europeus permanecem, essencialmente, sexofóbicos, e obras de arte contemporâneas podem ter de esperar 100 anos para serem privilegiadas o suficiente para entrarem na categoria de Patrimônio cultural.

---

47 Ibid., para. 27.

48 Ibid., para. 30 ('*une oeuvre figurant dans le patrimoine littéraire européen*'). Ainda, mesmo sem essa ligação com o patrimônio cultural, o Tribunal havia chegado, anteriormente, à conclusão de que a restrição da restrição na exibição de obras de arte obscenas (retratos de políticos ejaculando) era desproporcional e violava o Artigo 10 ECHR no caso Vereinigung Bildender Kunstler versus. Austira, no. 68354/01. Portanto, a relutância em completamente refutar Müller no caso Akdaş é impressionante.

Os fantasmas dos museus secretos e os moralistas do *fin-de-siècle* ainda estão em evidência. Por outro lado, a Corte Europeia de Direitos Humanos nem mesmo tentou dar uma definição perigosa para a pornografia ou estabelecer qualquer taxonomia jurídica da arte, o que foi (como demonstrado adiante) uma estratégia da Suprema Corte Americana. Similarmente, um tribunal comercial de primeira instância, a Corte Europeia de Justiça em Luxemburgo (o órgão judiciário da União Europeia), em sua jurisprudência com relação à pornografia[49], tomou uma posição ainda mais neutra no que diz respeito ao conteúdo, desconsiderando *rationales* morais e atribuindo ao recurso sistemático a margem de apreciação nacional.[50]

B. *Estados Unidos*

Uma das diferenças aparentes entre a Europa e os Estados Unidos é o papel do Estado *vis a vis* arte. Em países europeus, as autoridades políticas ou religiosas, têm sido, por séculos, patronas das artes, uma tradição que ainda está viva hoje em dia, com suporte governamental, baseado na presunção da arte como um atributo central do patrimônio cultural.

Nos Estados Unidos, quando os fundadores construíram a nação de um ermo, dois séculos atrás, a arte não era, certamente, de interesse primário. Nem a cultura puritana dos colonizadores brancos parecia se preocupar com o legado cultural dos nativos americanos. Em vez disso, na tradição americana, o apoio à arte tem sido tradicionalmente uma questão de (algumas vezes bastante generosos) patrocínios privados. Nesse sentido, o ceticismo puritano sobre a ética europeia de patrocínio à arte é pertinente especialmente para os primeiros tempos da história americana de censura.[51]

---

49 Caso C-34/79, Regina versus Maurice Donal Henn e John Frederick Ernest Darby [1979] ECR 3795; Caso C-121/85 Conegate Ltd versus HM Customs & Excise [1986] ECR 1007; Caso C-3/09 Erotic Center BVBA versus Belgisch Staat, Julgamento em 18 de Março de 2010, ainda não relatado.

50 Eu trato da questão da "pornografia europeia" diante de Tribunal de Justiça da União Europeia, em Belavusau, '*Sex in the Union: EU Law, Taxation and the Adult Industry*', *European Law Reporter* 4 (2010), p. 144–150.

51 Veja B. Demarsin et al. (eds.), Art and Law (Die Keure, Bruges 2008).

Essa postura axiomática da cultura americana explica várias diferenças em relação à Europa, dentre as quais se encontra a ausência de um ministério da cultura, assim como a subsequente jurisprudência da Suprema Corte Americana. Juízes americanos sentem-se mais confortáveis do que seus colegas europeus em apontar a pornografia na perspectiva do direito à liberdade de expressão. Tendo mencionado isso, é necessário ressaltar que uma insegurança relativista (pertinente aos tribunais europeus) é igualmente característica da tradição constitucional americana. Entretanto, essa insegurança não é proveniente da "desconfortável" ou vaga justificativa para a restrição da arte pornográfica, em outras palavras, ainda aceitando que tal arte constitui parte da liberdade de expressão, mas postulando restrições para a defesa de interesses paternalistas. Por outro lado, os juízes americanos estão convictos de que a Primeira Emenda não abrange a pornografia. Mas o que é pornografia? Essa é uma pergunta que tem "atormentado" a jurisprudência americana do século XX.

Um legendário juiz da Suprema Corte Americana, Oliver Wendell Holmes, considerou o julgamento do valor da arte um procedimento perigoso para pessoas treinadas e estudiosas somente do Direito. Ele questionou se às gravuras de Goya ou às pinturas de Manet teriam sido asseguradas proteção quando foram vistas pela primeira vez.[52] O juiz Potter Stewart tornou-se famoso por duas citações: "Eu não consigo definir (pornografia), mas eu sei o que é quando eu a vejo." e "Eu não conheço arte, mas eu sei do que eu gosto."[53] Desde o Ato do Congresso, em 1879, por quase um século, a alfândega e correios americanos experimentaram certa dificuldade ao terem que definir o que constituiria arte devido à isenção de impostos alfandegários.

---

[52] Bleistein versus Donaldson, 188 U.S. 239, 251 (1903).

[53] Opinião em concordância com a do Juiz Potter Stewart em *Jacobellis v. Ohio*, 378 U.S. 184 (1964). Em Casablanca, como um Tenente da Marinha durante a Segunda Guerra Mundial e comandante do navio, Stewart, tinha presenciado seus homens trazendo pornografia produzida localmente. Ele sabia a diferença entre o pesado dos pesados e muito do que chegava ao Tribunal. Ele chamava isso de "teste casa". Veja Gewirtz, em "I Know It When I See It", 105 *Yale Law Journal* (1996), p. 1023–1047.

O famoso egiptólogo Lorenzo Dow Covington foi preso em Nova York, em 1922, por manter em casa "pinturas obscenas", as quais ele usava para estudos. A polícia removeu cerca de 240 figuras de artefatos egípcios antigos de sua casa.[54] A censura à pornografia do século XIX nos Estados Unidos (similarmente ao caso britânico) estava profundamente preocupada com a circulação dos cartões postais franceses eróticos.[55]

O primeiro caso envolvendo pornografia foi julgado em primeiro de março de 1815, pela Suprema Corte de *Commonwealth* da Pensilvaniana.[56] O Tribunal considerou que a exibição da figura de um homem se comportando de maneira obscena, imprudente e indecente com uma mulher, aberta ao público, com tarifa para entrada, era ofensiva à moral e à dignidade da comunidade, e as pessoas envolvidas foram consideras culpadas e multadas. Após a Segunda Guerra Mundial, a Suprema Corte lidou com a questão da obscenidade no caso Roth v. USA (1957).[57]

Sob o regulamento do *common law,* que prevalecia para Roth, acompanhando o caso inglês de Regina versus Hicklin, qualquer material que tendesse a "depravar e corromper aqueles cujas mentes estivessem abertas para tais influências imorais" era considerado obsceno e poderia ser considerado ilegal por conta disso. Em Roth, o Tribunal explicitamente destacou a pornografia sob a ótica da proteção da Primeira Emenda. Não obstante, a Corte também estreitou uma noção prévia do "obsceno", sugerindo um teste com três fases. O teste foi

---

54 E. Semonche, Censoring Sex. A Historical Journey through American Media (Rowman & Littlefield Publishers, (2007), p. 65. Para a história da censura americana, veja também: P. S. Boyer, Purity in Print: Book Censorship in America (University of Wisconsin Press, 2002). Dennis, "Obscenity Law and Its Consequences in Mid-Nineteenth-Century America", 16 Columbia Journal of Gender and Law 1(2007), p. 43–95; G. M. Foster, Moral reconstruction: Christian Lobbyists and the Federal Legislation of Morality, 1865–1920 (University of North Carolina Press, 2002).

55 Sigel, 'Filth in the Wrong People's Hands: Postcards and the Expansion of Pornography in Britain and the Atlantic World, 1880–1914', 33 Journal of Social History 4 (2000), p. 859–885; Bekken, 'These Great and Dangerous Powers: Postal Censorship of the Press', 15 Journal of Communication Inquiry 1 (1991), p. 55–71.

56 Commonwealth versus Sharpless, 2 Serg & R. 91 Sup. Ct. Penn. (1815).

57 Roth versus United States, 354 US 476 (1957).

elaborado em Memoirs v. Massachusetts (1966).[58] Dessa forma, para que um item fosse considerado obsceno deveria ser demonstrado que:

1. o tema dominante do material, como um todo, apelava para um interesse lascivo em sexo;
2. o material era patentemente ofensivo porque afrontava os padrões da comunidade contemporânea relacionados à descrição ou representação de questões sexuais;
3. o material era absolutamente desprovido de valor social;

Em Ginzburg v. USA (1966)[59] , o requerente e três empresas controladas por ele foram condenados por violar o estatuto federal sobre obscenidade ao postar três publicações: uma revista cara, de capa dura, que tratava sobre sexo; um boletim informativo sexual;e um pequeno livro que parecia ser uma autobiografia sexual. Ao condenar o requerente, o juiz aplicou os padrões de obscenidade enunciados em Roth e Memoirs. Evidências de que o requerente deliberadamente representou as publicações eroticamente excitantes e as explorava comercialmente somente para o propósito de apelo lascivo amplamente apoiou a decisão da Corte de que o material era de fato obsceno.

O simples fato do lucro proveniente das vendas da publicação não foi a única questão a ser levada em consideração. A exploração do interesse em incitar o estímulo sexual pela pornografia, com material que levou a tal exploração por meio do tratamento disseminado ou descrição de questões sexuais, respaldou a decisão de que o material era obsceno.

Consequentemente, a Corte manteve o estatuto dois anos mais tarde no caso Stanley versus Georgia (1969)[60], no qual afirmou que uma pessoa não poderia ser presa por manter materiais pornográficos em casa. Consequentemente, o teste, com três fases, cuja ênfase era o "resgate do valor social", tornou-se muito amplo para proteger qualquer estatuto antipornografia. Além disso, os padrões da "comunidade" eram considerados nacionais e não locais.

---

[58] Cleland's Memoirs of a Woman of Pleasure versus Attorney General of Massachusetts, 383 U.S. 413 (1966).

[59] Ginzburg versus U.S., 383 U.S. 463 (1966).

[60] Stanley versus Georgia, 394 U.S. 557 (1969).

No caso Miller v. Califórnia (1973)[61], a Corte reviu Memoirs e desenvolveu um novo teste, ainda aplicado nos Estados Unidos em disputas que dizem respeito à arte erótica. Um apelante, Miller, fora processado por violar o Código Penal Californiano e deliberadamente distribuir material obsceno. Ele era um empregado de uma grande empresa de produtos "adultos", de venda por correspondência. A condenação do apelante foi especificamente baseada no fato de ele ter enviado cinco panfletos de propaganda não solicitados, por correio, em um envelope endereçado a um restaurante. O gerente do restaurante e sua mãe abriram o envelope. Eles não haviam solicitado os materiais e reclamaram com a polícia. A Suprema Corte Americana manteve o processo e desenvolveu um novo teste, com três fases, para determinar o que era obsceno:

1. Se uma pessoa comum, tomando como referência os padrões contemporâneos da comunidade, (não padrões nacionais, mas locais) considerar que a obra, analisando o todo, apela para interesse lascivo em sexo;
2. Se o trabalho retrata ou descreve, de maneira patentemente ofensiva, conduta sexual ou funções de excreções, especificamente definidos pelas legislações estatais;
3. Se o trabalho, analisado como um todo, não possui sério valor literário, artístico, político ou científico.

Eric Barendt eloquentemente formulou as consequências de Miller:

> Uma confusão comum ocorre entre a constitucionalidade e a sabedoria do legislador em controlar a pornografia. O fato de que, em um regramento jurídico, materiais sexualmente explícitos não sejam constitucionalmente protegidos não significa que seja prudente banir sua distribuição. A decisão é simplesmente deixada para os legisladores (...). Se pornografia pesada não é um "discurso", os legisladores têm maior liberdade de bani-la, embora possam decidir que não seja, considerando o todo, o caminho prudente a ser tomado.[62]

---

[61] Miller versus Califórnia, 413 US 15 (1973).

[62] E. Barendt, Freedom of Speech (2nd ed., OUP, Oxford 2005), p. 354.

Portanto, o teste Miller atribuiu toda a responsabilidade de combater a pornografia à discricionariedade do legislador local. Como será demonstrado adiante, é uma posição perigosa para práticas artísticas não convencionais e não para a indústria pornográfica. Nesse sentido, tanto o julgamento europeu no caso Müller como o americano no caso Miller não foram positivos para artistas, editores e curadores de museus. O primeiro deixa uma grande margem de decisão para os Estados, ao passo que, no segundo, a palavra final é dada pelos padrões das comunidades locais. O efeito é essencialmente similar. Não obstante, o teste americano é ainda mais problemático por causa da obsessão moralista da Suprema Corte com uma definição constitucional para indecência, lembrando-se da herança sombria do iconoclasmo ocidental.

§4. TESTE MILLER COMO UM MODELO PERIGOSO PARA O DIREITO INTERNACIONAL CONTEMPORÂNEO

A. Narrativas sociolegais em torno da arte e da pornografia

> "Nove décimos do apelo à pornografia podem ser explicados pelos sentimentos indecentes sobre sexo que moralistas incutem nos jovens; o outro décimo é psicológico, e irá ocorrer de uma maneira ou de outra, qualquer que seja o estado de direito."
>
> (Bertrand Russell, 1929)

> "Por que homens assistem à pornografia. Porque a consideram prazerosa. Por que mulheres assistem à pornografia? Porque elas acreditam que, no final, todos se casam".
>
> (Autor desconhecido)

Diversos discursos moralistas contra a pornografia compartilham variados argumentos. Sugerem que a pornografia trivializou o estupro como uma ofensa criminal, distorceu percepções sobre a sexualidade, levou à desvalorização da monogamia, colocou em dúvida o valor do matrimônio, assim por diante[63]. Nesse sentido, "conservadores" con-

[63] Para um exemplo de racionalização da pornografia no direito internacional, veja, "*Indecency on the Internet and International Law*', 13 International Journal of Law and Information Technology 2 (2005), p. 260–280. Veja também

temporâneos apelam para o que Foucault descreveu como uma visão da sociedade pela população.

Os séculos XVIII e XIX, além de atribuírem um senso jurídico à pornografia, produziram uma importante categoria de "população", uma das grandes técnicas do poder social. Os atributos e variáveis da população (nascimento, taxa de mortalidade, expectativa de vida, fertilidade, estado de saúde, etc.) colocam o sexo no coração da *scientia sexualis*. Um discurso moralista é centrado nessas variáveis, tratando de questões como a frequência de relações sexuais, as maneiras de torná-las férteis ou inférteis, os efeitos da vida de solteiros, e proibições. Nem a pornografia nem formas alternativas de sexualidade se encaixam nesse modelo, geralmente adubado com uma vigorosa ética religiosa obscurantista.

Narrativas moralistas sobre pornografia criam reivindicações essencialistas na dicotomia binária do ontológico "bem" e "mal", "certo" e "errado", "natural" e "pervertido". Ao contrário, a discussão feminista sobre pornografia é "construtivista" ou, para colocar de outra forma, antiessencialista por natureza. A pornografia é concebida por acadêmicos feministas como um discurso socialmente recriado juntamente com categorias de gênero e orientação sexual. Entretanto, a despeito de uma visão trivial entre os advogados de que feministas são por unanimidade contra a pornografia, a teoria jurídica feminista contemporânea é profundamente dividida em dois principais campos dos feministas "radicais" e "*sex-positive*" (sexo positivo).

Catharine MacKinnon, Andrea Dworkin, Robin Morgan, Dorchen Leidholdt e diversas outros acadêmicos do feminismo enfatizaram o estigma peculiar que a indústria pornográfica cria para as mulheres, observando que o sexo feminino é frequentemente subordinado explicitamente (se não implicitamente com estupros), para retratar as fantasias populares dos homens. O argumento provém da crítica à construção centrada no sexo masculino da legislação da Primeira Emenda. Como Nicola Lacey apontou: "A crítica feminista trouxe a pornografia

---

um demagógico oeuvre by L. Guyenot, *Le livre noire de l'industrie rose. De la pornographie à la criminalité sexuelle* (Imago, Paris 2000).

para a esfera do público e insiste em sua relevância política."[64]. Iniciando-se no fim dos anos 1970, o movimento das feministas radicais criou organizações tais como Mulheres Contra a Pornografia, que promoveu relevantes eventos educacionais, incluindo *slide-shows*, palestras e visitas guiadas à indústria do sexo em Times Square, em Nova York, tudo com o objetivo de instigar o conhecimento dos males da pornografia.

Contudo, o movimento legal feminista está longe de apresentar um ponto de vista unânime acerca da pornografia. No final dos anos 1980, surgiram as chamadas *sex-positive* feministas no cenário acadêmico; assim, no início dos anos 1990, essas feministas foram seguidas por um terço da geração de acadêmicos feministas e, consequentemente, iniciou-se a "guerra do sexo feminista". As feministas *sex-positive* reconheciam o valor da pornografia como um modo intrínseco de liberdade de expressão que é indispensável para a liberação sexual das mulheres, portanto, contradizendo as ideias fundamentais do movimento de segunda geração feminista. O ensaio de 1981 de Ellen Willis's, "*Lust Horizons: Is the Women's Movement Pro-Sex*?", primeiramente introduziu o termo '"*pro-sex feminists*" (feministas a favor do sexo).

A abordagem radical de MacKinnon[65] foi severamente criticada do ponto de vista do discurso da liberdade de expressão (sendo a li-

64 N. Lacey, *Unspeakable subjects. Feminist essays on legal and social theory* (Hart Publishing, Oxford 1998), p. 7–97. Ela continua com o paralelo público -privado " Isso é tanto causado pelo argumento de interdependência – o de que a opressão privada inevitavelmente leva à desvantagem pública – e pelo fato de que a denominação tradicional de pornografia como privada pode por si ser mostrada como dissimulada. No que pode ser chamado de "*no-lose situation*" para produtores e consumidos de pornografia, a produção de pornografia é vista como uma matéria de direito público, sendo, assim, protegida, enquanto seu consumo, matéria de direito privado, também protegido. Tanto os lados públicos e privados da dicotomia são manipulados de maneiras a excluírem argumentos antipornografia. Para uma crítica aos binários público e privado nos discursos sobre direitos humanos, veja. M. Amaya-Castro, *Human Rights and the Critiques of the Public-Private Distinction,* (Vrije Universiteit Amsterdam, 2010), em particular, sobre a jurisprudência feminista, veja p. 133–177.

65 Trabalho central e mais citado: C. MacKinnon, *Only Words (H*UP, Cambridge Mass. 1993). Veja também: *the representative pieces of A. Dworkin, Pornography – Men possessing Women* (Plume 1991) e *Pornography and Civil Rights: A New Day for Women's Equality* (Organizing *Against Pornography, Minneapolis 1*988). Exemplos similares de ataques antipornográficos podem ser encontrados

berdade de expressão reinterpretada como um elemento importante do movimento de emancipação) por acadêmicos como Ellen Willis, Susie Bright, Patrick (Pat) Califia, Gayle Rubin, Avedon Carol, Tristan Taormino, Camille Paglia e outros.[66] A estratégia dos feministas radicais é considerada similar à campanha por censura defendia por conservadores que estavam interessados em suprimir a expressão sexual das mulheres e minorias sexuais.

A "guerra do sexo feminista" intensificou-se em um momento em particular na história constitucional americana, na qual vários estados tentaram estabelecer regulamentações antipornografia. Uma parte do movimento feminista passionalmente defendeu essa forma de supressão da Primeira Emenda pelo suposto benefício às mulheres, ao passo que feministas *sex-positive* alegaram que a legislação antipornografia violaria o direito das mulheres à liberdade de expressão. A esse respeito, o papel da "segunda geração" de feministas (radicais) foi o mais estarrecedor do ponto de vista da liberdade da arte. O grupo parecia estar tão entusiasmado com seu próprio conceito hipertrofiado de vitimização que acadêmicas como Andrea Dworkin e Catharine MacKinnon avançaram nos argumentos cuja abordagem eram reivindicações quase essencialistas do binário moral do bem e do mal.

A terceira geração do direito feminista geralmente compartilha a visão de que seus antecessores exageraram com relação ao perigo da pornografia, ao enfocar nos exemplos mais escandalosos da pornogra-

---

na Europa. Por exemplo, uma campanha alemã *PorNo (*pornô não) dirigida por uma feminista da segunda geração, Alise Schwarzer, ecoou, em grande medida, as reivindicações de MacKinnon. Veja Stoehr, '*PorNo-Kampagne und Frauenbewegung',* Zeitschrift für Sexualforschung 3 (1989), p. 199–206. Schwarzer, '*Weiblicher Masochismus ist Kollaboration*!', EMMA 2 (1991). No contexto italiano, veja A. Verza, Il dominio pornografico (Liguori, Naples 2006).

66 Veja, em particular, Benjamin, 'Master and Slave: The Fantasy of Erotic Domination', in A. Snitow (ed.), Powers of Desire: The Politics of Sexuality (Monthly Review Press, New York 1983), p. 460–467; A. Carol, Nudes, Prudes and Attitudes: Pornography and Censorship (New Clarion Press, London 1994); A. Assiter and A. Carol (ed.), Bad Girls and Dirty Pictures: the Challenge to Reclaim Feminism, Boulder, (Pluto, London 1993). Veja, em particular, um artigo escrito por Rubin, 'Misguided, Dangerous and Wrong: An Analysis of Anti-Pornography Politics', in A. Assiter and A. Carol (ed.), Bad Girls and Dirty Pictures: the Challenge to Reclaim Feminism, Boulder, (Pluto, London 1993), p. 18–40.

fia (tais como aqueles com caráter sadomasoquista ou com simulação de estupro) e, assim, essencialmente defende uma posição pró-arte.[67] Nesse sentido, as posições libertárias e libertaristas sobre pornografia são parecidas com o feminismo *sex-positive* ao contestarem tanto os moralistas, como os acadêmicos feministas radicais. Numerosos acadêmicos da liberdade de expressão, de Theodore Schroeder a Richard Posner e Ronald Dworkin, proveram descrições liberais e *art-friendly* (amigáveis à arte) à obscenidade.[68] A linha central da crítica liberal é a possibilidade de escolhas morais, estilo de vida, e, em última análise, uma forte oposição aos argumentos que restringem a busca pela felicidade, prazer e concepções individualistas do ser.

---

67 W. Mcelroy, A Woman's Right to Pornography (St. Martin's Press, 1997). Ch. Matrix, Tales from the Clit (AK Press, 1996). N. Strossen, Defending Pornography: Free Speech, Sex, and the Fight for Women's Rights (NYUP, 2000). Veja também um trabalho de Pally, 'The Fireworks at the Sexuality Conference: Whom should feminist Fuck?', New York Native (May 29, 1982), electronically available at www.marciapally.com/Pages/fireworks.html (último acesso: 18.04.2010). Ela também produziu um curioso livro sobre a desconstrução da natureza peculiar da censura: M. Pally, Sex and Sensibility: Reflections on Forbidden Mirrors and the Will to Censor (Ecco Press, Hopewell 1994). Veja, também, a página da web dos feministas *sex-positive* Feminists Against Censorship': www.fiawol.demon.co.uk/FAC (ùltimo acesso: 18.04.2010). No contexto europeu veja N. Strossen, Zur Verteidigung der Pornographie. Für die Freiheit des Wortes, Sex und die Rechte der Frauen (Haffmans Verlag, Zürich 1997).

68 T. Schroeder, A Challenge of Sex Censors [impressa diretamente para promover os objetivos da Free Speech League], (New York, 1938); Dworkin, 'Do We Have a Right to Pornography', in A Matter of Principle (OUP, Oxford 1986), p. 335–72. Veja também R. Dworkin's critique of MacKinnon, in Dworkin, 'Women and Pornography', 40 New York Review of Books 17 (1993), p. 36–42; B. Russel, Marriage and Morals (Routledge, London 2009) [primeira edição publicada em 1929, um exemplo da visão antimoralista da pornografia]; A. Soble, Pornography: Marxism, Feminism and the Future of Sexuality (Yale University Press, 1986); R. A. Posner, Overcoming Law (HUP, Cambridge 1995); Sadurski, 'On Seeing Speech Through and Equality Lens': A Critique of Egalitarian Arguments for Suppression of Hate Speech and Pornography', 16 Oxford Journal of Legal Studies 4 (1996); L. W. Summer, The hateful and the obscene: studies in the limits of free expression (University of Toronto Press, 2004); Koppelman, 'Is Pornography 'Speech'?', 14 Legal Theory 1 (2008), p. 71–89.

C. *Desafios da arte pós-moderna*

Assim como alguns historiadores da arte defendem, "a aceitação da sensação, sob a rubrica do estético, abriu-se o caminho para uma revisão positiva do lugar de um número de práticas culturais de massas na *high art,* mais notadamente a pornográfica"[69]. Já a arte modernista é repleta de visualizações públicas, irritantes ('*épatant les bourgeois*'), desconfortáveis e contestáveis em termos da nomenclatura jurídica. A tela inocente de um realista francês, Gustave Courbet, "*L'origine du Monde*" (A origem do mundo, 1866) foi tida como chocante, mesmo nos anos 1980, quando encontrou seu lugar permanente para exibição no *Musée d'Orsay,* em Paris. O *close* nos genitais femininos, simbolizando o nascimento da vida, ainda era discutido na imprensa como sendo muito indecente e essencialmente pornográfico, para ser exibido de maneira irrestrita[70]. A época contemporânea do pós-modernismo (com sua dominação da forma sobre o conteúdo, do consumo sobre a *hig art,* do escândalo sobre a estética tradicional, assim por diante)[71] tornou a distinção jurídica entre a arte e a pornografia praticamente impossível de ser feita. O Modernismo (como articulado pelo crítico, do final dos anos 1950, Clement Greenberg) manteve os métodos da disciplina para criticar a própria disciplina. O modernismo tardio distinguia entre arte boa e ruim e postulava que a arte deveria ser pura, autocrítica, original, sincera e séria. O pós-modernismo rejeitava qualquer justificativa de seriedade ou valor. Nesse sentido, em um mundo semântico da arte pós-modernista, a sinceridade é substituída pelo cinismo. Muitos artistas pós-modernistas deliberadamente produziam obras de arte chocantes e ofensivas, denegando

---

69 A. Pease, Modernism, Mass Culture, and the Aesthetics of Obscenity (CUP, Cambridge 2000), p. 167.

70 Th. Savatier, L'Origine du monde, histoire d'un tableau de Gustave Courbet (Bartillat, Paris 2006).

71 Paul Kearns aponta 30 aspectos distintivos do pós-modernismo, dentre outros, a insignificância de todas as verdades supremas; juntando fato e ficção, imagens e realidades; o pretendido tratamento favorável de "outras" (alternativas) culturas e minorias; o domínio das forças de mercado, do consumismo, etc. P. Kearns, The Legal Concept of Art (Hart Publishing, Oxford 1998).

a possibilidade de desenhar uma linha entre a arte e a obscenidade.[72] O teste Miller, com sua ênfase em pessoas comuns, está ligado com o *l'homme moyen sensuel* do século XIX. Apela para uma cultura concreta de sexualidade reprimida com seus inerentes binários do decente e do indecente. Coloca o foco da proteção nas sensibilidades públicas e não na liberdade de expressão artística. Similarmente, a prescrição do padrão local de obscenidade a conecta ao sexofóbico *outrage aux bonnes moeurs* e ao moralismo vitoriano. A virtude salvadora do terceiro teste sobre um esperado "valor literário", artístico, político ou científico" é uma clara relíquia da epistemologia jurídica, apropriada para justificar a arte modernista, mas não além dela.

O pós-modernismo, com sua negligência com relação ao poder comunitário e valor artístico invertido do vazio do consumismo, não conseguiu encontrar um alívio sob esta estrutura jurídica. A pornografia tornou-se uma parte do mundo artístico, desenvolvendo-se sob o paradigma da organização cultural: festivais de filmes pornôs, técnicas digitais de primeira classe, exibições, representações, assim por diante. Jean Baudrillard descreveu o avanço tecnológico da pornografia com um efeito de hiperrealidade na cultura.[73] O sexo torna-se tão próximo que aparece identificável com sua própria representação. Johann Sebastian Bach não havia escrito sua música para o contexto no qual é tocada agora, nem imaginava a esterilidade do som que é alcançada com a tecnologia contemporânea. Portanto, o desaparecimento da distância não é somente característica da pornografia. É pertinente para todo o progresso cultural.

O desaparecimento da distância de visualizações pornográficas reconstrói o fetichismo da cultura do corpo ocidental. Retrata as fantasias, reprimidas pelo discurso da *scienza sexualis.* Na arte, não existe um simples corpo nu sem uma imagem. Todo o corpo é uma face. A pornografia não mascara nada. Apesar das tentativas desesperadas dos moralistas e feministas radicais de revelar a ideologia do pornô, a visualização da fantasia sexual não esconde verdades. A pornografia ilustra o que Baudrillard chamou de *simulacrum*, uma sombra da ver-

---

[72] Adler, 'Post-Modern Art and the Death of Obscenity Law', 99 The Yale Law Journal 6 (1990), p. 1359–1378.

[73] J. Baudrillard, De la seduction (Editions Galilée, Paris 1979).

dade, que esconde somente o fato de que não existe uma verdade. Steven Marcus racionalizou a pornografia não como uma hiperrealidade, mas uma hiperfantasia, aplicando uma categoria de "pornotopia", que descreve um mundo perfeito no qual todos estão prontos e querem entregar-se a todos os tipos de atividades sexuais.[74]. É uma confissão da fantasia sexual.

Enquanto isso, a confissão é o elemento central da *scienza sexualis* foucaultiana, fundamental para os discursos moralistas. A jurisprudência de feministas radicais igualmente duplica esse discurso de agências de poder ocidentais acerca da pregação e confissão. As estratégias retóricas de Catharine MacKinnon e Andrea Dworkin seguem os cânones das pastorais católicas e do messianismo protestante. Elas parecem apreciar o próprio ato de confissão, dificilmente representativo da real vitimização e exagerado em seu papel dramático. A internet tornou, finalmente, a pornografia AAA (*accessible, affordable and anonymous* - acessível, financeiramente possível e anônima), destruindo estruturas de poder moralistas e barreiras finais para o mundo da "pornotopia". Além disso, a pornografia, como um gênero, não é a única comercialização de sexo hoje em dia. O sexo é distintivo na cultura ocidental por força de vídeos adultos, serviços de "acompanhamento", revistas, clubes de sexo, lingerie e roupas de fetiche, sexo por telefone, tv a cabo e *pay per view*, internet, cd-rom, brinquedos e vestimentas sexuais. Sem falar em toda a indústria de propaganda, com sua explícita manipulação do sexual como uma parte constituinte do negócio. A venda é esperada que seja sexy. O valor estético (intrínseco) da arte sugere que não necessariamente tem como objetivo comunicar uma mensagem pública, o que, ainda, não priva a arte da proteção da liberdade de expressão.

A discussão jurídica acerca da pornografia transforma o sexo em um discurso. A arte é um ato do discurso. A arte atua, fala, mesmo que um seja de um artista para si mesmo. Tentativas desesperadas de um juiz e legislador ocidentais em acomodar esse discurso sexual no espaço de estereótipos vagos e essencialmente idênticos da "obscenidade", "erotismo" e "pornografia" ilustram o que Foucault de-

---

[74] S. Marcus, The Other Victorians: A Study of Sexuality and Pornography in Mid-Nineteenth Century England (Basic Books, New York 1964).

nomina de uma " sexualidade centrada nos genitais". Preocupações moralistas enfatizam o locus dúbio de uma ereção como uma linha de frente entre o erótico e a pornografia. A reconstrução semiótica denota os sinais de atividades emocionais em filmes eróticos e uma visualização passiva simples do ato sexual na pornografia.[75] Ambas as abordagens misticamente defendem uma habilidade especialista da taxonomia da arte. Nesse sentido, a terça parte do teste Miller é também uma crença errônea em alguns valores artísticos intrínsecos de uma obra de arte, que existem per si como uma qualidade construída do trabalho. A cultura do século XIX da crítica à arte ainda informa um juiz sobre o "bem" ou "mal" artístico. Um *expert* em arte diante dos tribunais deve remediar a profanidade de um juiz no mundo dos símbolos artísticos.

Nesse sentido, não pode se esquecer da armadilha de Michelangelo com sua obra o "último julgamento" na Capela Sistina de Michelangelo Buonarotti (1475–1564) que esteve, em um momento, no centro do escândalo pornô da Renascença. Um proeminente humorista da época, Pietro Aretino, estava irritado com Michelangelo e juntou-se à crítica, afirmando que o "último julgamento" era indecente. Na opinião de outro crítico, Giulio da Fabriano, o artista não tinha seguido as regulamentações estabelecidas pelo Conselho de Trento. Jesus estava sem barba, anjos sem asas estavam perto uns dos outros, nos quatro cantos da pintura, mantas dos anjos flutuavam no ar e existiam figuras nuas entre as mulheres. Os críticos ignoraram a defesa do catolicismo profundo de Michelangelo, acusando-o de ser pagão e de retratar muita nudez em uma obra sagrada. O grande El Greco (1548 – 1614) não apenas criticou o "último julgamento", mas foi além ao recomendar ao Papa Pio V que a obra de arte fosse destruída e substituída por uma obra de arte decente. Por ironia, o "Espolio" de El Greco foi severamente criticado pela igreja em Toledo, e pediram para ele fazer mudanças na obra.[76] Nós conhecemos melhor... O que é arte, onde está o pornô e quem são o*s experts*?

---

75 U. Eco, 'Come riconoscere un film porno', in Il Secondo Diario Minimo (Ottimo, 1992).

76 M. Carmilly-Weinberg, Fear of Art: Censorship and Freedom of Expression (R. Bowker Company, New York 1986), p. 17.

5. CONCLUSÕES: DIMENSÃO SEXUAL DO PATRIMÔNIO CULTURAL

O Direito Internacional adormecido tem seus monstros também. Ao se falar a respeito da dimensão humana do patrimônio cultural, é importante enfatizar que o erotismo é uma parte natural da arte e a pornografia não existe per si. Não reside em uma obra de arte. O obsceno é fruto de nossa sexualidade reprimida. Uma possível reencarnação dos instrumentos internacionais do início do século XX para combater a pornografia, combinada com testes constitucionais moralistas como o de Miller, pode causar consequências catastróficas.

Tanto censores como representantes da segunda geração da jurisprudência feminista defendem um novo realismo social da arte, livre do sexo. Suas visões do patrimônio cultural são afetadas por vitimizações pessoais e um regime de repressão sexual. Lixo banal é mais valioso do que pornografia artística. Qualquer tentativa de revitalizar os desenvolvimentos antipornografia do Direito Internacional de antes de 1947 levará a uma situação em que outro abstrato "Talebã" encontrará outros abstratos "Budas" para destruir.

Dessa vez, sob a alegação de indecência, ofensa a uma pessoa "comum" e aos padrões da comunidade – todas construções jurídicas ocidentais, assim como sob os rótulos de "obscenidade" e "pornografia" introduzidos pelo "colonizadores gentis" nos séculos XIX e XX.

O potencial do discurso dos direitos humanos para influenciar países com uma visão totalitária de arte (regimes islâmicos, China, ditaduras africanas, assim por diante) será privado de seu fundamento ético. O *ethos* da Primeira Emenda será inevitavelmente testado *vis a vis* as relíquias do Segundo Mandamento.

Dessa forma, o julgamento da Suprema Corte do Canadá em R. v. Butler (1992)[77], que foi substancialmente informado pelas ideias da jurisprudência feminista radical, é problemático. A Corte, na de-

[77] *R. versus Butler,* 1 S.C.R. 452 (1992). Para uma crítica à aborgagem canadense veja L.W. Summer, *The hateful and the obscene: studies in the limits of free expression* (University of Toronto Press, 2004).

mocracia industrial ocidental, entre outras justificativas, invocou os acordos internacionais que tratavam acerca da obscenidade (Acordo para a Repressão da Circulação de Publicações Obscenas e a Convenção para a Repressão da Circulação e do Tráfico de Publicações Obscenas).

A abordagem canadense é mais perigosa para a arte do que aquelas do caso americano Miller e do caso europeu Müller juntas. A Corte Canadense criou um novo modelo de censura constitucional, dessa vez envolvida em um manto em nome da libertação da mulher. Quando se avaliar um *locus* da dimensão humana do patrimônio cultural no direito internacional contemporâneo, não se pode esquecer que o sexual é humano e que o patrimônio é perverso.

7

A LIBERDADE DE EXPRESSÃO E AS ARTES

Jeffrie G. Murhpy[1]

Tudo é o que é, e não outra coisa.
Bispo Butler

Nós temos a Arte para que não pereçamos da Verdade.
Friedrich Nietzsche

1. KULTURKAMPF

No início de 1996 o Museu de Arte Phoenix recebeu a exibição "Glória Passada: A Bandeira Americana na Arte Contemporânea". Essa exibição produziu uma quantidade verdadeiramente espantosa de controvérsias públicas – a maioria bastante barulhenta- e até

[1] Professor regente de Direito e Filosofia, Universidade Estadual do Arizona. Essa é a transcrição de uma leitura pública que ocorreu na Conferência do Livre Discurso e a Comunidade na Faculdade de Direito, Universidade Estadual do Arizona, 6-8 de fevereiro de 1997. Ela foi apresentada para estimular a discussão e não pretende ser um estudo escolar cuidadoso de todo o complexo moral, político, legal e questões estéticas que estão engrenadas pelo assunto. Muitas pessoas foram gentis o suficiente para me fornecerem comentários críticos sobre esse trabalho, e eu espero conseguir lidar com esses comentários se eu tiver uma oportunidade de fazer uma peça mais substancial no futuro.
Tradução de Tônia Tostes do Prado e Christiane Costa Assis.

mesmo levou alguns membros do Conselho Municipal de Phoenix a considerar a retirada de suporte financeiro ao museu. A obra de 1970 "O Sonho Americano Vai para o Vaso" (uma bandeira americana em uma privada) de Kate Millett e a obra de 1988 "Qual o Jeito Apropriado de se Exibir a Bandeira dos Estados Unidos?" (uma bandeira americana posicionada no chão para que as pessoas pudessem caminhar sobre ela) de Dread Scott foram os objetos mais discutidos. Assim Kulturkampf (guerra cultural) finalmente chegou ao Arizona – Millett e Scott fizeram aqui o que já havia sido feito em outras localidades por "Portifólio X" de Robert Mapplethorpe, "Mije em Cristo" de Andres Serrano, o corpo nu manchado de chocolate da artista performática Karen Finley, e as letras de músicas do grupo de rap Two Live Crew.

Durante o período da exibição, houve uma cobertura enorme da mídia aos representantes da Legião Americana e outros grupos de veteranos (incluindo alguns ciclistas mais coloridos), e a maioria de seus comentários foram um tanto previsíveis – lamentando a profanação desse símbolo importante (uma visão que eu compartilho) e pedindo que os recursos públicos fossem retirados do museu caso a exibição não fosse encerrada (uma visão que eu não compartilho). Nenhuma surpresa até aqui.

O que me surpreendeu, entretanto, foram as respostas genericamente decepcionadas feitas pelo outro lado – que são as respostas dos esforços conjuntos das liberdades civis e comunidades artísticas. Existiram, por exemplo, excessivas conversas sobre os perigos da censura – conversas que me pareceram confusas e um tanto fora de foco. Censura, como eu a entendo, é a tentativa – quase sempre injustificada – de usar o poder do estado para silenciar a expressão – como, por exemplo, prendendo artistas ou queimando livros, práticas que nós associamos com sociedades totalitárias. Mas uma retirada do suporte financeiro público (dinheiro de impostos) me soa algo um pouco diferente – objetável talvez, não da mesma forma que a maioria dos casos de censura genuína. Eu não ouvi uma pessoa sequer da Legião Americana sugerir que, se essa exibição fosse hospedada em uma galeria privada, ela deveria ser encerrada e o curador preso – e certamente há uma distinção aqui sobre a qual vale a pena insistir: mesmo que as pessoas tivessem o direito de profanar a bandeira, isso não lhe daria o direito de que alguém fosse obrigado a pagar a conta de uma arena onde pudessem exercer tal direito. Sugerir o contrário é, eu penso, logicamente confuso e moralmente perigoso – moralmente perigoso porque barateia a moeda do discurso moral quando uma palavra condenatória forte como "censura" é usada casualmente. (se todo encontro sexual indesejável for rotulado como "estupro", e toda injustiça racial for descrita como "semelhante ao Holocausto", então nos tornaremos impacientes e até mesmo entediados com o estupro e o Holocausto. Assim também, eu suspeito, com a censura.)

Igualmente desanimador, penso eu, foi a natureza da discussão que a comunidade artística conduziu sobre a exibição. Em geral eu ouvi conversas apenas de significância política da arte – reivindicam que a presença de tanta discussão pública sobre política foi saudável para a comunidade e assim um sinal claro de que o museu de arte estava fazendo seu trabalho. Mas os porta-vozes para a arte – curadores do museu, críticos, e historiadores da arte – certamente não podem reivindicar nenhuma expertise especial em políticas ou sobre o que é bom para a discussão pública; eles são (presumidamente) especialistas em arte. Infelizmente, entretanto, não houve quase nenhuma discussão dos méritos ou deméritos *estéticos* dos itens na exibição. Aqui tivemos uma verdadeiramente maravilhosa oportunidade para educar o público – talvez ensinar a rodos nós alguma coisa sobre arte – mas essa oportunidade foi desperdiçada enquanto vários especialistas em arte ao contrário compartilharam conosco, como colegas amadores, uma variedade de clichês sobre a liberdade e a natureza saudável da controvérsia política.

Alguém poderia ter esperança de que, como esses se deslocam do imediatismo da controvérsia pública para o mundo do academicismo, a situação teria sido diferente. Aqui alguém poderia ter esperança de encontrar um conhecimento especializado e não meros clichês e opiniões políticas; mas essas esperanças não são sempre realizadas. O Professor de Direito Owen Fiss, por exemplo, defende o apoio para as fotografias de Mapplethorpe principalmente devido ao papel que elas podem desenvolver em nos sensibilizar – nesse tempo de crises de AIDS – para as práticas sexuais extremas de uma minoria marginalizada[2]. Vou admitir que esses objetivos possam ser louváveis, mas

2 Veja OWEN M. FISS, LIBERALISM DIVIDED: FREEDOM OS SPEECH AND THE MANY USES OF STATE POWER 89-107 (1996); OWEN DISS, THE IRONY OF FREE SPEECH 27-49 (1996).

alguma parte de mim – talvez alguma parte antiga e ultrapassada da "arte pela arte" – quer dizer para Fiss: "Espere um minuto. Mapplethorpe não é escrever panfletos para a liberação gay. Ele é um fotógrafo e eu quero aprender se ele é bom como fotógrafo. Embora eu não possa negar que o conteúdo político e moral podem ser partes do pacote total estético (e no caso de Mapplethorpe o é manifestamente[3]), esse certamente não pode ser o todo ou a parte principal. Se assim fosse, nós poderíamos simplesmente prescindir do trabalho da arte e ler panfletos ao invés". É possível, naturalmente, que professores de Direito simplesmente não tenham muito que nos ensinar nesses assuntos. Mas então nós não devemos pensar que o que eles têm a falar sobre a arte é a coisa mais importante sobre a arte.

Mudando dos escritos de um jurista para aqueles de um estudioso da arte, nós devemos considerar a exaltação de Mapplethorpe pela historiadora da arte Wendy Steiner. Em seu livro recente *O Escândalo do Prazer*,[4] ela presume para acadêmicos como eu (as quais ela se refere como "os leigos") a importância de serem instruídas por aqueles que são profundamente educados em arte e história da arte. Sempre ansioso por ser instruído por pessoas melhores que eu, esperei aprender com ela o que era artisticamente valioso sobre as imagens perturbadoras de Mapplethorne. Verifica-se, de acordo com a Professora Steiner, que essas imagens são ótimas primariamente porque eles vão permitir que eu explore o "demônio" dentro de mim e considere possibilidades eróticas sadomasoquistas que eu previamente tenha (graças a Deus,

---

3 WENDY STEINER, THE SCANDAL OF PLEASURE: ART IN AN AGE OF FUNDAMENTALISM (1995) Foi cômico quando, durante o julgamento do curador do museu que exibiu o "Portfólio X", um fotógrafo especialista sugeriu ignorar inteiramente o fato de que a foto era de um ânus com uma arma inserida dentro e concentrar, ao invés, somente nas propriedades formais da luz e da sombra. Se nós vamos discutir Mapplethorpe seriamente, nós não devemos fingir – como um dos participantes da conferência fez – que as imagens dele são simplesmente como nus clássicos – "lindos corpos no ato de amor". Isso certamente é verdade sobre algumas fotos de Mapplethorpe, mas nem todas – como, por exemplo, uma de um homem com uma máscara de pele urinando na boca de outro homem. Suponha que esse homem estivesse urinando na boca de uma mulher. Haveria aí algum clamor de feministas?

4 WENDY STEINER, THE SCANLDA OF PLEASURE: ART IN AN AGE OF FUNDAMENTALISM (1995)

eu me sinto propenso a dizer) reprimido demais para trazê-las à consciência.[5] Enquanto eu, uma pessoa dos humildes leigos, deveria odiar ser acusado de falhar em demonstrar deferência apropriada a alguém que passou sua vida estudando arte, eu preciso confessar que falho em ver como as recomendações dela relativas à emancipação sexual podem em qualquer grau repousar em sua expertise artística. Eu pessoalmente não sinto necessidade de um conselheiro sexual ou de um engenheiro social; e, se eu fosse obrigado a escolher um, eu duvido que minha escolha seria a Professora Steiner.

Eu não pretendo em última instância dispensar ou desrespeitar o Professor Fiss ou a Professora Steiner – particularmente em virtude de eu ter aprendido muito com seus livros, esplêndidos, em geral. Eu simplesmente quero usá-los para ilustrar como até mesmo excelentes professores, quando falam sobre a arte, frequentemente descobrem ser difícil resistir ao reducionismo moral ou político.

Talvez, como o crítico de arte Robert Hughes sugeriu, nós americanos nos tenhamos tornado quase incapazes de discutir ou apreciar a arte devido à nossa herança puritana.[6] O Puritanismo, o Protestantismo enlouquecido, pode ser pensado como moralismo obsessivo. Enxerga questões morais em todos os lugares (em fumar, beber, jantares gourmet, vadiagem e em todas as outras práticas não saudáveis sem as quais a vida dificilmente valeria a pena), e se esforça desesperadamente para reduzir todos os valores à moral e/ou valores religiosos. O ápice do puritanismo Americano foi provavelmente alcançado nos anos 60 quando muitas pessoas defenderam o uso de drogas, não simplesmente por razões de prazer recreativo, mas em termos de teorias malucas quase-religiosas de altos reinos de consciência expandida. O puritano tenta encontrar um meio para fazermos que até mesmo seus vícios sejam bons e assim não sejam realmente vícios.

Em nossa sociedade contemporânea secular, a forma corrente de puritanismo é, obviamente, uma obsessão com *política* – i. e., a visão de que se alguma coisa realmente importa deve ter algo com questões de justiça social ou organização social, alguma coisa na qual devemos

---

5 Veja idem. 52-59.

6 Veja ROBERT HUGHES, CULTURE OS COMPLAINT: THE FRAYING OF AMERICA 171-74 (1993).

votar ou incomodar a Suprema Corte a respeito ou até mesmo tomar as ruas.

Nesse tipo de ambiente, não é nenhuma surpresa que os depreciadores de Mapplethorpe falem principalmente do poder de corrupção de suas imagens pervertidas e pornográficas, e seus apoiadores falem principalmente de liberdade sexual e sensibilidade para questões gays. Que as suas fotos podem ser realmente boas (ou realmente ruins) por razões que tenham um pouco a ver com política, é uma questão raramente discutida.

Esperava que no Arizona, com todo respeito à exibição da bandeira, ao menos um especialista em arte ou curador do museu pudesse ter dito algo como isso: "Obviamente, o objeto de Kate Millett é lixo estético – não requer treino ou talento, algo que você ou eu poderíamos fazer em cinco minutos – mas ele ao menos faz um ponto político interessante." Ainda mais excitante, obviamente, ao menos para um cético como eu, teria sido alguém que fizesse a expertise suportar e discutir dessa forma: "Você pode pensar que o trabalho de Kate Millett é lixo estético tendo apenas significado político, mas me deixe educar você e lhe mostrar os seus méritos estéticos genuínos". Ou até mesmo isso: "A distinção entre o que é e o que não é um objeto de significância artística é uma tentativa difícil e talvez perigosa de se desenhar, então me deixe educar você sobre o porquê disso[7]". Ao invés de fazer qualquer desses trabalhos educativos interessantes, entretanto, até mesmo os especialistas em artes pareceram operar na assunção acrítica de que se um objeto faz um ponto político interessante, e se alguém com autoridade curatorial o coloca em uma construção denominada "museu de arte", então dessa forma ele automaticamente adquire o status de um trabalho de arte.

Essa visão acrítica é, obviamente, uma visão dura de ser aceita por alguém que realmente valorize a arte e quer vê-la como um objeto

7 Um dos participantes na conferência sugeriu que, se eu tivesse conhecido melhor a história da arte, eu teria percebido que objetos de leitura-pronta podem ser usados para se fazer uma afirmação sobre a natureza da arte. Bom, eu sei sobre Marcel Duchamp e sua famosa exibição de um mictório como um trabalho de arte. Mas isso foi em 1915, e então certamente no momento em que Millett fez algo similar foi, em matéria de estética, chato e antigo.

de celebração e apoio e até mesmo defende para que tenha um status especial como de isenção tributária – um ponto que falarei um pouco mais a respeito depois.

É possível, é claro, que o puritanismo não seja o único vilão aqui. Um igualitarismo extraviado pode também estar trabalhando na falta de vontade de muitas pessoas, até mesmo especialistas em arte, em fazer julgamentos públicos sobre a natureza estética e o valor de objetos de arte. As opiniões políticas de qualquer cidadão devem, obviamente, receber o mesmo respeito que as opiniões políticas de qualquer outra pessoa; e talvez algumas pessoas pensem perversamente (ou pensem que deveriam pensar) que algo assim valeria também para a arte. Talvez elas temam declarar abertamente que algumas pessoas são simplesmente mais dotadas artisticamente do que outras, que – infelizmente – algumas com mensagens políticas sinceras e decentes frequentemente não são dotadas, e – ainda mais triste – que algumas com mensagens políticas vis (por exemplo, Richard Wagner) seriam gênios artísticos.

Essa timidez política no mundo moderno de correção política talvez não seja surpreendente. Mas, como o Dr. Johnson pode ter dito, por essa estrada se chega à loucura. Quando a sociedade começa a pensar que as qualificações para serem levadas a sério como um artista seriam encontradas escritas na base da Estátua da Liberdade, não temos apenas uma caricatura de algum conceito significativo de igualitarismo, mas também definimos um curso destrutivo que poderia implicar o fim das artes como uma empresa significativa – uma empresa que deve sempre, temos que admitir, ter uma dimensão elitista, uma dimensão que reconhece a relevância de coisas como talento, educação, artesanato, visão, localização histórica e – a mais preciosa de todas – *gênio*. O status de mera vítima – status de uma pessoa marginalizada, como Kate Millett, por razões de gênero, orientação sexual, doença mental, alienação política ou qualquer coisa – não pode automaticamente qualificar os gritos de dor de alguém e o ultraje como expressões significativas artisticamente – não, de qualquer maneira, em um teoria de arte que pudesse levar a arte a sério.

No calor da batalha política ou litígio iminente, as pessoas podem frequentemente dizer coisas destemperadas e descuidadas – em parte porque elas estão respondendo à retórica ainda menos destemperada e descuidada de outros. E assim eu posso entender as pressões que podem, em certas circunstâncias, fazer o curador de um museu falar mais sobre políticas do que sobre arte e rotular de censura coisas que realmente não o são. Em nossos momentos mais calmos e reflexivos, entretanto, eu penso que é importante que nós não permitamos que nosso legítimo zelo de proteger a liberdade de expressão nos tente a adentrar caminhos de conceituação da arte que distorçam a arte ou a diminuam ou, nesse assunto, a elevem falsamente. Essa é particularmente uma tarefa urgente para aqueles de nós que, além de valorizar a liberdade de expressão, adoram as artes e considerariam a vida insuportavelmente empobrecida sem elas.

Como deveríamos, então, pensar sobre as artes em relação à liberdade de expressão? Essa é a questão que agora eu começarei a explorar e, receio, terei mais confiança em minhas sugestões sobre o que não vai funcionar do que terei em minhas sugestões sobre o que irá funcionar. Como muitas dessas concepções de filosofia são Socráticas, eu tenho maior afinidade pelo ataque cético da sabedoria convencional do que eu tenho em desenvolver novas teorias positivas por minha conta. Eu espero, entretanto, que esse ceticismo ao menos tenha o valor de nos mover para longe das visões estreitas e abra portas para outros – nesse caso, pessoas com mais conhecimento das artes do que eu possuo – para nos dar novas perspectivas.

2. O VALOR DA EXPRESSÃO ARTÍSTICA

A maioria dos filósofos que escreveram sobre a liberdade de expressão se opuseram à censura desenvolvendo um argumento de que existe algo verdadeiramente especial sobre a expressão humana – algo tão especial como para merecer proteção extra. O que poderia ser isso? As considerações mais famosas, fornecidas pelo filósofo inglês do século XIX, John Stuart Mill, em seu livro clássico *Sobre a Liberdade*, desenvolvem uma defesa utilitarista da liberdade de expressão – uma defesa que se apoia nas consequências sociais úteis de tal liberdade. Ele argumenta que a sociedade se beneficia pela escolha da verdade e que a verdade provavelmente vai emergir em um ambiente de discussão livre. Isso chegou a ser chamado de teoria do "mercado das idéias". Uma variação política dessa idéia desenvolvida na América por Alexander Meiklejohn (e ecoou em algum grau por Robert Bork) foi que a liberdade de expressão é digna de proteção porque permite o bem social do *governo democrático* florescer – esse governo é impossível sem uma discussão aberta das opções políticas.

Essa é uma linha de pensamento poderosa e persuasiva, mas é difícil ver sua funcionalidade em uma grande expressão artística. O argumento de Mill funciona melhor para a proteção do que poderia ser chamado de discurso *cognitivo* ou *científico* (discurso primariamente preocupado com idéias e com a descoberta da verdade), e o argumento de Meiklejohn funciona melhor para a proteção do discurso *político*. Enquanto alguma arte pode sustentar esses valores, outra grande arte provavelmente não pode – pelo menos não predominantemente. (É interessante que objetos da exibição de Phoenix que claramente mereciam proteção sob a teoria de Meiklejohn-Bork – por exemplo, o banheiro de Kate Millett – tiveram, em minha visão, menor significância artística.) Nós iríamos querer uma teoria de liberdade de expressão que protegesse a "Guernica" de Picasso ou o Realismo Soviético, mas não o Expressionismo Abstrato ou as fugas de Bach? Eu suspeito que não. Assim se nós queremos uma poderosa teoria do valor da liberdade artística, nós precisamos no mínimo suplementar os modelos do mercado de idéias ou do discurso político.

Existem, claro, aqueles que vão dizer que toda arte – mesmo a fuga de Bach – visa ou transmite a verdade. Eu não sou atraído por essa linha de pensamento por duas razões: primeiro, eu penso que existem muitos valores (enriquecimento emocional, por exemplo) que são de igual ou até maior importância do que a verdade, e os que pensam que o único caminho para reverenciar a arte é reivindicar que a mesma visa à verdade contém uma visão empobrecida de importância. Segundo, o uso de um conceito de verdade que cobre tanto o papel científico quanto a fuga de Bach me parece tão geral que o conceito se torna uma mera metáfora e perde seu valor explanatório – alcançando simplicidade ao preço de distorção. Como alguém refuta a fuga, ou fornece evidência contra a mesma, ou sugere que a mesma é falsa, ou a parafraseia sem a perda de significado? Todas essas coisas me parecem possíveis em relação às reivindicações genuínas de verdade.

Eu posso mencionar de passagem, a propósito, que mesmo quando a arte visual ou musical busca afirmar uma mensagem controversa – alguma forma de verdade -, esse é um instrumento muito contundente para isso e raramente atiça a controvérsia sobre as idéias primárias presentes na arte. A exibição de Robert Mapplethorpe gerou um pouco de discussão sobre os méritos do homoerotismo, as gravações do Two Live Crew geraram um pouco de discussão sobre a cultura negra e o tratamento degradante das mulheres, e a obra "O Sonho Americano Vai para o Vaso" de Katte Millett na exibição da bandeira "Glória Passada" gerou um pouco de discussão sobre as atitudes em relação a América durante a Guerra do Vietnam. Mas, de longe, o maior volume de discussão com relação aos três diferentes eventos foi a discussão da *censura* – raramente o conteúdo de qualquer das artes em questão. Isso é o que eu quero dizer quando afirmo que a arte – pelo menos a arte visual ou musical – é um instrumento contundente para enriquecer o discurso político[8].

Obviamente, a relação entre arte e política é muito complexa e qualquer coisa simples que alguém diga sobre ela provavelmente será simplista. Isso se deve em parte porque o conceito de político é uma construção social e é, portanto, fluído. Por exemplo: Arte altamente abstrata, arte sem nenhum conteúdo político ou mesmo cognitivo, pode se tornar o foco de uma controvérsia política se o estado busca se opor a ela por razões políticas. Quando os Nazistas e os Soviéticos censuraram a maioria da arte abstrata como "degenerativa" ou "decadente", isso ocorreu em geral não por causa de qualquer conteúdo político na arte em si, mas sim porque esses regimes foram tão repressivos que enxergavam qualquer abandono do costume rígido, mesmo aqueles fora da política, como um perigo para o Estado. Naquela altura, obviamente, o artista que continuasse a pintar ou compor desse modo não poderia evitar ser visto como se estivesse, pelo menos em

[8] Limitações de espaço (e conhecimento, também, deve-se admitir) me forçam nesse trabalho a falar principalmente "das artes" em um sentido bem geral. Considerações completas sobre expressão artística necessitariam, eu suspeito, de fazer diferentes reivindicações para várias artes específicas – por exemplo, poderia ter que notar diferenças importantes entre música e literatura. Tal tratamento diferente também iria, eu suspeito, requerer uma discussão completa da questão de recursos públicos para as artes.

parte, fazendo uma afirmação pública; e tais casos tristes como o do compositor Shostakovich ilustram o terrível pedágio que era imposto a um artista e seu real e potencial público ao viverem sob tal regime.

Mudando de Mill e Meiklejohn, encontramos considerações um pouco diferentes do valor da liberdade de expressão – na forma de uma idéia subordinada na obra "*Sobre a Liberdade*" de Mill, mas desenvolvidas de modo mais completo por filósofos Kantianos contemporâneos como Ronald Dworkin e T. M. Scanlon[9]. A ideia central aqui é que a liberdade de expressão é digna de proteção, não primariamente porque leva a consequências sociais ou políticas úteis, mas porque demonstra respeito por uma das coisas mais importantes e preciosas sobre nós como seres humanos: nossa capacidade de perceber nossa individualidade e encontrar um significado em nossas vidas através de nossas próprias escolhas autônomas (escolhas idealmente feitas através de interações expressivas uns com os outros) e nosso direito de tentar moldar nosso mundo social através de nossas próprias ideias.

Essa é uma teoria poderosa e fornece uma base para um direito à liberdade de expressão que eu considero mais convincente do que as fundações utilitaristas de Mill. Ela oferece uma defesa da liberdade de expressão de duas vertentes: da perspectiva do *locutor*, ela evidencia o valor da auto-expressão. Da perspectiva do *ouvinte*, ela evidencia a ideia de que é um insulto para a humanidade de um adulto maduro que outros (particularmente o *Estado*) possam pretender determinar-se para ele quais expressões ele vai ouvir ou ver, na formação de sua própria concepção do que vale a pena em sua vida.

Onde a expressão artística se encaixa nessa teoria? Isso é complicado. Da perspectiva de um poeta ou pintor ou compositor, a produção da arte parece ser um importante aspecto de sua autorrealização. Mas para outros, sua auto-realização pode ser encontrada em atividades não artísticas – por exemplo, mecânica de automóveis ou sexo ou drogas. É assim para qualquer *singularidade* reivindicada para a expressão artística – alguns reivindicam que merecem deferência especial. Aqueles que querem um status honorífico especial para a

---

[9] Veja RONALD DWORKIN, *Do we Have a Right to Pornography*?, *em* A MATTER OF PRINCIPLE 335, 335-72 (1985); Thomas Scanlon, *A Theory of Freedom of Expression*, 1 PHILL. & PUB. AFF. 204, 204-26 (1972).

liberdade artística, então, podem não ser capazes de consegui-la nessa teoria da autorrealização autônoma porque parecem incapazes, em seus próprios termos, de responder a essa questão: o que é tão singular e especial sobre a expressão *artística* que merece maior deferência do que outras formas de auto-expressão autônomas?

Mas nós necessitamos de uma proteção singular e especial para a expressão artística? Alguém poderia argumentar que *todos* os atos de auto-expressão são dignos de um alto nível de proteção e simplesmente incluem a arte nessa categoria geral. Existem problemas com essa sugestão, entretanto. Nós realmente queremos dar o mesmo nível de proteção, digamos, ao uso recreativo de drogas da mesma forma que nós damos à arte? Mesmo se drogas recreativas fossem legalizadas, nós iríamos querer dar incentivos fiscais para alguém que contribui para o desenvolvimento do cultivo de maconha de forma comparável aos que nós damos aos que contribuem com orquestras sinfônicas e museus de arte? E considere a obscenidade: assim como a lei na América agora sustenta, uma exceção é feita para formas de expressão que possuem valor artístico, ao passo que outras formas de autoexpressão igualmente intensas – expressão sexual direta, digamos – não têm um corte comparável. Esse status especial para a arte é justificado? Se sim, por quê? Apenas porque algumas pessoas com formação em artes ou empregos como curadores de museu dizem que sim?

Isso me incomoda. Não me sinto confortável, em casos de obscenidade, que um homem vá para a prisão (aquele que vende os CDs do Two Live Crew) e outro fique livre (aquele que exibe as fotografias de Mapplethorpe) principalmente porque o último, mas não o anterior, pode encontrar pessoas altamente educadas e credenciadas do mundo da arte que estão dispostas a louvar, e talvez até mesmo elogiar excessivamente, a significância artística do trabalho. Isso necessita ser pensado em uma escala mais ampla.

Deixe-me agora passar a uma defesa final da liberdade de expressão – uma que pode ser derivada de Aristóteles e da tradição da lei/virtude natural. Uma defesa nos seguintes termos: a expressão deve ser protegida quando é do tipo que é condutora do bem ou da vida virtuosa – expressão que, em síntese, nos faz pessoas moralmente melhores do que do contrário seríamos. Alguém pode plausivelmente usar tal defesa para exaltar algumas formas de expressão – expressão religiosa talvez – mas essa defesa é plausível em relação à arte? Eu sou cético quanto a isso.

Ao mesmo tempo em que estou disposto a reconhecer que alguma arte pode tornar algumas pessoas melhores, também estou inclinado a pensar que muita arte – até mesmo muita arte que é universalmente reconhecida como ótima – provavelmente não terá esse efeito. Eu não penso que alguém que gastou muito tempo em faculdades de departamentos ingleses, por exemplo, poderia realmente acreditar que o estudo da literatura torna as pessoas virtuosas. Igualmente, é sabido que alguns dos colecionadores mais proeminentes de arte visual (os Nazistas e Soviéticos, por exemplo, se alguém quiser considerar roubo como uma forma de colecionar) parecem ser capazes de resistir ao poder moralmente transformador que os idealistas frequentemente reivindicam para a arte.

E considerem o exemplo da escolha Americana: William Randolph Hearst. Ele colecionou arte ao ponto de fanatismo e ainda – para não dizer o pior- não era um homem muito bom. Quando Dorothy Parker visitou o famoso castelo de Hearst na Califórnia, ela percebeu um Della Robbia na entrada do quarto de Marion Davies e escreveu as seguintes palavras no livro de visitantes:

Pela minha honra, eu vi uma Madonna
De pé em um nicho
Acima da porta da prostituta privada
Do maior filho da puta do mundo. [10]

Minha inclinação, então, é sugerir – mesmo sob o risco de minar a indústria caseira de William Bennett de construção de personagens por meio de pequenas histórias – que nós seríamos aconselhados a usar uma cautela considerável antes de colocar muitos de nossos ovos da expressão artística livre dentro da cesta do progresso moral.

Além de falhar em uma missão ou resultado moral claro, a arte às vezes falha em ter até mesmo uma missão ou resultado estético tradicional. Alguma arte significante do século XX, por exemplo, está na

---

[10] HUGUES, nota *supra* 5, no 181.

rebelião da auto-consciência contra ideais de estética Kantiana como sublimidade e beleza, então eu tendo a ser suspeito – não apenas de defesa moralista da arte – mas também daqueles que defendem que poderiam reprimir a arte dentro dos valores de uma "finishing school". Considerações inspiradoras e elevadoras da arte podem ser capazes de defender um status especial para muita arte, mas elas provavelmente vão falhar para pelo menos alguma arte importante que pode também ser digna de nossa proteção e até mesmo exaltação.

Deixe-me recapitular o que eu disse até agora. Eu penso que os padrões explicativos filosóficos dados em defesa da liberdade de expressão- mercado de ideias, discurso político, autonomia e caráter de desenvolvimento- todos contam parte da história sobre arte, mas falham, mesmo quando tomados todos juntos, para contar a história completa. Eles são todos formas variadas de *reducionismo*, e eu não posso ajudar sentindo que há algo irredutível sobre a arte – que a arte possui uma natureza e valor que é em parte única, incapaz de ser capturada por qualquer análise reducionista. (Este era o ponto, a propósito, da minha epígrafe de Bishop Butler: Tudo é o que é, e não outra coisa."[11]) Se eu estou certo sobre isso, então uma consequência possível é que nosso próprio sistema constitucional, na medida em que é formado em torno dessas diversas ideias filosóficas, é, até certo ponto, mal adaptado à séria consideração sobre a natureza e valor da arte.

Eu sei que pode não parecer muito útil dizer que a arte pode merecer ser exaltada simplesmente porque é arte, porém nós temos sempre que nos apoiarmos em algum lugar – nem toda coisa pode ser defendida em termos de outra coisa. (Suponha que eu peça uma defesa para a afirmação de que o prazer é um importante bem humano. Que defesa poderia possivelmente ser dada que não envolvesse afirmações mais controversas e obscuras do que a alegação de que prazer é bem?) Exaltar a arte simplesmente como arte possui, no mínimo, o mérito

[11] Filósofos reconhecerão a importante citação de Butler do importante livro de G. E. Moore, *Principia Ethica,* onde ele a usa como uma epígrafe para deixar claro que o valor moral não pode ser reduzido a tais valores não-morais, como querer satisfação. G. E. MOORE, PRINCIPIA ETHICA 29 (Thomas Baldwin ed., rev., Ed 1993).

inicial de manter abertas as possibilidades ao invés de fechá-las pelo estreitamento artificial de nosso foco. Um foco estreito nunca nos abre de fato a possibilidade de ver a arte, mas sim nos força a sempre ver *arte como* – arte *como* política, arte *como* autonomia, arte *como* virtude, arte *como* verdade.

Felizmente, nós geralmente não precisamos defender o valor especial de um modo de expressão a fim de condenar maior censura daquela expressão. Usualmente, as razões invocadas pelo Estado para justificar a censura – reprovação em termos políticos, por exemplo-, é suficientemente objetável pela própria ideia de que a censura deve ser condenada mesmo quando se trata de expressão que em si mesma considerada completamente sem valor. Uma defesa especial em favor de uma forma de expressão – tal como a expressão artística – parece necessária, é quando o status especial de proteção é dado àquela expressão pelo Direito – quando é dado mais proteção ou deferência do que a outras formas de expressão. Um exemplo de tal deferência seria se um tribunal procurasse um interesse estatal particularmente significante e não somente uma base racional ordinária para justificar interferências – como acontece, de acordo com meu entendimento, quando o valor artístico de um material é admitido para proteger uma pessoa da acusação de distribuição desse material que seria, de outro modo, obsceno, ensejando processo criminal contra o distribuidor. Um status legal especial outorgado à arte talvez seja até mais dramático com respeito a questões de financiamento público- mesmo através de dedução tributária a instituições artísticas e concessões diretas a artistas e museus- e este é o tópico para o qual eu devo caminhar.

3. RECURSOS PÚBLICOS PARA AS ARTES

Eu terei espaço aqui para fazer somente uma consideração muito breve para uma linha de argumento filosófico relativa à questão dos recursos públicos para a arte. Por razões já indicadas, eu penso que a carência de recursos é uma questão totalmente diferente da censura. Mesmo se se acredita, como um valor absoluto, que o Estado nunca deve censurar a arte, se pode consistentemente também sustentar que o Estado não deveria jamais gastar um centavo em apoio à arte.

Nós todos temos o direito constitucional de que o Estado respeite a cada um de nós uma vasta gama de significante liberdade, mas sem direito correlato a que o Estado pague a conta por esta liberdade. O Estado poderia reduzir todo financiamento para as artes sem qualquer contradição constitucional. Obviamente, se o Estado decidir subsidiar alguma arte e não outra na base de patente julgamento político- financiando somente a arte que coloque a festa Democrática em uma luz favorável, por exemplo- sérios problemas constitucionais emergirão.

Uma questão central sobre financiamento (e, naturalmente, sobre exposições planejadas em qualquer museu financiado por dinheiro público) é: em que grau, em sua totalidade, seriam museus e agências financiadas influenciadas – independentemente de quaisquer considerações constitucionais – pelo fato de que certas pessoas acharão certas exposições artísticas *ofensivas*- talvez profundamente ofensivas, para sua moral fundamental e convicções religiosas?

Alguns – Senador Jesse Helms e seus partidários na ocasião – parecem sugerir que a ofensividade dessa natureza provê, por si só, adequado fundamento para recusa de financiamento estatal. Outros parecem sugerir que, ao contrário, a ofensividade é algo bom – que um dos propósitos primários da arte consiste em minar a presunção de complacência da classe média. Nessa visão, a ofensividade pode ser considerada como irrelevante para o financiamento ou mesmo como positiva razão para o financiamento.

Eu rejeito ambas as abordagens. Os problemas com a primeira são óbvios: asfixiaria a produção de toda a arte, exceto a mais banal. Avaliar a última, contudo, é mais complexo. É realmente justo e razoável forçar pessoas a pagarem a conta da arte cuja própria finalidade é ridicularizar seus valores mais básicos? Em geral, eu pensaria não – não em qualquer grau numa sociedade organizada em torno de um princípio de igual consideração e respeito para todos os cidadãos. Como, então, pode-se consignar essa legítima preocupação sem dar poder de veto ao financiamento artístico a pessoas potencialmente ofendidas?

Em breve sumário, eu sugiro o seguinte: se um legislador- ou um museu financiado pelo governo- apoia arte que ofende os valores básicos de alguns cidadãos, o fato, *por si só*, não confere – do meu ponto de vista – àqueles cidadãos uma reclamação válida. Se o financiamento é dado para o fim específico de "alfinetar" àqueles cidadãos, entretanto – com o propósito de ridicularizar seus valores- então estes cidadãos possuem uma reclamação válida.[12]

Sob a influência dos escritos de Ronald Dworkin, fui certa vez persuadido de que financiamento público envolve problemas de princípios profundos e, talvez, insolúveis. Agora, chego a pensar que essas questões, embora complexas, não são assim tão profundas. Eu fecharei essa seção compartilhando com você as razões da minha mudança de pensamento.

Quando escreve sobre financiamento público para as artes, Dworkin edifica sua discussão em torno das restrições impostas por sua anterior defesa de um princípio da *neutralidade* forte com relação ao governo liberal.[13] Tal governo, ele argumenta, não deve usar jamais seu poder coercitivo sobre uma pessoa porque discorda de sua

---

[12] From Spy

From Spy

[13] Veja em RONALD DWORKIN, *Liberalism, in* A MATTER OF PRINCIPLE 181, 181-204 (1985); RONALD DWORKIN, *Can a Liberal State Support Art?, in* A MATTER OF PRINCIPLE 221, 221-33 (1985).

concepção de boa vida e entende que ele ou ela pode tornar-se uma pessoa melhor (ou evitar se tornar ou permanecer uma má pessoa). Qualquer tentativa do Estado de promover a virtude das pessoas é um tipo de paternalismo que violaria o direito daquelas pessoas à independência moral e não seria suficiente para conceder-lhes a igual consideração e respeito que é, na visão de Dworkin, a principal base do governo liberal. Assim, Dworkin, embora afirme odiar pornografia e seus possíveis efeitos adversos na personalidade daqueles que a consomem, opõem-se a toda tentativa paternalística a sua restrição pelo poder coercitivo do Estado.

Dado esse princípio forte de neutralidade, é fácil ver porque Dworkin é levado a acreditar que o financiamento público para as artes levanta problemas importantes de princípios. Ele parece pensar existir em apenas duas justificativas possíveis para usar dinheiro de impostos, dinheiro que é naturalmente levantado através de coerção estatal, para financiar arte: (1) arte é bom para o povo; (2) arte satisfaz os anseios e desejos do povo. O problema com a segunda justificação é que o próprio tipo de arte mais necessitado de financiamento público- a arte que nós sempre referimos como a "cultura high"- é um tipo de arte que somente uma minoria de cidadãos quer ou valoriza. (E aqueles que são muitas vezes de classes sociais que lhes permitam financiá-la por seus próprios recursos.) O problema com a primeira justificação – a qual Dworkin chama de "magnânima" justificação – é aquela que envolve o próprio tipo de violação paternalística do direito à independência moral, que seu forte princípio de neutralidade liberal exclui.

Dworkin, muito sagaz, talvez de forma infrutífera, tentou sair desse dilema através do emprego de uma versão estendida do que os economistas chamariam argumento do bem público. Se os cidadãos de uma democracia são tributados para manter atividades que eles não querem ou não valorizam, como pode a tributação ser justificada? Um caminho é pela demonstração de que essas atividades representariam bens públicos, algo que beneficie todos os cidadãos em sua própria (e não algo moralmente controverso) concepção de benefício, mesmo que eles não tenham consciência disso. Também importante para este argumento paternalista é a alegação de que esses benefícios são de uma natureza de que não há forma eficiente de excluir os proveitos daqueles que não desejam pagar por eles. Rodovias públicas, educação pública, força policial, sistema de águas, vacinações obrigatórias são alguns exemplos justificados dessa forma e, assim, considerados bens públicos.

Pode um argumento comparável ser utilizado para arte? Não há problema para arte da cultura de massa, naturalmente, porque o mercado a manterá. Bandas de Rock, tipicamente, não necessitam de subsídios estatais- nem pessoas que pintam fotografias do Elvis em veludo. Como registrado acima, dinheiro de impostos é usualmente empregado no custeio daquilo que é frequentemente chamado *cultura high* – um tipo de cultura que tende a apelar para uma minoria educada com certos tipos de sensibilidades cultivadas, é muito cara para ser mantida pela minoria que a valoriza. Apoio para uma sinfônica local, ópera ou companhia de ballet – ou para um museu de arte refinada- são exemplos desse tipo de financiamento.

Mas por que deveria o cidadão médio- que pode não dar a mínima para esse tipo de cultura e pode até julgar grande parte dela ofensiva- ser forçado a pagar a conta a fim de que uma minoria possa desfrutá-la? Uma resposta para essa questão seria demonstrar que a cultura high é um bem público comparável a rodovias, escolas públicas, etc.- talvez porque tal cultura (como o novo time de baseball de Phoenix?) pode trazer riqueza para comunidade da qual todos se beneficiarão. Outro argumento- um que apela para Dworkin – envolve a alegação de que a cultura alta influencia, de maneira misteriosa, enriquecendo a cultura popular que a maioria dos americanos aprecia. Acrescente uma complexa e profunda estrutura da vida civilizada da qual todas as pessoas se beneficiariam, elas compreendam isso ou não. De forma crua e excessivamente simplista, a afirmação – eu a escolho – é algo como: sem Chekhov, sem Roseanne.

Essa consideração geral da arte como bem público é plausível? Eu sou altamente cético – tanto quanto à alegação em si, quanto se temos alguma forma de obter evidência plausível, ainda que para testar a afirmação de sua complexidade. Todavia, conforme Dworkin, essa assertiva deve ser plausível, se as artes forem legitimamente financiadas por recursos públicos. De outra forma, nós estaríamos simplesmente alfinetando alguns cidadãos para a edificação de uma pequena elite.

Embora meu próprio pensamento sobre financiamento público das artes tenha sido no passado delineado pelas considerações de Dworkin, eu passei a recentemente conceber que seu aparente poder repousa sobre uma dicotomia – o equívoco da crença de que o financiamento público das artes pode ser justificado somente em termos de satisfação do desejo de todos (no mínimo indiretamente) ou de tentativa, com fundamentos paternalistas, de tornar as pessoas melhores. Mas certamente há uma terceira possibilidade: que a sociedade deve custear a arte, mesmo a arte da cultura high que poucas pessoas de fato apreciam, simplesmente porque tal arte é considerada (pelo legislador) um *bem*- não necessariamente um bem para alguns (no sentido paternalista de aprimorar a personalidade), mas simplesmente um bem.

Relembre o argumento bem conhecido de Dworkin em defesa das ações afirmativas.[14]Ele argumenta que as minorias não têm direito a tais programas, mas que os legisladores razoáveis deveriam perseguir estes programas como um ideal de algo bom para sua sociedade, ainda que alguns cidadãos os desaprovem contundentemente e acreditem, convenientemente, que serão prejudicados em razão deles. A única questão de princípio importante que pode surgir pela oposição aos programas, ele afirma, é a questão sobre a possível violação dos direitos de outrem por tais programas; e assevera (de maneira discutível) que nenhum direito é violado. Assim, legisladores, em juízo coletivo, devem levá-los a cabo sem receio de realizar algo desarrazoado.

Por que não pode Dworkin afirmar algo similar em relação ao financiamento das artes? Se o legislativo decide que o custeio das artes é algo bom a se fazer, por que o fato de algumas pessoas não valorizarem a arte constituiria uma objeção de princípio ao financiamento?

Considere a natureza e o meio-ambiente. O legislativo decide que bens ambientais devem ser promovidos- tudo para salvar espécies em perigo a fim de manter áreas selvagens e parques nacionais. Eventualmente considero tudo isso entediante; eu tenho sintomas de abstinência quando estou longe da cidade por um dia e tendo a concordar com

---

[14] Vide, v.g., RONALD DWORKIN, *Bakke's Case: Are quotas unfair?, in* A MATTER OF PRINCIPLE 293, 293-303 (1985).

a definição de Oscar Wilde sobre a natureza: "um lugar depressivo – com pássaros". Mas eu não tenho qualquer oposição baseada em princípios para fazer a minha decisão governamental considerar natureza como um bem digno de financiamento público? Não sou simplesmente uma minoria nessa questão – uma situação que um cidadão deve esperar de tempos em tempos sob um governo democrático? Eu não consigo perceber se algum direito meu fora violado.

Evidentemente não me oponho à natureza. Não considero diabólico e perverso aqueles que procuram preservá-la. Muitos opositores do financiamento federal das artes, entretanto, não são simplesmente indiferentes ou desinteressados em arte, mas, de fato, acreditam que muito do que é custeado constitui blasfêmia ou perversão. Mesmo eles não teriam objeção de princípio quando veem o dinheiro pago em impostos gastos, por exemplo, para financiar arte que execra seus valores básicos? A maioria aceita como uma perda na política democrática e ou desiste ou trabalha mais para influenciar o processo político nas próximas eleições?

Penso ser este um caso mais complicado. Dworkin me convenceu de que a democracia não deve ser concebida como se o vencedor levasse tudo no majoritarismo, mas deve ser organizada em torno do valor da igual consideração e respeito para todos os cidadãos.[15] O legislador democrático sob a última concepção deveria, no meu modo de ver, sempre considerar como um sério problema algumas políticas legislativas irem de encontro a, não simplesmente preferências, mas princípios e valores básicos de alguns cidadãos. Não é suficiente simplesmente dizer a esses cidadãos "Desculpe, nós temos os votos-vocês perderam". Antes, um argumento é necessário no sentido de que algum importante valor está sendo perseguido de forma que, aos olhos do legislador, justifique racionalmente agir (lamentavelmente) em detrimento dos valores dos cidadãos dissidentes.

Considere meu olhar cada vez mais negativo sobre Thomas Jefferson. Quanto mais leio sobre ele- sobre seu comportamento pessoal e sobre suas considerações sobre minorias raciais e escravidão – me-

---

15 Para essas duas concepções de democracia, vide a introdução a RONALD DWORKIN, FREEDOM´S LAW: A MORAL READING OF THE CONSTITUTION 1-38 (1996).

nos admirável eu o vejo, como pessoa e como líder político. Embora não tenha alcançado esse ponto ainda, suponha que um dia eu avalie como um grande erro para o país continuar celebrando esse momento da história americana – chegando a considerar que ele representa uma ofensa aos meus valores básicos. Se chegar a tal ponto, posso, naturalmente, desenvolver fortes objeções – objeções de valor e não meramente de preferências – à continuidade do uso de receitas federais para manutenção do memorial de Jefferson em Washington. Se tentasse transformar essa questão em uma questão política, esperaria que, numa democracia de respeito, minhas preocupações como cidadão seriam ouvidas e tomadas seriamente no cálculo legislativo do problema. Contudo, isso não significa que tenha um *poder de veto* em razão dos meus princípios; e, assim, se eu perder (como provavelmente iria) depois de minhas objeções principiológicas serem consideradas e pesadas, isso não significa que eu tenha uma queixa razoável contra meu governo. Teria uma séria objeção de princípio a originar o procedimento que produz esse resultado? Algum direito importante meu teria sido violado? Eu penso que não. E assim também, sinto-me inclinado a afirmar, em relação às pessoas que odeiam a arte total ou parcialmente financiada pelo 'National Endowment for the Arts'.

Naturalmente, questões de *motivação* importam muito nesse aspecto – como deve ser em qualquer teoria sobre igual consideração e respeito. Se um legislador- ou uma agência financiada governamentalmente – fizer concessão aos artistas que ofendam os valores básicos de alguns cidadãos, este fato por si só não dá, do meu ponto de vista, àqueles cidadãos, uma reclamação válida – principalmente se seus pontos de vista tiverem sido respeitosamente considerados antes de ser trocados por outros valores. Se as agências financiadoras concederem essa subvenção em parte com o específico fim de "alfinetarem" aqueles cidadãos, todavia- para o propósito de ridicularizar seus valores ou manter valores rivais, então aqueles cidadãos têm uma queixa válida. Penso que muitos religiosos conservadores acreditam que concessões são dadas para alguns artistas simplesmente em razão de suas agendas antirreligiosas e políticas anticonservadoras. Não tenho noção se essa percepção é correta; mas, se for, então considero que esses religiosos conservadores não têm sido tratados com igual consideração e respeito no processo de concessão. Há, do meu ponto de vista, uma grande diferença entre "nós iremos custear Mapplethorpe porque ele é um grande fotógrafo e a despeito de suas imagens ofenderem os valores religiosos de alguns cidadãos" e "nós iremos custear Mapplethorpe simplesmente para esfregar na cara dos religiosos justamente o que eles consideram pecaminoso".

Artistas geralmente tendem ser liberais em política, e liberais tendem a considerar positivo sacudir a classe média complacente. Como qualquer seguidor de Sócrates, eu também penso ser uma boa ideia para toda a pessoa complacente- não só a classe média americana – ser sacudida de vez em quando. Isso, contudo, é um juízo moral e político, não um juízo artístico; não se trata de uma questão de *opinião* de alguém. Tal julgamento – mesmo se feito por pessoa com credenciais artísticas destacadas que serve no quadro de uma agência de financiamento – não carrega especial autoridade e deve competir com outras ideias morais e políticas – v.g., a ideia de que a estabilidade americana tem enfraquecido por *demasiados* desafios para acomodar valores e que nossa cultura seria beneficiada por menos ceticismo e cinismo.

Para retornar a Dworkin sobre financiamento público: a menos que o Estado financie a arte como parte de alguma tentativa paternalista de moldar as pessoas numa concepção de boa vida que não seja a delas, então não há razão porque Dworkin exigiria do Estado, o persuasivo argumento do bem público, se é para manter o apoio às artes sem fundamento em princípios.[16] Se o princípio da neutralidade causa problemas, não somente para o financiamento da arte, mas para uma ampla gama de exercícios típicos e (eu considero) incontroversos de legitimidade democrática- desde a manutenção do Grand Canion até a do Jefferson Memorial, então isto nos tornaria desconfiados, não sobre o financiamento público da arte, mas sobre esse modelo de neutralidade.

---

[16] Um argumento plausível que pode ser feito é que em princípio é permissível para o Estado Liberal tentar fazer as coisas com uma tendência a moldar personalidades em torno de valores que são em si basilares do liberalismo- v.g., respeito pelas pessoas, devido processo legal, tolerância religiosa, etc. Entretanto, eu não tenho espaço para investigar isso aqui.

4. ALGUMAS OBSERVAÇÕES PRAGMÁTICAS CONCLUSIVAS

Deixe-me concluir este artigo passeando um pouco pela livre associação entre arte e expressão, saindo do plano da importante teoria e principiologia, retornando ao mundo real dos museus e do que eles representam, e fazendo algumas observações pragmáticas. Revistarei, a título de exemplo, a exposição "Glória Passada" do Museu de Arte de Phoenix e focarei na obra de Kate Millet denominada "O Sonho Americano Vai Para o Vaso", a qual é, você se recordará, um vaso sanitário com uma bandeira colocada dentro.

Meu ponto de vista assumidamente não especializado é que o objeto de Millet é lixo estético que possui, em razão de ter sido produzido em protesto à Guerra do Vietnã, um certo interesse histórico. Eu provavelmente não colocaria em qualquer museu do qual fosse curador (um museu histórico seria diferente) e eu provavelmente não custearia qualquer financiamento específico a ela ou a algo do seu gênero. Entretanto, continuo financiando o Museu de Arte Phoenix e continuo a favor do apoio às artes. Por quê? Porque, por razões que já assumi não poder explicar totalmente, acredito que a arte é um bem que vale a pena ser incentivado e eu não vislumbro qualquer outro meio de incentivá-la que não fizesse o mundo até mesmo pior ao invés de melhor. Eu também acredito que, se o Estado não faz tentativas inapropriadas de usar a arte como técnica de engenharia social ou construção de personalidade, o bem da arte pode ser promovido pela democracia sem quaisquer compromissos sérios de princípios básicos. Finalmente, eu acredito que, a despeito do lixo desprezível que eventualmente surge das nossas presentes práticas de financiamento (uma mistura de financiamento público e privado), algumas coisas verdadeiramente esplêndidas também aparecem e reduções significativas do financiamento social da arte possivelmente nos privará dessas coisas esplêndidas. As histórias de artistas criativos que saíram da pobreza e abandono são numerosas e inspiradoras; mas, contextualizando uma observação de Lord Bacon quando um padre lhe mostrou uma pintura de todos os marinheiros salvos do afogamento pela graça de Deus, "Onde está a pintura daqueles que não foram salvos?".

Se nós – como eu suspeito ser possível- estabelecermos a legitimidade do uso de financiamento estatal em uma tentativa de auxiliar o desenvolvimento da arte na América, então (como a história nos ensina) as decisões sobre alocação de recursos não podem ser feitas simplesmente por políticos burocratas. Isso produz um tipo de arte "apparatchik" (subalterna) que nos remete à Alemanha Nazista e à Rússia Stalinista. A alternativa é ter algumas autoridades geralmente independentes a que são dadas considerável discricionariedade. Mas discricionariedade carrega consigo a possibilidade de erros de julgamento – ou, no mínimo, de julgamento com os quais algumas pessoas irão discordar contundentemente. Tal discricionariedade pode ocasionalmente resultar na compra de uma privada e uma bandeira por causa de um artista charlatão, ou uma barra de Hershey em razão de uma mulher pelada, ou um diurético em virtude de alguém que queira tornar seu fluxo urinário em um realmente *grande* jarro de profanação religiosa. Porém, obviamente, seria precipitado largar todo o sistema nessas bases. Aqueles que gostariam de apoiar o sistema de financiamento para arte, mas que lastima essas concessões ocasionais como uma tolice ofensiva, podem tentar imaginar os destinatários de tais concessões como estética análoga a escultores pensionistas. Deveríamos deixar à própria sorte todo o sistema unicamente em razão de não haver como garantir que a falta de mérito de alguns não se aproveitará do sistema e receberá ajuda desmerecidamente? Espero que todos nós respondamos *Não* a essa questão.

Naturalmente, liberais tradicionais certamente ficarão satisfeitos, sob as atuais circunstâncias, de dividir meu *Não*, já que, no momento, a maioria das forças altamente visíveis da intolerância artística está contra a política de direita. Mas aqui fica um teste de coerência para os liberais: todos aqueles que têm usado dos slogans da tolerância e liberdade artística em apoio às exibições de Mapplethorpe e Millet continuarão a enviar cheques e a defender financiamento estatal se museus começarem a expor arte racista de skinheads, ou arte representando a humilhação sexual da mulher, ou arte contestando o aborto através de imagens gráficas de fetos abortados? Dadas as recorrentes tentativas de remover os trabalhos de Mark Twain das bibliotecas escolares em razão da menção a palavra "negro", eu desconfio que liberais são tão capazes quanto os conservadores de condicionarem o auxílio à arte às suas convicções políticas.

A questão prática final é: a sociedade provavelmente deve custear museus de arte e orquestras sinfônicas e companhias de ballet, e alguém precisa planejar suas exibições e performances. Aqueles educados em arte e designados especialistas em arte podem eventualmente ser irritantemente elitistas, cambada pretensiosa e condescendente- algumas vezes mascarando suas agendas políticas sob o véu da expertise estética- e eu posso bem entender a relutância de alguns cidadãos em lhes dar *tanto* generosos cheques (ou, no caso da América, nem tão generosos[17]) *quanto* total discrição. De outra parte, se essas pessoas não conduzirem o show, outro infinitamente pior irá- alguém como você, ou até mesmo eu.

[17] De acordo com a *National Geographic*, a cidade de Berlim, Alemanha, gasta aproximadamente oito vezes mais em arte do que todo o orçamento da "America's National Endowment for the Arts". Peter Ross Range, *Reinventing Berlin*, NAT'L GEOGRAPHIC, Dez. 1996, em 96, 113.

8

LIBERDADE DE EXPRESSÃO E DIREITO DE PUBLICIDADE

Eugene Volokh[1]

I. INTRODUÇÃO

Oradores costumam usar nomes de outras pessoas e imagens, e, muitas vezes, o fazem sem a permissão do sujeito. Biógrafos fazem isso, assim como jornalistas, romancistas, escultores, pintores, designers de camisetas e publicitários. Quando é que a Primeira Emenda à Constiuição dos Estados Unidos protege o direito do orador se engajar em tal discurso e quando pode o direito de publicidade restringir legalmente os oradores[2]?

---

[1] Professor de Direito da UCLA Law School (volokh@law.ucla.edu). Agradeço a Richard Chused, Tyler Ochoa, Lawrence Siskind, Vladimir Volokh e Steve Waldman pela ajuda, e, especialmente, a University of Houston Law Center por receber o 2003 IPIL / Houston Santa Fe Conference, para a qual este artigo foi preparado. Tradução de Fernanda Monteiro Saldanha. Advogada. Mestra em Direito Público pela PUC MINAS.

[2] "Exceções à liberdade de expressão nos Estados Unidos são limitações à garantia da Primeira Emenda de liberdade de expressão, conforme reconhecido pela Suprema Corte dos Estados Unidos. Essas exceções foram criadas ao longo do tempo, com base em certos tipos de discurso e de expressão, e em diferentes contextos. Embora a liberdade de expressão nos Estados Unidos seja um direito constitucional, essas exceções o fazem um direito limitado." (N.T. – fonte: http://en.wikipedia.org/wiki/United_States_free_speech_exceptions).

Este artigo irá fazer algumas observações sobre essa questão. A parte II irá sugerir que, embora o direito de publicidade seja muitas vezes analisado usando a dicotomia do discurso comercial da Primeira Emenda, a análise seria mais proveitosamente conduzida por meio da divisão do discurso em quatro categorias diferentes:

(1) "discurso não comercial" - gêneros nos quais os direitos de publicidade são legalmente favorecidos, tais como notícias, filmes, e similares;

(2) publicidade comercial para aqueles gêneros do discurso não se enquadrarem no "discurso não comercial";

(3) outros tipos de anúncios comerciais, e

(4) "discurso não comercial"- gêneros nos quais o direito de publicidade são legalmente desfavorecidos, tais como esculturas, gravuras, camisetas, e similares.

Categorias (1) e (2), ao que parece, estão isentos do direito de publicidade (embora um seja tratado pela Primeira Emenda como discurso não comercial e outro como discurso comercial). Categorias (3) e (4) são abrangidas pelo direito de publicidade, embora novamente um discurso é comercial e o outro não.

A parte III, então, irá argumentar que a restrição da categoria (4) de discurso, e a distinção entre as categorias (1) e (4) – uma distinção na qual o direito de publicidade é geralmente descrito – é inconsistente com a Primeira Emenda. A parte IV irá discutir um caminho proposto recentemente para apoiar esta distinção, o "uso transformador", teste estabelecido pela Suprema Corte da Califórnia a partir do caso *Comedy III Productions v. Saderup Gary, Inc*[3].; enquanto essa distinção pode parecer atraente, eu vou argumentar que é muito vaga e de qualquer forma inconsistente. Finalmente, a Parte V vai discutir como a distinção entre as categorias (1) e (3) pode entrar em conflito com a crescente proteção constitucional da publicidade comercial e especialmente com a recente decisão da Suprema Corte da Califórnia no caso *Gerawan Agricultura, Inc. v. Lyons*[4].

---

3 21 P.3d 797, 808–10 (Cal. 2001).

4 12 P.3d 720, 751–52 (Cal. 2000).

Eu geralmente me oponho ao direito de publicidade, especialmente fora do núcleo da zona de publicidade comercial na categoria (3). Espero, no entanto, que essas observações possam ser úteis para aqueles que estão procurando por uma maneira de melhor definir a abertura do direito de publici dade, bem como para aqueles que estão procurando maneiras de desafiar a amplitude do direito de publicidade.

II. DO ÂMBITO DO DIREITO

O direito de publicidade, nas palavras da seção 46 da *Restatement (Third) of Unfair Competition*, barra as pessoas de "se apropriarem comercialmente da identidade de uma pessoa por meio do uso sem o consentimento desta, de seu nome, imagem, ou outros indícios de identidade para fins comerciais."[5] Da mesma forma, estatutos como a seção 3344 do Código Civil da Califórinia barra "o uso do nome de outrem, voz, assinatura, fotografia, e afins, de qualquer forma, em ou nos produtos, mercadorias ou bens, ou para fins publicitários ou de venda, ou solicitação de compras de produtos, mercadorias, bens ou serviços"[6].

De acordo com a doutrina padrão da Primeira Emenda, essa definição não pode ser aceita como valor primário – e, de fato, muitos tribunais inferiores têm sustentado que a Primeira Emenda impede a responsabilização do direito de publicidade em muitos casos[7]. Por exemplo, uma biografia não autorizada é certamente um "produto" e um item no "comércio" que se beneficia do "valor comercial da identidade do sujeito"[8]; usa o nome do sujeito e, muitas vezes, sua fotografia, transformando-as em bens (a biografia em si); e mesmo assim, biografias não autorizadas são constitucionalmente protegidas

[5] RESTATEMENT (THIRD) OF UNFAIR COMPETITION § 46 (1995).

[6] CAL. CIV. CODE § 3344 (a) (West 1997). Consulte as notas16-18 infra para citações de alguns outros estatutos.

[7] Ver, por exemplo, Hoffman v. Capital Cities / ABC, Inc., 255F.3d 1180, 1185-1186 (9 Cir. 2001) (observe que a Primeira Emenda permite que revistas usem nomes de celebridades e afins como fundo em artigos); Comedy III, 21 P.3d em 808 (a proteção da Primeira Emenda ... [suficientemente transformadora] funciona como superação de qualquer interesse que o Estado possa ter na aplicação do direito de publicidade.").

[8] Ver CAL. CIV. CODE § 3344; RESTATEMENT (THIRD) OF UNFAIR COMPETITION § 46.

de responsabilização[9]. Da mesma forma, ocorre com revista ou artigos de jornal que se concentram em temas ou que mencionam sujeitos que não consentiram[10], e que podem, muitas vezes, até mesmo incluir o nome do sujeito e afins na primeira página, como um meio de capitalizar sobre o "valor comercial" de sua identidade[11].

Nem em *Zacchini v. Scripps-Howard Broadcasting Co.*[12], um dos casos de "direito de publicidade" da Corte, foi autorizada a responsabilização. *Zacchini* focou apenas no cenário incomum do direito de publicidade em que um réu transmitiu um ato inteiro do autor, reivindicação na qual o Tribunal apontou que é muito parecida com uma reivindicação de direitos autorais, embora aplicável sob a lei estadual para obras inacabadas[13]. O Tribunal salientou, por duas vezes, que não estava decidindo sobre a questão mais ampla de quando um reclamante pode demandar o requerido por usar o nome do demandante e imagem, ou outros atributos de identidade – que é o padrão de reivindicação do direito de publicidade[14].

É por isso que, com base em grande parte das considerações da Primeira Emenda[15], a seção 47 da *Restatement* dramaticamente limita o escopo da seção 46:

---

9 Ver Matthews v. Wozencraft, 15 F.3d 432, 439–40 (5th Cir. 1994); Seale v. Gramercy Pictures, 949 F. Supp. 331, 337–38 (E.D. Pa. 1996); Taylor v. NBC, No. BC110922, 1994 WL 780690, at *2 (Cal. Super. Ct. Sept. 12, 1994).

10 Ver, por exemplo, Hoffman, 255 F.3d em 1185-1186 (observe que tal artigo foi constitucionalmente protegido contra um direito de publicidade).

11 Ver Montana v. San Jose Mercury News, Inc., 40 Cal. Rptr. 2d 639, 640–41 (Ct. App. 1995), ver também Eastwood v. Superior Court, 198Cal. Rptr. 342, 351 (App Ct.. 1983) (para concluir, mas também concluindo que, se as afirmações sobre o litigante foram conscientemente falsas, os autores podem ser punidos pelas declarações falsas, fato excepcionado pela proteção da Primeira Emenda).

12 433 U.S. 562 (1977).
"O Tribunal considerou que a Primeira e a Décima Quarta Emenda não imunizam os meios de comunicação de responsabilidade civil, quando eles transmitem todo ato de um artista sem seu consentimento, e a Constituição não impede que um Estado de exija das empresas de radiodifusão a compensação aos artistas." (N.T.).

13 *Id.* em 576–77.

14 *Id.* em 573 n.10, 576.

15 Ver RESTATEMENT (THIRD) OF UNFAIR COMPETITION § 47 cmt. c (1995) (O direito de publicidade reconhecido pela lei e pelo direito comum é

O nome, imagem e outros indícios de identidade de uma pessoa são usados "para fins de comércio", sob a regra enunciada no § 46, se forem utilizados na publicidade de bens ou serviços, ou colocados em mercadorias comercializadas pelo usuário, ou utilizados em conexão com serviços prestados pelo usuário. Entretanto, o uso "para fins de comércio" não inclui normalmente o uso de identidade de uma pessoa em notícias jornalísticas, comentário, entretenimento, obras de ficção ou não ficção, ou na publicidade que faz esses usos de forma incidental.[16]

Da mesma forma (embora mais restrita), a seção 3344 (d) do Código Civil da Califórnia limita a seção 3344 (a), excluindo usos "em conexão com qualquer notícia, assuntos públicos, ou transmissão de esportes, ou de qualquer campanha política"[17], alguns outros estados fazem o mesmo[18]. Esses estados, assim, impõem a responsabilização legal para filmes comercialmente distribuídos, peças de teatro, romances, músicas e piadas (exceto aquelas que são tratadas como "notícia" ou "relações públicas") que mencionam pessoas reais pelo nome[19],

---

fundamentalmente limitado pelo interesse público e constitucional de liberdade de expressão).

16 *Id.* § 47; *ver também, e.g.*, IND. CODE. ANN. § 32-36-1-1(c) (Michie 2002) (fornecedendo similarmente uma ampla exceção); OHIO REV. CODE ANN. § 2741.09 (Anderson 2000) (também); 42 PA. CONS. STAT. ANN. § 8316(e) (West 1998) (também); WASH. REV. CODE ANN. § 63.60.070(1) (West Supp. 2003) (com exclusão de qualquer "material cultural, histórico, político, religioso, educional, ou de interesse público").

17 CAL. CIV. CODE § 3344(d) (West 1997).

18 Ver, por exemplo, Okla. STAT. ANN. tit. 12, § 1.449 (D) (West 1993) (adotando as mesmas exclusões limitadas); TENN. CODE ANN. § 47-25-1107 (a) (2001) (o mesmo), ver também FLA. STAT. ANN. § 540,08 (3) (a) (West 2002) (excluindo-se apenas notícia "bona fide [s] ou apresentações que tenham um interesse público legítimo e atual"); NEB. REV. STAT. § 20 - 202 (1997) (excluindo as notícias e propagandas não comerciais); cf. 765 ILL. COMP. STAT. ANN. 1075/35 (b) (West 2003) (excluindo uma ampla gama de retratos de pessoas, mas cobrindo uso de nomes de pessoas em músicas ou livros que estão fora do escopo de "Retratar, descrever, ou representar", por exemplo, como a menção de Joe DiMaggio em Mrs. Robinson, de Simon & Garfunkel).

19 Nomes de pessoas mortas, imagens e outros atributos podem ser mais utilizáveis; a lei da Califórnia, por exemplo, prevê o direito de controlar o uso da identidade de pessoas mortas não se estende a qualquer "jogo, livro, revista, jornal, composição musical, obra audiovisual, rádio ou programa de televisão,

embora tal responsabilização possa muitas vezes ser absorvida pela Primeira Emenda[20].

A common law e os estatutos de direito de publicidade, não distinguem simplismente os usos comerciais no sentido de coisas vendidas no comércio (que incluem biografias e artigos de jornal), de usos de distribuição não comercial. Nem eles simplesmente distinguem usos que constituem "discurso comercial" (que provavelmente incluiria anúncios para biografias, mas excluem camisetas, gravuras e afins[21]), daqueles de usos que são de "discurso não comercial." Pelo contrário, eles geralmente dividem as publicações em quatro categorias, que abrangem os dois últimos e não os dois primeiros:

Tipo de discurso	Discurso comercial?	Infringente?
1 Certos tipos de obras que se referem a uma pessoa, mas caem dentro de certos gêneros legalmente favorecidos, definidos como "notícia jornalística, comentários, entretenimento, obras de ficção ou não ficção "(Restatement) ou "notícias, assuntos públicos, ou esportes..., ou qualquer outra campanha política" (Código Civil da Califórnia)	Não	Não
2 Anúncios para os itens da categoria 1	Sim	Não

obra única e original de trabalho de arte, de valor político ou interesse, ou uma propaganda comercial ou anúncio para qualquer uma dessas obras, ... se é ficção ou entretenimento de não-ficção, ou uma obra dramática, literária ou musical." CAL. CIV. CODE § 3.344,1 (a) (2) (West Supp. 2003).

20 Consulte a Parte IV infra.

21 Referem-se à nota 27 infra.

3 Anúncios de outros produtos (VCRs, carros, lanches e qualquer outra coisa) que se refiram a uma pessoa	Sim	Sim
4 Obras, que não sejam anúncios, que se referem a uma pessoa e não se enquadram nos gêneros legalmente favorecidos no item 1, como esculturas, camisetas, ou gravuras, ou, na Califórnia, músicas, filmes e entretenimento	Não	Sim

III. OS GÊNEROS DESFAVORECIDOS E A PRIMEIRA EMENDA

Tribunais inferiores têm consistentemente mantido – corretamente, a meu ver – que o direito de publicidade não pode restringir, como a legislação da Califórnia propõe, fazer filmes, novelas, peças de teatro ou canções que usem nomes de pessoas ou afins[22]. O filme *Forrest Gump*, em que o personagem título encontra diversas pessoas famosas ou qualquer romance que contenha pessoas reais como personagens ou a canção de Simon & Garfunkel Mrs. Robinson, que menciona Joe DiMaggio são todos constitucionalmente protegidos. Pessoas reais, vivas ou mortas, são assuntos importantes de discussão, seja na ficção ou em notícias jornalísticas[23]. O debate atual sobre os gêneros desfavorecidos legalmente, portanto, não tem a ver com filmes, novelas ou músicas, mas com esculturas, gravuras e camisetas: no início de 1980,

---

22 Ver, por exemplo, Rogers v. Grimaldi, 875 F.2d 994, 1004-1005 (2d Cir 1989.); Winter v. DC Comics, 69 P.3d 473 (Cal. 2003); casos citados supra nota 9. Cf. Parks v. LaFace Records, 329 F.3d 437, 461 (6 Cir. 2003) (reconhecendo este princípio geral, mas concluindo que o uso do nome de alguém ou imagem pode ser proibido se é "totalmente alheio" ao resto do trabalho). Mas ver Doe v. TCI Cablevision, 110 SW3d 363 (Mo 2003) (discordando do resultado de Winter, e assegurando que o autor de quadrinhos pode ser responsabilizado pela pessoa famosa após dar seu nome a um personagem).

23 Ver Winters v. New York, EUA 333 507, 510 (1948) (recusando-se a desenhar uma distinção entre entretenimento e apoio político na Primeira Emenda).

um caso da Suprema Corte da Georgia, por exemplo, considerou que o espólio de Martin Luther King Jr. poderia barrar a distribuição não autorizada de bustos de King e, em 2001, a Suprema Corte da Califórnia em *Comedy III Productions v. Saderup,* decidiu manter o mesmo para a distribuição de camisetas não autorizadas e gravuras dos Three Stooges[24].

E mesmo aqui a questão da Primeira Emenda permanece. A jurisprudência da Suprema Corte sobre a Primeira Emenda não fornece nenhum suporte para distinguir a arte visual retratando uma pessoa (um busto ou uma impressão) de obras literárias ou audiovisuais que usam o nome de uma pessoa ou afins (um filme, uma novela, uma notícia, uma piada realizada por um comediante)[25].

Ambos os tipos de trabalho podem ser vendidos por dinheiro, mas estão protegidos apesar disso[26]. Ambos são considerados discursos não comerciais, porque a doutrina do discurso comercial é geralmente limitada à publicidade comercial[27]. Ambos, quando se referem a uma pessoa famosa, envolvem oradores (escultores, artistas, cineas-

---

24 Martin Luther King, Jr. Ctr. for Soc. Change, Inc. v. Am. Heritage Prods., Inc., 296 S.E.2d 697, 706 (Ga. 1982); Comedy III Prods., Inc. v. Gary Saderup, Inc., 21 P.3d 797, 811 (Cal. 2001). Mas ver ETW Corp. v. Jireh Publ'g, Inc., 332 F.3d 915 (6th Cir. 2003) (sustentando que imagens representando Tiger Woods são protegidas pela Primeira Emenda contra o direito de ação de publicidade de Wood).

25 Veja Cardtoons, L.C. v. Major League Baseball Players Ass'n, 95 F.3d 959, 969 (10 Cir. 1996) (sustentando, no caso de um direito de publicidade, que a Primeira Emenda protege a paródia em cartões de baseball, e do raciocínio de que "as proteções oferecidas pela Primeiro Emenda... nunca foram limitadas à jornais e livros.... Assim, mesmo se os cartões comerciais não são um meio tradicional de expressão, eles ainda contêm discurso protegido "); Diane Leenheer Zimmerman, ETW Corp v. Jireh Publishing, Inc.: Amicus Curiae Brief of Seventy-Three Law Professors in Support of Jireh Publishing, Inc. 22 WHITTIER L. REV. 391, 410–12 (2000).

26 Ver Simon & Schuster, Inc. v. Members of the N.Y. State Crime Victims Bd. 502 U.S. 105 (1991) (sustentando que a Primeira Emenda protege o direito de vender o discurso).

27 Ver, e.g., Virginia State Bd. of Pharmacy v. Virginia Citizens Consumer Council, Inc., 425 U.S. 748, 759, 761 (1976); Eugene Volokh, Freedom of Speech and Information Privacy: The Troubling Implications of a Right to Stop People from Speaking About You, 52 STAN. L. REV. 1049, 1080–81 (2000).

tas, biógrafos, jornalistas) criando algo que não teria qualquer valor a não ser através de um sujeito famoso[28]. E a Primeira Emenda também não distinguiu, e não deve distinguir, a grande arte (por exemplo, a escultura "séria" ou pintura) da arte inferior (por exemplo, impressões ou esculturas feitas para decorar uma parede ou uma estante), assim como não distinguiu a alta literatura da baixa[29].

A Primeira Emenda também nunca distinguiu "conteúdo de alta informação", obras como livros ou filmes, dos trabalhos de "conteúdo de baixa informação", uma categoria na qual alguém pode inserir esculturas, impressões e camisetas. A Primeira Emenda protege o seu direito de vestir uma jaqueta com um slogan de três palavras; seu direito de exibir um sinal que contenha apenas as palavras "Pela Paz no Golfo"; o seu direito de exibir símbolos, como braçadeiras pretas ou bandeiras em chamas, que transmitem uma mensagem bastante simples (e, muitas vezes, nem mesmo uma mensagem de precisão definida); e seu direito de criar obras puramente abstratas, como a

---

28 Alguns argumentaram, para citar Zacchini (embora fora do contexto específico em que Zacchini fez esta declaração) que a justificativa para [proteger o direito de publicidade] é simplemente evitar enriquecimento sem causa pelo furto da boa vontade. Nenhuma finalidade social é servida por ter um réu que sai livre em algum aspecto, pleiteado pelo autor, que teria valor de mercado e pelo qual ele pagaria normalmente. 433 U.S. at 576 (alteração no original). Mas a história de vida de Martin Luther King Jr. também teria valor de mercado e os candidatos a biógrafos costumam pagar por tais histórias de vida. Nós concluimos que os biógrafos podem, contudo, escrever biografias não autorizadas, sem pagar qualquer dinheiro para seus biografados, presumivelmente porque pensamos que algum "propósito social é atendido" por tais biografias. Por que, então uma "finalidade social" não seria alcançada por pessoas capazes de distribuir bustos, gravuras, ou camisetas?

29 Ver Winters v. New York, 333 U.S. 507, 510 (1948) ("O que é a diversão de um homem, ensina a doutrina do outro. Embora não possamos ver nada de qualquer valor possível para a sociedade nessas revistas, elas têm tanto direito à proteção da liberdade de expressão quanto o melhor da literatura."). A única exceção é a lei de obscenidade, que distingue trabalhos que têm "sérios" valores científico, literário, artístico, político de obras que faltam o valor da seriedade, Miller v. California, 413 U.S. 15, 26 (1973), mas que, felizmente,- foi comprovada ser uma exceção estrita, aplicável somente aos materiais com cunho sexual explícito – seria um erro, eu acho, alargar o papel do juiz como crítico de arte.

arte abstrata, a música instrumental, ou a poesia do absurdo, que, de qualquer forma, não transmitem muitas idéias[30].

Criar um busto de Martin Luther King Jr. parece, pelo menos, fazer mais parte da liberdade de expressão do escultor do que as obras anteriormente citadas; e é pelo menos tão valioso para os seus consumidores (que vai exibi-lo orgulhosamente sobre a estante para expressar seu apoio a King), quanto seria uma jaqueta com um slogan curto. Além disso, mensagens curtas e simbólicas, como "Foda-se o Projeto", uma bandeira em chamas ou a imagem de uma pessoa famosa, são muitas vezes mais persuasivas do que mensagens longas e mais explícitas, porque as pessoas são mais propensas a prestar atenção a elas: É por isso que, para melhor ou pior, frases que podem caber em adesivos são importantes na política.

Nem é o interesse do governo aqui em jogo especialmente de peso. Se a lei não pode suprimir mesmo uma mensagem curta carregada de profanação para evitar ofensa aos ouvintes ou deterioração do discurso da sociedade civil, então não é claro por que ele deve ser capaz de suprimir camisetas ou bustos que fornecem mais dinheiro para celebridades.

A lei dos direitos autorais pode pelo menos ser justificada pela sua específica autorização constitucional e pela preocupação de que sem o incentivo financeiro garantido pela lei de direitos autorais, muito menos obras (especialmente trabalhos caros) seriam criadas[31]. Mas a Constituição não menciona igualmente o direito de publicidade; e é difícil acreditar que as pessoas parassem de querer tornar-se líderes políticos, atores, atletas se eles fossem informados de que iriam receber menos renda das vendas de camisetas ou gravuras. Praticamente todos esses usos retratam pessoas que já são famosas e que, provavelmente, já ganharam um monte de dinheiro com a atividade que as fizeram famosas[32].

---

30 Ver Cohen v. California, 403 U.S. 15, 25–26 (1971); City of Ladue v. Gilleo, 512 U.S. 43, 54–55 (1994); Tinker v. Des Moines Indep. Cmty. School Dist., 393 U.S. 503, 514 (1969); Texas v. Johnson, 491 U.S. 397 (1989); Hurley v. Irish-Am. Gay, Lesbian & Bisexual Group, Inc., 515 U.S. 557, 569 (1995).

31 Ver Harper & Row, Publishers, Inc. v. Nation Enters., 471 U.S. 539, 558–59 (1985).

32 Ver, *e.g.*, Cardtoons, L.C. v. Major League Baseball Players Ass'n, 95 F.3d 959, 973–74 (10th Cir. 1996) (rejeitando o argument econômico em favor do direito

Pode-se imaginar alguém para quem o incentivo marginal fornecidos pelos direitos exclusivos de controlar vendas de camisetas faz a diferença entre permanecer no anonimato e tornar famoso ou entre ficar moderadamente famoso e torna-se mais famoso, mas essa seria uma pessoa rara de fato[33]. Então a lei do direito de publicidade certamente proíbe a criação de algumas obras novas (gravuras, esculturas, etc) a fim de fornecer um pequeno aumento especulativo ao incentivo à criação de outros trabalhos (os trabalhos que fariam uma pessoa famosa). Se o objetivo da lei é incentivar a produção de novos trabalhos, o direito de publicidade provavelmente prestaria mais um desserviço a esse interesse do que um serviço[34].

---

de publicidade); Michael Madow, *Private Ownership of Public Image: Popular Culture & Publicity Rights*, 81 CAL. L. REV. 125, 137, 184 (1993) (também); Zimmerman, nota 25 *supra*,(também).

33 Ver Cardtoons, 95 F.3d em 974 (argumentando que o direito de publicidade fornece algum incentivo marginal, mas apenas uma pequena quantidade). Mas ver Comedy III Prods., Inc. v. Gary Saderup, Inc., 21 P.3d 797, 804-05 (Cal. 2001) (citando Lugosi v. Universal Pictures, 603 P.2d 425 (Cal. 1979) (Bird, CJ, dissidentes)) (argumentando que anos de trabalho podem ser necessários antes de alguém adquirir uma habilidade. . . [que seja] suficientemente desenvolvida para permitir um retorno econômico através de algum meio de promoção comercial", e que a lei pode, assim, reconhecer "um interesse legítimo em proteger a exploração do valor a ser obtido a partir do *merchandising* da imagem de uma celebridade, seja esse interesse concebido como uma espécie de direito natural de propriedade ou como um incentivo para estimular o trabalho criativo"). Se os estúdios insistem que as estrelas cedam os seus direitos de publicidade a eles, então a perspectiva de renda extra de *merchandising* poderia concebivelmente fornecer algum incentivo extra para fazer o filme. Mas desde que os estúdios já têm os direitos exclusivos de *merchandising* das cópias de partes de suas obras, tais como direitos autorais das cenas do filme ou camisetas retratando os personagens em seus figurinos – esse incentivo marginal deve ser muito pequeno.

34 Alguns também argumentaram que dar às celebridades um direito de propriedade em seu nome e imagem impede a "congestão das externalidades": Associar a imagem de alguém com um produto transmite informações valiosas para os consumidores. Sem a escassez artificial criada pela proteção da própria imagem, essa imagem seria explorada comercialmente até que o valor marginal de seu uso seja zero. [Nota:] Se a apropriação da imagem de um indivíduo for deixada desimpedida, logo seria usada em demasia, já que cada usuário não consideraria o efeito da externalidade que seu uso terá sobre os outros. Cada uso do nome ou da imagem da celebridade reduzirá o valor que outros usuários possam dela derivar. O uso de um nome ou imagem, portanto, é análogo ao uso excessivo de

E sob a doutrina ortodoxa da Primeira Emenda, a mera conjectura de que essa restrição do discurso pode fazer certa quantidade de bem em alguns casos, geralmente, não é suficiente[35]. Qualquer que seja o "balanceamento"[36], o que a Primeira Emenda tolera é, em regra, canalizado pela doutrina da Primeira Emenda por meio de certos testes

---

uma via pública: Ao decidir se deve usar a estrada, cada usuário não considera o aumento do congestionamento que seu uso irá infligir sobre os outros. Podemos racionar o uso de estradas por pedágios imponentes. Nós concedemos às celebridades o direito de propriedade de racionar o uso de seus nomes, a fim de maximizar o seu valor ao longo do tempo.
Matthews v. Wozencraft, 15 F.3d 432, 437-38 e 438 n.2 (5 Cir. 1994) (citações omitido), ver também WILLIAM M. LANDES & Richard A. Posner, THE ECONOMIC STRUCTURE OF INTELLECTUAL PROPERTY LAW ch. 8 (2003); Richard A. Posner, *The Right of Privacy*, 12 GA. L. REV. 393, 412–13 (1978); Mark F. Grady, *A Positive Economic Theory of the Right of Publicity*, 1 UCLA ENT. L. REV. 97, 103–04, 126 (1994). Está longe de ser claro, porém, que isso iria acontecer, especialmente para outros usos além da publicidade comercial. Como o tribunal em Cardtoons apontou, "as freqüentes aparições de imagens de uma celebridade em camiseta e canecas de café não podem reduzir o seu valor, mas podem sim aumentá-lo, "precisamente porque todo mundo tem uma." Cardtoons, 95 F.3d em 975; Madow, supra nota 32. Além disso, se mais pessoas podem obter mais obras que contenham o nome ou imagem da celebridade, seja porque há mais diferentes tipos de obras, que apelam para uma gama mais ampla de gostos, ou porque a concorrência faz obras mais baratas, então isso provavelmente irá aumentar o valor agregado das obras para os usuários. (Isto é semelhante à forma da concorrência entre os produtores de outros bens, tais como frutas e vegetais, produzem produtos mais baratos e mais variados e aumentam o valor agregado dos produtos aos consumidores.) Este aumento pode muito bem superar qualquer "redução no valor que os outros usuários podem derivar das" obras. Wozencraft, 15 F.3d a 438, ver também Madow, nota 32 supra. Mas, mais amplamente, a mera possibilidade de que a fala irrestrita pode, em algumas situações, causar alguns problemas econômicos, não deve ser suficiente para justificar as restrições do discurso. Para que tais restrições sejam constitucionais, parece-me, que o interesse do governo, por trás da restrição, deve ser consideravelmente mais forte e certamente implicado. Vê a nota 32 supra.

[35] Ver, *e.g.*, Eu v. S.F. County Democratic Cent. Comm., 489 U.S. 214, 226, 228–29v (1989); Meyer v. Grant, 486 U.S. 414, 426 (1988); FEC v. Mass. Citizens for Life, Inc., 479 U.S. 238, 262 (1986); Globe Newspaper Co. v. Superior Court, 457 U.S. 596, 608–10 (1982); First Nat'l Bank v. Bellotti, 435 U.S. 765, 789–90 (1978); Buckley v. Valeo, 424 U.S. 1, 45–47, 53–54 (1976).

[36] Ver, 1 J. THOMAS MCCARTHY, THE RIGHTS OF PUBLICITY AND PRIVACY at 2-5 to -6 (2d ed. 2000) (argumentando que "balancear a liberdade de

bastante exigentes. Quando a expressão é de outra maneira presumivelmente protegida (ou seja, não abrangidas pelas exceções estreitas, tais como obscenidade, declarações falsas de fatos ou ameaças), restrições de conteúdo baseadas em tal discurso – não apenas ponto de vista baseado nas restrições, mas baseada em conteúdo – são constitucionais somente se forem estritamente adaptadas a um convincente interesse público[37]. Em casos de liberdade de expressão, esse teste tem sido interpretado de uma forma tendencialmente muito rigorosa, exigindo mais do que apenas um palpite se a restrição do discurso fornecer algum benefício[38]; é difícil ver o teste ser satisfeito quanto ao direito de publicidade.

Claro, talvez a razão mais profunda para o direito de publicidade não é o desejo de um incentivo (provavelmente supérfluo) para se tornar famoso. Pelo contrário, é no sentido de que você, ao criar coisas com o meu nome ou meu rosto, toma aquilo que é *meu*. Não haveria um interesse suficientemente forte, afinal, para proteger minha propriedade contra o roubo?[39]

Mas o que é "meu" está sendo usado aqui em dois sentidos diferentes, "relacionando a mim" (meu nome) e "pertencendo a mim para que eu possa impedir outros de usá-lo" (minha propriedade), e não é

---

expressão contra o direito de publicidade não deve ser mais ou menos difícil aqui do que em qualquer outra área do direito").

37 Austin v. Mich. Chamber of Commerce, 494 U.S. 652, 654–55, 660 (1990); Boos v. Barry, 485 U.S. 312, 329 (1988); ver também Burson v. Freeman, 504 U.S. 191, 198, 199– 200, 206–12 (1992) (opinião plural); Bd. of Airport Comm'rs v. Jews for Jesus, Inc., 482 U.S. 569, 573 (1987); Cornelius v. NAACP Legal Def. & Educ. Fund, Inc., 473 U.S. 788, 800 (1985); United States v. Grace, 461 U.S. 171, 177, 183–84 (1983); Perry Educ. Ass'n v. Perry Local Educators' Ass'n, 460 U.S. 37, 45 (1983. O direito de publicidade é claramente baseado em conteúdo: Proíbe a utilização não licenciada de conteúdo particular (nomes de pessoas ou imagens). Ver Eugene Volokh, Freedom of Speech and Intellectual Property: Some Thoughts After Eldred, 44 Liquormart, and Bartnicki, 40 HOUS. L. REV. 697, 703–09 (2003). Mas, mesmo que seja visto como conteúdo neutro, o escrutínio rigoroso ainda é o teste apropriado, porque o direito de publicidade não deixa canais alternativos, amplos e abertos, para o falante transmitir o conteúdo que ele deseja transmitir.

38 Ver Eugene Volokh, *Freedom of Speech, Permissible Tailoring and Transcending Strict Scrutiny*, 144 U. PA. L. REV. 2417, 2452–55 (1996).

39 Ver 1 MCCARTHY, nota 36 *supra*.

claro por que esses sentidos devem ser idênticos, por que o nome pelo qual sou chamado ou o rosto que as pessoas vêem deveria ser minha propriedade exclusiva, com as quais os outros não podem se referir sem a minha permissão. Rejeitamos isso no que diz respeito à biografia; a vida de Elizabeth Taylor não é propriedade intelectual de Elizabeth Taylor, no sentido de que ela pode excluir os outros de fazerem filmes sobre ela[40]. O rosto e o nome de Elizabeth Taylor também não são sua propriedade, vejam-se os jornais ou cineastas que querem escrever sobre ela. Por que então essas obras deveriam ser propriedade dela em face de escultores, estampistas, ou criadores de camisetas?[41]

A questão, então, mantém-se: mesmo que a lei estadual diga que o direito de publicidade é uma espécie de propriedade, por que o direito da Primeira Emenda deveria tolerar uma lei estadual que usa o termo "propriedade" para impedir as pessoas de se expressarem de determinadas maneiras? Pela lei de direitos autorais, a resposta pode ser "porque a Constituição autoriza e porque o incentivo resultante para produzir novas obras o justifica". Mas para a lei do direito de publicidade, essa resposta não funciona.

---

40 Ver, *e.g.*, Taylor v. NBC, No. BC110922, 1994 WL 780690, at *2 (Cal. Super. Ct.Sept. 12. 1994); *see also* Matthews v. Wozencraft, 15 F.3d 432, 439 (5th Cir. 1994); Seale v. Gramercy Pictures, 949 F. Supp. 331, 338 (E.D. Pa. 1996).

41 Alguns tentaram defender a lei de propriedade intelectual do desafio da Primeira Emenda, através de analogias ao direito de propriedade real; "você não pode usar a frente do meu gramado-minha verdadeira propriedade - para o seu discurso", o argumento continua, "então você também não deve ser autorizado para usar a minha propriedade intelectual para o seu discurso". Mas essa é uma analogia instável: O meu direito de propriedade do meu gramado da frente só me dá o direito de excluir fisicamente as pessoas dele, não me dá o direito de impedir as pessoas de falar sobre isso, ou impedi-las de fotografá-lo de um lugar público. Da mesma forma com o meu nome ou rosto, como os exemplos do artigo de jornal e biografia demonstram. Jornalistas não podem escrever histórias sobre mim invadindo minha casa (minha propriedade real); mas eles podem escrever histórias que usam o meu nome e imagem, não obstante eventuais direitos de propriedade intelectual que a lei estadual possa tentar interpor. Veja geralmente Mark Lemley & Eugene Volokh, *Freedom of Speech and Injunctions in Intellectual Property Cases*, 48 DUKE L.J. 147, 183–85 (1998) (explicando porque as regras de propriedade intelectual são muito diferentes dos fins da Primeira Emenda das regras de propriedade real).

IV. OS GÊNEROS DESFAVORECIDOS E O TESTE DO "USO TRANSFORMADOR"

A. *A decisão Comedy III*

Em 2001, a Suprema Corte da Califórnia ofereceu uma resposta a esta questão, no caso *Comedy III Productions, Inc. v. Gary Saderup, Inc.*[42], que tentou limitar e justificar o direito de publicidade. Esta decisão provavelmente será bastante influente, tanto porque foi muito fundamentada (compare, por exemplo, essa discussão aprofundada em relação à superficial decisão fornecida pela Suprema Corte da Geórgia no caso envolvendo o busto de Martin Luther King Jr.[43]), quanto porque justifica o fato de muitos artistas proeminentes viverem na California.[44]

O Tribunal, no caso da *Comedy III,* reconheceu que o direito de publicidade é limitado pela Primeira Emenda[45]. Reconheceu que trabalhos (neste caso, camisetas e litografias) não são "discurso comercial", mesmo quando eles são vendidos comercialmente[46]. Reco-

---

42 21 P.3d 797, 799 (Cal. 2001).

43 Martin Luther King Jr. Ctr. for Soc. Change, Inc. v. Am. Heritage Prods., Inc., 296 S.E.2d 697, 700, 701, 705 (Ga. 1982).

44 De acordo com a escolha do regramento das leis de muitos estados, os casos de direito de publicidade deve aplicadar a lei do domicílio do detentor dos direitos (ou, se o pedido decorre do uso do nome ou imagem de uma pessoa morta, a lei do lugar onde a pessoa era domiciliada quando morreu). Ver, *e.g.*, Cairns v. Franklin Mint Co., 292 F.3d 1139, 1147 (9th Cir. 2002); Rogers v. Grimaldi, 875 F.2d 994, 1002 (2d Cir. 1989). Mas ver Newton v. Thomason, 22 F.3d 1455, 1459–60 (9th Cir. 1994) (aplicando ao invés da escolha do regramento das leis de Illinois, que mandava o teste dos "mais significativos contatos"). Comedy III já desempenhou um papel importante fora da Califórnia em ETW Corp v. Jireh Publishing, Inc., 332 F.3d 915, 934-38 (6 Cir. 2003), que continha uma outra discussão bastante detalhada das questões da Primeira Emenda levantadas pelo direito de publicidade

45 Comedy III, 21 P.3d em 803 (argumentando que a tensão entre a Primeira Emenda e o direito de publicidade é resolvida em favor da Primeira Emenda, limitando assim o direito de publicidade, tanto quanto o discurso sobre figuras públicas, cuja elevada proteção é concedida pela lei de difamação).

46 *Id.* em 800, 802.

nheceu que a arte e entretenimento, e não apenas notícia ou opinião política, são constitucionalmente protegidos[47]. No entanto, concluiu que a defesa da Primeira Emenda se limita às obras que são "transformadoras"[48], que o tribunal definiu em várias vezes como obras que:

> •"acrescentam algo novo, com um propósito adicional ou personagem diferente, alterando o primeiro com nova expressão, significado ou mensagem";[49]
>
> • "acrescentam expressão significativa para além do retrato do literal ou imitação de uma celebridade para ganho comercial,[50]
>
> • usam da imagem da celebridade como "uma das matérias-primas" a partir da qual uma obra original é sintetizada", em oposição de ter "a representação ou imitação da celebridade ser a própria soma e substância da obra em questão ";[51]
>
> • "que transformam [uma imagem] que se tornou em primeiro lugar a própria expressão do réu do que a imagem da celebridade", sendo que o termo "expressão" "significa expressão de algo diferente da imagem da celebridade"[52]
>
> • que envolvem "os elementos criativos predominantemente no trabalho" ao invés de "literal e imitativa";[53]
>
> • que envolvem a "contribuição do artista com algo mais do que uma variação "meramente trivial", [mas a criação de] algo reconhecidamente "próprio""'[54]

Aplicando essa análise, o tribunal concluiu que os esboços de carvão dos Three Stooges feitos por Saderup, com reproduções em camisetas e em litografias, não foram transformadores, porque "a ha-

---

47 *Id* em 804.

48 *Id* em 810.

49 *Id* em 808 (citando Campbell v. Acuff-Rose Music, Inc., 510 U.S. 569, 579 (1994)).

50 *Id.*

51 *Id* em 809.

52 *Id.*

53 *Id.*

54 *Id* em 810. (citando L. Batlin & Son, Inc. v. Snyder, 536 F.2d 486, 490 (2d Cir. 1976) (algumas aspas omitidas)) (indicando o teste para que uma obra seja protegida pelos direitos autorais).

bilidade e o talento do artista foram manifestamente subordinados ao objetivo geral de criar um retrato convencional de uma celebridade, de modo a explorar comercialmente a fama dele ou dela."[55]

A Suprema Corte da Califórnia atualmente gasta razoavelmente pouco tempo justificando a distinção entre usos transformado / não transformado, ou justificando o direito de publicidade de modo mais abrangente. É dito que "a Legislatura tem uma base racional para permitir que celebridades e seus herdeiros controlem a exploração comercial da imagem da celebridade"[56]; mas é claro que uma base racional em geral não é suficiente para justificar as restrições do discurso. Em seguida, a Corte disse que, em *Zacchini,* fora estabelecido que "o interesse da lei estadual e o interesse da livre expressão devem ser equilibrados, de acordo com a importância dos interesses em jogo", e citou alguns casos passados em que esse equilíbrio foi feito, mas ela realmente não explicou por que o interesse da lei estadual é tão forte, até mesmo para o direito autoral não transformador[57]. Ela identificou, no entanto, duas razões para a distinção transformadora / não transformadora:

1. Uso transformador não interfere tanto na renda da celebridade porque "obras de paródia ou outras distorções da figura de celebridades não são, a partir do ponto de vista dos fãs da celebridade, bons substitutos para representações convencionais da celebridade e, portanto, geralmente não ameaçam os mercados de artigos de celebridades, sob os quais o direito de publicidade é projetado para proteger"[58]. (Presumivelmente, este repousa sobre um julgamento implícito que a celebridade tem apenas o direito sobre os rendimentos provenientes dos artigos "convencionais", e não tem o direito sobre todo o mercado, para todas as obras do comércio da fama de celebridades, incluindo os transformadores).

2. Os usos não transformadores serão criados de qualquer maneira, pela celebridade ou seus licenciados, por isso há pouca perda para o público se o direito de publicidade cobre-os: "[Nós] não es-

[55] *Id.*
[56] *Id* em 805.
[57] *Id* em 805-07.
[58] *Id* em 808.

tamos preocupados sobre como as imagens convencionais devem ser produzidas, mas com quem os produz e, mais pertinente, quem se apropria do valor de sua produção."[59]

Estes argumentos sugerem que a limitação do direito de uso não transformador seria (1) atender adequadamente o interesse do governo em proteger o direito de lucro de uma celebridade sobre os "mercados de artigos de celebridades", enquanto (2) não "sobrecarregaria muito o discurso"[60].

B. A incerteza sobre o que seja "transformador"

1. *Qual o sentido de "transformador" foi proposto pelo Tribunal?* Não está claro, porém, que esse teste do uso transformador vai realmente funcionar. Para começar, considere as três maneiras que o próprio Tribunal define "transformador":

> (a) "contribuir com algo, um pouco mais que uma variação meramente trivial, [mas a criação de] algo reconhecidamente próprio daquele que realiza o discurso'"[61], uma definição emprestada de um caso que define o limiar do direito autoral para obras derivadas de obras de domínio público;
>
> (b) que usa imagem da celebridade como "uma das matérias-primas, a partir da qual uma obra original é sintetizada," em oposição a ter "representação ou imitação da celebridade como a soma e substância da obra em questão"[62];
>
> (c) "contribui com algo novo, com um propósito novo ou com um caráter diferente, alterando a primeira com um novo significado,

---

59 Id. em 811, ver também v. Zacchini Scipps-Howard Broad. Co,USA 433 562, 573 (1977) (argumentando que o direito de publicidade "introduz a divulgação de informações para o público" menos do que o dano da falsa luz, porque nos casos do "direito de publicidade" a única questão é quem vai fazer a publicação").

60 Ver Comedy III, 21 P.3d em 808 (explicando que paródias e usos transformadores geralmente não agradam aos fãs de celebridades e, portanto, não representam uma ameaça para o mercado de memorabilia autêntica).

61 *Id. e*m 810 (citando L. Batlin & Son, Inc. v. Snyder, 536 F.2d 486, 490 (2d Cir. 1976)

62 *Id. e*m 809

expressão, ou mensagem," uma definição emprestada de um caso que definiu quando um trabalho torna-se um uso justo.[63]

A primeira definição seria muito mais fácil de ser satisfeita do que a segunda e a terceira. O teste para aquisição dos direitos autorais é muito frouxo, mesmo para obras derivadas. Um desenho a carvão retirado de uma fotografia de domínio público ou um busto feito de uma fotografia de domínio público, certamente seriam independentes da aquisição de direito autoral, porque ambos contribuem com "algo mais do que uma variação meramente trivial" e criam algo "reconhecidamente próprio '[do artista]'."[64]

A terceira definição seria muito mais difícil de ser satisfeita do que a primeira e a segunda: mesmo acréscimos substanciais não são vistos como transformadores sob a doutrina do uso justo, a menos que eles procurem dizer algo novo sobre o trabalho original. Falar sobre O.J. Simpson sob o modelo de *The Cat in the Hat*, por exemplo, foi conhecido como uso não transformador do original do Dr. Seuss, porque não se baseou sobre o original[65]. Ainda que a reformulação do poema certamente tenha "contribuido com algo mais do que uma "variação meramente trivial" e que provavelmente tenha usado o poema como "uma das matérias-primas sobre as quais um trabalho original foi realizado".[66]

Assim, mesmo durante a definição do teste, em *Comedy III* foram usadas três definições bem diferentes e a aplicação do teste não foi feita de modo muito melhor. Ao rejeitar reivindicação de *Saderup*, o

---

63 *Id. e*m 808 (citando Campbell v. Acuff-Rose Music, Inc., 510 U.S. 569, 579 (1994)).

64 Id. a 810, ver, por exemplo Three Boys Music Corp v. Bolton, 212 F.3d 477, 489 (9 Cir. 2000) ("definição de originalidade é ampla: tudo que é necessário para satisfazer tanto a Constituição e o Estatuto, é que o 'autor' tenha contribuído com algo mais do que uma variação meramente trivial, com algo reconhecidamente seu. Originalidade neste contexto significa pouco mais do que uma proibição de cópia real. (algumas aspas internas e citações omitidas) (N. da Costa citando Indus. v. Jason Maxwell, Inc., 972 F.2d 1031, 1033 (9 Cir. 1992))).

65 Dr. Seuss Enters., L.P. v. Penguin Books USA, Inc., 109 F.3d 1394, 1399–1401 (9th Cir. 1997). *See generally* Tyler T. Ochoa, *Dr. Seuss, The Juice and Fair Use: How the Grinch Silenced a Parody*, 45 J. COPYRIGHT SOC'Y USA 546 (1998).

66 Ver *Comedy III*, 21 P.3d at 809–10

juízo implicitamente rejeitou a definição (a), mas a citação favorável do Tribunal de (a), mesmo sem perceber que (a) não funcionou muito neste caso, mostra quão incerto o termo "transformador" é. E, em qualquer caso, a pergunta se as definições (b) ou (c) devem ser aplicadas ainda permanece.

2. O termo "transformador" é muito vago? Digamos, porém, que os tribunais da Califórnia resolveram em alguma definição – por exemplo, que uma obra é protegida se "os elementos criativos predominam no trabalho", mas não se os elementos "literais e imitativos" predominam[67]. Como poderiam os artistas saber o que é permitido?

O Tribunal diz que o *silkscreen* de Mao, feito por Andy Warhol, foi transformador, pois "através da distorção e do cuidado da manipulação de um contexto, Warhol foi capaz de transmitir uma mensagem que ia além da exploração comercial das imagens de celebridades, e tornou uma forma de comentário social irônico sobre a desumanização da celebridade em si.[68]" No desenho de carvão de Saderup, no entanto, o Tribunal pode "discernir qualquer contribuição significativa, transformadora ou criativa."[69]

Mesmo assumindo que o Tribunal estava certo sobre essas duas obras, como pode um artista saber quanta transformação é necessária? Seria a escultura de Jeffrey Koons sobre Michael Jackson e o chimpanzé Bubbles transformadora o suficiente? (O direito de publicidade deve ser aplicado para as vendas comerciais do original, bem como para as vendas comerciais das cópias?[70]) O que dizer sobre Rick Rush, "The Masters of Augusta", que mostra Tiger Woods no primei-

---

[67] Ver *id.* em 809.

[68] *Id.* em 811.

[69] Id. (classificação do desenho de Saderup como uma "representação, literal convencional do The Three Stooges, de modo a explorar a sua fama ")

[70] Apesar de alguns estatutos estaduais do direito de publicidade isentarem uma única cópia de um trabalho, outras definições focam apenas se o uso está sendo comercial, e se não é vendido em uma cópia ou muitas. Ver, por exemplo, CAL. CIV. CODE § 3344 (West 1997) (afirmando que aquele que "utiliza do nome de outro, voz, assinatura, fotografia, imagem ou... para fins de publicidade ou venda ou solicitação de propósitos... sem o prévio consentimento dessa pessoa... deve ser responsável"); RESTATEMENT (THIRD) OF UNFAIR COMPETITION §§ 46, 47 (1995).

ro plano, mas com várias outras figuras ao lado dele, numa espécie de colagem?[71].

Jeffrey Koons's *Michael Jackson and Bubbles*

---

71 Ver ETW Corp v. Jireh Publ'g, Inc., 332 F.3d 915, 938 (6 Cir. 2003). A maioria de dois juízes concluiu que a impressão de Rush foi protegida pela Primeira Emenda, porque "tem elementos substanciais de transformação." Id. Aplicando Comedy III, o Tribunal sustentou que: ao contrário da reprodução sem adornos, quase fotográfica do rosto dos Three Stooges..., o trabalho de Rush não capitaliza apenas uma representação literal de Woods. Em vez disso, o trabalho do Rush consiste em uma colagem de imagens, além de imagem de Woods, que são combinadas para descrever, de forma artística, um evento histórico na história do esporte e para transmitir uma mensagem sobre o significado de Woods na realização desse evento. Id. Não é assim, disse o juiz discordante, "é difícil discernir qualquer transformação significativa ou contribuição criativa nas impressões do réu.... A [habilidade artística] de Rush é "subordinada ao objetivo geral de criar representações literais e convencionais de [Tiger Woods], de modo a explorar a sua... fama.... Id ". a 959 (Clay, J., dissidente) (quarta e quinta alterações no original) (citando Comedy III, 21 P.3d em 811). Quem está aplicando o padrão do "uso transformador" corretamente? Com tal teste indeterminado, é difícil dizer.

Rick Rush's *The Masters of Augusta*

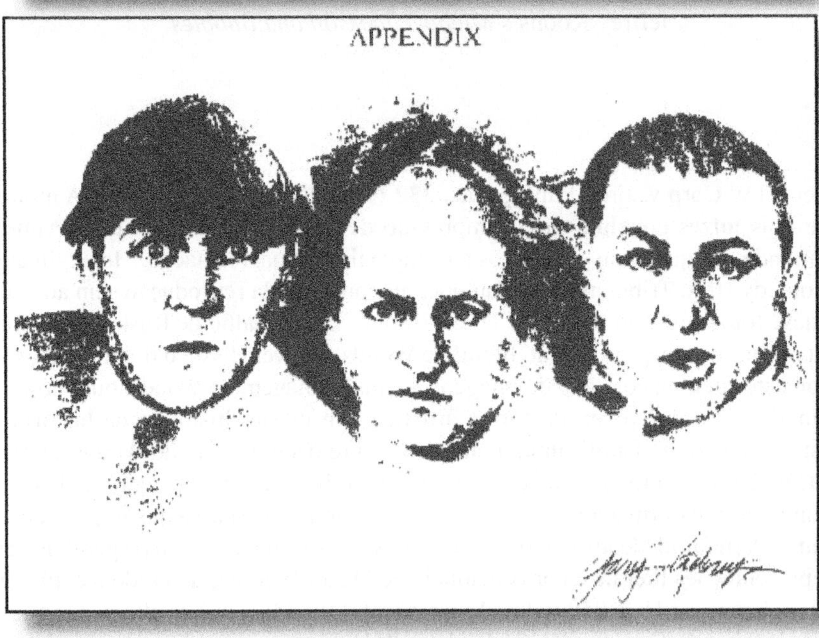

Gary Saderup's *3 Stooges*

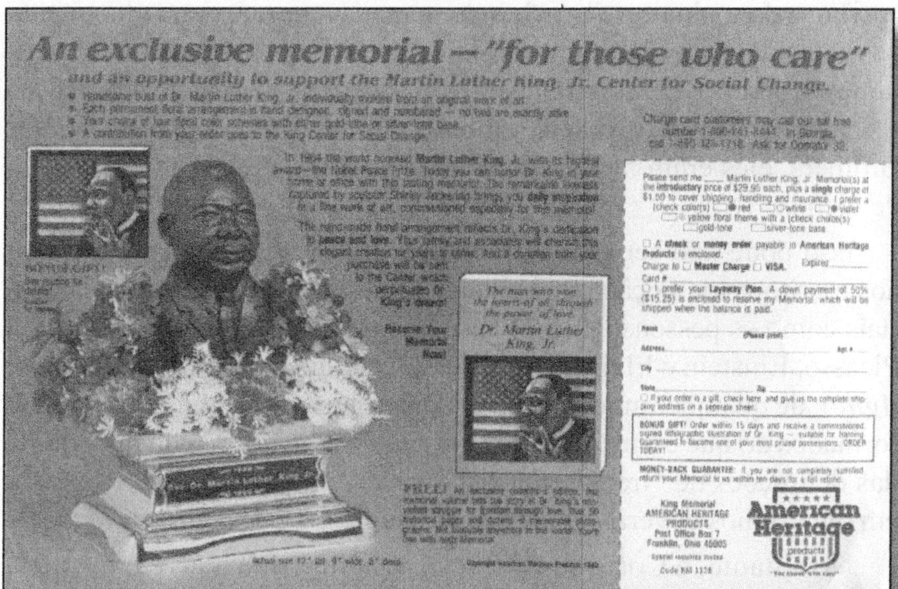

Busto de Martin Luther King Jr., apresentado em um anúncio em *Ebony*.

Da mesma forma, presumivelmente, uma camiseta contendo um comentário depreciativo sobre uma celebridade – digamos, um retrato de O.J. Simpson praticando golfe com o texto "Ainda procurando o verdadeiro assassino" - seria "transformador", no sentido de que esse "comentário sobre" a imagem da celebridade "acrescenta algo novo, com um propósito adicional ou com uma característica diferente, alterando a primeira com uma nova expressão, significado ou mensagem."[72] Que tal uma camiseta contendo uma imagem de O.J. com o texto "não culpado", ou o texto "I ♥ O.J."? Há algo suficiente nesse "novo" lá, uma "alteração suficiente"? Como podem as pessoas saberem o que é permitido e o que é proibido?

O caso *The Winter v. DC Comics* ilustra este problema[73]. Winter deve ter sido um caso fácil de aplicação do uso transformador: Uma série de histórias em quadrinhos parodiava "o gênero de cantar dos

[72] *Comedy III*, 21 P.3d at 811, 808 (citando Campbell v. Acuff-Rose Music, Inc., 501 U.S. 569, 579 (1994)).

[73] 121 Cal. Rptr. 2d 431 (Ct. App. 2002), *rev'd*, 69 P.3d 473 (Cal. 2003).

cowboys do meio oeste", incluindo personagens que eram claramente baseadas em uma dupla de músicos, os Winter Brothers[74]. Os "Autumn Brothers" compartilhavam os 'nomes e certas características físicas dos Winter Brothers, embora, ao contrário dos reais Winter Brothers, eles eram "vilões com características meio humanas, meio de bichos."[75]

Isso pode não ser grande literatura, mas é estreitamente análogo aos escritores de ficção que incluem personagens reais nas suas obras (tais como as pessoas famosas com quem Forrest Gump encontra, ou Picasso, Einstein e Elvis na peça de Steve Martin *Picasso at the Lapin Agile*); de qualquer modo, os personagens aqui eram ainda mais transformados do que eram, digamos, em *Forrest Gump*. Em qualquer uma das definições de "transformação" usadas em *Comedy III*, a história em quadrinhos deveria ter sido qualificada.

No entanto, a Corte de Apelação concluiu que houve uma questão jurídica no que se refere à existência de transformação, porque "não parece haver qualquer paródia atribuída aos recorrentes, aos seus talentos musicais ou suas obras ou performances", e porque a DC Comics estava "negociando as imagens e reputações [dos Winters Brothers] para gerar interesse nos próximos lançamentos e angariar vendas"[76]. A Suprema Corte da Califórnia reverteu recentemente, por unanimidade, essa decisão[77]; mas o fato de que a unanimidade do painel da Corte de Apelação cometeu esse erro, sugere as dificuldades causadas pelas indefinições do padrão "transformador".

Em *Comedy III* a Corte desmentiu essas preocupações imprecisas dizendo que embora "a distinção entre a expressão protegida e desprotegida, por vezes, seja sutil, não é mais assim do que outras tentativas de distinções que de fato a jurisprudência da Primeira Emenda é chamada a fazer", e citou como exemplo "a falta de sério valor

---

74 *Id.* em 432.

75 *Id.* em 432–33.

76 *Id.* at 442.

77 Winter v. DC Comics, 69 P.3d 473 (Cal. 2003). Devo observar que eu assinei um parecer para um *amicus curiae* no caso, que argumentou em nome da DC Comics.

literário, artístico, político ou científico" como pilares do teste de obscenidade[78-79].

Esse, porém, é um exemplo curioso. O "valor sério" do teste legal da obscenidade é constitucionalmente problemático, e por isso que não é utilizado no direito de liberdade de expressão em geral. (O Tribunal não pergunta sobre o valor sério em *Cohen v. California*[80] e *Hustler Magazine v. Falwell*[81], por exemplo.) Se a lei da obscenidade não foi limitada ao discurso com temas sexuais, mas a discursos geralmente proibidos que foram considerados como patentemente ofensivos e sem valor sério, a imprecisão do teste iria deter uma enorme quantidade de expressão potencialmente protegida. Na verdade, a Suprema Corte considerou que, mesmo se o teste de obscenidade, com seus três pilares, for constitucional, cada pilar pode muito bem ser muito vago se fosse aplicado na ausência do outro pilar[82].

Além disso, a lei da obscenidade, na prática, foi aplicada de forma muito estreita, especialmente nas últimas décadas. Se tivesse sido aplicada de forma mais ampla, poderíamos estar muito mais preocupados com a sua imprecisão, imprecisão essa que levou quatro juízes a rejeitarem a exceção de obscenidade no próprio caso *Miller v. California*.[83] "O teste do uso transformador não é mais vago do que um pilar do teste de obscenidade", e, portanto, está longe de ser uma ótima recomendação. E isso é especialmente verdade se o teste é uma

---

78 *Comedy III*, 21 P.3d em 811.

79 N.T. - "O teste de obscenidade é um teste realizado pela Suprema Corte dos EUA para determinar se a fala ou expressão podem ser rotuladas como obscenas - caso em que elas não são protegidas pela Primeira Emenda da Constituição dos Estados Unidos e podem ser proibidas. O teste foi desenvolvido em 1973, no caso Miller v Califórnia. Ele tem três partes:. Se "uma pessoa média, aplicando os padrões contemporâneos da comunidade acharia que o trabalho, tomado como um todo, atrai o interesse lascivo. Se a obra retrata / descreve, de forma patentemente ofensiva, a conduta sexual especificamente definida pela lei estadual aplicável. Se o trabalho, tomado como um todo, não tem sério valor literário, artístico, político ou científico. "O trabalho só é considerado obsceno se todas as três condições são satisfeitas.".

80 403 U.S. 15, 22–23, 26 (1971).

81 485 U.S. 46, 56 (1988).

82 Reno v. ACLU, 521 U.S. 844, 873 (1997).

83 413 U.S. 15, 47 (1973) (Brennan, J., dissidente); *id.* at 39 (Douglas, J., dissidente)

das concepções da própria Corte: Mesmo se a Constituição mal pode tolerar tal restrição tão imprecisa, ainda é uma má política para as cortes criarem regras indeterminadas como essas. Talvez uma analogia mais próxima teria sido não com a lei de obscenidade, mas com a lei do direito autoral, que incorpora a análise da "utilização transformadora" em seu notoriamente vago teste do "uso justo". Mas as razões para tolerar essa imprecisão parecem bastante convincentes, e não obviamente, aplicáveis à lei do direito de publicidade[84]. Que vivemos com esta indefinição nos direitos autorais não significa que deve ser estendida para qualquer lugar[85].

Finalmente, observe como uma exceção – a exceção da obscenidade – está sendo usada para justificar outra muito diferente. Essa é a ladeira escorregadia que os maximalistas da Primeira Emenda queixam-se frequentemente e com boa razão. Reconhecendo novas exceções, novas áreas de permissão imprecisas seriam legitimadas ainda mais no futuro[86]. Futuras cortes serão capazes de dizer, em defesa das restrições imprecisas do discurso: "Embora a distinção proposta às vezes seja sutil, não é mais do que outras distinções tentadas de fato, e que são chamadas a fazer jurisprudência da Primeira Emenda, como se uma obra tivesse valores sérios ou se fosse transformadora.".

C. *O que há de tão ruim sobre usos não transformadores?*

Mas, mesmo deixando de lado a objeção de indefinição, por que usos não transformadores, não licenciados – tais como as impressões envolvidas em *Comedy III* – são proibidos? Por que tais utilizações são tratadas pior do que as de uso transformador, como o "comentário social de Warhol" em Mao?[87]

---

[84] Ver Volokh, *Freedom of Speech and Intellectual Property*, nota 37 *supra*.

[85] Ver Diane Leenheer Zimmerman, *The More Things Change the Less They Seem "Transformed": Some Reflections on Fair Use*, 46 J. COPYRIGHT SOC'Y USA 251 (1998) (criticando o teste do "uso transformador" até na lei do direito autoral).

[86] Ver Eugene Volokh, *The Mechanisms of the Slippery Slope*, 116 HARV. L. REV. 1026, 1093–1100 (2003)

[87] Ver Comedy III Prods., Inc. v. Gary Saderup, Inc., 21 P.3d 797, 811 (Cal. 2001).

A resposta do caso *Comedy III* parece ser que a celebridade deveria criar ou licenciar tais usos de si mesma, por isso "estamos preocupados não como as imagens convencionais de celebridades deverão ser produzidas, mas com quem as produz e, mais pertinente, quem se apropria do valor da sua produção."[88] Há, no entanto, duas dificuldades com a Primeira Emenda com esse raciocínio.

Primeiro, a Constituição protege aqueles que discursam, incluindo editoras e artistas, bem como os ouvintes. Você tem direito de escrever (e vender) sua própria biografia não autorizada de Arnold Schwarzenegger, seja ou não existente uma biografia autorizada que possa adequadamente abranger esse território. Por que você não deveria ter igualmente o direito de esculpir (e vender) seu próprio busto de Martin Luther King Jr., que expressa a sua própria visão estética?

Segundo, mesmo focando apenas sobre o que está disponível para os consumidores, em vez dos direitos dos oradores / produtores, nem todos os usos não transformadores de "imagens convencionais de celebridades" são mutuamente intercambiáveis. Eu posso não querer ver uma impressão padronizada de Elvis pendurada na minha parede, eu posso querer ver um desenho a carvão de Elvis feito por Gary Saderup, ou um Elvis impressionista de alguém, ou um Elvis pontilhado. Ou eu posso querer ver um Elvis absurdo ou subversivo, que talvez não seja subversivo o suficiente para qualificar como claramente "transformador" e, portanto, claramente aberto aos outros para criar[89], mas diferente o suficiente para que o espólio de Elvis possa não autorizá-la.

Proteger os direitos exclusivos das celebridades de controlar suas imagens pode nem sempre afetar "se as imagens convencionais de celebridades são produzidas", mas irá afetar quais imagens conven-

---

[88] Ver id.; ver também Zacchini v. Scripps-Howard Broad. Co., 433 U.S. 562, 573 (argumentando que o direito de publicidade "introduz na divulgação de informações ao público" menos do que o dano da falsa luz, porque nos caso de "direito de publicidade" a única questão é quem começa a fazer a publicação").

[89] Ver, e.g., Dr. Seuss Enters. L.P. v. Penguin Books USA, Inc., 109 F.3d 1394, 1403 n.11 (9th Cir. 1997) (conclusão de que um livro bem humorado sobre o julgamento de OJ Simpson, chamado de The Cat Not in the Hat, e feito no estilo de Dr. Seuss, The Cat in the Hat, não pode ser considerado "transformador" sob a lei dos direitos autorais).

cionais de celebridades são produzidas. E assim como "Eu me ressinto fortemente com o projeto"[90] ou "F***o projeto", não tem razoavelmente o mesmo significado como "Foda-se o projeto", muitas apresentações de celebridades não transfomadoras e não autorizadas podem não ter o mesmo sentido que as autorizadas. O direito de publicidade, mesmo limitado ao uso não transformador, assim, diminui a variação de expressão artística que as pessoas possam ver, bem como a variação que elas possam criar[91].

Eu não quero exagerar o problema aqui. Eu acho que os direitos dos artistas de criarem o que eles querem, e os direitos dos consumidores em obter uma grande variedade de obras, são importantes – mas não posso afirmar que a República vai cair porque as pessoas não podem comprar bustos de Martin Luther King Jr. ou cópias não autorizadas dos Three Stooges.

No entanto, em um sistema jurídico construído em analogia e precedente, novas exceções à Primeira Emenda podem ter consequências bastantes fora de sua finalidade literal. Quanto mais exceções existem e mais amplas, mais fácil é defender a criação de outras exceções em outros contextos, e isto é especialmente verdade se as exceções são justificadas pela relativamente fraca reivindicação de interesse púbico, porque, então, as analogias futuras poderão ser baseadas em reivindicações da mesma forma fracas do interesse público[92]. Quanto

---

[90] O hipotético "Eu me ressinto fortemente com o projeto" é dado pelo juiz Kozinski. Ver Int'l Olympic Comm. v. S.F. Arts & Athletics, 789 F.2d 1319, 1321 (9th Cir. 1986).

[91] Além disso, em alguns casos, o direito de publicidade afeta mesmo se imagens convencionais das celebridades são produzidas. Como outros direitos de propriedade, o direito de publicidade permite que o proprietário deixe sua propriedade inexplorada. O espólio de Martin Luther King Jr., por exemplo, não autorizou a produção de memorabilia de Martin Luther King, até 1996, quase 15 anos depois que conseguiu impedir os outros de produzirem os bustos de Martin Luther King Jr. Ver Hollis R. Towns, *"Tasteful" Marketing of MLK: Heirs Agree to License the Words, Image of Martin Luther King Jr.*, ATLANTA J.-CONST., Feb. 4, 1996, at G6 ("Em uma ruptura importante com o passado, os guardiões do legado do Rev. Martin Luther King Jr. aprovaram o licenciamento de mercadorias que poderiam colocar a imagem e palavras de King em produtos que vão de CDs a um filme de Hollywood.").

[92] Ver Volokh, *The Mechanisms of the Slippery Slope*, nota 85 supra.

mais as cortes são autorizadas a tratar alguma expressão de alguma forma protegida como sendo menos valiosa do que a de outro, mais chance haverá para a criação de novas zonas de diminuição de proteção[93]. Talvez uma exceção à Primeira Emenda para uso "não transformador" das artes visuais, quando usam o nome ou imagem de alguém deva existir. Mas deve ser definida de forma estrita, e justificada com cuidado, com um olho voltado para a prevenção de tais consequências não intencionais.

V. DIREITO DE PUBLICIDADE, PUBLICIDADE COMERCIAL E O CORROSIVO DISCURSO DA DOUTRINA COMERCIAL

O direito de publicidade geralmente tem sido aplicado mais vigorosamente à publicidade comercial (exceto comerciais para publicidade de livros, filmes e coisas do gênero, que estão na categoria 2, da tabela deste artigo), do que para outros materiais[94], mesmo quando a publicidade é pouco provável para enganar alguém quanto ao patrocínio do produto. E este parece ser um compromisso sensato: mesmo se usar "Aqui está Johnny" como um slogan para banheiros viola o direito de publicidade de Johnny Carson[95], ou usar uma canção cantada por Bette Midler como trilha sonora em um anúncio da General Motors viola o direito de Midler[96], usar o slogan em uma piada ou uma imitação em um filme ou uma música devem ser protegidos pela Primeira Emenda. Publicidade comercial, afinal, é (como a Corte nos disse) menos valiosa e mais facilmente restringível do que o discurso não-comercial[97].

Mas é isso mesmo? Na Califórnia, ao que parece, "mensagens verdadeiras e não enganosas sobre produtos e serviços lícitos" são,

---

93 *Id.* at 1059–61 (discutindo a "inveja da censura").

94 Ver, *e.g.*, White v. Samsung Elecs. Am., Inc., 971 F.2d 1395, 1401 n.3 (9th Cir. 2002).

95 Ver Carson v. Here's Johnny Portable Toilets, Inc., 698 F.2d 831, 836 (6th Cir. 1983).

96 Ver Midler v. Ford Motor Co., 849 F.2d 460, 463 (9th Cir. 1988).

97 Ver *White*, 971 F.2d at 1401 n.3; 2 MCCARTHY, nota 36 supra. ("A altamente atenuada proteção constitucional dada ao discurso comercial justifica uma violação do direito de publicidade? A resposta parece ser raramente, quase nunca.").

agora, ostensivamente tratadas como discursos totalmente protegidos, em vez de serem governados pelo escrutínio intermediário do teste da *Central Hudson*[98-99]. A Suprema Corte da Califórnia sustentou isso em *Gerawan Farming Inc. v. Lyons*, aplicando a Constituição da Califórnia[100] – e sustentou isso apenas cinco meses antes de *Comedy III*, num parecer do juiz Mosk, o mesmo juiz que escreveu a decisão da *Comedy III*[101].

Se em *Gerawan* se aplica ao direito de publicidade – e nada em *Gerawan* lança dúvidas sobre isso[102], então o alcance do direito te-

---

98 Cent. Hudson Gas & Elec. Corp. v. Pub. Serv. Comm'n, 447 U.S. 557, 564 (1980).

99 "Importante caso decidido pela Suprema Corte dos Estados Unidos que estabeleceu um teste de quatro partes para determinar quando as restrições do discurso comercial violavam a Primeira Emenda da Constituição dos Estados Unidos. O juiz Powell escreveu o parecer do tribunal. Central Hudson Gas tinha desafiado um regulamento da New York Public Service Commission que proibia a publicidade promocional por empresas de energia elétrica. (...) O caso apresentava a questão de saber se um regulamento da New York Public Service Commission violava a Primeira e a Décima Quarta Emendas, porque proibia completamente a publicidade promocional por uma concessionária de energia elétrica. O Tribunal decidiu que um regulamento que proíbe completamente uma concessionária de energia elétrica por meio da publicidade promover o uso da eletricidade violava a Primeira e a Décima Quarta Emendas. O Tribunal instituiu uma análise de quatro etapas para o discurso comercial para os argumentos da New York Public Service Commission em apoio da sua proibição de publicidade promocional: 1.É a expressão protegida pela Primeira Emenda? Para o discurso vir por essa disposição, ele deve preocupar com a atividade lícita e não ser enganoso. 2.É o interesse governamental afirmado substancial? 3.O regulamento promove diretamente o interesse governamental afirmado? 4.É a regulamentação mais extensa do que a necessária para servir a esse interesse?" (N.T. – fonte: http://en.wikipedia.org/wiki/Central_Hudson_Gas_%26_Electric_Corp._v._Public_Service_).

100 Gerawan Farming, Inc. v. Lyons, 12 P.3d 720, 736–37 (Cal. 2000) (interpretando a cláusula do discurso livre da California de forma mais abrangente do que a Primeira Emenda).

101 A Constituição de Oregon foi interpretada da mesma forma. Ver Moser v. Frohnmayer, 845 P.2d 1284, 1286–87 (Or. 1993); Zackheim v. Forbes, 895 P.2d 793, 796 (Or. Ct. App. 1995). Karen Frederiksen & A.J. Thomas, *Celebrities Testing Limits of Right of Publicity Laws,* 20 No. 2 COMPUTER & INTERNET LAW. 11, 15 (2003), também viram essa questão, eu não vi mencionado em nenhum outro lugar.

102 Comedy III, cuja decisão veio alguns meses depois Gerawan, disse de passagem que "porque a Primeira Emenda não protege falsos e enganosos discursos co-

ria que mudar drasticamente. Afinal, um filme curto contendo, entre outras coisas, o nome ou imagem de alguém, seria protegido pela Primeira Emenda, da mesma forma que a canção Mrs. Robinson, de Simon & Garfunkel, que destacadamente se refere a Joe DiMaggio, ou um comediante que faz uma piada que menciona uma figura famosa (mesmo que a piada não tente criticar ou parodiar a figura). Todos esses três necessariamente "acrescentam algo novo, com outra finalidade ou caráter diferente, alterando o primeiro com o novo significado, expressão ou mensagem"[103], "acrescentam significativa expressão para além" da "representação literal ou imitação de uma celebridade para ganho comercial"[104], envolvem "predominantemente os elementos criativos do trabalho " e não "o literal e o imitativo"[105], e envolvem a "contribuição artística com algo mais do que uma varição meramente trivial, mas a criação de algo reconhecidamente próprio."[106]

---

merciais, e até mesmo porque o discurso comercial não enganoso é geralmente sujeito a uma proteção um pouco menor pela Primeira Emenda, o direito de publicidade muitas vezes supera o direito dos anunciantes fazerem uso de figuras de celebridades." Comedy III Prods., Inc. v. Gary Saderup, Inc., 21 P.3d 797, 802 (Cal. 2001) (citações omitidas). Isso, entretanto, é consistente com Gerawan, porque Gerawan reconheceu que a Primeira Emenda fornece menor proteção para o discurso comercial não enganoso do que para outro discurso. Gerawan, 12 P.3d em 732. Gerawan expressamente repousava sobre a Cláusula de Livre Discurso da Califórnia, a qual a Suprema Corte da Califórnia analisou separadamente da Primeira Emenda. O tribunal em Gerawan discutiu as reivindicações federais e estaduais em seções separadas, entendeu que a lei em questão não violou a Primeira Emenda, porque o discurso comercial não enganoso tem menor proteção da Primeira Emenda do que o discurso não-comercial, e entendeu que a lei pode violar a Cláusula do Livre Discurso da Califórnia, porque que a cláusula protege o discurso comercial não enganoso, tanto quanto o discurso não-comercial. Compare 12 P.3d em 739-46 (discutindo a Primeira Emenda), com 12 P.3d em 746-50 (discutindo a Cláusula de Livre Discurso da Califórnia). E Comedy III não disse nada sobre a Cláusula de Livre Discurso da Califórnia; Gerawan continua a expressar a lei da Califórnia sob a questão da Cláusula do Livre Discurso da Califórnia.

103 . Comedy III, 21 P.3d at 808 (citando Campbell v. Acuff-Rose Music, Inc., 510 U.S. 569, 579 (1994)).

104 Id.

105 *Id.* em 809

106 *Id.* em 810 (citando o teste para quando um trabalho se torna protegido pelos direitos autorais).

A lógica de *Gerawan* seria, portanto, aplicar-se por analogia, aos anúncios comerciais – que incluiriam praticamente qualquer comercial de TV de trinta segundos, jingle publicitário, ou trecho de diálogo – também constitucionalmente protegidos. Cada um desses, afinal, é tão transformador quanto o seu equivalente não publicitário.

Gravuras e camisetas podem, às vezes, representar meramente uma pessoa, porque muitas vezes as pessoas querem essas obras justamente para colocar uma representação convencional em suas paredes ou peito. Anúncios, no entanto, quase nunca mostram apenas uma pessoa (a não ser que eles estejam vendendo o trabalho dessa pessoa ou performance). A uma, porque simplesmente mostrar uma imagem de uma pessoa famosa não é uma boa maneira para vender produtos aos outros. Ademais, porque simplesmente mostrar uma imagem de uma pessoa famosa irá provavelmente confundir os espectadores a pensarem que a pessoa concorda com o produto, o que violaria a lei da propaganda enganosa. É por isso que os casos de direito de publicidade comercial clássicos envolvem anúncios que contêm muito mais do que o nome da pessoa, imagem, ou voz, e que, de fato, adicionam "uma expressão significativa além da literal representação ou imitação de uma celebridade", "contribuindo com uma variação mais do que meramente trivial.[107]

Então *Gerawan* tem o potencial de eliminar em grande parte o direito de publicidade para a propaganda comercial. E se as Cortes da Califórnia evitam isso, determinando o "uso transformador", proibem o suficiente para transformar o típico anúncio de televisão em "não transformador", então essa proibição também seria igualmente aplicável ao discurso não-comercial, o que suprime muito mais esse tipo de discurso do que *Comedy III* parecia sugerir.

---

[107] *Id.* at 808, 810. Compare, *e.g.*, as propagandas em *White v. Samsung Elecs.Am., Inc.*, 971 F.2d 1395 (9th Cir. 2002) (um anúncio para a Samsung continha um robô colocado em um contexto que intencionalmente lembrava os telespectadores de Vanna White), *Midler v. Ford Motor Co.*, 849 F.2d 460 (9th Cir. 1988) (uma propaganda de carros que continha uma canção de Bette Midler em sua trilha sonora), e *Waits v. Frito-Lay, Inc.*, 978 F.2d 1093 (9th Cir. 1992) (uma propaganda para Fritos na qual o narrador soava como Tom Waits), com *Comedy III*, 21 F.3d at 811 (dando ao silkscreen de Warhol com a imagem de Mao Tse-Tung como um claro exmplo de trabalho transformador).

Isso, naturalmente, é baseado no que é agora apenas a doutrina constitucional da Califórnia (e Oregon[108]), e isso pode ser pouco convincente para as cortes de outros estados, e talvez a Suprema Corte da Califórnia vá retratar-se de *Gerawan*, que foi uma decisão de 4 votos a 3. Mas *Gerawan* pode ser uma amostra do que está sob a jurisprudência da Suprema Corte dos EUA sobre o discurso comercial.

Para começar, no início de 1990, a Corte em *City of Cincinnati v. Discovery Network, Inc.*, derrubou a proibição de bancas de jornal que continham somente jornais comerciais[109]. A cidade argumentou que era adequado aplicar a lei apenas ao discurso comercial, porque o discurso comercial é menos valioso do que a fala não-comercial, mas a Corte rejeitou isso, dizendo que:

> Na ausência de alguma base para a distinção entre "jornais" e "panfletos comerciais", que é relevante para o interesse afirmado pela cidade [do embelezamento das ruas], nós não estamos dispostos a reconhecer a afirmação vazia de Cincinnati de que o "baixo valor" de expressão comercial é uma justificativa suficiente para a sua proibição seletiva e categórica em bancas de jornais dispensando "panfletos comerciais."[110]

Assim, enquanto o discurso comercial e o não comercial causam o mesmo tipo de dano ao interesse público (em *Discovery Network*, ambos os tipos de bancas de jornais foram consideradas igualmente feios), o Estado não pode restringir apenas o discurso comercial sob o motivo de que o discurso comercial tem menos valor. O mesmo se aplica ao direito de publicidade, pelo menos quando o uso do nome de uma pessoa ou imagem não é enganador: Os dois discursos, comercial e não-comercial, que usam a aparência das pessoas, sem o seu consentimento, são igualmente prejudiciais, tanto para os "interesses econômicos, quanto para a dignidade do sujeito"[111]. Tratamentos diferentes

---

[108] Refere-se a nota 99 *supra*.

[109] 507 U.S. 410, 430–33 (1993).

[110] *Id.* at 428.

[111] Tais usos na publicidade comercial podem ser especialmente prejudiciais quando falsamente sugerem patrocínio, mas o direito de publicidade protege as propagandas não enganosas assim como abrange as enganosas.

de publicidade comercial e não-comercial, assim, parecem injustificados tanto quanto o tratamento diferenciado em *Discovery Network*.

O raciocínio em *Discovery Network* não é totalmente persuasivo – afinal, se a Corte trata o discurso comercial como menos protegido, em parte porque é menos valioso, por que as legislaturas não fazem o mesmo? – e os limites doutrinários não são inteiramente claros. É possível, por exemplo, que a decisão se limite a situações em que o discurso comercial é responsável por apenas uma pequena fração do dano ao interesse estatal, e que o direito de publicidade possa não se enquadrar em tal situação[112]. Pode-se argumentar também que o uso do nome de alguém em publicidade (mesmo em propaganda não enganosa), é, de alguma forma, mais ofensivo ou prejudicial do que usar seu nome em contextos não publicitários, embora me pareça uma afirmação razoavelmente conclusiva. É difícil dizer apenas como a Corte irá receber esses argumentos.

Mas mesmo que um direito de publicidade, que trate as propagandas comerciais pior que outras formas de expressão, possam sobreviver a *Discovery Network*, pode ter que desafiar uma barreira ainda maior: como a Parte IV discute, a Corte parece estar oferecendo mais e mais proteção à publicidade comercial, talvez se aproximando de algo como o teste *Gerawan*. O Juiz Stevens, relator de *Discovery Network*, há muito tem defendido uma ampla proteção para o discurso comercial[113]; o Juiz Thomas tem insinuado que esse é um bem[114];

---

112 *Id.* at 426–27.

113 Ver, *e.g.*, Rubin v. Coors Brewing Co., 514 U.S. 476, 491–98 (1995) (Stevens, J. concordando com o julgamento) (reconhecendo a artificialidade de qualquer restrição rígida entre discurso comercial e não comercial); Bolger v. Youngs Drogas Prods. Corp, 463 EUA 60, 80-83 (1983) (Stevens, J., concordando com o julgamento) (avisando que uma classificação rígida entre o discurso comercial e não comercial pode levar à uma supressão involuntária do discurso constitucionalmente protegido porque o discurso muitas vezes contém expressões tanto comerciais como não-comerciais).

114 Ver, e.g., Greater New Orleans Broad. Ass'n, Inc. v. United States, 527 EUA 173, 197 (1999) (Thomas, J., concordando com a sentença) (rejeitando o interesse estatal não mais como justificativa para uma restrição ao discurso comercial do que seria para justificar uma restrição ao discurso não-comercial); 44 Liquormart v. Rhode Island, EUA 517 484, 518-23 (1996) (Thomas, J., concordando em parte e concordando com o julgamento) ("Eu não vejo uma base filosófica

e uma pluralidade de quatro Juízes em *44 Liquormart* parecia estar virando para esta direção[115].

Como argumentei em outros lugares[116], a proteção dessa necessidade mais ampla não se aplica a todas as restrições: a Corte poderia continuar a ressaltar simplesmente a função informativa da publicidade comercial, e concluir que o Estado não pode restringir os fatos e idéias que a publicidade comercial comunica, mas que pode restringir a maneira pela qual as idéias são apresentadas, incluindo as palavras e imagens que a publicidade pode usar. No entanto, não está claro que a Corte terá essa visão, especialmente dadas as dificuldades de decidir quando uma restrição de palavras e imagens se torna de fato uma restrição de fatos e ideias[117].

Como um crítico do direito de publicidade, eu não me importaria de ver o direito de publicidade ser eviscerado dessa forma, mesmo que para a publicidade comercial. Mas eu não estou certo de que os Juízes (quer da Suprema Corte dos EUA ou da Suprema Corte da Califórnia) concordariam, mesmo que, de outra forma eles apoiem uma ampla proteção para a publicidade comercial. Se for assim, então talvez o direito de publicidade possa tornar-se um bom exemplo de porquê o discurso comercial e não comercial devem ser tratados de forma diferente, pelo menos em algumas situações.

VI. CONCLUSÃO

O direito de publicidade pode parecer intuitivamente atraente para muitas pessoas. A noção de que o meu nome e imagem são minhas propriedades parece fazer sentido.

Mas ao se aplicar a expressão "minha propriedade", é outra maneira de dizer "legalmente proibido de ser objeto do discurso de outrem."

---

ou histórica para afirmar que o discurso "comercial" é de "menor valor" do que a fala 'não comercial'.").

115 517 U.S. at 501, 508–10 (criticando a decisão da Corte 5-4 en *Posadas de Puerto Rico Associates v. Tourism Co. of Puerto Rico*, 478 U.S. 328 (1986), a qual permitiu a legislatura optar por suprimir a publicidade do jogo ao invés de decretar uma política menos restritiva de discurso).

116 Ver Volokh, *The Mechanisms of the Slippery Slope*, nota 85 supra.
Cf. Cohen v. California, 403 U.S. 15, 26 (1971).

A lei do direito de publicidade tem um longo caminho para enfrentar os problemas da Primeira Emenda com essa abordagem, e, em muitas áreas, tais como biografia, notícias jornalísticas, ficção, e assim por diante, ele foi corretamente desenvolvido. Mas há boas razões para pensar que não foi desenvolvido longe o bastante – que o direito de publicidade é inconstitucional para toda expressão não comercial, e talvez até mesmo para a publicidade comercial.

9

QUEBRA DO SIGILO DAS FONTES JORNALÍSTICAS

José Adércio Leite Sampaio[1]

I. CONCEITO E POSITIVAÇÃO DO SIGILO DAS FONTES JORNALÍSTICAS

O segredo das fontes jornalísticas é uma das mais importantes garantias do direito à comunicação em geral e da liberdade de imprensa em particular.[2] Sem ele, os jornalistas e o público poderiam não tomar conhecimento de situações de injustiça ou ilegalidade, de corrupção ou abuso de poder, de improbidade ou crimes, por temor de represálias físicas, morais, econômicas ou políticas a cidadãos ou mesmo autoridades públicas dispostos a revelá-las.[3] Perde a transparência e o fluxo da comunicação; perde a expressão e a imprensa; perde a

---

[1] Mestre e Doutor em Direito. Professor da PUC-MG e ESDHC. Procurador da República.

[2] EUROPA. Parlamento. Recomendação 1950/2011, § 2, disponível em http://bit.ly/1nI1WrQ, acesso em 5/12/2013. Não se trata de um privilégio sindical, mas de uma proteção especial à liberdade de expressão e ao direito à informação: ROYO, Pérez; JAVIER Y PRADERA, Javier. *La Cláusula de Conciencia y el Segreto Profesional de los Periodistas.* Madrid: Centro de Estudios Constitucionales, 1994, p. 31-32.

[3] Segundo Freitas Nobre, "este segredo é exigência social, porque ele possibilita a informação mesmo contra o interesse dos poderosos do dia, pois que o informante não pode ficar à mercê da pressão ou da coação dos que se julgam atingidos pela notícia". NOBRE, Freitas. *Lei da Informação.* São Paulo: Saraiva, 1968, p. 251-252, 1968.

democracia e o bom governo; perdemos todos um bocado de nossa dignidade como seres morais e políticos.

Enfim, sem a garantia do sigilo, como já afirmou a Corte Europeia de Direitos Humanos, a "capacidade de a imprensa desempenhar o seu papel vital de 'cão de guarda' e de fornecer informações precisas e confiáveis pode ser adversamente afetada".[4] Trata-se, como vemos, de um segredo ou de esconderijo que se destina a revelar o sigilo que acoberta o malfazejo, o desleixo e a corrupção. A importância da confidencialidade para a livre atividade jornalística e para a democracia, como forma de estimular as fontes a fornecerem informações sobre assunto de interesse público, tem sido destacada também pelas Nações Unidas.[5]

Nos sistemas transnacionais, diversos documentos a reconhecem. No âmbito europeu, embora se possam mencionar várias recomendações e resoluções sobre o assunto,[6] merece destaque a jurisprudência da Corte de Strasburgo, notadamente a partir do *leading case*, da proteção das fontes jornalísticas, *Goodwin v United Kingdom*. A Corte afirmou na oportunidade que a tentativa de forçar um jornalista a revelar a sua fonte violava a liberdade de expressão e imprensa, garantida pelo artigo 10 da Convenção Europeia dos Direitos Humanos. Essa prerrogativa dos comunicadores só poderia ser desconsiderada por um juiz diante da previsão legal e da presença de outro direito ou interesse no caso concreto mais relevante desde que não houvesse outro meio menos gravoso de realizá-lo, segundo o princípio da proporcio-

---

4 EUROPA. Corte Europeia de Direitos Humanos. *Goodwin v. UK*, 27/3/1996, § 39, disponível em http://bit.ly/1fqPHho, acesso em 5/1/2014; Conselho da Europa, Comitê de Ministros, Recomendação 2000/7. É o entendimento também do Tribunal Constitucional Federal alemão. 1 BvR 538/06 e 1 BvR 2045/06, disponível em http://bit.ly/1rkeiJi, acesso em 15/2/2014

5 ONU. Comissão das Nações Unidas para Direitos Humanos. Relatório do Relator Especial sobre a promoção e proteção do direito à liberdade de opinião e de expressão, Abid Hussain, apresentado de acordo com a resolução da Comissão de 1997/27. Adendo: Relatório sobre a missão do Relator Especial para a República da Polónia. E/CN.4/1998/40/Add.2, 13 de janeiro de 1998.

6 EUROPA. Conselho da Europa. Comitê de Ministros. Recomendação n. R (2000) 7, disponível em http://bit.ly/1iyYH4M, acesso em 5/1/2014, além de apontar os documentos que tratam do assunto no âmbito europeu, estabelece uma obrigação para os Estados no sentido de aprovar leis que protejam as fontes jornalistas.

nalidade.[7] No sistema interamericano, a proteção das fontes é assegurada pelo princípio 8° da Declaração Interamericana de Princípios sobre Liberdade de Expressão, a dispor que "todo comunicador social tem o direito de manter confidencial sua fonte de informação, notas, arquivos pessoais e profissionais".[8]

No Brasil, a Constituição a prevê explicitamente, ao resguardar o "sigilo da fonte, quando necessário ao exercício profissional" (art. 5°, XIV). A enunciação constitucional parece definitiva e categórica, sem admitir constrição por qualquer modo ou forma. Em outros termos, a inviolabilidade das fontes jornalísticas parece inexcedível, absoluta. No jargão de um renomado constitucionalista, é uma norma de eficácia plena ou, de um Ministro do Supremo Tribunal Federal, um pronunciamento deôntico que veda a intromissão reguladora do legislativo. Eis o problema que tentaremos discutir. Será mesmo a garantia da confidencialidade das fontes dos jornalistas, intocável?

2. A EFICÁCIA FORMAL DO SIGILO DAS FONTES JORNALÍSTICAS

A disciplina do sigilo das fontes jornalísticas é diversificada, havendo lugares em que a desconhecem como garantia de âmbito nacional, embora exista algum nível de proteção legal nos entes subnacionais,

---

7 EUROPA. Corte Europeia de Direitos Humanos. *Goodwin v. UK*, 27/3/1996, disponível em http://bit.ly/1fqPHho, acesso em 5/1/2014. De acordo com o Princípio XV da Declaração de Princípios sobre a Liberdade de Expressão na África, os profissionais dos meios de comunicação não são obrigados a revelar suas fontes confidenciais de informação ou outro material de divulgação realizada para fins jornalísticos, exceto se for a) ordenada por um tribunal; b) se necessária à investigação ou ao processo de um crime grave, ou para a defesa de uma pessoa acusada de uma infracção penal; c) não havendo outro meio de prova; de modo que d) interesse público na divulgação se sobreponha ao prejuízo à liberdade de expressão: ÁFRICA. Declaração de Princípios sobre a Liberdade de Expressão, disponível em http://bit.ly/1cOA2JN, acesso em 15/3/2014

8 OEA. Comissão Interamericana de Direitos Humanos. Declaração Interamericana de Princípios sobre Liberdade de Expressão, disponível em http://www.iachr.org/declaration.htm, acesso em 5/1/2014. Assim também dispõe o princípio XV da Declaração de Princípios da Liberdade de Expressão na África, disponível em http://bit.ly/1cOA2JN, acesso em 5/1/2014.

como sucede na Austrália, nos Estados Unidos e no México. No Canadá, não são as leis, mas os tribunais de algumas províncias que reconhecem algum nível de proteção.[9] Noutros, é a Constituição que a afirma de modo pleno como no Brasil ou, remetendo a disciplina à lei, como na Espanha e Portugal. Na maioria dos Estados onde há reconhecimento do sigilo, é mesmo a legislação infraconstitucional que trata do assunto, variando, no entanto, a maior ou menor proteção que lhe é conferida.

Em alguns países, a proteção da confidencialidade da fonte jornalística é absoluta ou, pelo menos, o é para certos fins. Entre os países que relativizam o sigilo há os que o fazem em situações excepcionalíssimas e os que dão uma franquia muito ampla à sua derrogação. Os primeiros asseguram um segredo profissional qualificado; os outros, um segredo profissional simples, não qualificado ou restrito. Os países que asseguram um segredo profissional qualificado exigem, em regra, uma ordem judicial para que seja revelada a identidade da fonte se e somente se a gravidade da situação e a relevância do interesse a ser protegido exigirem, não havendo outro meio de salvaguardá-lo.

Onde prevalece o segredo profissional restrito, a proteção não se faz perante os juízes e autoridades legislativas, seja diante da previsão de inúmeras exceções legais, algumas vazadas em fórmulas muito abertas; seja pela submissão ainda mais ampla aos juízos de discricionariedade dessas autoridades sempre que julgarem necessária a revelação da fonte à consecução de uma finalidade pública ou à salvaguarda de direitos privados. A esses se podem somar os que não reconhecem essa modalidade de segredo profissional, definidos como negacionistas ou desconhecedores do segredo.

Em um levantamento feito em 2003 por Villanueva, estariam entre os que assegurariam um segredo absoluto a Alemanha, Áustria, Bolívia, Brasil, Cabo Verde, Colômbia, Estônia, Finlândia, França, Haiti, Indonésia, Itália, Lituânia, Macedônia, Malásia, Moçambique, Nigéria, Paraguai, Peru, Portugal, Uruguai, Venezuela e Yêmen, além da Califónia, Indiana, Minnesota, Nebraska e Nova York nos Estados

---

[9] Os tribunais de apelação do país tendiam a assegurar a imunidade do jornalista diante de requisições judiciais de revelação de suas fontes confidenciais. Veja, por exemplo: Corte de Apelação de Ontaro. *St. Elizabeth Home Society v. Hamilton (City),* 2008, disponível em http://bit.ly/1infMi0, acesso em 5/1/2014

Unidos.[10] Guardariam um segredo qualificado a Albânia, Andorra, Bielorus, Espanha, Filipinas, Jordânia, Moldávia, Reino Unido, Rússia e Suécia, além do Alaska e da Geórgia nos Estados Unidos. Entre os que reconheciam apenas o segredo profissional simples estariam a Argélia, o Egito e o Equador.[11] E entre os desconhecedores desse segredo, os Estados Unidos em nível federal.

As polêmicas em torno do segredo e as vicissitudes por que passam as sociedades e Estados induzem com relativa frequência câmbios na legislação e na jurisprudência, de modo que toda listagem não passa de um indicativo ou instantânea fotografia da realidade, ainda mais depois de mais de dez anos. Mesmo a leitura dos textos atuais não autoriza afirmações muito categóricas sobre o nível de segredo protegido. O reconhecimento literal da sua ilimitação nem sempre é sinal de que, no caso concreto, o Judiciário não possa franqueá-lo. Foi o que sucedeu na Lituânia em 2002. Embora a legislação assegurasse, sem exceção, o segredo da fonte jornalística, a Corte Constitucional acabou por relativizá-lo, para, esgotados outros meios, garantir "interesses vitais da sociedade (...) na tentativa de garantir que os direitos constitucionais e liberdades das pessoas sejam protegidos e que a justiça seja feita".[12] No

---

10 VILLANUEVA, Ernesto. "El Secreto Profesional del Periodistas". In VILLANUEVA, Ernesto (ed). *Derecho a la Información. Conceptos Básicos*. Quito: Ciespal, 2003, p. 452-453. Complemento em BUTLER, Des A.; RODRICK, Sharon. *Australian Media Law.* Sydney: Lawbook, 2007, p. 325. Também CARNEY, Damian. *Journalists, Anonymous Sources and The Law: A Comparative, Theoretical and Critical Analysis*. London: Routledge, 2014

11 VILLANUEVA, Ernesto. *El Secreto Professional del Periodista,* p. 453

12 LITUÂNIA. Corte Constitucional, decisão de 23/10/2002, § 9, disponível em http://bit.ly/QM4GsW, acesso em 5/1/2014. Desde então a legislação passou a incorporar a exceção: o artigo 8 ° da Lei sobre Prestação de Informação ao Público prevê que tribunal pode ordenar a revelar a fonte de informação diante da presença de "razões públicas de importância vital" para assegurar que os "direitos constitucionais e as liberdades de uma pessoa sejam protegidos e que a justiça seja feita", disponível em http://bit.ly/1h3OOZ5, acesso em 5/1/2014. O jornalista pode testemunhar em juízo por decisão própria ou ordem judicial (art. 80 e 80.5 CPP). Se descumprir uma eventual determinação judicial, incorre no crime de desobediência (art. 245, CP), disponível em http://bit.ly/1k92i81, acesso em 5/1/2014.

Uruguai[13] e na Venezuela[14], outros países indicados por Villanueva como detentores de uma proteção absoluta, ocorrem exceções na prática, embora contestadas pelos órgãos de imprensa.

A lista dos absolutistas tende a englobar regimes muito distintos de proteção e, na prática, pelo menos alguns já mostraram as fronteiras do segredo. A Alemanha é um exemplo. Embora tanto o Código de Processo Civil, quanto o Código de Processo Penal, assim como a legislação da maioria dos Länder, isentem o jornalista do dever de testemunhar, o Tribunal Constitucional Federal já afirmou que, sem embargo ser essencial ao exercício da função pública que cabe à imprensa, o direito de recusar-se a depor pode ser desqualificado por um interesse público relevante como a necessidade de aplicação da lei.[15] Mas, para serem admitidas tais exceções, como disse aquele Tribunal, será preciso uma fundamentação adequada, levando em conta as peculiaridades do caso concreto e o direito ou interesse prevalecente, de modo que fique demonstrada a real necessidade de superação do segredo profissional dos

---

13 URUGUAI. Parlamento, (art. 1.3), disponível em http://bit.ly/1kkQNL0, acesso em 15/2/2014. Recentemente o 'Juzgado Letrado de Mercedes' determinou que cinco jornalistas de uma agência de notícias, signatários de uma reportagem que denunciava abuso sexual num acampamento militar, revelassem suas fontes: IFEX. *Justicia en Uruguay exige a periodistas revelar sus fuentes informativas*, 5/3/2014, disponível em http://bit.ly/1hP9d87, acesso em 15/3/2014. JJS. "Uruguay. Persiste el 'apriete' judicial para obligar a los periodistas a revelar sus Fuentes". Télam Agencia Nacional de Noticia, 28/3/2014, disponível em http://bit.ly/1kl2gdj, acesso em 5/3/2014.

14 Vejam-se, por exemplo, MARRUFO, Keilyn I. "Periodista en la mira". *La Nación*, 4/2/2013, disponível em http://bit.ly/1hbwU6Y, acesso em 13/2/2014; ANDRADE, Patricia ""Me dijeron que no me podía ir, y en eso llegó Contrainteligencia Militar", Jim Wyzz, periodista estadounidense". *Venezuela Awareness*, 2/12/2013, disponível em http://bit.ly/1jf4sFt, acesso em 13/4/2014; "Cicpc viola la Constitución al pretender obtener fuentes informativas de periodistas". *La Saeta*, 1/4/2014, disponível em http://bit.ly/1m9p2uw, acesso em 13/4/2014

15 ALEMANHA. Tribunal Constitucional Federal, BVerfGE, 20, 162 (1 BvR 586/62, 610/63 e 512/64 – Caso Spiegel de 1966, disponível em http://bit.ly/PF9yPm, acesso em 14/2/2014; BVerfGE, 25, 296 de 1969 (*Pressezeungnisverweisungsrecht*), disponível em http://bit.ly/1nwiFRc, acesso em 14/2/2014. Já se negou o direito de não revelar a fonte num caso em que a Crote entendeu tratar-se de um anúncio publicitário e que não envolvia um interesse público direto: BVerfGE 64, 108 (1 BvR 385/82) de 1983, disponível em http://bit.ly/1nQyvDP, acesso em 15/1/2014.

jornalistas.[16] Em 2003, ele reconheceu legítima, por exemplo, a interceptação das comunicações de jornalistas por atender às exigências de uma prévia ordem judicial que considerara o interesse público prevalecente na persecução de crimes de expressiva gravidade.[17]

Conquanto categorizado como ilimitado, já ao tempo do estudo feito por Villanueva melhor se enquadraria na classe do segredo qualificado. O próprio Código de Processo Penal alemão ja admitia exceções, ao prever a inaplicabilidade do direito de não testemunhar nos casos que envolvessem crimes contra a paz e contra a autodeterminação sexual, traição, lavagem de dinheiro ou ocultação de bens adquiridos ilicitamente e os que pusessem em risco o Estado democrático de direito e a segurança externa.[18]

---

16 O Relator Especial da ONU para a Promoção e Proteção do Direito à Liberdade de Opinião e Expressão, ao destacar a importância da garantia, afirmou que "qualquer tentativa para revelar fontes deve (...) ser limitada às circunstâncias excepcionais em que um interesse vital público ou individual estiver em causa". ONU. Comissão das Nações Unidas para Direitos Humanos. Relatório do Relator Especial sobre a promoção e proteção do direito à liberdade de opinião e de expressão, Abid Hussain, apresentado de acordo com a resolução da Comissão de 1997/27. Adendo: Relatório sobre a missão do Relator Especial para a República da Polónia. E/CN.4/1998/40/ Add.2, 13 de janeiro de 1998. Esse é o entendimento consolidado pela Corte Europeia de Direitos Humanos, a exceção ao segredo deveria ser justificada por uma razão imperiosa de interesse público: EUROPA. Corte Europeia de Direitos Humanos. 27/3/1996, disponível em http://bit.ly/1fqPHho, acesso em 5/1/2014.

17 ALEMANHA. Tribunal Constitucional Federal, 1 BvR 330/96 e 348/99 – *Schneider Case* (interceptação do telefone celular usado pelo repórter com sua fonte anônima que informava sobre a obtenção de empréstimos bancários sem os devidos cuidados e com a conivência dos agentes financeiros); *Klein Case* (interceptação do celular de jornalistas que mantinha contato com suposto terrorista procurado por assassinato), disponível em *http://bit.ly/1hTr8I8*, acesso em 10/2/2014; Ver ALBERS, Marion; WITZKE, Stefanie.. "The End of the 'Woodward and Bernstein' Era? The German Constitutional Court and Journalists´ Privacy on Mobile Phones". *German Law Journal*, v. 4, n. 7, p. 647-660, 2003

18 ALEMANHA. Código de Processo Penal (art. 53(5)), disponível em http://bit.ly/1i7eR70, acesso em 5/2/2014. No final da sentença, há observância, todavia: mesmo nesses casos, a testemunha pode se recusar a depor, se seu testemunho puder resultar na divulgação da identidade da fonte. Esse dispositivo deve ser interpretado de acordo com a jurisprudência do Tribunal Constitucional Federal mencionada precedentemente.

Tampouco na França, há ilimitação. A legislação francesa parece textualmente assegurar um direito absoluto do jornalista à inviolabilidade de suas fontes confidenciais. Ele, por lei, não é obrigado a testemunhar. As autoridades do país têm se valido de expedientes para contornar essa prerrogativa. Instaura-se, por exemplo, procedimento investigatório e, por vezes, dá-se o indiciamento por ocultação de documento roubado ou de violação do sigilo profissional ou do segredo de justiça, decretando-se-lhe prisão preventiva. Como réu, ele não pode mais opor o seu direito à confidencialidade das fontes, no máximo, o direito de permanecer calado. Essa medida pode ser acompanhada ou substituída pelo mandado de busca e apreensão, fundado no artigo 56(2) do Código de Processo Penal. Embora esse dispositivo estabeleça algumas salvaguardas, nada impede que o magistrado e as autoridades policiais tenham acesso a um documento ou arquivo que revele fontes jornalísticas, qualquer que seja o tipo de crime.[19] Especialmente essas ordens têm sido reprovadas pela Corte Europeia de Direitos Humanos.[20]

Por outro lado, a enumeração da garantia ilimitada precisaria ser completada com a inclusão de alguns países. A Lei da Liberdade de Expressão da Geórgia expressamente afirma que a inviolabilidade do segredo das fontes jornalísticas é absoluta.[21] A lei sobre Mídia de Liechtenstein,[22] a Lei de Imprensa de Moçambique,[23] da Polônia[24] e a Lei turca de 2004 estabelecem a confidencialidade dos informantes da imprensa

---

[19] LAGEOT, Céline. "La protection des sources des journalistes: Etude de droit comparé franco-britannique inspirée de l'affaire Le Monde c. Eric Woerth". *Revue trimestrielle des droits de l'homme*, v. 22, n. 88, p. 913-937, 2011; GILBERT, François. "La protection des sources du journaliste". *Le Blog Droit Administratif*, 17/11/2005, disponível em http://bit.ly/1rTpuw4, acesso em 11/2/2014

[20] EUROPA. Corte Europeia de Direitos Humanos. Quinta Câmara. *Ressiot et autres c. France*, 28/6/2012, disponível em http://bit.ly/1minEFL, acesso em 15/3/2014; *Martin et autres c. France*, 12/4/2014, disponível em http://bit.ly/1kxZjI1, acesso em 13/3/2014

[21] GEÓRGIA. Parlamento, Law on Freedom of Speech and Expression (art. 11.1 e 3), disponível em http://bit.ly/1lX5Uvg, acesso em 5/3/2014

[22] LICHSTENSTEIN. Parlamento. Media Act (art. 19.2), conforme OCDE. *Access to information by the media in the OSCE region: Country Report*. p. 217.

[23] MOÇAMBIQUE. Parlamento. Lei 18/1991(art. 30), disponível em, acesso em 11/2/2014

[24] POLÔNIA. Parlamento. *The Press law 1984* (art. 12 e 15), citada por OCDE. *Access to information by the media in the OSCE region: Country Report*, p. 284

sem preverem exceções.[25] Assim também, no Chile, a Lei 19733/2001[26] assegura aos jornalistas e diretores dos meios de comunicação o direito a manter reserva sobre sua fonte informativa, extensível aos elementos que estejam em seu poder e que permitam identificá-la, não podendo "ser obrigado a revelá-la nem judicialmente". Se prevalecerá tamanho vigor é difícil de prever.[27] O Chile não está sozinho na América Latina. A maioria dos países da região confere salvaguarda formal ilimitada, permitindo até que se fale num 'modelo latino-americano de proteção do sigilo das fontes'.[28] Essa conclusão pode ser apressamento teórico, pois a situação no âmbito dos países nem sempre é tão alentadora quanto fazem crer as disposições de normas.

Em muitos países, há a garantia da irresponsabilidade civil dos jornalistas que divulgarem matérias com fontes confidenciais. Nos domínios britânicos, desde o Século XIX, prevalece a chamada 'regra de jornal' (Newspaper Rule), que protege a identidade das fontes jornalísticas na fase preliminar das ações de difamação.[29] Essa regra é seguida pelo Canadá, por Hong Kong e Nova

---

[25] TURQUIA. Parlamento. Lei n. 5187/2004 (art. 12), disponível em http://bit.ly/1lytFeF, acesso em 16/2/2014

[26] CHILE. Parlamento. Lei 19733/2001 (art. 7°), disponível em http://bit.ly/1m-8F9E6, acesso em 15/2/2014.

[27] A prática já destoa. Vejam-se os registros de atentado à liberdade de imprensa promovido pelo governo turco e que motivaram protestos dos organismos internacionais, posicionando a Turquia entre os países que menos promovem aquela liberdade: Comitê de Proteção à Jornalistas. *Turkey should reverse all anti-press measures and laws*, 9/4/2014, disponível em http://bit.ly/R3rkNS, acesso em 15/4/2014; GREENSLADE, Roy. "Turkish journalists protest at police raid". *GreensladeBlog*, 3/7/2012, disponível em http://bit.ly/1kt3dlq, acesso em 15/4/2014; REPÓRTERES SEM FRONTEIRA. World Press Freedom Index 2014, disponível em http://bit.ly/NAIvUr, acesso em 15/4/2014. As persecuções penais se ampliaram com diversos crimes previstos no Código Penal de 2004, disponível em http://bit.ly/1pOd3Ee, acesso em 15/4/2004.

[28] BANISAR, David. "Silencing Sources: An International Survey of Protections and Threats to Journalists' Sources". London: Network Media Programme of the Open Society Foundation, p. 83, disponível em http://bit.ly/1pJZbuv, acesso em 15/3/2014

[29] O precedente foi firmado em *Hennessy v. Wright*, de 1888 (21 QBD 509), e confirmado em *Edmondson v. Birch & Co. Ltd*, de 1907 (! KB 423): SHARMA, Kartik et al. *Freedom of the Press: Using the Law to Defend Journalists*. New Delhi, India: Human Rights Law Network, 2009, p. 83.

Zelândia.[30] No Reino Unido e na Nova Zelândia, há um reforço do 'Contempt of Court 1981'[31] e da 'Evidence Act 2006',[32] respectivamente, que assegura o sigilo mesmo durante o processo, cível ou criminal, ressalvadas algumas hipóteses como veremos. Ainda assim, a garantia é frágil, não alterando a posição do Reino Unido, mas incluindo novos países naquelas listas. Há lugares em que a imunidade civil é bem mais ampla. Na Bósnia,[33] em Kosovo[34] e na Islândia,[35] a proteção se dá de maneira ampla, reforçando-se contra os crimes de opinião. A análise do direito, inclusive da casuística, em diversos países, modifica, em parte, esse quadro, quando se analisam as possibilidades de quebra do sigilo.

É no instante de aferir as exceções que a proteção se pode mostrar mais ou menos eficaz. Na maioria dos países que a admitem, exige-se intervenção judicial ou também do ministério público, como na Suécia,[36] uma comissão parlamentar, como nas Filipinas,[37] autoridade

---

30 Vejam-se Broadcasting Corporation of New Zealand v. Alex Harvey [1980] 1 NZLR 163, 6 June 1980; Sham John v. Eastweek [1995] 1 HKC 264 (Hong Kong) ; Wasylyshen v. CBC, 2005 ABQB 902 (Alberta): BANISAR, David. Silencing Sources: An International Survey of Protections and Threats to Journalists' Sources, p. 48

31 GRÃ-BRETANHA. Parlamento, Contempt of Court Act 1981 (sec.10), disponível em http://bit.ly/1ioRhTk, acesso em 5/4/2014

32 NOVA ZELÂNDIA. Parlamento. Evidence Act 2006 (sec. 68), disponível em http://bit.ly/1hyDIiv, acesso em 15/2/2014

33 BÓSNIA-HERZEGOVINA. Parlamento. Lei de Proteção contra a Difamação (art. 91 e 9.2), disponível em http://bit.ly/RQsYD2, acesso em 21/4/2014.

34 KOSOVO. Parlamento. Lei Civil contra Difamação e Insulto (arts. 7 e 9), disponível em http://bit.ly/1nZi08i, aceso em 21/4/2014

35 ISLÂNDIA. Code of Procedure in Private Litigation, 91/1991, citado por BANISAR, David. *Silencing Sources: An International Survey of Protections and Threats to Journalists' Sources*, p. 24

36 A Corte Europeia de Direitos Humanos exige reserva de jurisdição: Sanoma Uitgevers BV v The Netherlandsd 14/09/2010, disponível em http://bit.ly/1i-7x69W, acesso 5/1/2014. Exemplos seguidos pela Bélgica, Chipre, França, Itália e Malta, dentre outros: MÜLLER, Sebastian; GUSY, Christoph. "Does media policy promote media freedom and independence? The case of Germany". *Mediadem*. Bruxelles: European Commision, 2011, p. 34-36

37 FILIPINAS. Parlamento. The Philippines Republic Act n. 53, amended by RA 1447 (art. 1), disponível em http://bit.ly/1fPZyKq, acesso em 15/2/2014.

policial na Bielo-Rússia,[38] **órgão administrativo na** Bulgária,[39] fundada, em muitos lugares, em hipóteses legais expressamente previstas.[40]

A autorização de quebra do sigilo, mesmo nos casos previstos em lei, deve seguir-se a um escrutínio rigoroso da sua finalidade, da real necessidade da medida, da inexistência de meios alternativos menos gravosos e da convincente prevalência do interesse oposto. Não basta o argumento genérico da previsão legal ou da presença de um interesse relevante, mesmo em se tratando de segurança nacional ou equivalente.[41] É sempre prudente, a propósito, o alerta dado pela Suprema Corte da Noruega: "quanto mais importante for o interesse violado, mais importante será a proteção das fontes".[42]

Na legislação comparada, são admitidas exceções para defesa da segurança nacional (Argélia(1), Croácia(2), Filipinas(3), Grã-Bretanha(4), Indonésia(5), Itália(6), Japão(7), Malta(8), Romênia(9), Suécia(10)) [43], a integridade

---

38 OCDE. *Access to information by the media in the OSCE region: Country Report.* Viena, 30/4/2007, disponível em http://bit.ly/1fwfRl6, acesso em 4/2/2014, p. 61

39 OCDE. *Access to information by the media in the OSCE region: Country Report*, p. 85. Na Rússia, o art. 144 do CPP é dúbio quanto à admissibilidade da quebra por investigadores, promotores e juízes no curso de uma investigação criminal, disponível em http://bit.ly/1mjnG07, acesso em 5/3/2014 . Sobretudo em razão da Recomendação R(2000)7, formalmente, não poderia mais ser assim: OCDE. *Access to information by the media in the OSCE region: Country Report*.p. 308

40 MÜLLER, Sebastian; GUSY, Christoph. "Does media policy promote media freedom and independence? The case of Germany". *Mediadem*. Bruxelles: European Commision, 2010, p. 34

41 A falta de garantias processuais para quebra da confidencialidade a exemplo do princípio da proporcionalidade motivou a declaração de inconstitucionalidade, pela Corte Constitucional húngara, da lei que disciplinava a matéria: decisão 165/2011. (XII. 20.) AB of the Hungarian Constitutional Court on the Media Regulation, disponível em http://zip.net/bpm6Nd, acesso em 15/3?2014

42 NORUEGA. Suprema Corte. *Kontrolluvalget v. Johansen*, [1992] 1 L.N.R. 39: WOLLAND, Steingrim. "Press Law in Norway". In COLIVER, Sandra (ed). *Press Law and Practice: : A Comparative Study of Press Freedom in European and Other Democracie*. London: Article 19, 1993, p. 116.

43 (1) ARGÉLIA. Parlamento. Lei n. 90-07 (art. 37), disponível em http://bit.ly/1eTnCBo, acesso em16/2/2014

(2) CROÁCIA. The Media Law (art. 30), citada por OCDE. *Access to information by the media in the OSCE region: Country Report*, p. 106

(3) FILIPINAS. Parlamento. The Philippines Republic Act n. 53, amended by RA 1447 (art. 1), disponível em http://bit.ly/1fPZyKq, acesso em 15/2/2014.

(4) A maior franquia se dá no âmbito da legislação "anti-terrorista", notadamente o "Anti-Terror Act 2000". Embora muitos pedidos de revelação das fontes tenham sido negados pelo Judiciário, são frequentes buscas e apreensões de material jornalístico, baseadas naquela legislação. O caso mais recente foi a prisão do brasileiro David Miranda e a apreensão de materiais que transportava no aeroporto londrino de Heathrow. Miranda era companheiro e assistente do repórter Glenn Greenwald, responsável pela divulgação das informações de Edward Snowden sobre a espionagem generalizada realizada pela NSA estadunidense e outras agências de inteligência. A medida policial foi, todavia, considerada legítima pelo Judiciário: UNITED KINGDOM. High Court of Justice. Case N: CO/11732/2013, *Miranda v. The Secretary of State for the Home Department and The Commissioner of the Police of the Metropolis*, disponível em http://bit.ly/1gg-FrFL, acesso em 1/3/2014. Sobre a franquia: CRAM, Ian. "Regulating the media: Some neglected freedom of expression issues in the United Kingdom's counter-terrorism strategy". *Terrorism and Political Violence*, v. 18, n. 2, p. 335-355, 2006.

(5) Não consta da Lei 40/1999, mas do "clarification of National Act of the Republic of Indonesia", p. 13, disponível em http://bit.ly/1iCoViC, acesso em 4/4/2014. Por isso, alguns consideram o modelo como de proteção ilimitada. BANISAR, David. *Silencing Sources: An International Survey of Protections and Threats to Journalists' Sources*, p. 24

(6) OCDE. *Access to information by the media in the OSCE region: Country Report*, p. 190

(7) A 'Special Intelligence Protection Act and Mass Media', aprovada no final de 2013, estabelece restrições às informações relacionadas à segurança nacional: McCURRY, Justin. "Japan whistleblowers face crackdown under proposed state secrets law." The Guardian, 5/12/2014, disponível em http://bit.ly/1iH-BqzG, acesso em 15/2/2014.

(8) MALTA. Parlamento. Press Law (art. 46), disponível em http://bit.ly/1i-PODQK, acesso em 14/2/2014. AQUILINA, Kevin."Protection of journalistic sources in Maltese Law: an appraisal from the viewpoint of the European Convention of Human Rights". *Inernational Journal of Public Law and Policy*, 2011, v. 1, n. 3, p. 245-263

(9) ROMÊNIA. Parlamento. Audiovisual Law 504/2002 (art. 7.6), disponível em http://bit.ly/1ruLaMM, acesso em 15/2/2014

(10) SUÉCIA. Parlamento. Secrecy Act (sec. 16), conforme OCDE. *Access to information by the media in the OSCE region: Country Report*, p. 350

do território (Croácia(1), Malta(2))[44], interesses da justiça[45] (Albânia(1), Argélia(2), Armênia(3), Bielo-Rússia(4), Bulgária(5), Dinamarca(6), Grã-Bretanha(7), Japão(8), Malta(9), Portugal(10), República Tcheca(11), Romênia(12))[46]

---

44 (1) CROÁCIA. The Media Law (art. 30), citada por OCDE. *Access to information by the media in the OSCE region: Country Report*, p. 106.
(2) MALTA. Parlamento. Press Law (art. 46), disponível em http://bit.ly/1iPODQK, acesso em 14/2/2014. AQUILINA, Kevin."Protection of journalistic sources in Maltese Law: an appraisal from the viewpoint of the European Convention of Human Rights". *Inernational Journal of Public Law and Policy*, 2011, v. 1, n. 3, p. 245-263.

45 Na Áustria, a proteção não contempla a condição de réu do jornalista: OCDE. *Access to information by the media in the OSCE region: Country Report*. Viena, 30/4/2007, disponível em http://bit.ly/1fwfRl6, acesso em 4/2/2014, p. 48.

46 (1) ALBÂNIA. Parlamento. Código de Processo Penal (art. 159.3), disponível em http://bit.ly/1hgTuee, disponível em, acesso em 4/2/2014.
(2) ARGÉLIA. Parlamento. Lei n. 90-07 (art. 37), disponível em http://bit.ly/1eTnCBo, acesso em16/2/2014.
(3) ARMÊNIA. Parlamento. Lei de Imprensa e Mídia de Massa (art. 5.2), disponível em http://bit.ly/1ij6XaG, acesso em 15/2/2014.
(4) BIELO-RÚSSIA. Parlamento. Law On Mass Media, 427-Z/2008 (arts. 34 e 39.1), disponível em http://bit.ly/1mYBkoZ, acesso em 11/2/2014.
(5) OCDE. *Access to information by the media in the OSCE region: Country Report*, p. 85.
(6) JAKOBSEN, Søren S.; SCHAUMBURG-MÜLLER, Sten. *Media law in Denmark.* Alphen aan den Rijn: Kluwer Law International; København: DJØF Publishing, 2011, p. 47 et seq.
(7) GRÃ-BRETANHA. Parlamento, Contempt of Court Act 1981 (sec.10), disponível em http://bit.ly/1ioRhTk, acesso em 5/4/2014.
(8) A orientação é da Suprema Corte do país. Discutia-se se um jornalista podia recusar-se a depor com base no seu segredo professional conforme genericamente prevê o art. 197.1. 3 do CPC: "o segredo da fonte da notícia deve ser considerado no âmbito do segredo profissional. Saber se ele é ou não digno de proteção deve ser determinado por meio de um equilíbrio entre vários fatores relacionados com a reportagem. Por exemplo, tal equilíbrio deve ser feito entre, por um lado, o conteúdo da reportagem, a sua natureza e importância e/ou o valor para a sociedade, a maneira pela qual as notícias foram recolhidas, que desvantagens podem ocorrer se obstáculos para a similar atividade de obtenção de notícias, serão gerados no futuro por um testemunho obrigatório, e a extensão de tal desvantagem, e, por outro lado, o conteúdo do processo civil, a sua natureza e importância e/ou valor para a sociedade, na medida em que a testemunha é necessária no caso, e a disponibilidade de dados alternativos". Case 2006 (Kyo) n. 19, Minshu Vol. 60, No. 8, 10/3/2006, disponível em http://bit.ly/1n1iuLt, acesso em 5/2/2014.

ou de um interesse público relevante (França(1), Nova Zelândia(2))[47], para proteção da saúde (Croácia[48]), para prevenção da desordem (Grã-Bretanha(1), Romênia(2))[49], investigação ou processo contra autores de crimes em geral (Bielorrússia(1), Chipre(2), Grã-Bretanha(3), Eslováquia(4), Eslovênia(5), Itália(6), Malta(7))[50] ou específicos, dentre os quais, crimes hediondos

---

(9) MALTA. Parlamento. Press Law (art. 46), disponível em http://bit.ly/1iPODQK, acesso em 14/2/2014. AQUILINA, Kevin."Protection of journalistic sources in Maltese Law: an appraisal from the viewpoint of the European Convention of Human Rights". *Inernational Journal of Public Law and Policy*, 2011, v. 1, n. 3, p. 245-263.

(10) Segundo um juízo de proporcionalidade, pois, segundo o Código de Processo Penal, o juiz analisará se há ou não fundamento legítimo para o jornalista, ao abrigo do segredo profissional, escusar a depor-se sobre fatos abrangidos pelo segredo (art. 135.°), disponível em http://bit.ly/1fU8luW, acesso em 5/2/2014.

(11) INTERNATIONAL PRESS INSTITUTE. *Journalist Sabina Slonkova fined for refusing to disclose names of confidential sources*, 10/2/2009, disponível em http://bit.ly/1mMH6r6, acesso em 15/2/2014: jornalista foi punida por não revelar a fonte que a repassou uma gravação que mostrava um encontro clandestino, pouco antes da eleição presidencial checa de 2008, entre Jiri Weigl, chefe de gabinete do presidente Vaclav Klaus, e Miloslav Slouf, lobista com supostas ligações com o submundo checo. O crime: violação da privacidade

(12) ROMÊNIA. Parlamento. Audiovisual Law 504/2002 (art. 7.6), disponível em http://bit.ly/1ruLaMM, acesso em 15/2/2014.

47 (1) FRANÇA. Código de Processo Penal (art. 109), disponível em http://bit.ly/1n7wDGO, acesso em 2/1/2014. O tema é polêmico.

(2) NOVA ZELÂNDIA. Parlamento. Evidence Act 2006 (sec. 68(2)), disponível em http://bit.ly/1hyDIiv, acesso em 15/2/2014.

48 CROÁCIA. The Media Law (art. 30), citada por OCDE. *Access to information by the media in the OSCE region: Country Report*, p. 106.

49 (1) GRÃ-BRETANHA. Parlamento, Contempt of Court Act 1981 (sec.10), disponível em http://bit.ly/1ioRhTk, acesso em 5/4/2014.

(2) ROMÊNIA. Parlamento. Audiovisual Law 504/2002 (art. 7.6), disponível em http://bit.ly/1ruLaMM, acesso em 15/2/2014.

50 (1) BIELO-RÚSSIA. Parlamento. Law On Mass Media, 427-Z/2008 (art. 39.1), disponível em http://bit.ly/1mYBkoZ, acesso em 11/2/2014.

(2) VASSILIADOU, Myria. "The Cypriot Media Landscape". In TERZIS, Georgios (ed). *European media governance: national and regional dimensions*. Bristol; Chicago: Intellect, 2007, p. 209. A polícia e os tribunais muitas vezes obrigam os jornalistas a entregarem imagens de TV ou negativos de câmera de filme de manifestações públicas: BRADY, Ronan. "Protecting our sources of information. Why journalists need to resist legal attacks". Brussels: European Federation of Journalists, 2004, disponível em http://bit.ly/1htAjgq, acesso em 30/3/2014.

ou gravíssimos (Armênia(1), Azerbaijão(2), Islândia(3), Suécia(4))[51], contra a paz (Alemanha)[52], contra a pessoa (Azerbaijão – proteger a vida humana(1); Luxemburgo(2); Suíça – em caso de homicídio, risco de morte ou grave lesão corporal(3))[53] e a segurança pública (Espanha(1), Malta(2))[54] ou

---

(3) GRÃ-BRETANHA. Parlamento, Contempt of Court Act 1981 (sec.10), disponível em http://bit.ly/1ioRhTk, acesso em 5/4/2014.
(4) ESLOVÁQUIA. Parlamento. The Press and News Agency Act (n. 167/2008 – sec. 4), disponível em http://bit.ly/1kwOmnj; Law on Broadcasting and Retransmission (§15c), disponível em http://bit.ly/1lMx7CD, acesso em 20/2/2014
(5) ESLOVÊNIA. Parlamento. Law on the Media of 2001 (art.21(2)), disponível em http://bit.ly/1ruMvDx, acesso em 16/2/2014.
(6) ITÁLIA. Código de Processo Penal (art. 200.3), disponível em http://bit.ly/SlRM63, acesso em 13/2/2014.
(7) MALTA. Parlamento. Press Law (art. 46), disponível em http://bit.ly/1iPODQK, acesso em 14/2/2014. AQUILINA, Kevin."Protection of journalistic sources in Maltese Law: an appraisal from the viewpoint of the European Convention of Human Rights". *Inernational Journal of Public Law and Policy*, 2011, v. 1, n. 3, p. 245-263.

51 (1) ARMÊNIA. Parlamento. Lei de Imprensa e Mídia de Massa (art. 5.2), disponível em http://bit.ly/1ij6XaG, acesso em 15/2/2014.
(2) AZERBAIJÃO. Parlamento. Law on the Mass Media (art. 11(3)), disponível em http://bit.ly/Nzi1CL, acesso em 4/2/2014 (para prevenir ou para proteger acusados desses crimes).
(3) ISLÂNDIA. Parlamento. Código de Processo Criminal (19/1991 – art. 53.1), de acordo com OCDE. *Access to information by the media in the OSCE region: Country Report*. Viena, 30/4/2007, disponível em http://bit.ly/1fwfRl6, acesso em 4/2/2014, p. 179.
(4) SUÉCIA. Parlamento. Secrecy Act (art. 3, cap. 3), disponível em http://bit.ly/RceFIj, acesso em 15/2/2014.

52 ALEMANHA. Código de Processo Penal (art. 53(5)), disponível em http://bit.ly/1i7eR70, acesso em 5/2/2014

53 (1) AZERBAIJÃO. Parlamento. Law on the Mass Media (art. 11(2)), disponível em http://bit.ly/Nzi1CL, acesso em 4/2/2014.
(2) LUXEMBURGO. Parlamento. Loi du 8 juin 2004 sur la liberté d'expression dans les medias (art. 8), disponível em http://bit.ly/1rFkY2a, acesso em 11/12014.
(3) SUÍÇA. Parlamento. Código Penal (art. 21a(b)), disponível em http://zip.net/bmm6kT, acesso em 15/2/2014.

54 (1) ARGÉLIA. Parlamento. Lei n. 90-07 (art. 37), disponível em http://bit.ly/1eTnCBo, acesso em16/2/2014.
(2) MALTA. Parlamento. Press Law (art. 46), disponível em http://bit.ly/1iPODQK, acesso em 14/2/2014. AQUILINA, Kevin."Protection of journalistic sources in Maltese Law: an appraisal from the viewpoint of the

do Estado (Argélia(1), Luxemburgo(2), Portugal(3))[55], assim como os que ponham em risco o Estado democrático de direito e a segurança externa (Alemanha[56]), a traição (Alemanha[57]), violação de sigilo (Finlândia(1), Moldova(2), Portugal(3))[58], tráfico de drogas ilícitas (Luxemburgo(1), Suíça(2))[59], organização criminosa (Suíça[60]), lavagem de dinheiro (Alemanha(1), Luxemburgo(2), Suíça(3))[61], terrorismo (Luxemburgo(1), Suíça(2))[62],

---

European Convention of Human Rights". *Inernational Journal of Public Law and Policy*, 2011, v. 1, n. 3, p. 245-263.

55 (1) ARGÉLIA. Parlamento. Lei n. 90-07 (art. 37), disponível em http://bit.ly/1eTnCBo, acesso em16/2/2014; Lei sobre Publicação e Edição de 1993, art. 5, d.
(2) LUXEMBURGO. Parlamento. Loi du 8 juin 2004 sur la liberté d'expression dans les medias (art. 8), disponível em http://bit.ly/1rFkY2a, acesso em 11/12014.
(3) PORTUGAL. Parlamento. Código Penal (art. 316).

56 ALEMANHA. Código de Processo Penal (art. 53(5)), disponível em http://bit.ly/1i7eR70, acesso em 5/2/2014.

57 ALEMANHA. Código de Processo Penal (art. 53(5)), disponível em http://bit.ly/1i7eR70, acesso em 5/2/2014.

58 (1) FINLÂNDIA. Parlamento. Código de Processo Penal (cap. 17, sec. 24, § 4), disponível em http://bit.ly/1pTgJ7z, acesso em 11/2/2014.
(2) MOLDOVA. Parlamento. Law on the press no. 243-XIII: segredos de Estado (versão oficial), de acordo com OCDE. *Access to information by the media in the OSCE region: Country Report*. Viena, 30/4/2007, disponível em http://bit.ly/1fwfRl6, acesso em 4/2/2014 , p. 246
(3) Mais especificamente crime contra o segredo de justiça: Código Penal (art. 371): LOPES, Felisbela. "As Fontes, os Jornalistas e a Lei". Comunicação e Sociedade, v. 14, n. 1-2), 2000, p. 339-349, 344.

59 (1) LUXEMBURGO. Parlamento. Loi du 8 juin 2004 sur la liberté d'expression dans les medias (art. 8), disponível em http://bit.ly/1rFkY2a, acesso em 11/12014.
(2) SUÍÇA. Parlamento. Código Penal (art. 21a(a)), disponível em http://zip.net/bmm6kT, acesso em 15/2/2014.

60 SUÍÇA. Parlamento. Código Penal (art. 21a(b)), disponível em http://zip.net/bmm6kT, acesso em 15/2/2014.

61 (1) ALEMANHA. Código de Processo Penal (art. 53(5)), disponível em http://bit.ly/1i7eR70, acesso em 5/2/2014.
(2) LUXEMBURGO. Parlamento. Loi du 8 juin 2004 sur la liberté d'expression dans les medias (art. 8), disponível em http://bit.ly/1rFkY2a, acesso em 11/12014.
(3) SUÍÇA. Parlamento. Código Penal (art. 21a(b)), disponível em http://zip.net/bmm6kT, acesso em 15/2/2014.

62 (1) LUXEMBURGO. Parlamento. Loi du 8 juin 2004 sur la liberté d'expression dans les medias (art. 8), disponível em http://bit.ly/1rFkY2a, acesso em 11/12014.
(2) SUÍÇA. Parlamento. Código Penal (art. 21a(b)), disponível em http://zip.net/bmm6kT, acesso em 15/2/2014.

corrupção (Suíça[63]) ou puníveis com pena privativa de liberdade agravada (Finlândia – pelo menos seis anos(1); Sérvia – cinco anos(2), Suíça – três anos.(3))[64], bem assim para proteção de crianças e adolescentes (Espanha,[65] Suíça[66]) e crimes sexuais (Alemanha – autodeterminação sexual –,[67] Suíça[68]). Pode-se deixar à discricionariedade maior ou menor do juiz. Na Noruega, requer-se a presença de um interesse social capaz de superar o interesse ao sigilo.[69] Em Camarões,[70] no Cazaquistão,[71] no Quirguistão,[72] na Letônia,[73] em Moldova[74] e na Ukrânia,[75] basta a existência de

---

63 SUÍÇA. Parlamento. Código Penal (art. 21a(b)), disponível em http://zip.net/bmm6kT, acesso em 15/2/2014.

64 (1) FINLÂNDIA. Parlamento. Código de Processo Penal (cap. 17, sec. 24, § 4), disponível em http://bit.ly/1pTgJ7z, acesso em 11/2/2014.
(2) SÉRVIA. Parlamento. Law on Public Information (art. 32), disponível em http://bit.ly/1i3uTck, acesso em 12/3/2014.
(3) SUÍÇA. Parlamento. Código Penal (art. 21a(a)), disponível em http://zip.net/bmm6kT, acesso em 15/2/2014.

65 ARGÉLIA. Parlamento. Lei n. 90-07 (art. 37) disponível em http://bit.ly/1eTnCBo, acesso em16/2/2014.

66 SUÍÇA. Parlamento. Código Penal (art. 21a(b)), disponível em http://zip.net/bmm6kT, acesso em 15/2/2014.

67 ALEMANHA. Código de Processo Penal (art. 53(5)), disponível em http://bit.ly/1i7eR70, acesso em 5/2/2014.

68 SUÍÇA. Parlamento. Código Penal (art. 21a(b)), disponível em http://zip.net/bmm6kT, acesso em 15/2/2014, incluindo pornografia com uso de crianças, animais e excrementos humanos.

69 NORUEGA. Parlamento. Criminal Procedure Act (sec. 125.3), disponível em http://bit.ly/PV8mYs;, acesso em 11/2/2014.

70 CAMARÕES. Parlamento. Loi 90/052 sur la Liberté de Communication Sociale, §50, citado por BANISAR, David. "Silencing Sources: An International Survey of Protections and Threats to Journalists' Sources", p. 26

71 CAZAQUISTÃO. Parlamento. Law on the Mass Media (art. 20.10), disponível em http://bit.ly/1hXT6W0, acesso em 11/2/2014.

72 QUIRGUISTÃO. Parlamento. Law on protection of professional activity of journalists, §9, disponível em http://bit.ly/1kozzfI, acesso em 15/2/2014.

73 LETÔNIA. Parlamento. The Law on the Press and Other Mass Media (sec. 22), disponível em http://bit.ly/1fxLv1G, acesso em 4/2/2014.

74 Segundo relatório independente: MOLDOVA. Parlamento. Law on the press no. 243-XIII (arts. 18). Há exigência de proporcionalidade no caso do Code of Television and Radio Broadcasting of the Republic of Moldova, n. 260 (art. 14), de acordo com OCDE. *Access to information by the media in the OSCE region: Country Report*. Viena, 30/4/2007, disponível em http://bit.ly/1fwfRl6, acesso em 4/2/2014, p. 246 e 261

75 OCDE. *Access to information by the media in the OSCE region: Country Report*, p. 393

uma ação ou processo investigativo civil ou penal;[76] enquanto na Hungria[77] e na Costa do Marfim,[78] deixa-se à discricionariedade do legislador regular as exceções, mostrando a debilidade formal da proteção que só se confirma na prática.[79] Nem sempre onde é admitida a franquia, o jornalista pode ser obrigado a declarar a sua fonte. Importa dizer que poderão ser realizadas buscas e apreensões em sua casa, veículo ou escritório, mas não se poderá exigir que fale. É o caso francês. Na Eslováquia, embora se reconheça uma garantia ampla, atribui-se ao profissional o dever de assegurar que a divulgação das informações não viole os direitos de terceiros, o que deixa muita margem a dúvidas.[80]

---

76 O Código Penal abrange diversos tipos de crimes de opinião e crítica: DJEUKOU, Joseph. "Droits de l'Homme et Liberté de la Presse au Cameroun". *Afrilex,* n. 4, [s.d], p. 172-211. Na Rússia, o art. 144 do CPP.é dúbio quanto à admissibilidade da quebra no curso de uma investigação criminal, disponível em http://bit.ly/1mjnG07, acesso em 5/3/2014 . Sobretudo em razão da Recomendação R(2000)7, formalmente, não poderia mais ser assim: OCDE. *Access to information by the media in the OSCE region: Country Report*.p. 308

77 HUNGRIA. Parlamento. Act CIV of 2010 on Freedom of the Press and on the Basic Rules Relating to Media Content (Sec. 6.1), disponível em, acesso em 5/2/2014

78 COSTA DO MARFIM. Parlamento. Loi No 2004-643 du Decembre 2004 Portant Regime juridique de la Press (art. 28(, disponível em http://bit.ly/PQXqec, acesso em 12/2/2014

79 A maioria desses países tem sido dominada por instabilidades políticas e ataques à imprensa. GREENDALE, Roy "Ivory Coast editors fined over sources", de 28/7/2010, disponível em http://bit.ly/1pOI1Mc, acesso em 5/3/2914; COMMITTEE TO PROTECT JOURNALISTS. *Ivory Coast police interrogate journalists over sources*, 9/7/2013, disponível em http://bit.ly/SasW9i, acesso em 5/3/2014; COMMITTEE TO PROTECT JOURNALISTS.. *UN reviews Kyrgyzstan's human rights, free press record,* 10/3/2014, disponível em http://bit.ly/1koYqA7, acesso em 1/5/2014; De acordo com a classificação dos Repórteres sem Fronteiras, são as seguintes posições que ocupam: Costa do Marfim (96°), Quiquistão (106°) e Camarões (120°): REPÓRTERES SEM FRONTEIRA. Press Freedom Index 2013, disponível em http://bit.ly/1bMr3Xz, acesso em 20/3/2014. Para a 'Freedom House' os três não têm liberdade de imprensa: FREEDOM HOUSE. "Cameroon". *Freedom of Press*, 2013, disponível em http://bit.ly/1o3FzNt, acesso em 5/3/2014; idem. "Kyrqystan". *Freedom of Press*, 2013, disponível em http://bit.ly/1hWn8ou, acesso em 5/3/2014; idem. "Côte d'Ivoire". *Freedom of Press*, 2013, disponível em http://bit.ly/1koVOlM, acesso em 5/3/2014.

80 SKOLKAY, Andrej. *Media law in Slovakia.* Alphen aan den Rijn: Kluwer Law International, 2011, p. 79 et seq.

Nos países escandinavos, sempre entre os que mais promovem a liberdade de imprensa, conquanto haja previsão de quebra da confidencialidade das fontes, em circunstâncias específicas, sob pena de prisão ou multa, quase nunca isso ocorre.[81] Na Noruega, por exemplo, a Suprema Corte impediu que uma comissão parlamentar de inquérito obrigasse o autor de um livro, que relatava as relações promíscuas entre um partido político, o serviço de inteligência e um empresário, baseado em gravaçoes clandestinas de conversas com alguns notórios políticos, a revelar suas fontes.[82] O mesmo sucedeu com o repórter que para esclarecer uma situação, envolvendo o direito de fazendeiros à indenização de danos causados por um urso, veio a publicar reportagem em que afirmava, com provas fotográficas, que o animal havia sido morto. A polícia queria obrigá-lo a revelar a fonte de modo a identificar o responsável pela morte do urso, considerado crime no país. A Corte uma vez mais protegeu o jornalista.[83]

Na Suécia não é diferente. Os agentes do Estado só podem perquirir sobre as fontes jornalísticas nos casos expressamente previstos pela Lei sobre a Liberdade de Imprensa. Segundo essa lei as autoridades estatais estão autorizadas a requisitar a informação, quando tiverem motivos razoáveis para acreditar que a fonte tenha cometido traição, espionagem ou crimes semelhantes, enumerados no artigo 3º do Capítulo 7, da Lei sobre Liberdade de Imprensa. [84] As Cortes raramente determinam que sejam reveladas as fontes jornalísticas e o fazem quando a informação for necessária para

---

81 Segundo a classificação dos Jornalistas sem Fronteiras, a Finlândia é o país com maior liberdade de imprensa, seguida da Holanda, Noruega, Luxemburgo, Andorra e Dinamarca: Press Freedom Index 2013, disponível em http://bit.ly/1bMr3Xz, acesso em 20/3/2014.

82 NORUEGA. Suprema Corte. *Kontrolluvalget v. Johansen*, [1992] 1 L.N.R. 39: WOLLAND, Steingrim. "Press Law in Norway". In COLIVER, Sandra (ed). *Press Law and Practice: : A Comparative Study of Press Freedom in European and Other Democracie*. London: Article 19, 1993, p. 116.

83 Citado por BERKA, Walter et al. *Briefing Paper on Protection of Journalists' Sources*, p. 10-11.

84 SUÉCIA. Lei sobre a Liberdade de Imprensa (art. 2 e 3, Cap. 3), disponível em http://bit.ly/QJuwOq, acesso em 15/1/2014.

proteger a segurança do Estado ou outro interesse público ou privado, notadamente para fazer prova da inocência de um acusado ou para dilucidar um crime, na falta de outro meio para tanto.[85]

3. A SITUAÇÃO NO BRASIL

No Brasil, há uma firme corrente que advoga a irrevogabilidade da garantia do sigilo das fontes jornalísticas. De acordo com Darcy Miranda, o jornalista que publicou ou transmitiu a informação, ainda que interpelado, não está obrigado a revelar a fonte: "este silêncio é direito seu, não podendo ser interpretado neste ou naquele sentido e não fica sujeito à sanção de qualquer natureza, nem a qualquer espécie de penalidade".[86] Esse também é o entendimento do Ministro Celso de Mello, para quem "os jornalistas, em tema de sigilo da fonte, não se expõem ao poder de indagação do Estado ou de seus agentes e não podem sofrer, por isso mesmo, em função do exercício dessa legítima prerrogativa constitucional, a imposição de qualquer sanção penal, civil ou administrativa".[87] Os defensores da tese atêm-se à ideia de que, embora o silêncio do jornalista seja imune à sanções, a publicação ou transmissão da material se sujeita às penalidades cabívies.[88]

Não parece razoável a defesa de proteção absoluta da confidencialidade da fonte. Tampouco a franquia à discricionariedade administrativa ou judicial. Nem absoluto nem débil, trata-se, antes, de um sigilo profissional qualificado.[89] A questão está em definir

---

85 BERKA, Walter et al. *Briefing Paper on Protection of Journalists' Sources*, p. 11-12.

86 MIRANDA, Darcy A. *Comentários à Lei de Imprensa*. 3ª ed. São Paulo: Ed. Revista dos Tribunais, 1995, p. 774. Notem-se, todavia, as compreensíveis preocupações com a flexibilização do sigilo de ROMANO, Roberto. "Sigilo Jornalístico e Segredo de Estado." *Revista entreideias: educação, cultura e sociedade*, v. 10, n. 9, 2005, p. 219-238.

87 BRASIL. Supremo Tribunal Federal. Decisão Monocrática do Min. Celso de Melo. Inq 870/RJ, 8/4/1996, disponível em http://bit.ly/1hQ28Vi, acesso em 10/10/2013.

88 MIRANDA, Darcy A., ob. cit., loc. cit.; STF. Decisão monocrática de Celso de Melo citada na nota anterior.

89 VILLANUEVA, Ernesto. *El Secreto Professional del Periodista*, p. 453-454; embora um privilégio absoluto seja inaceitável e impraticável, seria a forma ideal

em que circunstâncias a imunidade não se aplica e a quem cabe reconhecê-las. O estabelecimento legal de critérios de inoponibilidade da garantia é a fórmula jurídica mais adequada, todavia, traz perigos. É preciso que assegure razões legítimas e suficientemente justificadas para, em abstrato, poder suplantar a garantia do segredo (ou, como se costumou falar, que atenda ao princípio da proporcionalidade). Não serão, entretanto, franquias de aplicação automática pela autoridade competente. Cabe a ela, no caso concreto, um exame circunstanciado das hipóteses legais e da existência de alternativas menos gravosas para consecução dos fins perseguidos, se não o único meio para realização de um objetivo particularmente valioso à sociedade e ao Estado (não apenas ao governo). O teste da realidade, da adequação, necessidade e, principalmente, do resultado útil e positivo entre o benefício gerado aos fins e o desvelamento do segredo, indicará se a medida de revogação deve ser autorizada, prevalecendo a negativa, se alguma dúvida remanescer.

O uso legal de cláusulas indeterminadas como "segurança nacional" ou "interesse público" para justificar ordens de revogação do sigilo pode acobertar discricionariedade excessiva à beira do arbítrio, esvaziando a proteção. Tais cláusulas precisam ser acompanhadas de exigências que obriguem a demonstração de inexistência de outros meios menos gravosos à liberdade do jornalista e, claro, ficar demonstrada a prevalência do direito ou interesse à informação sobre a confidencialidade da fonte. O julgamento não se pode resumir à mera repetição lexical dos enunciados autorizadores, devendo apontar as razões que levam a um convencimento da necessidade da medida. Há, porém, um elemento que quase sempre é esquecido na análise do tema: a confidencialidade da fonte é exceção e não regra da prática jornalística.

A exceção da exceção (a quebra da confidencialidade, portanto) não pode ser interpretada como regra que admita em seu favor o benefício da dúvida. É preciso terem-se em conta os motivos da exigência do segredo, ônus, claro, do jornalista. Riscos à inte-

---

de garantia do fluxo de informação, segundo parte dos teóricos, notadamente da area de comunicação: ELIASON, Randall D. "Leakers, Bloggers, and Fourth Estate Inmates: The Misguided Pursuit of a Reporter's Privilege". *Cardozo Arts & Entertainment Law Journal*, v. 24, p. 385-446, p. 441, 445, 2006.

gridade psicofísica, ao patrimônio e ao emprego estão sempre no horizonte das justificativas, desde que acompanhadas, pelo menos, de verossimilhança. Ocorre que, por vezes, a exposição dos motivos pode levar à identificação da fonte. Em situações assim, resta o apelo à natureza e ao contexto da reportagem, à seriedade do profissional, à idoneidade do veículo, à conferência das informações, inclusive com outras fontes, e à importância ou transcendência pública da notícia.

O emprego da confidência que não impeça ou que esconda a prática de um crime[90] ou a exigência de que a informação seja verdadeira[91] costumam ser apontados como limites aceitáveis à confidencialidade, mas tudo depende do contexto. De que ação estamos tratando, do jornalista, da fonte ou de ambos? Não parece acertado *a priori* condenar penalmente (talvez nas raias morais apenas) quem mantém a câmera ligada acompanhando o desfalecer de uma vítima de um atentado ou de ataques de pessoas ensandecidas por ódio, ideologia ou ambos, quando poderia acudi-la, se as circunstâncias não garantirem a sua própria integridade ou se o registro venha a servir de testemunho de um quadro perverso de violência e injustiça, um registro-denúncia, por assim dizer. Tampouco pode ser levado a depor sobre paradeiro do suposto autor de um crime que lhe serviu de fonte para fornecer a sua versão dos fatos. É comum dizer-se que se todos são obrigados a delatar um crime, não caberia ao jornalista escondê-lo em nome da lealdade, sob pena de reconhecimento de uma forma de cumplicidade criminosa profissional.[92] Não compartilho desse entendimento, pelo seu caráter absoluto.

Há circunstâncias em que a confidência acertada com a fonte exige a honra do comprometimento. Não se trata de exceção aos ditames da lei pela ordem ética da consciência, mas pelo império de um dever constitucional de relativa indisponibilidade. Apenas

---

90 CARRILLO, Marc. *La Clausula de Conciencia*, p. 202.

91 ROYO, Pérez; JAVIER Y PRADERA, Javier. *La Cláusula de Conciencia y el Segreto Profesional de los Periodistas*, p. 35-36.

92 KRAMER, Dora. "Entre o dever e o direito". Jornal O Estado de S. Paulo, 4 de abril de 2003, disponível em http://bit.ly/1kvxaC1, acesso em 15/2/2010. Um bom artigo sobre a possibilidade de o jornalista quebrar o pacto de silêncio com uma fonte, no caso um senador, que se mostra autor de um crime em fase de apuração pela polícia.

no caso de ver-se o jornalista traído na confiança pela fonte que o usou, para acobertar seus malfeitos ou como expedientes disfarçados de achaque ou chantagem e até de fórmulas de imunizar-se da persecução penal, por exemplo, atribuindo o delito a terceiro ou desviando o foco da atenção, é que é dado ao profissional desvelar o fraudador.[93] Aliás, duplamente fraudador: à ordem jurídica e à confiança jornalística. Estamos a lidar, por óbvio, com o jornalismo sério e comprometido com o interesse público, não com o delinquente que se transveste de profissional para, com uso de fontes inventadas ou igualmente criminosas, praticar desvios de conduta ou crime.

Situação que mora nas franjas da legalidade ocorre com a criminalidade instrumental à comunicação jornalística, designadamente, a obtenção ilícita da informação. É preciso distinguir uma série de aspectos na questão. Em primeiro lugar, quem praticou a ilicitude, se o jornalista ou a fonte. Em segundo lugar, o meio e forma dessa prática. E, em terceiro, o proveito público de eventual revelação do 'objeto do crime'. É certo que, em direito processual penal, domina a tese do absoluto inaproveitamento da prova ilícita. Sem embargo, não estamos tratando do emprego da prova no curso de um processo judicial, mas para informação do público. A antijuridicidade do meio, nesse caso, nem sempre leva à sua exclusão como prova política de um ilícito ainda mais grave.[94]

A proporcionalidade há de ser aplicada para avaliar a correção da conduta jornalística. O cometimento do delito na coleta da notícia pelo jornalista parece-me mais grave do que a mera 'recepção' das informações coligidas ilicitamente pela fonte. Dito de outro modo: a revelação de informações obtidas ilicitamente pela fonte não é, por si mesma, razão suficiente para se obrigar o

---

[93] A conclusão do episódio que envolveu um jornalista e um senador é a mesma a que chega Dora Kramer, mas por razão distinta: não é por ser um deliquente que procura o jornalista para fornecer sua versão dos fatos e dos motivos, mas de um criminoso que, com jactância e ardil, usa o jornalista para tirar vantagem do próprio crime.

[94] FIDALGO, António. "A Ética e o *off the record*". *Revista Brotéria*, 1998, disponvel em http://bit.ly/1q1aMp4, acesso em 11/11/2013.

jornalista a quebrar seu pacto de silêncio.[95] Essa é, aliás, a juris-

---

[95] Tem-se dito que é descabida a persecução penal, incluindo a realização de buscas e decretação de prisão, contra jornalista que divulga matéria submetida a segredo de justiça: esse segredo não seria oponível ao jornalista. Não pode diretamente quebrar o sigilo, nem estimular que se quebre, mas pode divulgá-lo se recebe informações de terceiro, sem importar crime ou dever de indenizar: Superior Tribunal de Justiça. AREsp 183.079/DF, decisão monocrática Min. Isabel Gallotti, de 29/12/2012, disponível em http://bit.ly/1gHzQb6, acesso em 20/4/2014; AREsp 480096/DF, decisão monocrática Min. João Octávio de Noronha, disponível em http://bit.ly/1eRiGwB, acesso em 20/4/2014; Tribunal de Justiça de São Paulo. 10ª Câmara de Direito Privado. Apelação no 0049236-21.2010.8.26.0114, de 21/1/2014, disponível em http://bit.ly/1tiUBmi, acesso em 15/3/2014; Tribunal de Justiça do Distrito Federal e Territórios. 2ª Turma Cível. APL 81019492006807000 1 DF 0081019-49.2006.807.0001, j. em 7/10/2009, disponível em http://bit.ly/1qYWm5U, acesso em 14/3/2014 ("O art. 155 do Código de Processo Civil, que trata dos atos que correm em segredo de justiça, aplicam-se no âmbito do judiciário, não se podendo exigir que tal restrição seja estendida a classe jornalística, que é protegida pelo sigilo da fonte, quando necessário ao exercício profissional (CF, 5°, XIV), e que detém papel primordial na sociedade"). No caso do vazamento da Operação Satiagaha: "Justiça rejeita pedido de prisão contra jornalista da Folha". *Folha de S. Paulo*, 8/7/2008, disponível em http://bit.ly/1nuAQUC, acesso em 5/2/2014. Sem embargo, há iniciativas da polícia para indiciar jornalistas por publicarem escutas telefônicas não autorizadas: CANCIAN, Natália "PF acusa repórter de publicar dado sigiloso". *Folha de S. Paulo*, de 30/6/2011, disponível em http://bit.ly/Pd6vOh, acesso em 6/2/2014. Há quem entenda que a conduta é crime, tipificado pelo art. 131, § 1°, II, do Código Penal (quem indevidamente divulga, transmite a outrem ou utiliza abusivamente comunicação telegráfica ou radioelétrica dirigida a terceiro, ou conversação telefônica entre outras pessoas), disponível em http://bit.ly/18kAH0G, acesso em 5/2/2014; bem como o art. 56, § 1°, Lei 4.117/1962 (Pratica, também, crime de violação de telecomunicações quem ilegalmente receber, divulgar ou utilizar, telecomunicação interceptada), disponível em http://bit.ly/1iy6dgu, acesso em 5/2/2014. Tais dispositivos se teriam mantido residualmente ao advento da Lei 9.296/1996 ou, por ela contemplados, em seu art. 10 (Constitui crime realizar interceptação de comunicações telefônicas, de informática ou telemática, ou quebrar segredo da Justiça, sem autorização judicial ou com objetivos não autorizados em lei), disponível em http://bit.ly/1f4sbDb, acesso em 5/2/2014. Advoga-se que se a Constituição vetou a admissibilidade da prova ilícita no processo inclusive o que tramita em segredo de justiça que dirá de sua divulgação urbi et orbi, como escreveu certa feita o Ministro Sepúlveda Pertence na Pet 2702 MC/RJ, mesmo que em favor do interesse da audiência pública, seja ela formada por leitores, ouvintes ou telespectadores.

prudência da Corte Europeia de Direitos Humanos.[96]

Assim também a invasividade do comportamento ou o grau de comprometimento dos bens tutelados devem contar no juízo de aferição. A reunião de dados por meio da subtração de documentos de um arquivo público é menos grave do que a coleta mediante interceptação telefônica, ameaça séria ou emprego da violência. Enfim, o esclarecimento da opinião pública pode ter um efeito saneador. Uma coisa é revelar informações para atender à mera curiosidade do público;[97] ou-

---

VIEIRA, Luís G. "Os limites do jornalismo de investigação." *Observatório da Imprensa*, disponível em http://bit.ly/1ngj768, acesso em 31/1/2014. Não parece a intepretação mais adequada. O artigo 10 revogou os tipos penais do Código e da Lei 4.117/1962. Além do mais, o segredo de justiça está direcionado àqueles que judicam ou têm relação com a prestação jurisdicional, o que, em regra, não é o caso do jornalista que é procurado por uma fonte entregando-lhe elementos processuais sob reserve. É hipótese de atipicidade criminal, sem prejuízo, claro, da discussão ética que a conduta suscita. É também a solução adotada pela Suprema Corte dos Estados Unidos, exigindo-se que: a) o jornalista tenha realizado a interceptação das comunicações; b) seu acesso às informações fora obtido licitamente; e c) as comunicações reveladas tratem de assunto de interesse público: *Bartnicki v. Vopper*, 532 U.S. 514 (2001), disponível em http://bit.ly/1jRRfld, acesso em 5/4/2014. Veja EASTON, Eric B. "Ten Years After: Bartnicki v. Vopper as a Laboratory for First Amendment". *University of Louisville Law Review*, v. 50, 2011, p. 287-335 (reportando, todavia, o pouco impacto da jurisprudência dos tribunais inferiors). O Supremo Tribunal Federal está a examinar o assunto não é de hoje, embora com sinais divergentes. Veja-se Pet 2702 MC/RJ, decisão monocrática Min. Sepúlveda Pertence de 16/9/2002, disponível em http://bit.ly/1i3rqu3, acesso em 15/2/2014 (indeferimento de liminar contra decisão que vedava circulação de reportagem em que se revelava, com base em gravações feitas pelo informante, conversas do então governador Anthony Garotinho com interlocutores, a sua participação no suborno de auditor fiscal), referendada pelo plenário em 18/9/2002, disponível em http://bit.ly/1iywPhi, acesso em 15/2/2014. O tema pode ser rediscutido no Tribunal. Recentemente, a Min. Cármen Lúcia determinou a subida de um recurso extraordinário que versa sobre a indenização de publicação, em periódico de grande circulação, do resultado do julgamento em ação sobre segredo de justiça: AI 754191RJ, j. em 1/8/2013, disponível em http://bit.ly/1hX9mrt, acesso em 14/2/2014.

96 EUROPA. Corte Europeia de Direitos Humanos. 3a. Seção. *Telegraaf Media Nederland Landelijke v. The Netherlands*, 22/2/2013, disponível em http://goo.gl/MXJCjt, acesso em 5/1/2014.

97 "A mera curiosidade movida pelo diletantismo de alguns, tanto na divulgação de notícias, quanto na busca de fatos que expõem indevidamente a vida íntima,

tra é desnudar o cometimento de crimes de corrupção, abuso de poder e tráfico de influência. Essa admissibilidade não prescinde de um exame apurado dos riscos pelo repórter e seu editor, tampouco o exime sempre de responsabilidades.[98] De acordo com as circunstâncias e o resultado da avaliação dos benefícios gerados pela reportagem, é possível não só a desobrigação de revelar a fonte como o reconhecimento da imunidade do jornalista, seja pela ausência de culpabilidade, seja por um ponderável perdão judicial.

A exigência da veracidade da informação obtida também é dependente das circunstâncias da reportagem.[99] É dever de todo jornalista,

notadamente, daquelas pessoas com alguma notoriedade no corpo social, não pode ser encarada como de interesse social, a justificar a atenção dos organismos de imprensa.": Superior Tribunal de Justiça. 4a Turma. REsp 713.202/RS, j. em 1/10/2009, disponível em http://bit.ly/1gTUKYf, acesso em 6/1/2014.

98 Assumir o sigilo da fonte importa aceitar as responsabilidades dele decorrentes: LAGE, Nilson. *A reportagem: teoria e técnica de entrevista e pesquisa jornalística.* 4. ed. Rio de Janeiro: Record, 2004, p. 91; KARAM, Francisco J.; SCHMITZ, Aldo A. "A Ética de Lado a Lado: fontes de notícias e jornalistas frente a frente". *Intexto*, v. 2, n. 23, p. 171-182,174, julho/dezembro 2010. Sobre responsabilidade civil do repórter, com ou sem a fonte, e editor solidariamente com a empresa de comunicação. Veja, dentre outros: Superior Tribunal de Justiça. Súmula 221, disponível em http://bit.ly/QmCKfg, acesso em 12/2/2014; 4a. Turma. REsp 188692/MG, j. em 5/11/2002, disponível em http://bit.ly/1nh-0JKl , acesso em 14/2/2014; REsp 210.961/SP, j. em 21/9/2006, disponível em http://bit.ly/1mlUn9T, acesso em 14/2/2014; 2a Seção. REsp 552.008/RJ, j. em 22/9/2004, disponível em http://bit.ly/1jTjmAm, acesso em 14/2/2014.

99 A veracidade não é certeza, como já acentuou a Terceira Turma do Superior Tribunal de Justiça: "A diligência que se deve exigir da imprensa, de verificar a informação antes de divulgá-la, não pode chegar ao ponto de que notícias não possam ser veiculadas até que haja certeza plena e absoluta da sua veracidade. O processo de divulgação de informações satisfaz verdadeiro interesse público, devendo ser célere e eficaz, razão pela qual não se coaduna com rigorismos próprios de um procedimento judicial, no qual se exige cognição plena e exauriente acerca dos fatos analisados". REsp 1414887/DF, j. em 19/11/2013, disponível em http://bit.ly/1meoTT0, acesso em 5/1/2014. Veja-se ainda: "A veracidade exigida na matéria jornalística, para fins de responsabilização do escritor ou da imprensa, é a que decorre da correspondência entre a publicação e a fonte a que se refere. Não se exige um pronunciamento definitivo pelo Poder Judiciário, nem que a veracidade dos fatos relatados seja examinada pelos próprios jornalistas, pois, além de não ser essa a sua competência institucional, tal condição inviabilizaria o exercício profissional e impediria a divulgação de fatos relevan-

especialmente se a fonte lhe cobra o sigilo, checar a informação obtida, bem como avaliar os riscos e comprometimento dos direitos de terceiros provocados pela publicação. O interesse público à informação deve sempre, nessa balança, superar o desejo do furo de reportagem, assim como a deontologia profissional e a precaução devem preveni-lo contra o engodo e abuso da fonte. Se se descuida de suas obrigações, se o entusiasmo lhe cega da malícia do informante, se o dano à esfera privada das pessoas afetadas é superior aos benefícios coletivos da notícia, notadamente em vista da sua falsidade ou incompletude, poderá ter de escolher entre revelar a fonte ou responder pessoalmente pelo erro.[100] A fonte desleal desobriga-o do silêncio, se assim preferir. Todavia, a boa prática e a boa fé jornalísticas devem sempre ser consideradas seriamente como antídotos ao dilema e à responsabilização.[101]

Tampouco se pode afastar do âmbito de proteção de fontes de dentro do próprio Estado, ainda que tenham elas mesmas o dever de guardar sigilo sobre as informações que repassam. Por relações nem sempre saudáveis, os jornalistas obtêm de autoridades policiais, juízes, membros do Ministério Público e agentes de controle e fiscalização, sob condição de reserva, dados que, muitas vezes, estão sob segredo

---

tes a coletividade". TJDFT. 2ª Turma Cível, j. 7/10/2009, disponível em http://bit.ly/1nt7S7w, acesso em 4/2/2014.

[100] Especialmente no tocante à responsabilização cível: "O veículo de comunicação somente se exime de culpa quando buscar fontes fidedignas, exercendo atividade investigativa, ouvindo as diversas partes interessadas e afastando quaisquer dúvidas sérias quanto à verossimilhança do que divulgará". Se o comportamento do jornalista extrapolar "o animus narrandi, tendo por escopo nodal atingir a honra e a imagem do [noticiado], com o agravante de se utilizar como subterfúgio informações inverídicas, evidenciando, no mínimo, displicência do jornalista na confirmação dos fatos trazidos pela sua fonte", cabe a responsabilização reparatória: Superior Tribunal de Justiça. 3a Turma. REsp 1414004/DF, APC 20060110810192, j. 18/02/2014, disponível em http://bit.ly/QemblA, acesso em 18/3/2014.

[101] Interessante distinção feita pelo Conseho Técnico e Deontológico dos jomalistas portugueses: "num caso normal de informação com fontes identificadas, o jornalista interpõe a fonte entre si e a responsabilidade; havendo fonte confidencial, é o jornalista que se interpõe entre a fonte e a responsabilidade": FIDALGO, Joaquim. "A Questão das Fontes nos Códigos Deontológicos dos Jornalistas". *Comunicação e Sociedade*, v. 14, n. 1-2, 2000, p. 319·337, 334. Ver, no mesmo sentido, jurisprudência do STJ:

de justiça. Ainda assim, deve prevalecer o direito de o comunicador não revelar suas fontes. Em tais casos, a polícia, o Ministério Público e órgãos de controle devem conduzir as investigações internamente e por outros meios em vez de exigir que os jornalistas declarem seus informantes.[102] É preferível seguir exemplos como o sueco, em que os empregados públicos têm um direito constitucional ao anonimato ao divulgarem assuntos de interesse coletivo.[103]

Mas quem teria o poder de determinar a quebra do sigilo? Nem a administração nem a política, dado o interesse e o benefício direto na grande parte das vezes. Um órgão de autocontrole, mesmo que de composição plural, embora, teoricamente, seja uma solução ideal, não parece infenso ao jogo de pressões e cooptação de interesses, inclusive da própria mídia.[104] Por certo que tais pressões e influência estão presentes sobre os tribunais. Todavia, a sua independência, deontologia e formação tendem, senão a acabar com tais influências, pelo menos a diminuir seus efeitos. Diante desse ambiente, a reserva de jurisdição é o meio mais adequado para exame das hipóteses de quebra do sigilo. Claro

---

[102] Conforme, aliás, jurisprudência da EUROPA. Corte Europeia de Direitos Humanos, Grande Câmara, *Guja v. Moldova,* disponível em http://bit.ly/1h3q4Al, acesso em 14/1/2014; É essa também a sétima conclusão do Relatório Johansson, elaborado para o Conselho da Europa: JOHANSSON, Morgan. *The protection of journalists' sources*. Brussells: Committee on Culture, Science and Education, disponível em http://bit.ly/1llgmOG, acesso em 15/3/2014. No mesmo sentido as Resoluções 1918/2010, disponível em http://bit.ly/1tQXUkZ, acesso em 15/2/2014; e 1729/2010, disponível em http://bit.ly/1ruPxHH, aceso em 15/2/2014. De acordo com o item 6.2.1.2 desta última, "a identidade do denunciante só pode ser divulgado com o seu consentimento, ou a fim de evitar ameaças graves e iminentes para o interesse público". A Lei da Geórgia sobre liberdade de expressão prescreve que todos que, por dever de ofício ou profissão, deveriam guardar segredo e o revelam, não podem sofrer sanções, se o fizerem para proteger interesses legítimos da sociedade e desde que gere mais benefícios que prejuízo (art. 12.2).

[103] Interpretação extraída do Freedom of the Press Act. Veja LERUTH, Philippe. *EFJ Policy Document on Protection of Sources*, p. 7.

[104] "Configura manifesto constrangimento ilegal o ato de autoridade que determina o indiciamento de jornalista em inquérito policial caso não quebre o sigilo de suas fontes de informação jornalística": 2a Turma. TRF 3a. Região. RHC 199961810022020, j. 07/12/1999, disponível em http://bit.ly/1iqApKg, acesso em 5/11/2013.

que o jornalista, sempre que for chamado em juízo ou mesmo perante uma autoridade policial, deve comparecer. A garantia não o exime de se apresentar nem de prestar declarações, pois visa proteger a fonte e não os fatos e narrativas de que por ela o jornalista teve conhecimento. [105] E, em se tratando de crime, tem ele o dever de comunicar às autoridades competentes, entregando-lhes o que possa constituir-se em corpo de delito. A menos que venha a revelar, por esses atos, a sua fonte, embora, como dissemos, para parcela importante dos estudiosos, as informações sobre um crime não estejam contempladas pelo sigilo. [106]

No Brasil, a inexistência de lei que discipline a matéria gera ainda mais perplexidades. Esse é um dos temas que, em princípio, submetem-se à reserva legal. É defensável, porém, um inominado poder geral de cautela judicial que possa, segundo análise das circunstâncias e, como querem alguns, respeito ao princípio da proporcionalidade, autorizar a quebra do sigilo, sob pena do crime de desobediência do jornalista. A ausência de lei poderia ser suprida, em casos extremos, pela resolução judicial de conflitos entre a liberdade de imprensa, qualificada pelo sigilo, e um interesse público relevante, como a persecução penal e a defesa de outro direito fundamental, a exemplo do direito à honra e à intimidade ou imagem.[107] As razões para essa orientação estariam naquele poder de cautela, no argumento de relatividade de todo direito ou garantia fundamental, nos desvios de conduta jornalística e na vedação de *non liquet*. Mas essa é uma interpretação difícil de acolher-se, de plano, em virtude da disponibilidade completa que passa a deter do conteúdo da garantia. A reserva de lei parece, no caso, insubstituível, salvo situações excepcionalíssimas. O Código de

---

[105] Em sentido diverso: a garantia é do jornalista e não da fonte: BRASIL. Tribunal de Justiça de São Paulo. 5a Câmara de Direito Privado. Apelação – no 0031273-90.2006.8.26.0000, j. em 14/11/2011, disponível em http://bit.ly/1eF7xih, acesso em 5/11/2014.

[106] ROYO, Pérez; JAVIER Y PRADERA, Javier. *La Cláusula de Conciencia y el Segreto Profesional de los Periodistas*, p. 35.

[107] Em princípio, é essa a orientação da Quarta Turma do TRF da 5a Região “não se pode afastar direito constitucionalmente garantido [o sigilo das fontes jornalísticas], sem que haja grave motivo ou violação a outro direito assegurado no Estado Democrático de Direito.”: AC 08017430220134058400, j. 5/11/2013, disponível em http://bit.ly/QeraCI, acesso em 16/2/2014.

Processo Civil desonera e o Código de Processo Penal proíbe de depor, aquele que tem conhecimento de fatos, a cujo respeito deve por profissão guardar segredo (art. 406, II, CPC; art. 207, CPP).

É certo que o caráter absoluto da garantia, daí resultante, incomoda e traz inconsistência ao sistema jurídico, mas é o preço da omissão do legislador. Pode ocorrer, no entanto, que ordens judiciais sejam expedidas adotando a tese oposta à defendida. Em tais circunstâncias, caberia ao jornalista, examinando o contexto e a consciência, escolher entre o recurso judicial para fazer valer o seu direito ou franquear a identidade da fonte (ou arcar com o ônus do silêncio).[108] Já haveria um claro estado de justificação para eximir-se do pacto de confidencialidade e do dever constitucional de preservá-lo. Melhor seria que fizesse valer suas prerrogativas e levasse adiante a demanda judicial até a Corte Interamericana de Direitos Humanos, se preciso fosse. O aspecto deontológico da garantia exigiria isso dele. Mas cada um é senhor de seu destino e de suas forças, dentro do que é humanamente permitido e possível, inclusive aos mais experientes e corretos profissionais.

Aos incorretos ou improbos, aos que usam a profissão como instrumento da execução do crime; aos que praticam da velha ameaça, chantagem e extorsão aos expedientes menos prosaicos de tráfico de influência, de drogas ou de pessoas; aos que se escondem nas prerrogativas de fontes fraudadas para consecução de seus fins injuriosos ou ilegais, não se há de falar em inviolabilidade de fonte, porque já não se estará assegurando uma atividade do jornalista profissional, mas do profissional do crime. Sutil distinção, mas grande diferença.

4. CONCLUSÕES

O sigilo das fontes jornalísticas é uma das principais garantias do direito à comunicação e à liberdade de imprensa. Diversos do-

---

108 Seria o caso, por exemplo, de uma ação de calúnia, difamação ou injúria. Noves fora a prova da verdade, ele estaria entre responder sozinho ou divulgar sua fonte. Ver VELJANOVICH, Rodolfo D. La Cláusula de Conciencia y el Secreto Profesional del Periodista. Buenos Aires: Universidad de Buenos Aires, 1997, p. 27, disponível em http://bit.ly/1nTjd0U, acesso em 5/2/2013.

cumentos internacionais e regionais procuram estimular os Estados a assegurá-lo no direito interno. A jurisprudência da Corte Europeia de Direitos Humanos destaca-se na afirmação da intangibilidade das fontes jornalísticas sob segredo.

A quase totalidade dos Estados democráticos assegura a inviolabilidade desse sigilo. Mesmo nos que não o fazem em nível nacional, como na Austrália, no Canadá, nos Estados Unidos e México, há uma proteção no âmbito dos Estados. No Brasil, é a Constituição que garante o sigilo das fontes quando necessário ao exercício da atividade profissional.

Na maioria dos países, essa garantia é relativizada pela lei em favor de direitos ou interesses que se venham a definir prevalecentes nos casos concretos. A reserva de jurisdição para aferir a prevalência é a regra. No Brasil, algumas decisões judiciais seguem o entendimento de que é possível quebrar o sigilo em circunstâncias devidamente justificadas por um interesse público ou privado predominante.

Boa parte dos pensadores advoga tese contrária: da inviolabilidade absoluta das fontes jornalísticas. Não parece ser a melhor tese, tampouco aquela defendida pela franquia judicial nos exercícios de ponderação ou adequação de direitos e interesses colidentes. A matéria está submetida à reserva de lei.

Enquanto não houver lei que a discipline, estabelecendo hipóteses e formas de quebra da inviolabilidade do sigilo das fontes, não pode o Judiciário determinar que o jornalista revele suas fontes confidenciais.

Há duas situações que parecem fugir a esse quadro de ilimitação: quando a fonte usa a confidência como forma de atingir fins criminosos, ludibriando o próprio jornalista; ou quando o jornalista é ele mesmo o criminoso que ficciona suas fontes para prática dos seus delitos.

No primeiro caso, é uma questão ainda da ética do jornalista, a quem cabe decidir sobre a revelação; na segunda, é uma questão de polícia, embora ainda sob a reserva de jurisdição. Não se pode confundir, todavia, essa fachada de profissão com a situação do que tangencia a ilegalidade ao se obter a informação ou, principalmente, do que a recebe de uma fonte infiel ou que a ela teve acesso de modo ilícito. A imunidade aqui persiste.

10

DEMOCRACIA E TERRORISMO

Roberto Bin[1]

1. CRISES E EMERGÊNCIAS: CONSTANTES DA HISTORIA CONSTITUCIONAL.

É afirmação recorrente que a luta contra o terrorismo determine uma séria ameaça à tutela dos direitos constitucionais. – Não tenho intenção a contraditá-la, mas apenas de procurar de entender em que consiste a ameaça, de onde chega o perigo e quais são os antídotos.

Uma primeira observação me parece, porém, indispensável. Nem o terrorismo, nem a sua dimensão internacional, nem a política de restrição dos direitos de liberdade, em nome da defesa da segurança do estado são fenômenos novos, ao contrário. Também sem compartilhar completamente a visão um pouco desmoralizante proposta da Giorgio Agamben[2], a história constitucional nos demonstra com extrema evidência como a "quebra" da tutela constitucional dos direitos e das liberdades em nome da defesa e da segurança seja uma constante em qualquer lugar e em qualquer época. Uma visão um pouco onírica das virtudes do estado liberal tem velado de ideologias uma realidade bem mais complexa.

Toda a nossa história constitucional ocidental, quer sejamos conscientes ou não, é marcada, de fato, por esse problema. O conceito

---

[1] Professor e Coordenador do Doutorado em Direito Constitucional da Universidade de Ferrara, Diretor do Instituto de Estudos Avançados IUSS-Ferrara 1391. Tradução Anita Mosca.

[2] *Stato di eccezione*, Torino, 2003.

de crise constitucional é imanente, constantemente atual, na história constitucional da Europa, que é marcada justamente das etapas mais significativas de ameaças à ordem constituída e das reações do estado, todas elas inspiradas nas exigências de proteger a segurança coletiva ainda que interrompendo as garantias constitucionais: A crise do 1930, os motos do 1948, a Comuna de Paris, os tumultos de fim século, a Grande Guerra e as sequelas da revolução bolchevique, a chegada do fascismo... Todos momentos de crises, de ameaça ao sistema. Crise tem significado de ruptura, interrupção na tutela dos direitos constitucionais, a recorrente suspensão deles a favor do prevalente interesse da tutela da ordem pública. Sobre esse tema gostaria lembrar uma passagem do grande jornalista e cronista dos eventos institucionais franceses da metade do 1800, que foi Karl Marx: "Os respeitáveis ancestrais republicanos tinham feito ao seu símbolo, o tricolore, a volta pela Europa. Seus seguidores [refere-se a Louis Bonaparte], também fizeram uma invenção que abriu o caminho por todo o continente, para voltar à França com amor sempre renovado. Essa invenção é chamada de 'estado de sítio', excelente invenção, aplicada periodicamente em cada crise que sucedeu durante a Revolução Francesa".[3]

Não é uma visão patriótica dos eventos, dado que a mesma teoria constitucional justificava essas rupturas. Poderia citar dois vozes. Uma é aquela de um autor que o Carl Schmitt gostava tanto, Donoso Cortés. "Quando a legalidade é bastante para salvar a sociedade, que seja a legalidade; Quando não é suficiente seja a ditadura .... A ditadura, em algumas circunstâncias, em circunstâncias como a atual, é um governo legitimo, legal, útil como qualquer outro, é um governo racional, que pode ser defeso em teoria como na pratica".[4] Donoso Cortés era um pensador de alto nível, um filósofo que refletia com dramática clareza sobre o delicado e instável equilíbrio que, num regime constitucional liberal, cria-se entre a garantia e a suspensão dos direitos, entre legalidade constitucional e sua supressão em nome da segurança do estado. E outro grande intelectual, François Guizot, observava que "O que tem sido chamado sempre de lei de exceção é uma lei temporária que derroga o direito permanente do país. A lei so-

---

3 *Il 18 Brumaio di Luigi Bonaparte*, Roma, 1974,

4 Em seu célebre *Discorso sopra la dittatura.*

bre o estado de sítio não é nada disso; ela foi, repito, o direito comum do país para um certo número de casos determinados; essa legislação havia sido constantemente aplicada, existindo de fato e de direito".[5]

Como se pode ver, a ditadura, o estado de sítio, o estado de exceção não são fenômenos estranhos, mas uma dimensão imanente, uma constante presença na nossa história constitucional de época liberal. Nos dias uteis, o governo era o Estado constitucional, no domingo e nos feriados, a suspensão e a crises dos direitos. O ordenamento tem frequentemente procurado englobar na "regra" a exceção: a teoria da necessidade como fonte suprema do ordenamento, a "invenção" da decretação de urgência, a mesma disciplina do estado de sítio são as provas disso.[6]

2. OS ALIES SOMOS NÓS.

Mas – se poderia dizer – o que tem a ver tudo isso com o terrorismo internacional? Tem a ver sim. Analisamos o estado de sítio: ele serve para marcar uma linha de distinção entre dentro e externo, entre o poder constituído e a ameaça representada do que é excluído, entre "nós" e os "outros". O aspecto "social" do conflito que é surgido não tem que induzir a engano: é verdade que a massa em tumulto que ameaça o estado (e a ordem social que ele engloba) é feita de sujeitos que pertencem à mesma comunidade nacional (ainda que, nunca falte a denúncia propagandística da presença de "provocadores estrangeiros"), mas a nacionalidade é apenas um véu que esconde a "alteridade" dos contestadores: são *alies*, porque são excluídos da "sociedade", contestam a ordem social e política, são multidões excluídas do "ple-

---

5 «*Ce qu'on a appelé de tout temps une loi d'exception, c'est une loi temporaire qui déroge au droit permanent du pays. La loi sur l'état de siége n'avait rien de semblable; c'était, je le répète, le droit commun du pays, dans un certain nombre de cas détereminés; cette législation avait été constamment appliquée, elle existait en fait comme en droit*» : *Historie parlementaire de Franc: recueil complet des discours prononcés*, vol. II, XLVI. – Discussão sobre um projeto de lei relativa ao estado de sítio. (Chambre des pairs, séance du 16 février 1833.) p. 94 ss., 101.

6 Por um atento exame dos "modelos" normativos e constitucionais por os estados de emergência, cfr. A.BENAZZO, *L'emergenza nel conflitto fra libertà e sicurezza*, Torino, 2004

no gozo" dos direitos e, em primeiro lugar, do gozo dos direitos políticos; são *alies*, porque excluídos do status de cidadãos de pleno direitos, não votam e não entram nas instituições representativas. O mundo liberal defende uma ordem social e as suas instituições firmemente, delimitando com o sufrágio limitado o direito de cidadania política: os seus contestadores são, do ponto de vista político, os estrangeiros; como os *alies*, eles têm que ser tratados com canhões e tropas, ainda que isso comporte uma necessária restrição de tutela dos direitos que "nós", cidadãos para todos os efeitos, gozamos, como acontece em cada guerra contra o inimigo externo. O conflito internacional se mistura com o conflito social, e justamente Carl Schmitt[7] falava dos conflitos mundiais como etapas extremas da guerra civil europeia. Também o terrorismo "político" que tem banhado de sangue poucas décadas atrás muitos países europeus – a Itália, a Alemanha, a Espanha e o Reino Unido, por exemplo – tem apresentado frequentemente interessantes sobreposições entre o conflito social "interno" e o conflito internacional; mais que isso, já naquela época se falava muito frequentemente de "centrais terroristas internacionais".

A história americana é extremamente significativa. Geoffrey Stone, no seu recente livro,[8] reexamina os cases cruciais nos quais também nos Estados Unidos a ameaça à segurança do estado tinha sido enfrentada com fortes derrogações a tutela das liberdades constitucionais. Não sendo a história daquele país marcada, pelo menos em aparência, do acentuado conflito social que tornou dramática a história europeia a partir da Revolução Francesa, todas as crises tinham sido motivadas por reais ou supostas agressões externas: da *Sedition Act* em 1798, justificado pelo perigo de uma agressão francesa, precedido dos *Alien Acts* que se referiam ao *status* dos estrangeiros (também dos estrangeiros "amigos") em caso de guerra[9], as medidas com que Lincoln, durante a Guerra civil, suspendeu a liberdade de expressão e o *habeas*

---

7 *Donoso Cortés*, Milano, 1996, p. 22.

8 Perilous Times – Free Speech in Wartime, New York – London 2004.

9 L'*Alien Enemies Act previa que, em caso de guerra, os estrangeiros cidadãos, ou seja como for, sujeitos a estados inimigos pudessem ser confinados, presos e deportados por decisões do Presidente, o Alien Friends Acts era em vezs uma medida de emergência que permitia ao Presidente Adams prender, deter ou deportar qualquer não cidadão considerado perigoso, sem lhe conceder alguma*

corpus, entregando os civis aos tribunais militares sem possibilidade de apelo (recursos judiciais); da o *Espionage Act* em 1917, com que foram presos opositores ao recrutamento e dissidentes políticos, bem como foram introduzidas fortes limitações aos jornais e a correspondência (medidas ulteriormente agravadas pelo *Sedition Act* em 1918), a deportação em massa de japoneses e de cidadãos americanos de origem japonesa durante a segunda guerra mundial: E, naturalmente, o *Patriot Act* com que a administração Bush reagiu ao 11 de setembro.

Como Stone põe em foco, nenhuma dessas medidas (nem aquelas queridas pelos *Federalistas* e depois da o Lincoln), formalmente endereçadas contra aos "outros", os estrangeiros, tinham sido privadas de um componente interno, contra a repressão da dissidência interna e a "regulação" do conflito político e social. Além da repressão "ordinária" do protesto social – os governadores de diferentes estados declararam a lei marcial para interromper as grandes greves de "fim de século" e da primeira década do 1900[10] – a legislação repressiva promulgada para se defender contra os "inimigos" em ocasião da primeira guerra mundial funcionou muito bem também para a repressão violenta do "perigo vermelho" no biênio 1919-20, quando os Estados Unidos chegaram à frente – como escreveu o *New York Times* – ao "terrorismo de massa dos bolcheviques". E naturalmente se poderia citar a segunda onda anticomunista, aquela do *maccartismo.* É' verdade que em ambos os casos o perigo era "externo", fomentado pelos bolcheviques, primeiro, e pelo bloco soviético depois. Não por caso, o "braço armado" do maccartismo foi a *House Un-American Activity Commitee*: estabelecido já em 1938 para investigar a propaganda antiamericana nos Estados Unidos, cujos principais suspeitos, naquela época, eram os movimentos pró-nazistas, converteu-se rapidamente na luta contra os movimentos comunistas[11] e mudou no imediato pôs-guerra o principal motor de "caça as bruxas" em nome da segurança nacional.

Em resumo, a história americana nos ensina muitas coisas: não apenas que, em momentos de crises, superestima a necessidade de

---

tutela jurisdicional; O Sediction Act combatia o dissenso político, limitando então a liberdade de expressão dos cidadãos mesmos.

[10] Come lembra A.M. DERSHOWITZ, *Terrorismo*, Roma, 2003, p. 183 s.

[11] Cfr. G. STONE, *op. cit.*, p. 245 ss.

segurança e diminuiu o valor da liberdade,[12] sem que o remorso consequente a essa constatação fosse suficiente para evitar a repetição do mesmo erro na crise sucessiva[13], mas também que a emergência causada pelo perigo externo justificasse medidas restritivas dos direitos que depois seriam aplicadas na gestão "ordinária" dos acontecimentos internos.

3. DEPOIS O 11 DE SETEMBRO: O QUE AMEAÇA A SOBREVIVÊNCIA DE UMA NAÇÃO?

A nova temporada da legislação de emergência teve como gatilho o ataque terrorista do 11 de setembro. A partir dos Estados Unidos e depois do Canadá, do Reino Unido, da França, da Alemanha, quase todos os países ocidentais se dotaram de uma legislação repressiva; como também têm feito os organismos internacionais, da ONU ao Conselho da Europa e a União Europeia[14]. Suspensão ou forte restrição dos direitos dos estrangeiros somadas com as derrogações às regras processuais, que têm reduzido a publicidade dos processos, as garantias da defesa na produção e contestação das provas, a introdução de exceções à jurisdição ordinária e o reforço da medidas de prevenção. Ao mesmo tempo, as operações de *intelligence* têm demonstrado que também nos estados mais resistentes a adotar medidas marcadamente derrogatórias, eram feitas intervenções ilegais que, concretamente, deixavam a mão quase livre e ativa da policia, que não respeitava nem a soberania dos estados nem as malhas impostas

---

12 "There is reason to think that as a general matter in times of crisis, we will overestimate our security needs and discount the value of liberty": D. COLE, Enemy Aliens, in 54 Stan. L. Rev. 953, 955 (2002).

13 "After each perceived security crisis ended, the United States has remorsefully realized that the abrogation of civil liberties was unnecessary. But it has proven unable to prevent itself from repeating the error when the next crisis came along": questa affermazione del giudice William J. Brennan é citada da M. TUSHNET, Defending Korematsu?: Reflections on Civil Liberties in Wartime, in Wis. L. Rev. 273 (2003).

14 Cfr. V. BALDINI, *Sicurezza e libertà nello Stato di diritto in trasformazione*, Torino 2004, Cap. II, A. BENAZZO, *op. cit.*, e P. BONETTI, *Terrorismo, emergenza e costituzioni democratiche*, Bologna, 2006, p. 79 ss

por seus ordenamentos jurídicos[15]. De direito ou de fato, o nível da proteção efetiva dos direitos e das liberdades constitucionais foi reduzido significativamente mais ou menos como os estados passaram a sentir a necessidade urgente de encontrar instrumentos sempre mais adequados ao perigo: "O Estado, que põe a segurança como missão prioritária, faz uma promessa que não poderá cumprir suficientemente, mas que o instiga de modo permanente a novas atividades"[16]. Mas não é a análise de tais fenômenos, já bem notórios, ao que gostaria de me aproximar: o que me interessa é a reação do ordenamento jurídico.

Em todos os ordenamentos ocidentais em que interveio uma legislação *ad hoc* contra o terrorismo internacional, os juízes reagiram de forma a reduzir os impactos das leis restritivas das liberdades constitucionais. São famosos os pronunciamentos da Suprema Corte dos Estados Unidos, que logo começaram a suavizar os excessos mas óbvios das medidas introduzidas a seguir de 11 de setembro[17]. Mas as reações ainda mais fortes e mais claras surgiram em outros países.

Em dezembro 2004, por exemplo, os *Law Lords*, a máxima autoridade jurisdicional inglesa até então, afirmaram que o *Anti-Terrorism, Crime and Security Act* 2011, era *"incompatible with articles 5 and 14 of the European Convention insofar as it disproportionate and permits detention of suspected international terrorists in a way that discriminates on the ground of nationality or immigration status"*[18]. A leia inglesa é contestada por realizar uma discriminação contra os es-

---

15 Na Itália, o episódio mais famoso é o assim conhecido "caso Abu Omar", sobre o qual confira: T. Giupponi, Stato di diritto e attività di intelligence: os interrogatórios do caso Abu Omar, in Quad. Cost. 2006, p.810ss.

16 E.Denninger, Da " Stato di diritto" allo "Stato di prevenzione" in V. Baldini "Sicurezza e stato di diritto: problematiche problematiche costituzionali, Cassino, 2005, p. 54

17 Hamdi v. Rumsfeld, 542 U.S. 507; Rumsfeld v. Padilla, 542 U.S. 507; Rasul v. Bush, 542 U.S.466; Hamdam v. Rumsfeld, 126 S. Ct. 2749 (2006): sobre essa última sentença confronte C. BOLOGNA, Hamdan vs. Rumsfeld: quando a tutela dos direitos é efeito da separação dos poderes, in Quad. cost., 2006, p. 813 ss. Sobre os precedentes, confira A. BENAZZO, op. cit., p. 172 ss.

18 Assim como no parágrafo 73 da sentença UKHL 56 [2004], que pode ser lida em www.associazionedeicostituzionalisti.it/ cronache/estero/lords_terrorismo/ LAWLORDS.pdf, onde se encontra um comentário de C. BASSU, La Camera dei Lords giudica illegittima la legislazione britannica anti-terrorismo.

trangeiros que, suspeitos de ligação com organizações terroristas, são submetidos a um regime especial fortemente limitativo das garantias dos direitos e liberdades pessoais (prisão por tempo indeterminado e sem as garantias jurisdicionais comuns). Além da questão central da grave discriminação no tratamento entre nacionais e estrangeiros, as considerações muito interessantes desenvolvidas pelos *Law Lords* tocaram numa questão de absoluta relevância: Em que medida o perigo de atentados terroristas são tão grave e atual, para sugerir restrições razoáveis e proporcionais aos direitos fundamentais.

As argumentações adotadas repercorrem a história do Reino Unido e se entrelaçam com a reflexão sobre o que acontece em outros ordenamentos. Por um lado, coloca-se em relevo como *"(i)ndefinite imprisonment without charge or Trial is anathema in any country which observes the rule of Law... Wholly exceptional circumstances must exist before this extreme step can be justified"*[19]; por outro se raciocina sobre o sentido que assume "o perigo para a vida da nação", em virtude do qual retêm-se como necessárias as medidas "draconianas". A vida de uma nação, observa-se, *"is not coterminous with the lives of its people"*, porque a nação, as suas instituições e os seus valores duram através das gerações:

"In *many important respects, England is the same nation as it was at the time of the first Elizabeth or the Glorious Revolution*". Um orgulho tipicamente inglês, talvez, mas não desprovido de relevância no plano das argumentações jurídicas. Apesar de ter sido admitida na história constitucional inglesa, em casos de excepcional ameaça externa como nos tempos de guerra contra Napoleão e durante as guerras mundiais, a entrega ao Governo do poder excepcional de suspender o *habeas corpus* e de prender os suspeitos sem as devidas garantias, o exercício de tais poderes tem sido com frequência julgado, posteriormente, "cruel e desnecessário". Mas o problema verdadeiro é o seguinte: se a "vida de uma nação", entendida como o conjunto de suas instituições e seus valores, pode ser ameaçada pela ocupação estrangeira como que ameaçada pela invencível armada ou pelo nazismo, não há qualquer risco de ser ameaçada pelo terrorismo internacional, também considerando todas as vitimas que ele pode causar. Portanto,

---

[19] Par. 74 (Lord Nicholls of Birkenhead).

as leis que infringem a proteção dos direitos não são justificadas pelo perigo por que passa a nação, de fato, o oposto é verdadeiro o oposto:

The real threat to the life of the nation, in the sense of a people living in accordance with its traditional laws and political values, comes not from terrorism but from laws such as these. That is the true measure of what terrorism may achieve. It is for Parliament to decide whether to give the terrorists such a victory.[20]

O que é analisado pelo juiz é o nexo de congruência entre meio e fim, considerando que o fim é tutelar a "vida da nação", enquanto o meio é representado pelo regime derrogatório respeitante às garantias dos direitos: um juízo, consequentemente, que é bem conhecido dos juízes constitucionais de todo o mundo, aos quais, frequentemente, cabe discutir a "racionalidade de propósito" das leis submetidas ao seu controle. Assim como fazem parte dos domínios típicos do controle de constitucionalidade as outras questões sobre as quais os *Lords* também chamaram a atenção, a proporcionalidade das medidas legislativas promulgadas e a razoabilidade da discriminação introduzida entre estrangeiros e nacionais, quando ambos são suspeitos de atividades terroristas.

4. (A SEGUIR): SEGURANÇA PÚBLICA E DIGNIDADE HUMANA

Uma decisão de grande importância é também a já célebre *Luftsicherheitsurteil* prolatada em fevereiro de 2006 da o Tribunal Constitucional Federal alemão[21], que declarou ilegítima a leia federal sobre a segurança aérea. O legislador havia dado uma solução legal a um famoso dilema com o qual se deleitam os filósofos: se autoriza de fato a aviação militar abater uma aeronave civil, que transporte pilotos e passageiros civis, no caso em que os terroristas os rendam com a intenção de torná-lo uma arma contra alvos civis o militares. A vida

---

20 As citações no texto são trechos dos parágrafos 89-97 (Lord Hoffmann).

21 A sentença encontra-se www.bverfg.de/entscheidungen/rs20060215_1bvr035705.html: confronte-se A. DE PETRIS, *Tra libertà e sicurezza prevale la dignità umana, dice il Bundesverfassungsgerich*,www.associazionedeicostituzionalisti.it/cronache/estero/liberta_sicurezza /index.html

de poucos vem então sacrificada pela vida de muitos, segundo "a racionalidade da autoconservação", como a define Zygmunt Bauman[22].

A argumentação do Tribunal não enfrenta o problema geral do perigo representado pelo terrorismo internacional e da coerência dos instrumentos de reação aprontados pelo legislador, mas se concentra, além de que questões que aqui menos interessam, sobre o denunciado contraste da norma criticada com os princípios constitucionais do direito à vida e a proteção da dignidade humana. Segundo o Tribunal, a hipótese do abatimento de um avião civil pela aviação militar, tripulantes e passageiros, raciocina o Tribunal[23] seriam, na prática, são deixados ao arbítrio não apenas dos terroristas, mas também dos órgãos do Estado, que disporiam das suas vidas: eles seriam utilizados como "*bloße Objekte*" em nome da salvação de outros. Isso independentemente da consideração de que uma tal decisão seria tomada num momento de considerável incerteza do que será o real desenvolvimento dos fatos: o abatimento da aeronave produziria a morte segura de inocentes para evitar o perigo de uma catástrofe possível, mas incerta. Naturalmente as mesmas argumentações não se aplicariam caso no avião estivessem apenas terroristas, porque eles teriam decidido livremente ser objetos de uma ação criminosa contra a coletividade. Também o principio de proporcionalidade seria respeitado, na medida em que a gravidade da ameaça deliberadamente à vida de seres humanos inocentes bem justificaria a gravidade da reação dos aparatos militares.

Cada Corte julga segundo os esquemas argumentativos que lhe são usuais e o Tribunal Constitucional alemão não fugiu ao estilo que lhe é tradicional. Isso também é uma maneira para absorver o golpe causado ao ordenamento constitucional pelas leis de emergência. No fundo, precisava-se de uma lei especial para que se autorizassem as forças armadas para assumirem decisões extremas em casos excepcionais? Alguém poderia seriamente achar que cada tentativa de bloquear um ataque terrorista que pudesse provocar um hecatombe devesse ser

---

22 *Modernità e olocausto*, Bologna, 1999

23 Observem-se em especifico os pontos 123 – 125 da motivação. As garantias implícitas nos procedimentos de decisão que em épocas "normais" seriam inimagináveis sobrepujar.

impedida se comportasse o sacrifício de vidas humanas inocentes e que devessem ser penalmente punidos aqueles que naqueles circunstâncias assumiram decisões realmente trágicas? O problema é enorme e ninguém desejaria ficar nos panos de quem tem que decidir. Talvez possa acontecer. Mas o problema verdadeiro é se o legislador pode prever regras especificas que responsabilizem quem deverá tomar aquela decisão. Ainda que o Tribunal Constitucional não tenha levado em consideração esse ponto, ele mereceria uma reflexão cuidadosa, porque constitui talvez o verdadeiro problema de fundo. Introduzir com leis hipóteses normativas no caso do ataque de 11 de setembro não é apenas um excesso de previdência: a previdência se exercita intensificando os controles e as prevenções, porque a introdução de uma previsão legislativa que antecipe os eventos para autorizar decisões extremas não serve para prevenir o evento, mas para "normalizá-lo". Constitui um *Bill of indemnity* antecipado, que descompromete quem deveria decidir na infeliz hipótese de o evento se realizar, ponderando sobre a coletividade e o relativo risco, aumentando consequentemente o nível do medo geral. O real risco do terrorismo é isso mesmo: serve para gerar medo, e do medo pode aproveitar-se quem governa para superar os limites à proteção dos direitos, ao respeito das competências e as garantias inerentes aos procedimentos de tomada de decisão em período "normal" seria uma cruzada inimaginável.

5. (A SEGUIR): MEDIDAS INTERNACIONAIS E DIREITOS A DEFESA

O terceiro episódio que gostaria de citar é a reação da Corte de Justiça da Comunidade Europeia em face das medidas assumidas pelos órgãos comunitários para a luta contra o terrorismo. Também aqui o caso é bem conhecido: refere-se ao caso *listing*, um procedimento substancialmente administrativo conduzido por um Comitê instituído pelo Conselho de Segurança do ONU, que se ocupa de compilar e gerenciar listas de pessoas e organismos associados com as organizações terroristas, sujeitando-os à aplicação de sanções entre as quais o congelamento de capitais e dos recursos econômicos. A União Europeia aplicou a resolução da ONU por meio uma serie de atos assumidos no âmbito do segundo e terceiro pilares, em respeito aos quais as garantias jurisdicionais são absolutamente excluídas e reduzidas [24], por um arcaico resíduo de *political question*. Esses atos foram transpostos e aplicados por uma série de regulamentos comunitários.

Nessa longa cadeia de atos, começada na sede ONU e terminada na sede CE, anula-se a tutela jurisdicional dos interesses e dos direitos das pessoas e das organizações atingidas, que veem diretamente e drasticamente limitados os próprio direitos individuais. De fato, não é claro em que maneira eles podem reagir diante de uma providência pessoal de extrema gravidade que é consequência da inclusão do próprio nome numa lista compilada por um organismo internacional (perante a qual não existe nenhuma garantia nem processual nem jurisdicional), que é aplicada por atos da União Europeia (incluídos na PESC e, portanto, não jurisdicionáveis) e, por fim, executada com medidas CE, controlável apenas em abstrato, mas não em concreto, porque um juízo sobre eles comportaria uma controle sobre os mesmos atos PESC e sobre as resoluções do Conselho de segurança. O problema foi colocado no apelo dos sujeitos privados diretamente atingidos pelas medidas da Comunidade Europeia, determinado uma longa sequência de decisões do Tribunal de primeira instância e da Corte de Justiça.

O percurso seguido pelo juiz comunitário é muito significativo. Ele parte das posições de clara preclusão, em que explicitamente se negou que os sujeitos atingidos gozassem de um direito à tutela jurisdicional dos próprios direitos: a documentação que levou a inclusão dos nomes na lista é coberta de absoluta reserva e não pode ser obtida pelos interessados, porque isso é necessário à efetiva luta contra o terrorismo[25]. As obrigações assumidas pelos Estados membros no âmbito da ONU prevalecerem sobre qualquer outra obrigação de direito interno ou de direito internacional convencional, assim também os atos assumidos pelas instituições europeias vinculados às resoluções do Conselho de Segurança, são excluídos de qualquer controle de legalidade por parte parte dos juízes comunitários (exceto o que é em

---

24 Confronte-se M. E. BARTOLONI, *La tutela giurisdizionale nell'ambito del secondo e terzo pilastro UE*, in *Quad. cost.* 2005, 170 ss.,que comenta a primeira pronuncia do TCE da serie, no caso Segi.

25 Sentencia Sison do 26 abril 2005 (T-110/03, T-150/03 e T-405/03).

relação às normas fundamentais do direito internacional pertencentes ao *ius cogens*)[26].

Em suma, como releva tranquilamente o Tribunal na primeira decisão da série:[27]

"quanto à ausência de um remédio eficaz invocado pelos recorrentes, deve-se notar que, com toda probabilidade, eles não terão acesso a qualquer proteção jurisdicional efetiva, quer perante os tribunais comunitários quer perante os tribunais nacionais, contra a inscrição ... na lista de pessoas, grupos ou entidades envolvidos em atos terroristas*"*.

Por quanto seja grave a ameaça do terrorismo internacional, como se pode abdicar de maneira tão gritante aos princípios que caracterizam a tradição constitucional europeia?

Na verdade, em decisões posteriores o juiz comunitário sucessivamente abre uma série de brechas. Em primeiro lugar, enfatiza o papel dos Estados membros no procedimento de *de-listing*, forçando-os a assegurar a garantia de um processo administrativo contraditório em que as partes interessadas possam ativar e que poderia levar a um pedido feito pelo Estado ao organismo do ONU para a exclusão do nome do famigerado elenco ou a uma derrogação ao congelamento dos capitais; e envolve tal procedimento das devidas garantias jurisdicionais, que devem obviamente ser asseguradas pelos mesmos Estados membros que devem plenamente garantir os direitos dos sujeitos atingidos pelas medidas antiterrorismo[28]. Em segundo lugar, estende o seu poder de controle sobre os atos comunitários de aplicação das

---

26 Assim as sentenças Kadi e Yusuf e AL Barakaat do 21 de setembro (respectivamente T-315/01 eT-306/01).

27 Ordenança Segi do 7 de junho de 2004 (T-338/02), ponto 38 da motivação

28 Sentenças Ayadi e Hassan do 12 de julho de 2006 (respectivamenteT-253/02 e T-49/04), sobre o que confronte L. CAPPUCCIO, Sanzioni ad Al-Qaeda nei regolamenti comunitari: si può agire solo nei confronti del proprio Stato di appartenenza?, in Quad. cost. 2006, p. 821 ss. Significativa é, em relação a isso, a sentencia da Corte de Cassação Sez. I pen., 15 junho-19 setembro 2006, n. 30824, que não obstante rejeitam o apelo baseado sobre observações objetivas. Afirma-se que "O julgamento sobre as características e finalidades de uma organização não podem ser confiadas à lista de formações consideradas terroristas e elaboradapela aplicação de medidas preventivas por parte dos governos dos

resoluções do Conselho de Segurança quando não forem expressão de um poder vinculado, mas comportando uma margem de avaliação discricional: Nesse caso as instituições comunitárias não podem derrogar as garantias que tutelam os direitos individuais, e, em especial maneira, o direito de defesa no procedimento decisional (tanto comunitário quanto nacional) e o relacionado direito de agir perante os órgãos jurisdicionais. O Tribunal assim alcança – evento extremamente raro – a declaração de ilegitimidade de um ato comunitário por violação dos direitos fundamentais.[29]

6. CONCLUSÕES: JUÍZES E EMERGÊNCIA

Espero que as conclusões que gostaria de alcançar não apareçam otimistas demais. Parece-me que as reações dos juízes à legislação para a emergência terrorista tenham um fio condutor comum.

Isso é bem delineado pela nota (e, para alguns, mas não por mim, à famigerada) decisão com que a Corte Constitucional italiana enfrentou o problema da legislação de emergência promulgada para combater o terrorismo interno nos "anos de chumbo"[30]. Também naquela ocasião, o legislador foi induzido a promulgar uma série de medidas que fortemente limitavam as garantias individuais, inclusive dilatando enormemente os termos da detenção preventiva. Não obstante, elas "provocarem imediata e profunda perturbação" a Corte não as censura, avaliando-as adequadas às circunstâncias: "assim como a exigência da tutela da ordem democrática e da segurança pública é *occasion legis*, assim as objetivas dificuldades das investigações representam a sua *ratio*". "Diante de uma situação de emergência, como apresenta-se essa sob análise, acrescenta a Corte na introdução, o Parlamento e o Governo têm não apenas o direito e o poder, mas também o especifico

---

Estados individuais ou de organizações internacionais", provando a se mover na mesma perspectiva Tribunal Comunitário.

29 Sentencia Modjahedines do12 dezembro de 2006 (T-228/02), confronte-se L. CAPPUCCIO, Il controllo degli organi giurisdizionali, nazionali e comunitari, sulle decisioni in tema di lotta al terrorismo internazionale: è illegittima la decisione delle istituzioni comunitarie che non rispetta il diritto di difesa, in Forum di Quad. cost.

30 Sent. 15/1982.

e irrenunciável dever de garantir, adotando uma especifica legislação de emergência". O argumento tradicional, da *Salus publica suprema Lex* abre sempre uma linha de crédito ao legislador, pela qual podem-se esperar medidas legislativas eficazes.

Mas é uma linha de crédito e não um "*blank check*", como tem observado a juíza O'Connor em *Hamdi v. Rumsfeld*. A Corte Constitucional coloca logo claramente que o estado de emergência é "uma condição certamente anômala e grave, mas também essencialmente temporária", para a qual "ela legitima, sim, medidas insólitas, mas que essas perdem legitimidade, se injustificadamente alongadas no tempo". Mas não é apenas a duração no tempo: as garantias dos direitos não podem ser invalidadas e devem respeitar os "critérios de coerência". Até numa motivação razoavelmente seca e com evidentes traços de embaraço, são claros os sinais de uma tentativa de levar o estado de emergência ao interior de um sistema fácil da controlar. E é essa, a perspectiva que se destaca em todas as decisões dos juízes chamados a julgar a legislação promulgada nos vários sistemas jurídicos.

As leis de emergência são um choque para o ordenamento jurídico que, como uma pedra jogada numa rede elástica, o deformam, mas não o furam. A rede tende a absorver a batida e a voltar a pegar a forma original. São os juízes mesmos a provocar a reação da rede. Escapa ao controle de avaliação do juiz – para citar mais uma vez a Corte Constitucional – se o meio escolhido pelo legislador é o mais apropriado para extirpar ou, pelo menos, para enfrentar com sucesso (o) terrorismo (...), porque resultaria numa fiscalização sobre uma escolha operada no campo da política criminal pelo poder sobre o qual pesa institucionalmente a responsabilidade de tutelar a liberdade, e, principalmente, a vida dos indivíduos e do ordenamento democrático". Porque, como afirmou Aharon Barak, a Corte não tem que tomar nenhuma posição sobre o problema de quais sejam as medidas de segurança eficazes na luta contra o terrorismo" [31]. Frequentemente se verifica também uma diferença temporal que não pode ser ignorada: O legislador e o poder executivo agem antecipando os eventos, em condições de incerteza; os juízes ao invés intervêm mais quando

[31] A. BARAK, *Democrazia, terrorismo e Corti di giustizia*, in *Giur.cost.* 2002, p. 3385, 3393.

os eventos, ou pelo menos a sua antecipação, são já verificados, talvez exauridos, e podem expressar um julgamento mais "frio" [32]. Mas isso não exclui de modo algum um controle sobre a razoabilidade em relação à avaliação *ex ante* do risco e sobre a congruência dos instrumentos introduzidos relativamente à sua finalidade (a sentença dos *Law Lords* o demonstra claramente), sobre a proporcionalidade das medidas legislativas em relação à incidência sobre a tutela dos direitos fundamentais, de modo a garantir que a emergência não seja a desculpa para introduzir limitações excessivas, injustificadas ou discriminatórias aos direitos constitucionais.

A rede das argumentações jurídicas não devem sofrer lacerações em nome da necessidade de prover e deve retomar o mais cedo possível a sua forma original. Porque é até claro demais qual possa ser o risco: "Devemos ter consciência de que qualquer coisa que seja decidida quando o terrorismo ameaça a segurança é destinada a durar por muitos anos depois que o terrorismo for vencido. Por isso, nós juízes devemos agir com coerência e constância. Uma decisão errada em tempo de guerra e de terrorismo põe, de qualquer modo, a premissa que causará um desvio da jurisprudência também quando a crise for superada".[33]

---

[32] Cfr. nesse sentido M. TUSHNET, *Defending Korematsu?* cit., p. 287 s.

[33] A. BARAK, *op. cit.*, p. 3391. Para considerações análogas em relação à tendência das medidas de emergência "*part of a process of social learning that both diminishes contemporary threats to civil liberties in our present situation and reproduces a framework of constitutionalism that ensures that such threats will be a permanent part of the constitutional landscape*", cfr. M.TUSHNET, *Defending Korematsu?*, cit., p. 274

11

AUTORREGULAÇÃO DA INTERNET E OS DIREITOS FUNDAMENTAIS

Ian Brown[1]

I. INTRODUÇÃO

Uma das principais soluções para proteger a liberdade de expressão online tem sido a capacidade dos Provedores de Internet (ISPs) fornecerem acesso aos usuários a todo conteúdo do mundo. Nos EUA, UE e muitas outras nações, os ISPs estão protegidos de responsabilidade para a transmissão de páginas da web de locais remotos para seus usuários. Como "mera" conduta, não é necessário que se introduzam verificações extensas por difamação ou violação de direitos autorais exigidos dos editores. Mesmo como hospedeiros de sites, os ISPs estão protegidos contra a responsabilidade pelo conteúdo dos usuários, desde que o material ilegal seja retirado do ar quando o aviso é dado. Esta é uma razão pela qual tem havido um crescimento tão explosivo na quantidade de conteúdo disponível na Web durante a última década.

Recentemente, os governos têm procurado substituir os ISPs, de modo a regulamentar o ciberespaço com mais firmeza. Em particular,

1 Professor da University of Oxford. Tradução de Ângela Valentino. Revisão de Deborah L. Sampaio.

eles têm incentivado ISPs a tomarem providências para resolver violação de direitos autorais online, a troca online de imagens de abuso infantil e a utilização da Internet para promover o terrorismo.

Essas ações podem prejudicar significativamente a liberdade dos indivíduos para se comunicar. Embora usuários experientes da Internet normalmente se possam safar do controle sobre os ISPs, a maioria das pessoas não está familiarizada com ferramentas de evasão, como proxies e criptografia. Os governos democráticos estão debatendo restrições a uma vasta gama de material, incluindo discussões sobre a eutanásia e o suicídio, pornografia extrema e a glorificação do terrorismo.

Os governos têm incentivado ISPs a realizar tais ações de autorregulação sob uma rubrica "leve toque", com decisões sancionatórias para usuários e sites, preferencialmente administrativas e não judiciais. Alguns ISPs têm introduzido cláusulas contratuais que lhes permitem desconectar os usuários, quando um certo número de denúncias de violação de direitos autorais tenha sido feito. A União Europeia tem incentivado o desenvolvimento de aplicativos e linhas diretas que permitam ao público denunciar imagens de abuso infantil, seguindo o exemplo da Internet Watch Foundation do Reino Unido – alguns ISPs bloqueiam automaticamente o acesso a sites denunciados. O governo holandês aprovou um código de conduta que encoraja ISPs a remover conteúdos "indesejáveis" e "prejudiciais".

Embora esses sistemas sejam mais flexíveis e menos onerosos do que a regulamentação legal, eles geralmente não possuem um procedimento isonômico e uma proteção de direitos fundamentais estimulada por um Judiciário independente de um parlamento como mecanismos de controle. Poucos sistemas incluem proteção substancial ao direito dos indivíduos à liberdade de expressão, de associação ou à privacidade. Frequentemente eles são introduzidos sob a ameaça da legislação ou de um litígio, optando por atuar por trás de portas fechadas, "na sombra da lei", com pouca participação ou consideração dos cidadãos.[2]

---

[2] TJ McIntyre (2008) Intermediários, invisíveis e o Estado de Direito. BILETA 23ª Conferência anual, Glasgow.

2. A EXIGÊNCIA DOS DIREITOS AUTORAIS

As indústrias da música e do cinema passaram boa parte da última década aterrorizados com o nível de violação de direitos autorais online. A resposta principal tem sido lançar uma enxurrada de processos contra compartilhadores de arquivos, com 60.000 casos apresentados até 2009 somente nos Estados Unidos. No entanto, isso parece ter tido pouco impacto sobre o nível de compartilhamento de arquivos, gerando uma grande quantidade de publicidade negativa. "Banda processando fãs" não é um tipo de cobertura de mídia que os músicos gostam de ver.

O contentamento da indústria é agora tentar encontrar maneiras mais fáceis de desconectar usuários e sites acusados de violação. Desde 2007, eles têm incentivado provedores a filtrar o acesso dos seus utilizadores na Internet, bloqueando o acesso a redes "peer-to-peer software" e a implementar esquemas "three strikes", em que os usuários são cortados depois de três acusações de violação de direitos autorais não verificados.[3] Provedores que recusam têm sido acusados de roubar os lucros dos músicos, e até mesmo incentivados (por Bono, vocalista do U2) a seguir o governo chinês a respeito da liberdade de expressão.[4]

No processo irlandês da *Eircom v. EMI* de 2008, a gravadora propôs uma ação judicial na tentativa de exigir de um grande provedor de acesso a adoção de filtros ponto-a-ponto para o compartilhamento de arquivos. Se bem sucedido, isso quase certamente levaria a um bloqueio em massa de trocas de arquivos legítimos, uma vez que provedores não estão em posição de decidir se um uso específico de uma obra de autor é autorizado. O caso foi abandonado depois de a Eircom concordar em modificar os contratos de seus clientes para permitir que os usuários sejam desconectados, caso tenham ignorado os avisos de violação de direitos autorais.

---

3 Federação Internacional da Indústria Fonográfica (2007) ISPs – Opções técnicas para enfrentar violação de direitos autorais online. Disponível em http://www.eff.org/files/filenode/effeurope/ifpi_filtering_memo.pdf

4 Bono (2010) Dez para próximo dez. New York Times, 02 de janeiro

No Reino Unido a *ISP Virgin Media* acordou em 2008 a enviar cartas de advertência a clientes identificados pela Indústria Fonográfica Britânica como compartilhador ilegal de música. No entanto, nenhuma das partes apresentou qualquer dado informando se isso reduziu o nível de violação de direitos autorais na rede da Virgin. Outros provedores britânicos, como Carphone Warehouse se recusaram a tomar parte nesta campanha "educacional".

Sem sucesso, detentores de direitos autorais têm feito *lobby* político para que seja adotada uma autorregulação obrigatória. A França foi o primeiro a introduzir a lei das "três etapas" em 2009, com a sua *loi favorisant la diffusion et la protection de la création sur Internet.* Depois de receber três denúncias de violação por um cliente dentro de 18 meses, uma agência governamental poderia exigir que os provedores suspendessem a conexão do indivíduo de 2-12 meses. A primeira versão da lei foi barrada pelo Conselho Constitucional por violar a presunção de inocência e o direito à liberdade de comunicação e expressão. A lei foi revista e exige decisão judicial para que o acesso do usuário seja suspenso.

O Projeto de Lei da Economia Digital apresentada ao parlamento do Reino Unido permitiria ao governo exigir dos provedores a introdução de "medidas técnicas" para reduzir a velocidade da conexão do usuário, bloquear o acesso a certos sites e suspender uma conexão – sem necessidade de supervisão judicial. No entanto, o projeto de lei tem sido criticado mesmo dentro da indústria da música como "... um insensato ou não bem pensado pedaço de legislação" que foi "apressadamente apresentado nos últimos meses pelo parlamento de um governo impopular"[5] Em 2009, o governo espanhol introduziu um projeto de lei que permitiria que um órgão administrativo exigisse provedores para bloquear sites comerciais que estivessem disponibilizando obras violadas. Depois de protestos generalizados, enfim, a *ley de economía sostenible* exige uma decisão judicial de tribunal de âmbito nacional. A coalizão governante alemã declarou recentemente

[5] CMU Music News (2009) chefe Pure Mint renuncia BPI comissão sobre Bill Digital Economy, 4 de Dezembro. disponível em http://newsblog.thecmuwebsite.com/post/Pure-Mint-boss-resigns-BPI-committee-over-Digital-Economy-Bill.aspx

que: "Nós não tomaremos iniciativas que possibilitem o bloqueio legal do acesso à Internet em casos de violações de direitos autorais."

Em nível europeu, Viviane Reding – um pouco antes de se tornar comissária de Justiça dos Direitos Fundamentais e Cidadania -, alertou os países sobre a ligação de supostas pessoas que partilham ficheiros. Em novembro de 2009, ela disse à espanhola *Telecom Regulatory Authority* que "a repressão sozinha não vai certamente resolver o problema da pirataria na Internet, que pode, em muitos aspectos, ser contrária aos direitos e liberdades que fazem parte dos valores da Europa desde a Revolução Francesa."[6]

Ao mesmo tempo, no entanto, a Comissão estaria secretamente negociando um novo tratado anti-falsificação com os EUA, Japão e outras nações desenvolvidas de que ordenaria uma política de três etapas. O texto preliminar é tão controverso que no verão de 2009 o Representante Comercial dos Estados Unidos se recusou a compartilhar uma versão escrita com a Comissão, que relatou em um memorando vazado que "estas discussões internas foram sensíveis devido a diferentes pontos de vista em relação ao capítulo internet, tanto no âmbito da Administração, como com o Congresso e entre os interessados (provedores de conteúdo de um lado, os defensores da "liberdade" da internet do outro)."[7]

3. O ABUSO DE IMAGENS DE CRIANÇAS

O uso da Internet para a distribuição de imagens de abuso sexual de crianças é claramente abominável, assim como o é no mundo *offline*. Provedores têm estado sob forte pressão desde meados dos anos 1990 para tentar bloquear esse conteúdo. O Comando Operacional da Polícia Metropolitana de Londres (Clubs and Vice Unit) ameaçou em 1996 a apreensão de ISPs de servidores britânicos se determinados grupos de debate relacionados a sexo não fossem bloqueados

6 Leigh Phillips (2009) Reding adverte Espanha contra o corte de Internet, EUobserver.com. Disponível em http://euobserver.com/871/29041

7 Comissão Europeia Comércio DG (2009) as negociações do ACTA, ref. 588/09, 30 de Setembro. Disponível em http://www.michaelgeist.ca/content/view/4516/125/

da Usenet. Em resposta provedores configuraram a Internet Watch Foundation para operar uma linha telefônica para receber denúncias de pessoas que chegaram através de imagens de abuso ilegais.

Os próprios analistas da Internet Watch Foundation decidem se as imagens são ilegais sob a lei britânica.[8] Relatórios são repassados para o Reino Unido, em relação aos ISPs que removem o conteúdo ilegal de seus servidores, e, para polícia estrangeira, relativamente a provedores estrangeiros, por meio do Centro de Proteção Online de Exploração Infantil.

Após forte pressão do governo e da maioria dos consumidores do Reino Unido, os provedores têm seguido principalmente a British Telecom para bloquearem o acesso do cliente às páginas da Web constante da lista negra do IWF. O Ministério Interior, por meio do ministro Vernon Coaker, disse à Câmara dos Comuns, em março de 2009 que "o Governo está empenhado em atingir a meta de 100 por cento de bloqueio em todas as redes comerciais... Se essa abordagem não funcionar, estamos considerando uma série de outras opções, incluindo legislação, se necessária. "[9] No entanto, em outubro de 2009, eles decidiram que a "taxa" voluntária de bloqueio de 98,6% significava que a legislação não era necessária.[10]

O modelo britânico de autorregulação tem sido amplamente imitado. Linhas Diretas existem na Austrália, Canadá, Taipei, Japão, Rússia, África do Sul, Coréia do Sul, bem como nos EUA e na Europa – embora as listas de conteúdos ilegais sejam muitas vezes mantidas por agentes públicos em vez de organizações independentes. Desde 1999, a Comissão Europeia tem financiado a International Association of Internet Hotlines desde 1999 em seu "Programa de Internet mais Segura" ou "Safer Internet Programme".

A Comunidade Europeia também financia a rede CIRCAMP, que desenvolveu um sistema de bloqueio para provedores chamado de Filtro contra a Distribuição de Material que Promova o Abuso Sexual Infantil. Ele é usado atualmente por provedores na Dinamarca,

---

8 Julian Petley (2009) Controle da Internet. Índice de censura 38 (1), 78-90

9 HC Deb, 11 de Março de 2009, c101WH

10 HC Deb, 21 de Outubro de 2009, c1546W

Finlândia, Itália, Malta, Noruega e Suécia. Só na Alemanha, o governo decidiu reavaliar esse programa, fazendo uma experiência de 12 meses, que se concentra na remoção do material na fonte em vez de impor bloqueio provedor.

Importantes questões relacionadas à liberdade de expressão são levantadas por provedores que automaticamente bloqueiam o acesso ao conteúdo da Web, adicionado à uma lista negra secreta, sem qualquer decisão judicial. No Reino Unido, os usuários que tentam acessar páginas bloqueadas – incluindo a Wikipedia e o Arquivo de Internet – são geralmente informados apenas que a página não existe. Locais no exterior geralmente não são notificados, nem concedida a oportunidade de contestar uma decisão de bloqueio. Isso fica muito aquém dos padrões da liberdade de expressão dos Estados Unidos livres, onde, no caso *Freedman v Maryland*, de 1966, a Suprema Corte decidiu que "só uma determinação judicial em um processo contraditório garante a sensibilidade necessária para a liberdade de expressão; apenas um procedimento que exija uma decisão judicial é capaz de impor uma restrição final válida [à liberdade de expressão]. "

Uma série de listas negras dos países, aparentemente, de conteúdo legal – e, por vezes, desagradável – tem sido divulgada. Alegadas listas de bloqueio têm sido publicadas a partir da Austrália, Dinamarca, Finlândia, Noruega e Tailândia. A lista na Austrália incluía "portais online de poker, links do YouTube, sites pornográficos gays e heterossexuais, páginas sobre eutanásia, sites pertencentes a religiões marginais, bem como alguns relacionados com o cristianismo e as páginas de entrada de empresas privadas e médicas."[11] A lista continha um site finlandês que criticou o sistema de bloqueio da Finlândia e lista dos domínios bloqueados. De acordo com o mantenedor do site, Matti Nikki, a Polícia Nacional se recusou a retirá-lo da lista negra e um tri-

[11] CiIRCAMP é abreviação de Cospol Internet Related Child Abusive Project. Trata-se de um projeto do "Plano Global Operacional e Tático da Polícia (COSPOL) para combater o abuso sexual infantil por meio da internet (Nota do Revisor) Vivian Wai-yin Kwok (2009) Internet australiana contém zonas cinzentas na lista negra, Forbes, 19 de Março

bunal administrativo não aceitou a sua queixa, mesmo depois que um promotor arquivara acusações contra ele por falta de provas.[12]

O governo belga criticou recentemente os procedimentos judiciais para bloqueio de sites por serem muito onerosos. O computador da Unidade de Crime Federal detecta 800-1000 sites de hospedagem de imagens de abuso de crianças por ano, mas raramente se vai ao tribunal para tê-los bloqueados. A Empresa Minister Vincent Van Quickenborne propôs uma vez um protocolo de autorregulação pelo qual provedores poderiam bloquear conteúdo ilegal, incluindo o discurso do ódio e sites de racismo e fraude na Internet, sem uma decisão judicial.[13]

A Comissão Europeia propõe agora aumentar os sistemas de bloqueio em toda a UE, assim como tem aumentado a evidência de que eles têm pouco impacto sobre a partilha de imagens de abuso infantil. Graham Watson MEP, ex-presidente da Comissão das Liberdades do Parlamento Civil Europeu, disse em outubro de 2009: "Proteção das crianças é um assunto da maior importância, mas isso não significa que a Comissão pode propor medidas que possam muito bem ser totalmente ineficazes, mas que terá as consequências de longo prazo para o direito à liberdade de comunicação na Europa."[14]

4. O DISCURSO "EXTREMISTA" CONTRA O TERRORISMO

Muitos Estados europeus veem a Internet como uma frente de propaganda em sua "guerra ao terror", e proibiram a "glorificação", "apologia" ou "promoção pública" do terrorismo.[15] É difícil para os tribunais e agências administrativas, não só aplicarem a lei, em vista do emprego de uma linguagem vaga em uma área tão controversa, ao mesmo tempo protegerem a liberdade de expressão.

---

12 Fora da Finlândia, disponível em http://lapsiporno.info/english-2008-02-15.html

13 Direitos digitais europeus (2009) Lista de supostos Sites ilegais. Sempre vaza. Edri-grama, 14 de Janeiro

14 Direitos digitais europeus (2009) Bloquear Internet receba um cartão vermelho! Edri-grama, 04 de novembro

15 David Banisar (2008) Falando de terror: Um estudo dos efeitos da legislação antiterrorista sobre a liberdade dos meios de comunicação na Europa, Conselho da Europa p.20

Desde 2007, a Europol tem coordenado um programa chamado "Check the Web", que visa monitorar sites extremistas islâmicos, mantendo uma lista de URLs e declarações feitas por organizações terroristas.[16] Embora a proposta inicial do projeto tenha sugerido que "numerosos sítios da Internet em uma grande variedade de línguas devam ser avaliados e, se necessário, bloqueados ou encerrados",[17] isso ainda não ocorreu. Os governos alemão, holandês, tcheco e o Reino Unido estão investigando os aspectos práticos de um programa de pesquisa para "abordar a prevenção de conteúdo terrorista na internet."[18] No seu plano para os próximos cinco anos, a Comissão Europeia propôs que, para reduzir a ameaça do terrorismo, "adequados recursos técnicos devem ser disponibilizados e a cooperação entre os setores público e privado deve ser melhorada. O objetivo é restringir a divulgação de propaganda terrorista e apoio prático para operações terroristas. "[19]

Um número de Estados membros já estão discutindo poderes para exigir que provedores bloqueem sites extremistas. A Assembleia Nacional francesa está debatendo a *loi d'orientation et de programmation pour la performance de la sécurité intérieure*, que obriga provedores a bloquear o acesso a sites de uma lista secreta que é mantida pelo Ministério do Interior "sem demora". O governo holandês aprovou um código de conduta que encoraja provedores a desenvolverem critérios materiais para derrubar conteúdos "indesejáveis" e "nocivos".[20] O governo do Reino Unido manteve-se silente sobre o assunto, mas em 2008 o então Secretário do Interior Jacqui Smith disse à BBC Radio 4: "precisamos trabalhar com Internet Service Providers, nós precisamos usar algumas das lições que aprendemos, por exemplo, sobre como proteger as crianças de pedófilos e de cuidados pessoais na in-

---

16 Conselho da União Europeia (2009) Relatório do Conselho relativo à utilização de dados pessoais na verificação do projeto Web, Ref. 9604/09 ENFOPOL 108 EUROPOL 27, 15 de Maio

17 Falando de terror p.23

18 Conselho da União Europeia (2009) Discussão sobre papel de Estratégia Antiterrorista da UE , ref. 9717/09 JAI 281, 14 de Maio

19 Comissão Europeia (2009) Um espaço de liberdade, segurança e justiça ao serviço do cidadão. COM (2009) 0262 final, 10 de junho.

20 Joris van Hoboken (2008) Novo Código holandês. Observe-e-pegue abaixo Código de Down levanta dúvidas interroga, Edri – grama, 22 de Outubro

ternet para informar a maneira pela qual podemos usá-lo para evitar o extremismo violento e também para combater o terrorismo. "[21]

Imagens de abuso sexual infantil são relativamente simples de definir. A comunidade internacional tem dificuldade em encontrar uma definição robusta de terrorismo, muito menos de sua glorificação ou promoção. Até mesmo o respeitável advogado de direitos humanos Cherie Blair QC foi acusado de incentivar o terrorismo por sua declaração de 2002 no sentido de que "Enquanto os jovens sentirem que não têm esperança a não ser que se explodam, não haverá progresso."[22]

As tentativas de bloquear o acesso ao material "extremista" on-line são, portanto, suscetíveis de interferência significativa com a capacidade de usuários de Internet discutirem a situação no Afeganistão, no Iraque, nos territórios palestinos e em outros lugares. Bloqueio seria de proporcionalidade questionável dada o seu impacto limitado sobre determinados usuários. Reduzir a radicalização é um objetivo perfeitamente legítimo, mas um recente estudo de possíveis estratégias concluiu que o bloqueio era "bruto, caro e contraproducente".[23]

5. CONCLUSÃO

É fácil entender o apelo de autorregulação para o governo e a indústria solucionar problemas sociais, tais como violação de direitos autorais, imagens de abuso sexual infantil e a radicalização de terroristas. Os governos podem ser vistos como se estivessem "fazendo algo" que, a curto prazo, pode parecer razoavelmente eficaz, reduzindo os custos de execução e de controle dos tribunais e do parlamento. Os provedores estão sendo aplaudidos por sua "responsabilidade social", enquanto cuidam para que sejam retiradas regras potencialmente mais gravosas.[24]

---

21 Chris Williams (2009) jihad Jacqui sobre fracasso do extremismo na internet. ORegistro, 13 de Fevereiro.

22 BBC News (2002) esposa do PM "desculpe na linha de bomba, 18 de Junho

23 Tim Stevens e Peter R. Neumann (2009) Combate a radicalização Online: uma estratégia de ação. Centro Internacional de Estudo da Radicalização e da Violência Política.

24 Intermediários e Invisibilidade do Estado de Direito pp.4-9 Conselho da Europa 24 (2008) Recomendação CM / Rec (2008) 6 do Comité de Ministros aos Esta-

O controle parlamentar não é uma garantia automática da qualidade da legislação, especialmente quando os governos, como a legislação do New Labour, costumam legislar para "enviar mensagens", em vez de tomarem medidas eficazes e proporcionais. O sistema judicial é necessariamente lento para reagir a uma rápida evolução tecnológica e à política de ambiente, com casos chave – que muitas vezes levam uma década para serem definitivamente decididos pelo Tribunal Europeu dos Direitos Humanos. Os órgãos intergovernamentais, como a União Europeia e o Conselho da Europa, têm agido mais rapidamente para propor novas medidas contra a partilha de arquivos, imagens de abuso infantil e expressão extremista do que em garantir a proteção dos direitos fundamentais na era da informação.

No entanto, essas são as melhores instituições que temos para proteger a liberdade de expressão e os direitos conexos contra um governo míope e a ação da indústria. O Conselho da Europa tardiamente recomendou que o bloqueio só deve acontecer em vista de "preocupações de conteúdo específicas e claramente identificáveis, uma autoridade nacional competente tiver tomado uma decisão sobre a sua ilegalidade e a decisão puder ser revista por um tribunal independente e imparcial ou entidade reguladora."[25] Depois de uma tremenda batalha entre os estados membros e o Parlamento Europeu, o novo pacote de telecomunicações da UE inclui proteção específica dos direitos dos usuários, afirmando:

> As medidas tomadas pelos Estados-Membros resguardam aos usuários finais o acesso ou a utilização de serviços e aplicações através de redes de comunicações eletrônicas, devendo respeitar os direitos e liberdades fundamentais das pessoas naturais ... essas medidas ... só podem ser impostas se forem adequadas, proporcionais e necessárias a uma sociedade democrática, e sua execução deve ser sujeita a garantias processuais adequadas ... incluindo uma proteção jurisdicional efetiva e o devido processo legal.[26]

---

dos membros sobre as medidas para promover no que diz respeito aos filtros de Internet.

25 Conselho da Europa (2008) Recomendação CM / Rec (2008) 6º Comitê de Ministros dos Estados membros sobre as medidas para promover o respeito pela liberdade de expressão e informação no que diz respeito aos filtros de Internet

26 Directiva 2009/140/EC do Parlamento e do Conselho Europeu, de 25 de novembro de 2009. JO L 337/37 de 18.12.2009

Cabe agora aos que se preocupam com os direitos humanos possibilitarem que essas proteções fundamentais sejam aplicadas. Legisladores, juízes e cidadãos podem desempenhar o papel de garantir que a Internet suporte o "caos e a cacofonia" da democracia. A alternativa seria a de permitir a liberdade de expressão online até que se deslize calmamente para um buraco da memória da auto regulação.

Agradecimentos.

Graças a Richard Clayton, Joe McNamee e Chris Marsden pelas discussões de fundo sobre a Auto-Regulação da Internet.

12

O FUTURO DA LIBERDADE DE EXPRESSÃO NA ERA DIGITAL

Jack M. Balkin[1]

Na Era da Informação poder-se-ia pensar que não haveria nenhuma parte mais importante da Constituição do que a Primeira Emenda. Afinal, as garantias da liberdade de expressão muito teriam a ver com uma política do conhecimento num mundo em que a riqueza e o poder estão cada vez mais dependentes da tecnologia da informação, da propriedade intelectual e do controle sobre os fluxos de informação.

Já há algum tempo, venho pensando sobre como nossa compreensão acerca das liberdades de expressão e imprensa, protegidas pela Primeira Emenda à Constituição estadunidense, pode mudar na era digital. Aos poucos, venho concluindo que estamos diante de uma transição que transporta uma enorme ironia. No exato instante em que a nossa vida econômica e social é cada vez mais dominada pela tecnologia da informação e fluxos de informação, a Primeira Emenda parece cada vez mais irrelevante para a solução das batalhas sobre liberdade de expressão do futuro. Ou, mais precisamente, as doutrinas que eu leciono em minhas aulas sobre a Primeira Emenda parecem cada vez mais irrelevantes.

Os valores fundamentais que sustentam a Primeira Emenda continuam tão importantes como sempre: a proteção da liberdade individual para expressar ideias, formar opiniões, criar arte e participar de pesquisas; a capacidade dos indivíduos e grupos de compartilhar suas opiniões

---

1 Professor de Direito Constitucional e Primeira Emenda, da Yale Law School

com os outros, e construir em cima das ideias dos outros; a promoção e a difusão de conhecimento e opinião. Todos esses valores mantêm-se importantes no mundo dos blogs, de mecanismos de buscas e de redes sociais como o foram na era Iluminista dominada pelas máquinas de impressão, panfletos e pregoeiros. O que mudou, entretanto, foi o contexto tecnológico em que tentamos concretizar esses valores.

Nesse contexto, as decisões mais importantes que afetam o futuro da liberdade de expressão não irão ocorrer dentro do direito constitucional propriamente, pois elas serão decisões relacionadas ao desenvolvimento tecnológico, às regulamentações legislativa e administrativa, à formação de novos modelos de mercado, e às atividades coletivas dos usuários finais. Nós provavelmente não poderíamos ter alcançado o grau de liberdade de expressão que desfrutamos nos Estados Unidos, por exemplo, sem a construção jurisprudencial dos valores constitucionais no século XX. No século XXI, no entanto, o futuro do sistema de liberdade de expressão vai exigir outras fontes de assistência. E, no século XXI, os valores da liberdade de expressão serão incluídos no âmbito de um conjunto maior de considerações, que eu chamo de política de conhecimento e informação. Para explicar a razão, eu cito alguns exemplos que, pelo menos à primeira vista, têm um pouco a ver com as decisões jurisprudenciais acerca da Primeira Emenda, e muito a ver com a liberdade de expressão.

Meu primeiro exemplo é o atual debate sobre a neutralidade da rede. Hoje, um número crescente de americanos acessa a internet por meio de provedores de rede, tanto as empresas que utilizam tecnologia de cabo quanto as companhias que utilizam a tecnologia de DSL.[2] Tais empresas atuam como canais para o discurso do e com o outro. Portanto, nós dependemos delas para o acesso a outros interlocutores, assim como nós dependemos de serviço de telefone tradicional. No entanto, os provedores de rede não estão sujeitos às regulamentações não discriminatórias como ocorre com as exigências aplivcáveis ao serviço de telefonia tradicionalmente conhecido[3].

---

2 Bill D. Herman, *Opening Bottlenecks: On Behalf of MandatedNetwork Neutrality, 59* FED. COMM. L.J. 103, 129 (2006).

3 *e.g.*, 47 U.S.C. § 202 (2000) (descrevendo os requisitos de não discriminação de portadores comuns); Nat'l Cable & Telecomms. Ass'n v. Brand X Internet

Isso cria vários perigos potenciais. Primeiro, os provedores de rede podem querer favorecer conteúdos, negócios e propostas de alguns interlocutores e em detrimento de outros[4]. Eles podem bloquear o acesso a sites e serviços desfavorecidos ou liberar o acesso aos usuários finais apenas se esses sites ou serviços pagarem um taxa especial[5]. Por exemplo, a Associated Press descobriu recentemente que a Comcast havia bloqueado secretamente o uso de um serviço de compartilhamento de arquivos chamado BitTorrent, que é usado para movimentar grandes arquivos pela Internet[6].

Em segundo lugar, muitos usuários finais visitam regularmente sites como o eBay, Google ou sites que usam considerável banda larga[7]. Provedores de rede podem tentar cobrar desses sites para garantir que o tráfego flua sem problemas para os usuários finais[8]. Em terceiro lugar, os fornecedores de rede podem querer conceder vantagens de tráfego para os seus parceiros de conteúdo ou para os seus próprios conteúdos,[9] reservando uma conexão rápida para conteúdos de parceiros favorecidos como estúdios de cinema ou redes de televisão que querem sua classificação de mídia com fluxo contínuo para os seus; inversamente, os provedores de rede não protegeriam o fluxo de conteúdo (ou mesmo

---

Servs., 545 U.S. 967, 974-75 (2005) (observando que a Lei Federal de Comunicações atualmente "regulamenta as operadoras de telecomunicações, mão não provedores de serviços de informações,).

4 Barbara van Schewick, *Towards an Economic Framework for Network Neutrality Regulation,* 5 J. TELECOMM. & HIGH TECH. L. 329, 336 (2007) [doravante van Schewick, *Towards an Economic Framework]*

5 Benjamin Rupert, *The 110th Congress and Network Neutrality: S. 215-The Internet FreedomPreservationAct,* 18 DEPAUL J. ART, TECH. & INT'L INTELL. PROP. L. 325, 240-41 (2008).

6 Peter Svensson, *Comcast Blocks Some Internet Traffic,* S.F. CHRON., Oct. 19, 2007, disponível em http://www.sfgate.com/cgi-bin/article.gi?f=/n/a/2007/1 0/1 9/financial/fD6l 526D54.DT L&feed=rss.business.

7 Brian Stelter, *To Curb Traffic on the Internet, Access Providers Consider Chargingby the Gigabyte,* N.Y. TIMES, June 15, 2008, p. **Al,** disponível em http://www.nytimes.com/2008/06/15/technology/I5cable.html?pagewanted= **1**

8 Id.

9 van Schewick, *Towards an Economic Framework, supra* nota 4; ver também texto daquela nota

retardariam o conteúdo) aos não-parceiros, concorrentes amadores e usuários finais[10].

O princípio da neutralidade da rede assegura que, em geral, os provedores de rede não podem discriminar conteúdos, sites ou aplicativos[11]. "Colocar em prática o princípio é mais complicado do que poderia parecer à primeira vista. Uma versão de uma regra de neutralidade da rede (há muitas) estabelece que os provedores de rede não podem discriminar conteúdos, sites ou propostas, exceto quando necessário para manter a rede funcionando corretamente; no entanto, eles podem cobrar dos seus próprios clientes de banda larga (por exemplo, clientes residenciais e comerciais) diferentes preços para diferentes tipos de serviços[12].

O objetivo da neutralidade da rede é manter redes digitais abertas para diversos tipos de conteúdo e para diversos tipos de aplicativos e serviços que as pessoas podem idealizar no futuro[13]. Dito de outra

---

10 Svensson, supra nota 5 (a discussão do exercício da Comcast para abrandar trânsito envolvendo programas de compartilhamento de arquivos).

11 Brett M. Frischmann & Barbara van Schewick, *Network Neutrality and the Economics of an InformationSuperhighway: A Reply to ProfessorYoo,* 47 JURIMETRICS J. 383, 387-89 (2007).

12 Rupert, *supra* nota 5 e texto acompanhante

13 LAWRENCE LESSIG, THE FUTURE OF IDEAS 46-48, 155-76, 246-49 (2002); Susan Crawford, *The Internet and the Projectof Communications Law,* 55 UCLA L. REv. 359 (2007); Frischmann & van Schewick, *supra* nota 11 p. 398; van Schewick, *Towards an Economic Framework, supra* nota 4 p. 329; Tim Wu, *The Broadband Debate, A User's Guide,* 3 J. TELECOMM. & HIGH TECH. L. 69 (2004); Tim Wu, *Network Neutrality, BroadbandDiscrimination,* 2 J.TELECOMM. & HIGH TECH. L. 141 (2003); Letter from Timothy Wu, Assoc. Professor, Univ. of Va. Sch. of Law, & Lawrence Lessig, Professor of Law, Stanford Law Sch., to Marlene H. Dortch, Sec'y, FCC 3 n.3 (Aug. 22, 2003), disponível em http://faculty.virginia.edu/timwu/wujlessig-fcc.pdf. Entre os acadêmicos, Christopher Yoo entende que a neutralidade não é necessária para promover competição e inovação, podendo funcionar para inibi-las. Christopher S. Yoo, *Network Neutrality and the Economics of Congestion,* 95 GEO. L.J. 1847 (2006); Christopher S. Yoo, *Beyond Network Neutrality,* 19 HARv. J.L. & TECH. 1 (2005) [doravanete Yoo, *Beyond Network Neutrality]*; Christopher S. Yoo, *Would Mandating Network Neutrality Help or Hurt BroadbandCompetition?: A Comment on the End-to-End Debate,* 3 J. TELECOMM. & HIGH TECH. L. 23 (2004).

forma, o objetivo da neutralidade da rede é garantir que a internet, tanto quanto possível, continue a ser um objetivo geral do sistema de transferência de dados por meio do qual muitos tipos diferentes de conteúdo, serviços e aplicativos possam se desenvolver[14].

O que o debate sobre a neutralidade da rede tem a ver com a Primeira Emenda? É interessante notar que, nos termos da atual doutrina da Primeira Emenda, pelo menos, a Constituição não exige a neutralidade da rede. Os provedores de rede como a Comcast não são estatais. Pelo contrário, a decisão de exigir alguma forma de neutralidade da rede é uma escolha de regulação que afeta à forma como a tecnologia será implantada. Essa escolha pode ser imposta pelos regulamentos da FCC, ou pela legislação congressual, mas é improvável de se desenvolver a partir de uma interpretação jurisprudencial da Primeira Emenda. Na verdade, existe um argumento de que as regras de neutralidade de rede, na verdade, violam a Primeira Emenda, porque elas mantêm os fornecedores de rede usando sua propriedade comunicativa como eles bem entenderem. Contudo, eu não acho que esse argumento proceda. Regras de neutralidade de rede tratam provedores de rede como canais para o discurso dos outros e os regulam em sua capacidade de conduzir[15]. Se a neutralidade da rede viola a Pri-

---

14 Randolph J. May, Net Neutrality Mandates: Neutering the First Amendment in the DigitalAge, 3 I/S: J.L. & POL'Y FOR THE INFO. SOC'Y 197, 198, 202-04 (2007); see also Phillip J. Weiser, Toward a Next Generation Regulatory Strategy, 35 LOY. U. CHI. L.J. 41, 64-65 (2003) ("observando que "a justificação baseada em plataformas de informação para o Título I regulamentação é que tal abordagem ajudaria a imunizar o regime regulatório contra os desafios da Primeira Emenda" "); Yoo, Beyond Network Neutrality, supra note 13, p 47-48 (explicando por que provedores de rede deveriam " exercer controle editorial sobre a informação que eles transmitem"); cf Comeast Cablevision of Broward County, Inc. v. Broward County, 124 F. Supp. 2d 685, 693 (S.D. Fla. 2000) ("''O operador de cabo, ao contrário de um serviço de telefone, não vende transmissão mas oferece um conjunto de conteúdo." "); Laurence Tribe, Plenary Address: Freedom of Speech and Press in the 21st Century: New Technology Meets Old Constitutionalism (Aug. 21, 2007), http://www.tvworldwide.com/events/pff/070819/default.cfm?id=8801&type=wmhigh&test=0 (sugere problemas da Primeira Emenda com a neutralidade da rede ou requisitos de vias comuns para provedores de banda larga por cabo).

15 Jack M. Balkin, Media Access: A Question ofDesign, 76 GEO. WASH. L. REV. 933, 934 (2008) [doravante Balkin, MediaAccess].

meira Emenda é difícil compreender porque obrigações habituais do transportador aplicáveis a companhias telefônicas, que também são tratadas como canais para o discurso de outros, não violam a Primeira Emenda também[16].

Assim, pelo menos sob a doutrina atual, de um modo ou de outro, a Primeira Emenda não diz muito sobre a neutralidade da rede. E, ainda, se os provedores de rede podem discriminar conteúdos, sites e aplicativos relativos a importantes valores da liberdade de expressão. Um vasto número de americanos agora se comunica entre si por meio do acesso de banda larga, e podemos esperar que o percentual de comunicação através destas redes digitais só irá aumentar ao longo do tempo. Provedores de rede oferecem um serviço indispensável para o público em geral, tornando mais pública (e privada) possível a comunicação. Se os provedores de rede pudessem discriminar conteúdos e serviços que se desenvolvem através de suas redes, eles seriam os censores mais poderosos da América. E porque vivemos no que é efetivamente um duopólio para serviços de banda larga, a concorrência do mercado não necessariamente neutralizaria essa censura.

Mas o debate sobre a neutralidade da rede é muito mais sobre se os provedores de rede podem discriminar determinados tipos de con-

---

16 Em Turner Broadcasting System v FCC (Turner 1), 512 EUA 622 (1994), o Tribunal rejeitou um rigoroso padrão de controle das obrigações "must-carry" para operadores de cabo, argumentando que tais regulamentos estruturais não se intrometiam no controle editorial e deveriam ser analisados de acordo com um nível intermediário de controle que era essencialmente um teste de regulação razoável. Id. p.653-62. O Tribunal finalmente confirmou as regulamentações sob esse padrão. Turner Broadcasting Sys. v FCC (Turner II), 520 EUA 180, 185 (1997). Os juízes dissidentes aplicaram um escrutínio rigoroso, alegando que as regras de must-carry regras interferiam com as decisões editoriais, Turner 1, 512 US p. 681-82, mas eles assumiram que o tratamento de provedores de cabo como portadores-comuns não discriminariam o conteúdo veiculado –o que não violava a Primeira Emenda. Id. p. 681-82, 684 (O'Connor, J., dissidentes). A opinião divergente do Juiz O'Connor, apoiada pelos juízes Scalia, Ginsburg, e Thomas, argumentou que "se o Congresso pode exigir que as companhias telefônicas operem como portadores comuns, ele pode fazer a mesma coisa em relação às empresas de cabo; tal abordagem não sofreria com o defeito de preferir uma coluna a outra. " Id.

teúdo ou serviços[17]. É provável que na maioria dos casos as grandes corporações não vão discriminar as comunicações por causa de sua política ou de sua tônica moral (embora tenham sido bastante divulgadas as exceções)[18]. Pelo contrário, a maioria das discriminações da rede o é por razões econômicas para favorecer parceiros de negócios e proteger modelos de mercados estabelecidos.

Assim, o debate sobre a neutralidade da rede é de fato sobre a melhor maneira de se estimular a concorrência e promover a inovação. Defensores das regras de neutralidade da rede argumentam que as redes digitais gerarão aplicativos mais úteis no futuro e, assim, ajudarão as pessoas a gerar e distribuir mais informação caso as redes digitais mantenham-se tão neutras quanto possível dentre diferentes tipos de conteúdo e aplicativos[19]. Se você quiser promover o crescimento de novos tipos de serviços de informação, incluindo serviços que nem sequer imaginava, no entanto, é importante manter as redes não-discriminatórias em vez de favorecer os negócios atuais, com que os fornecedores de rede estão alinhados. Embora seja verdade que os provedores de rede podem ser importantes fontes de inovação, eles podem reprovar novos tipos de produtos e serviços, aqueles que eles não inventaram, que eles não proviram e que possam ameaçar o seu modo de fazer negócios. Por exemplo, a AT&T não estava interessada no desenvolvimento de tecnologias da internet há décadas, pois isso ameaçaria seu controle do sistema telefônico[20]. Uma Internet não-discriminatória descentraliza as fontes de inovação, pois todos podem criar serviços de internet e aplicativos sem ter que obter permissão das empresas de banda larga[21]. Pessoas que não são filiadas às empresas de banda larga podem surgir como eBay, Google, Blogger, YouTube,

---

17 Note-se que as indústrias de conteúdo também podem pressionar o Estado a exigir que os provedores de rede instalem filtros para controlar e prevenir violações de direitos autorais.

18 Adam Liptak, Verizon Rejects Text Messagesfrom an Abortion Rights Group,N.Y. TIMES, Sept. 27, 2007, p. Al (cição omitida); Adam Liptak, Verizon Reverses Itself on Abortion Messages, N.Y. TIMES, Sept. 28, 2007, disponível em http://www.nytimes.com/2007/09/28fbusiness/ 28verizon.html.

19 LESSIG, *supra* nota 13, p. 138.

20 id.p. **31-33.**

21 Id, p. 138

Flickr ou Facebook. Nenhum desses aplicativos, tanto quanto sei, vieram de uma empresa de banda larga.

Isso tudo é muito bom e certo, você poderia dizer, mas o que isso tem a ver com a Primeira Emenda? Por que promover a questão da inovação para as pessoas que se preocupam com a liberdade de expressão? Um sistema de liberdade de expressão não depende apenas da mera ausência de censura do Estado, mas também de uma infraestrutura de livre expressão[22]. A infraestrutura da liberdade de expressão inclui os tipos de mídia e instituições de conhecimento, criação e divulgação que estão disponíveis sob qualquer ponto no tempo. Também diz respeito aos tipos de oportunidades que estão disponíveis para pessoas criarem e construírem tecnologias e instituições que outras pessoas podem usar para a comunicação e a associação. Dois exemplos atuais são a telefonia via Internet e o compartilhamento de arquivos de serviços como BitTorrent. Esses aplicativos - que permitem que as pessoas se comuniquem e troquem informações e arquivos de forma muito barata - foram possíveis porque os empresários podiam lançar novos aplicativos sobre os protocolos de Internet. As pessoas podiam criar esses novos aplicativos, pois a estrutura da internet permitia esse tipo de experiência prescindindo de permissão prévia de qualquer outra pessoa. Optando por um esquema regulatório que permite a função de internet mais ou menos como um sistema geral de transferência de dados, abrimos possibilidades para uma ampla variedade de novos aplicativos e serviços que podem permitir que as pessoas compartilhem informações e opiniões, construam juntas e formem comunidades online.

Considere, por exemplo, a grande variedade de sites de software social que surgiram na internet na última década. Isso inclui sites Web 2.0, como Facebook e Flickr[23]. Tais sites executam simultane-

22 Jack M. Balkin, Digital Speech and Democratic Culture:A Theory of Freedom of Expression for the Information Society, 79 N.Y.U. L. REv. 1, 52-55 (2004) [doravanete Balkin, DigitalSpeech]; see Yochai Benkler, Property, Commons, and the First Amendment: Towards a Core Common Infrastructure,at 3 (White Paper for the First Amendment Program, Brennan Center for Justice at NYU Law School, New York, N.Y.) (2001), disponível em http://www.benkler.org/WhitePaper.pdf (last visited Jan. 15, 2009)

23 Facebook Home Page, http://www.facebook.com; Flickr Home Page, http://www.flickr.com

amente várias funções diferentes. Eles estão hospedando sites para conteúdos multimídia (Flickr hospeda fotografias, por exemplo, e Facebook hospeda uma variedade de mídias diferentes), mas eles também são plataformas de comunidade online que permitem que as pessoas se comuniquem umas com as outras e busquem interesses comuns e atividades através da mídia online. Políticas que facilitem esse tipo de inovação e que permitem que muitas pessoas, não apenas os provedores de rede, dediquem-se melhor a servir os interesses da liberdade de expressão a longo prazo, embora as políticas de inovação não o façam, pelo menos, parecem estar relacionadas à censura governamental.

Para ser mais exato, os defensores da neutralidade da rede, muitas vezes apresentaram os seus pontos de vista anteriormente ao público, falando sobre os perigos da censura da rede. O que é mais fácil para as pessoas arraigadas às tradições da Primeira Emenda entenderem. No entanto, a grande questão no debate sobre a neutralidade da rede é a política de inovação. Essa questão tem enormes implicações para o acesso da mídia e para futuras oportunidades de falar, ouvir, compartilhar informações, e se associar com outras pessoas[24].

Meu segundo exemplo é a questão da responsabilidade dos intermediários e, em particular, o privilégio criado pela seção 230 (c) (1) da Lei das Telecomunicações de 1996[25]. A maioria dos estudantes, eu apostaria, provavelmente não ouviu falar muito sobre o artigo 230 em suas aulas de Primeira Emenda, mas tem sido uma das mais importantes garantias da liberdade de expressão na internet, pelo menos

24 Brett Frischmann fez argumentos usando a linguagem de efeitos colaterais. Veja Brett M. Frischmann & Mark A. Lemley, Spillovers, 107 COLUM. L. REV. 257, 297 (2007) ("acesso não discriminatório à infraestrutura comum da internet facilita a participação do usuário final, generalizada em uma variedade de atividades produtivas socialmente valiosas."); Brett M. Frischmann, An Economic Theory of Infrastructure and Commons Management, 89 MINN. L. rev. 917, 1017-1018 (2005) (enfatizando as repercussões da atividade não comercial); ver também Benkler, supra nota 22, p. 26 (argumentando que a construção de uma "infraestrutura comum... serve aos valores centrais que animam a Primeira Emenda").

25 Telecommunications Act of 1996, Pub. L. No. 104-104, 110 Stat. 56 (codified as amended in scattered sections of 47 U.S.C.); 47 U.S.C. § 230(c)(1) (2000).

nos Estados Unidos. A Seção 230 (c) (1) diz que "nenhum fornecedor ou usuário de um serviço de computador interativo deve ser tratado como o editor ou porta-voz de qualquer informação fornecida por um outro provedor de conteúdo da informação"[26]. Em outras palavras, as pessoas que disponibilizam o tráfego da Internet, como empresas de banda larga, não podem ser responsabilizadas pelo tráfego que flui através de suas redes. Ainda mais importante, as pessoas que operam sites ou serviços online em que as outras pessoas oferecem conteúdo, como salas de bate-papo, serviços de blogs, serviços de hospedagem do site, sites de busca, quadros de avisos ou sites de redes sociais como Facebook e Myspace, não podem ser responsabilizadas por aquilo que as outras pessoas dizem quando outros usam essas redes, serviços ou sites[27]. Se as pessoas escrevem comentários em resposta a uma postagem no meu blog, eu não sou responsável por seu discurso; o Blogger, que hospeda o meu blog, não é responsável pelo que eu escrevo no meu blog; o Google, a empresa de busca, não é responsável por resultados de pesquisas que eu cliquei ou vinculei como resultado da minha pesquisa, e assim por diante. Este privilégio se aplica a uma ampla gama de delitos diferentes de comunicação e crimes, mas não à alegada violação dos direitos de propriedade intelectual[28].

Seção 230 é uma regra de responsabilidade dos intermediários. Dá aos intermediários da Internet, assim como aos provedores de rede e provedores de serviços online, um privilégio contra determinados processos judiciais com base em conteúdo fornecido por terceiros. Não é exigido pela doutrina da Primeira Emenda[29]. No entanto, teve enormes

---

[26] § 230(c)(1).

[27] Ver, por exemplo, Zeran v Am. Online, Inc., 129 F.3d 327 (4 ° Cir 1997.) (AOL não é responsável por declarações difamatórias publicadas por um dos seus usuários); ver também Doe v GTE Corp, 347 F.3d 655 (7 Cir. 2003) (GTE não se responsabiliza depois que um usuário de um dos seus sites postou vídeos ilegais de atletas trocando de roupa em seu vestiário).

[28] Nesses casos, as disposições da Lei de Direitos Autorais do Milênio Digital (The Digital Millennium Copyright Act) se aplicam; em algumas circunstâncias, impõem obrigações de aviso e de retirada] (takedown). 17 U.S.C. § (c) (1) (A) (iii) 512 (2004).

[29] A analogia mais próxima é Smith v. Califórnia, 361 US 147 (1959). Em Smith, o Tribunal derrubou uma lei da Califórnia que responsabilizava criminalmente os proprietários de livrarias pela venda de obras que seriam mais tarde con-

consequências para garantir a cultura vibrante da liberdade de expressão que temos na internet hoje[30]. A razão é que a seção 230 tem protegido os veículos e prestadores de serviços online de serem processados pelo discurso de estranhos que eles hospedam[31]. Em razão dos prestadores de serviços online estarem isentos de responsabilidades, eles construíram uma ampla gama de diferentes aplicativos e serviços que permitem às pessoas falarem umas com as outras e trabalharem juntas. A Seção 230 não é de maneira alguma um trecho perfeito da legislação; pode ser superprotetora em alguns aspectos e completamente relapsa em outros[32]. Mas ela tem sido valioso, no entanto.

Tem sido muito difícil localizar e processar pessoas por seu discurso na Internet[33]. A maioria das manifestações na Internet é anônima, e isso pode dificultar a localização da pessoa que está falando ou a pessoa pode estar localizada no exterior. Se os requerentes estão incomodados com o que alguém diz online, é muito mais fácil processar o

---

sideradas judicialmente obscenas, mesmo que o proprietário não soubesse do conteúdo dos livros. A Suprema Corte considerou a lei inconstitucional, argumentando que "se o livreiro for criminalmente responsável, sem o conhecimento do conteúdo ..., tenderá a restringir os livros que vende somente àqueles que ele tenha inspecionado, e assim o Estado terá imposto uma restrição à distribuição de constitucionalmente protegidos, bem como a literatura obscena." Id. em 153 Há também uma semelhança entre a seção 230 e o privilégio da distribuidora sob a Common Law. Veja Atualização (Segunda) de delitos § 581 ("Aquele que oferece ... ou transmite matéria difamatória publicada por uma terceira pessoa está sujeito a responsabilidade, se sabe ou tem razão de saber do seu caráter difamatório. "). Entretanto, a seção 230 impede a responsabilidade, mesmo que o serviço de provedor conheça o conteúdo em questão. Ver, por exemplo, Blumenthal v. Drudge, 992 F. Supp. 44, 52 (DDC 1998). The Digital Millennium Copyright Act, pelo contrário, impõe um sistema de aviso prévio e takedown. Veja 17 USC § 512 (c) (l) (A) (iii) (2004).

30 Veja 47 U.S.C. § 230 (b) (2) (afirmando que a política dos Estados Unidos é "preservar o livre mercado vibrante e competitivo que existe atualmente para o internet e outros serviços de informática interativos").

31 Veja *§*230(c)(1).

32 A seção 230 (2), por exemplo, dá aos proprietários de conduíte total discrição para censurar o tráfego, além da imunidade prevista na seção 230 (1).

33 Seth F. Kreimer, *Censorship by Proxy: The FirstAmendment, Internet Intermediaries,and the Problem of the Weakest Link,* 155 U. PA. L. REv. **11,** 13 (2006) (a respeito do problema do discurso anônimo que leva a pedidos de responsabilidade do intermediário)

prestador de serviço que permite publicar o discurso em seu site, ou o provedor de rede que fornece o tráfego. Provavelmente tais entidades não têm apenas mais recursos, mas elas também são, provavelmente, mais fáceis de serem encontradas[34]. Igualmente, a responsabilidade dos intermediários produz um fenômeno chamado censura colateral: ameaças de responsabilidade contra a parte A (o prestador de serviços físico ou online) dão-lhe motivos para tentar controlar ou bloquear o discurso da parte B (o orador online)[35].

Algumas vezes, é sensato responsabilizar as pessoas pelo discurso de outras. A versão impressa do New York Times pode ser responsável pela fala de outras pessoas que publica, inclusive a de seus repórteres, colunistas e até mesmo seus anunciantes.[36] Na verdade, o famoso caso do *New York Times v. Sullivan* envolveu uma notícia que fora a base do processo de difamação do Policial Sullivan[37]. Da mesma forma, as editoras são responsáveis pelas declarações de autores que publicam[38].

Provedores de rede e provedores de serviços online, no entanto, não funcionam da mesma maneira como jornais e editoras de livros[39]. Um grande número de estrangeiros trafega através de ISPs e um grande número de pessoas fará uso de diversos serviços online. Por exem-

---

[34] Scot Wilson, *Corporate Criticism on the Internet: The Fine Line Between Anonymous Speech and Cybersmear,*29 PEPP. L. REV. 533, 555 (2002).

[35] Jack M. Balkin, *Virtual Liberty: Freedom to Design and Freedom to Play in Virtual Worlds,* 90 VA. L. REV. 2043, 2095-98 (2004); J.M. Balkin, *FreeSpeech andHostileEnvironments,* 99 COLUM. L. REV. 2295, 2296-2305 (1999); Michael 1.Meyerson, *Authors, Editors, and Uncommon Carriers:Identifying the "Speaker" Within the New Media,* 71 NOTRE DAME L. REV. 79,116, 118 (1995).

[36] Veja Cantrell v. Forest City Publ'g Co., 419 US 245, 253-54 (1974) (aprovando a condenação do júri que permitiu a imposição de responsabilidade indireta sobre uma editora sabidas falsidades escritas por seu escritor pessoal).

[37] N.Y. Times Co.v. Sullivan, 376 U.S. 254 (1964).

[38] Veja Blumenthal v. Drudge, 992 F. Supp. 44, 49 (D.D.C. 1998).

[39] Batzel v. Smith, 333 F.3d 1018, 1026 (9 Cir., 2003) ("O Congresso decidiu não tratar prestadores de serviços de informática interativos como outros fornecedores de informação, tais como jornais, revistas ou emissoras de televisão e rádio, que podem ser responsabilizados por publicação ou distribuição de material obsceno ou difamatório escrito ou preparado por outros. "(citando Blumenthal, 992 F. Supp . em 49)).

plo, o site de busca do Google leva trechos de sites de pessoas de todo o mundo e fornece links para eles[40]. O Google também é dono do Blogger, que fornece uma plataforma de blogging que qualquer pessoa pode se inscrever e usar. E em cada um destes blogs, o blogueiro pode permitir que terceiros escrevam comentários em seus posts. Para voltar ao exemplo do New York Times, a versão online, NYT.com (em oposição à versão impressa), abriga uma série de blogs diferentes e recursos interativos que permitem que os assinantes respondam aos editores e comentaristas postando seus próprios pensamentos e ideias.

O problema com a estratégia da censura colateral no contexto da Internet é que ela leva, simultaneamente, a muita censura e pouca inovação. Editoras têm interesse no trabalho de seus autores, e os jornais têm interesse no trabalho de seus jornalistas. Mas se A não é afiliado a B, A carece de bons incentivos para defender o discurso de B e todo estímulo para evitar ações judiciais. Como resultado, para evitar responsabilidades, A tenderá a maiores censuras. De fato, A pode não admitir nada do que A não tenha escrito, criado ou editado para ser lançado. Se eu fosse responsável por comentários postados em resposta ao meu blog, eu simplesmente não permitiria nenhum comentário. O mesmo vale para as versões online de jornais e revistas que agora permitem que os leitores participem por meio de comentários. Sem a seção 230, muitos operadores de sites simplesmente desativariam tais recursos. Enquanto a responsabilidade estimular ricos provedores de serviços online a desenvolver mecanismos de filtragem para eliminar discursos potencialmente acionáveis judidicialmente, o resultado mais provável será o desligamento dos aplicativos e serviços que uma grande variedade de pessoas pode usar.[41]

Mas além do problema da censura colateral, há também a questão dos incentivos para a inovação na criação de novas formas de serviços de informação e mídia online. Recordemos os muitos exemplos diferentes de software social que mencionei anteriormente. Se estou

---

40 Google Corporate Information: Technology Overview, http://www.google.com/corporate/ tech.html (acesso em 15/1/2009).

41 Veja Zeran v. Am. Online, Inc., 129 F.3d 327, 331 (4 Cir., 1997) (argumentando que os prestadores de serviços de computador interativo restringiriam conteúdo se confrontados com a responsabilidade por mensagens republicadas).

pensando em criar um serviço online que permita às pessoas postar comentários ou publicá-los em meu servidor ou site, eu provavelmente vou pensar duas vezes se eu poderia ser processado por tudo o que é publicado. Sem algo como a imunidade da seção 230, seria muito arriscado criar software social que permita a terceiros blogarem ou publicarem, muito menos criarem um site de rede social. De fato, tais tipos de empresas como o Google que publicam trechos de sites de outras pessoas para ajudá-los a serem encontrados, ou sites de publicidade como Craigslist, que funcionam como quadros de avisos da comunidade[42], estariam em sério risco, para não mencionar sites como o Amazon.com, que incentivam as críticas e os comentários de clientes[43]. A ampla gama de mídia participativa e os aplicativos que caracterizam a Internet de hoje estariam em risco contínuo de ações judiciais. Como resultado, grande parte da liberdade da Internet e muitas das suas múltiplas possibilidades de comunicação e associação estariam engessadas.

Deixe-me voltar um pouco e tecer algumas considerações sobre esses dois exemplos. Em primeiro lugar, ao descrever os valores da liberdade de expressão implicados pelas tecnologias digitais, tenho repetidamente enfatizado a importância da participação de um grande número de pessoas diferentes. O que torna a Internet tão vibrante e tão especial é justamente o fato de que muitas pessoas diferentes podem comunicar-se, não apenas pessoas que possuam ou trabalhem para grandes organizações de mídia de massa. Que é também o que torna a Internet tão rica em conteúdo e discussões sobre todos os assuntos possíveis. Com uma grande redução dos custos de transmissão e distribuição de conteúdos, e fornecendo um propósito geral de transferência de dados, armazenamento e sistema de publicação, a Internet tem efetivamente aproveitado interesses, criatividade e inteligência do mundo todo para produzir um enorme arquivo de, bem, tudo.

---

42 Craigslist-about > factsheet, http://www.craigslist.org/about/factsheet (acesso em 15/1/2009)

43 Veja The Ins and Outs of Customer Reviews, http://www.amazon.com/gp/help/customer/ === display.html?ie=UTF8&nodeld 12177361 &qid 1221440056&sr **1-1** (acesso em 15q1/2009)

Segundo, uma vez que você fornece mídia para um grande número de pessoas e cria comunidades online, alguns dos discursos serão sobre política e questões públicas, mas a maior parte será sobre coisas que as pessoas se preocupam fora da política, como cultura popular, arte, música, filmes, livros e novelas, fofocas e até mesmo fotos de seus amigos ou seus animais de estimação. Embora a blogosfera hospede uma esfera ativa de debate político, a maioria dos blogs não trata de política - eles são diários pessoais que falam sobre uma grande variedade de assuntos[44]. Da mesma forma, embora as pessoas tenham utilizado sites de redes sociais para organizações políticas de grande efeito, os sites de redes sociais sites são muito mais frequentemente utilizados para - você adivinhou - redes sociais.

Terceiro, apresentei dois exemplos em que os valores de liberdade de expressão são protegidos não por meio de precedentes constitucionais advindos dos tribunais, mas por meio de decisões regulamentares e técnicas. Isso não é por acaso. O que torna a Internet tão valiosa para a liberdade de expressão é a sua abertura de desenvolvimento e os diferentes tipos de coisas que se podem fazer com ela por conta dessa abertura. Mas isso não é simplesmente uma história sobre tecnologia. O Direito desempenha um papel importante na criação de incentivos para tecnologias a serem construídas de uma forma em vez de outra, facilitando assim certos tipos de modelos de negócios e participação pública. Grande parte das redes abertas e das regras jurídicas, como a seção 230, tem ajudado a garantir um ambiente notavelmente diverso de aplicativos, serviços e conteúdo. No entanto, as decisões mais importantes não serão proferidas por tribunais, serão por legisladores, órgãos administrativos, técnicos, empresários e usuários finais.

Quarto, em ambos os meus exemplos, a preocupação tradicional da Primeira Emenda - censura - continua sendo um problema. No entanto, a censura é tão provável de vir de entidades privadas que

---

[44] Veja Amanda Lenhart & Susannah Fox, Bloggers: A Portrait of the Internet's New Storytellers, PEW INTERNET AND AMERICAN LIFE PROJECT, July 19, 2006, http://www.pewinternet. org/pdfs/PIP%20Bloggers%2OReport/o2O-July%201 9%202006.pdf (observando que "enquanto muitos blogs bem divulgados focam em política, o tema mais popular entre os blogueiros é a sua vida e experiências")

controlam as redes de telecomunicações e serviços online, como do governo. Além disso, as preocupações com a censura da rede são realmente parte de um conjunto maior de questões: a profunda conexão entre os valores da liberdade de expressão e a política de inovação. Nos exemplos de neutralidade da rede e responsabilidade dos intermediários, não é fácil separar valores da liberdade de expressão dos objetivos de se promover uma inovação generalizada e descentralizada e novas formas de produção e serviços de informação. Dito de outra forma, atendemos melhor aos valores da liberdade de expressão por meio da descentralização e promoção da inovação, deixando muitas pessoas diferentes experimentarem uma grande variedade de novas formas de comunicação, partilhando informações, associando-se e construindo juntas.

Isso me traz de volta ao meu ponto central: a ascensão das redes digitais como uma tecnologia dominante para o discurso em nossa era transforma a maneira como devemos pensar a Primeira Emenda e os princípios da liberdade de expressão.

Primeiro, a era digital deixa cada vez mais claro que o ponto-chave do princípio da liberdade de expressão é a promoção não apenas da democracia, mas de algo maior: da cultura democrática.[45] O que é uma cultura democrática? É uma cultura em que pessoas comuns podem participar, coletiva e individualmente, da criação e elaboração de conceitos culturais que os constituem como indivíduos[46]. Participação na cultura é importante para nós como seres humanos, porque, em um sentido importante, somos feitos de cultura; lançamos mão da cultura para sermos o tipo de pessoas que somos. Nós habitamos, reproduzimos e reconstruímos a cultura vivendo inseridos nela, usando-a, acrescentando-lhe, construindo sobre ela, e transformando-a por meio de nosso uso dela. A cultura democrática não é democrática porque as pessoas decidem sobre como a cultura deveria ser. É democrática porque as pessoas podem participar da produção de cultura por meio da comunicação e influência mútuas. Cultura democrática invoca a participativa ideia de democracia.[47]

---

[45] Balkin, *DigitalSpeech*, supra nota **22**, p. **3-6, 33-50.**

[46] Idem, **p.** 3-4.

[47] Idem, **p.** 4-5

A ideia de uma cultura democrática inclui a ideia de participação no autogoverno representativo, mas é muito mais do que isso, pois o domínio da cultura é maior do que o reino do autogoverno representativo. De fato, uma teoria da liberdade de expressão justificada nos termos de suas potenciais contribuições para o autogoverno representativo parece estreita demais na era da Internet. Redes digitais fazem muito mais do que fornecer as informações necessárias para a democracia em um Estado-nação. Primeiro, o que as pessoas fazem na internet transcende o Estado-nação; elas participam de discussões, debates e atividades coletivas que não se limitam às fronteiras nacionais. Essas são valiosas atividades humanas inseridas em seu próprio direito; não devem ser protegidas apenas porque e na medida em que possam contribuir para o debate sobre a política americana, ou mesmo, política externa americana.[48] Em segundo lugar, como já referido anteriormente, a grande maioria dos discursos da Internet tem muito pouco a ver com questões de interesse público, e muito mais com a cultura popular, com os costumes, e com as preocupações cotidianas das pessoas.[49]

Muito antes do surgimento da Internet, o século XX testemunhou um enorme avanço na tecnologia de comunicações. Esse foi o desenvolvimento dos meios de comunicação de transmissão: rádio, televisão, filmes, cabo e transmissão via satélite. Ao mesmo tempo, os jornais ficaram cada vez mais concentrados nas mãos de um número relativamente pequeno de proprietários. O resultado foi que apenas um número relativamente pequeno de pessoas teve a capacidade de se expressar utilizando os meios mais poderosos de comunicação de seu tempo. A organização social do discurso e o ambiente de mídia em que ocorreu o discurso criaram uma tensão enorme na teoria da liberdade de expressão do século XX. Quando os tribunais começaram a proteger o direito de todos os americanos se expressarem, na prática, o que se viu foi que os cidadãos não foram capazes de comunicar e influenciar os outros em pé de igualdade. As vozes mais poderosas eram relativamente poucas em número e o grau de desigualdade prática acelerou à medida em que

48 Idem, **p.** 32
49 Idem, **p.** 12

iniciou o século[50]. Não era apenas a propriedade de meios de comunicação limitada, mas a mídia em si era unidirecional: O locutor falou e o público ouviu, com muito poucas oportunidades de debate ou réplica. As pessoas podiam ouvir e receber informações, mas não podiam transmitir entre eles.

Muitos teóricos da liberdade de expressão durante o século XX decidiram fazer uma tese do que eles consideravam como necessidade. Seguindo Alexander Meiklejohn, eles argumentaram que todo o propósito da liberdade de expressão era o de fornecer informações necessárias para um autogoverno democrático e deliberação sobre questões de interesse público em uma república de grande porte como os Estados Unidos[51]. Assim, Meiklejohn e seus seguidores argumentaram que o ponto da liberdade de expressão não era assegurar a autonomia individual; mas sim, era garantir que o público estivesse bem informado de que eles poderiam abordar as questões públicas do seu cotidiano e votar para que as pessoas os representassem[52]. Essa visão do século XX, influenciada pela mídia de massa do século XX, de bom grado sacrificou os valores de autonomia e participação criativa em nome dos objetivos de informação ao público e de se estabelecer uma agenda pública apropriada.[53] Meiklejohn pontuou melhor a questão em sua máxima de que o que é importante em um sistema de livre expressão não é que todo mundo comece a falar, mas que "tudo que valha a pena dizer seja dito"[54].

---

50 Ver Jerome A. Barron, *Access to the Press-A New First Amendment Right,* 80 HARV. L. REV. 1641 (1967); Owen M. Fiss, *Free Speech andSocial Structure,*71 IOWA L. REV. 1405 (1986) [doravante Fiss, *FreeSpeech*].

51 ALEXANDER MEIKLEJOHN, POLITICAL FREEDOM: THE CONSTITUTIONAL POWERS OF THE PEOPLE (1960); *Ver* OWEN M. FISS, THE IRONY OF FREE SPEECH (1996); CASS R. SUNSTEIN, DEMOCRACY AND THE PROBLEM OF FREE SPEECH (1995); Fiss, *Free Speech, supra* note 49; Owen M. Fiss, *Why the State?,* 100 HARV. L. REV. 781 (1987); Harry Kalven, Jr., *The New York Times Case:A Note on "The Central Meaningof the FirstAmendment,"* 1964 SUP. CT. REV. 191 (1964).

52 MEIKLEJOHN, supra nota 51, p. 24-27.

53 Veja, no geral, Robert Post, *Meiklejohn's Mistake: Individual Autonomy and the Reform of PublicDiscourse,* 64 U. COLO. L. REv. 1109 (1993).

54 Meiklejohn, supra nota 51, p. 26, 55 (A Primeira Emenda "não tem nenhuma preocupação com as necessidades de muitos homens para expressar as suas opi-

Esta visão, por mais bem adaptada ao ambiente de mídia do século XX, parece muito pobre para o século XXI. Meios de comunicação de difusão, sem dúvida, continuam a ser uma característica importante da nossa vida pública e assim o será por muitos anos. Mas precisamos de uma teoria da liberdade de expressão que reconheça que as mudanças tecnológicas tornaram possível, para um grande número de pessoas, transmitir e divulgar para o público em todo o mundo, serem oradores, assim como plateias, serem produtores ativos do conteúdo da informação, e não apenas destinatários ou consumidores.

À medida em que um grande número de pessoas usa tais tecnologias para se expressar, elas vão definindo suas próprias agendas e estabelecendo suas próprias preocupações, que podem ser pessoais ou culturais, ou podem transcender o Estado-nação. Dessa forma, as tecnologias digitais do século XXI destacam aspectos do discurso que sempre estiveram presentes em algum nível[55]. O discurso digital, como a linguagem em geral, varia ao longo de toda a cultura; apenas alguns estão conectados à política, a preocupação central das teorias de deliberação democrática[56]. O discurso digital, como a linguagem em geral, é interativo, as pessoas falam umas com as outras constantemente. Elas participam de comunidades virtuais e elas usam essas comunidades para construirem conjuntamente. Finalmente, o discurso digital, como a linguagem em geral, em regra, é oportunista e apropriável. As pessoas têm acesso à cultura à medida em que entram em contato com ela e constroem sobre o que outros fizeram; eles aproveitam os meios de comunicação e o trabalho de outros indivíduos, criticando, contestando, parodiando, melhorando, e sintetizando[57]. Eles fazem *webpages*, criam mecanismos de "faça-você-mesmo", eles simplificam, eles elaboram. Eles fazem do velho o novo; eles copiam, surrupiam e repetem; e repetindo, eles modificam[58].

---

niões", mas sim se preocupa com "as necessidades comuns de todos os membros do corpo político. ").

55 Balkin, *Digital Speech,* p. 1-4.

56 Idem, p. 34

57 Idem, p. 32

58 Idem, p. 46-48

A grande tensão na teoria da liberdade de expressão do século XX foi o aumento da proteção da liberdade formal em contraste com as bases das tecnologias de transmissão de massa que reservaram a liberdade, na prática, para poucos[59]. A tensão na teoria da liberdade de expressão no século XXI será ligeiramente diferente. Novas tecnologias oferecem aos cidadãos comuns uma vasta gama de novas oportunidades de falar, criar e publicar; eles descentralizam o controle sobre a cultura, sobre a produção de informação e sobre o acesso a audiências de massa. Mas essas mesmas tecnologias também transformam a informação e a cultura em valiosas mercadorias que podem ser compradas, vendidas e exportados para mercados ao redor do mundo. Estes dois efeitos - participação e privatização - são produzidos pelo mesmo cenário de avanços tecnológicos; eles vão, repetidamente, herdar conflitos entre si, como as tecnologias que criam novas possibilidades para a participação cultural democrática ameaçam modelos de negócios que buscam mercantilizar o conhecimento e controlar seu acesso e distribuição.[60] Propriedade intelectual e direito de telecomunicações são o terreno em que essa contenda irá ocorrer, mas o que está em jogo é a estrutura prática da liberdade de expressão no novo século.

Isso me leva ao meu último ponto sobre a transformação da liberdade de expressão na era digital. Proteger os valores da liberdade de expressão na era digital será cada vez menos um problema de direito constitucional, embora essas proteções mantenham-se muito importantes, e cada vez mais um problema de tecnologia e regulamento administrativo. As duas questões, das quais iniciei tratando, a neutralidade da rede e os limites de responsabilidade dos intermediários, exemplificam esta transição. Nem a questão é, estritamente falando, uma questão jurisprudencial da Primeira Emenda, e ainda ambas afetam a estrutura de acesso à mídia e a natureza da liberdade de expressão na Internet.

Em Reno v. ACLU a Suprema Corte observou - e saudou – as múltiplas possibilidades da Internet para a livre expressão.[61] Mas a Internet não é uma decisão da Suprema Corte; é um conjunto de

---

[59] Idem, p. 16, 43

[60] Idem, p. 3, 16

[61] Reno v. **ACLU, 521 U.S.** 844, 851-**53** (1997).

tecnologias que foram concebidas de uma certa maneira e que estão sujeitas a várias formas de regulação. Tecnologias digitais, como a própria Internet, não têm que ser estruturadas de alguma forma particular. Nós podemos projetá-las para que eles promovam a participação e inovação por parte de um grande número de pessoas. Ou podemos projetá-las para que sejam muito menos participativas, de modo que a Internet se torne um sistema de bloqueio de entrega de conteúdo projetado para grandes empresas, como a transmissão e televisão por cabo são hoje. Telefones celulares, que permanecem um sistema muito fechado, por exemplo, poderiam tornar-se uma nova plataforma para a inovação tecnológica descentralizada, ou nunca poderiam se tornar abertos do modo como a Internet tem sido. Concepção tecnológica, com a ajuda da propriedade intelectual e do direito de telecomunicações, pode fomentar arquiteturas e padrões exclusivos relativamente fechados ou relativamente abertos, facilmente adotáveis61[62]. 'A Internet pode se tornar um especial sistema de transferência de dados, como televisão a cabo ou serviço de telefonia tradicional, ou pode continuar a ser um sistema geral para movimentar informações que permitem diferentes modelos de negócios e experimências com novos serviços e aplicativos. Essas decisões têm consequências reais para o sistema da liberdade de expressão. Valores da liberdade de expressão dependem cada vez mais de políticas que promovam a inovação e mantenham empresas incumbidas de bloquear novas ideias, serviços e aplicativos. Eles dependem de decisões regulatórias que mantenham a Internet aberta, seja por limitação de responsabilidade (como no caso da seção 230) ou por desanimador comportamento anticompetitivo (como no caso das regras de neutralidade de rede).

[62] JONATHAN ZITTRAIN, THE FUTURE OF THE INTERNET (AND How To STOP IT) (2008) (enfatizando a importância de "generatividade" em arquiteturas e aplicações da Internet); LAWRENCE LESSIG, supra note 13, p. 120-21 (discutindo sobre as arquiteturas abertas que promovem a inovação); cf Laura DeNardis & Eric Tam, Open Documents and Democracy: A Political Basis for Open Document Standards 4-5, 25 (Nov. 1, 2007) (manuscrito não publicado, em arquivo com Yale Information Society Project), disponível em http://www.ifap.rulibrary/book255.pdf (acessível em 15/1/ 2009) (argumentando que os padrões tecnológicos abertos promovem valores democráticos).

Um número crescente de questões e controvérsias que impactarão mais seriamente os valores da liberdade de expressão, imagino, serão questões técnicas e regulatórias como essas, no lugar de questões jurisprudenciais acerca da Primeira Emenda. Isso porque os tribunais não estão institucionalmente bem situados para abordar essas questões por meio do direito constitucional. Embora os tribunais sejam chamados para interpretar os estatutos e regulamentos administrativos, eles não podem projetar-se tecnologicamente ou determinar que isso seja feito de uma ou outra maneira particular.

Isso não significa que o litígio constitucional nessas áreas cessará. Mas muitas vezes ele terá uma finalidade diferente. Provedores de rede, emissoras e as empresas de serviços a cabo vão, como eles fizeram no passado, invocar argumentos da Primeira Emenda para resistir à regulamentação governamental e para proteger modelos de negócio estabelecidos. Desafios da Primeira Emenda para as regras de concentração de mídia são um exemplo. Ou considerar o argumento observado anteriormente de que as regras de neutralidade de rede, longe de serem exigidas pela liberdade de expressão, na verdade, violam a Primeira Emenda, porque interferem no controle dos provedores sobre a sua tecnologia de comunicações. Isso tornaria a doutrina constitucional em concepção de rede um caminho inútil e inflexível. Se os tribunais interpretam mal a Primeira Emenda dessa forma, eles não vão promover os valores da liberdade de expressão; eles vão, sim, criar obstáculos à sua realização.[63]

Valores da liberdade de expressão, penso, fundir-se-ão cada vez mais a um conjunto maior de considerações sobre a melhor forma de produzir conhecimento e promover a inovação em serviços e tecnologias da informação. Eventualmente chegaremos a ver os valores da liberdade de expressão como parte de um conjunto maior de considerações que chamo de conhecimento e políticas de informação[64].

---

63 Balkin, Digital Speech, supra nota 22, p. 19-24 (explicando como as empresas de telecomunicações invocam regularmente a Primeira Emenda para combaterem a regulamentação de negócios); Jack M. Balkin, How Rights Change:Freedom of Speech in the Digita Era,26 SYDNEY L. REv. 5 (2004).

64 Balkin, *Media Access,* supra nota 15, p. **933.**

Na verdade, nós eventualmente veremos o estabelecido na Primeira Emenda - como os juízes o fizeram no século XX - como um subconjunto importante da política de conhecimento e informação. Doutrinas de liberdade de expressão são certamente um método para promover o crescimento do conhecimento na sociedade e liberdades individuais em um mundo cada vez mais dominado pela tecnologia da informação. Mas não são os únicos meios, e em alguns aspectos, eles são realmente muito limitados. Quais são os objetivos do conhecimento e da política de informação? Eles incluem:

- Promoção da produção e difusão de valiosa informação;
- Desenvolvimento de uma esfera pública participativa e saudável de conhecimento e de opinião;
- Garantia de que a produção de conhecimento e formação de opinião vêm de um conjunto amplo, diverso e antagônico de fontes;
- Incentivo à participação generalizada na produção de conhecimento e divulgação;
- Desenvolvimento de capacidades humanas assegurando-se amplo acesso ao conhecimento e tecnologia da informação;
- Proteção e promoção de instituições dedicadas ao conhecimento, produção e formação de opinião; e
- Promoção da inovação no conhecimento e na produção de informação e divulgação.

Embora tenha estabelecido esses objetivos abstratamente, é fácil ver como eles cruzam com as considerações jurisprudenciais acerca da Primeira Emenda; mas também podemos ir mais além. Para dar apenas um exemplo, a lei de propriedade intelectual está profundamente preocupada com a criação de incentivos para a produção de conhecimento e divulgação, mas não é a mesma coisa do disposto na Primeira Emenda. Da mesma forma, o objetivo de promover a inovação na produção de conhecimento e tecnologia da informação se sobrepõe, mas não é idêntico, ao valores de liberdade de expressão.

Na era digital, a proteção judicial dos direitos da Primeira Emenda se manterá ainda muito importante; mas se eu estiver correto sobre a trajetória de debates políticos futuros, nossa atenção vai se transferir para as questões de projetos – de tecnologia e de instituições - que estão muito além da competência judicial. Os protagonistas na garantia dos valores da liberdade de expressão na era digital serão legisladores, órgãos administrativos e tecnólogos.

De fato, podem-se resumir muitos aspectos do conhecimento e da política de informação na concessão originalmente feita por nossa Constituição de poder ao Congresso para "promover o progresso da ciência e das artes úteis"[65]." (Em 1787 a palavra "ciência" se referia a qualquer corpo organizado de conhecimento ou de aprendizagem, incluindo o estudo de clássicos ou literatura, e as "artes úteis" correspondia mais de perto ao que chamaríamos de engenharia ou tecnologia.)[66]. É também interessante notar que a Constituição confere esse poder para promover o progresso não ao Judiciário, mas ao Poder Legislativo. Para ser mais exato, a Cláusula de Progresso especifica uma forma de atingir essas metas - de criação de propriedade intelectual - mas há um pouco de dúvida hoje em dia sobre se o Congresso pode incentivar o crescimento e a disseminação do conhecimento através de outros meios, tais como subsídios para a pesquisa científica, apoio educacional, subvenções postais e a criação de bibliotecas.

Nos dias de hoje, devemos ler a Cláusula de Progresso em conjunto com a Primeira Emenda; juntas elas estabelecem um conjunto interligado de objetivos e valores: para proteger o desenvolvimento de conhecimento e opinião por meio da garantia da liberdade de expressão, de imprensa, petição e reunião, e através de políticas destinadas a promover o crescimento do - e acesso ao - conhecimento. As duas cláusulas vêm do século XVIII. Mas sua combinação faz cada vez mais sentido no século XXI.

---

[65] **U.S. CONST.** art. I, § 8, cl. 8.

[66] Veja Edward **C.** Walterscheid, *To Promote the Progressof Science and Useful Arts: The Background and Origin of the Intellectual Property Clause of the United States Constitution,* 2 J. INTELL. PROP. L. 1,51-53 (1994).

13

LIBERDADE DE INFORMAÇÃO E PRIVACIDADE COMO LIBERDADE

Luiz Costa[1]

INTRODUÇÃO

As Tecnologias da Informação (TI) têm características certamente remarcáveis, mas se elas podem trazer benefícios como a automatização de tarefas, elas amplificam ao mesmo tempo os riscos para as liberdades individuais. No que diz respeito à dupla Liberdade de Informação (LI) – Privacidade, esses riscos decorrem de uma tensão entre, de um lado, o desejo cada vez maior de ter acesso a dados e, de outro, o anseio pela preservação da vida privada. Esse artigo[2] tem o propósito de analisar os fundamentos, conflitos e acordos entre LI e proteção da Privacidade. O ponto-de-vista no qual nos colocamos vê não só a LI mas também a Privacidade como liberdade fundamental.

O uso progressivo das TI nos últimos anos mudou significativamente a sociedade. Há 50 anos a gestão e proteção de arquivos dos Estados e empresas feitos em papel era simples. O surgimento da In-

---

1 Mestre em Direito da Internet pela *Université Paris 1 Panthéon-Sorbonne* e Procurador da República (luiz-costa@prsp.mpf.gov.br).

2 Eu agradeço a Inês Virgínia Prado Soares pela revisão atenta e generosa deste artigo.

ternet, o uso de e-mail, a criação de grandes bases de dados públicas e privadas, o desenvolvimento do comércio eletrônico, a criação de redes sociais e a evolução da infra-estrutura da Internet móvel são apenas alguns exemplos de mudanças recentes. A quantidade de informação produzida aumenta em escala significativa. De acordo com uma empresa de pesquisa em marketing, a quantidade de informação criada e replicada a cada ano deve crescer de 1 zetabyte em 2009 até 35 zetabytes em 2020 (The Economist 2011).

O crescimento do uso das TI e do tratamento de dados é uma das características essenciais da economia da informação. Nesse quadro, os dados são a matéria a partir da qual a sociedade produz novos bens e valores. Além disso, o Estado utiliza cada vez mais as ferramentas que a Indústria cria no exercício da atividade econômica; em razão disso muitas vezes Estado e Indústria estão em simbiose explorando os respectivos interesses sem necessariamente estarem atentos às necessidades – e direitos – dos cidadãos. É nesse contexto que nós destacaremos adiante a importância da LI e da Privacidade na promoção da autonomia e dignidade humanas.

Na primeira parte desse artigo nós abordaremos as bases comuns entre LI e Privacidade para em seguida tratar das maneiras como cada uma delas é tutelada juridicamente (segunda e terceira partes). Finalmente nós analisaremos algumas situações de conflito (terceira parte) e de conciliação (quarta parte) entre essas duas liberdades.

I. AS BASES COMUNS

LI é um conceito tradicionalmente ligado ao acesso a documentos públicos (i.e., geridos pelo Estado) e ela interage com o conceito de Privacidade, originalmente ligado à proteção da seclusão (ou o direito de estar só) e mais recentemente com a proteção da vida privada sob o aspecto relacional como veremos adiante.

LI é também um conceito especialmente ligado ao período pós-2ª Guerra Mundial (Relyea 1980, 138). Além disso, o acesso a documentos secretos mantidos pelo Estado afeta diretamente a imprensa; por isso a LI é ligada habitualmente com a liberdade de imprensa. Nos Estados Unidos, a discussão em torno do acesso a documentos públicos resultou na edição do *Freedom of Information Act* (FOIA) em 1966. As expectativas dos autores do FOIA eram restritas ao fato de registros oficiais se tornarem públicos ou não (Relyea 1980, 143). A leis de proteção da Privacidade também surgiram após a 2ª Guerra. Nós podemos mencionar os exemplos da legislação anglo-saxã e européia de proteção da Privacidade, que foram promulgadas ao longo da década de 70 ou ainda o *Privacy Act* norte-americano de 1974, que estabeleceu os limites ao tratamento dados que o Estado pode fazer (que dados coletar, como fazer o intercâmbio desses dados e como o cidadão pode ter acesso a eles, por exemplo) (Relyea 1980, 148).

A interpretação da amplitude do acesso à informação pública é influenciada pela concepção filosófica de Estado. Alguém que veja o Estado como uma entidade destinada a servir os cidadãos e também como uma entidade que pode ser alterada ou dissolvida caso contrarie o interesse desses cidadãos diria que o acesso à informação pública tem uma presunção de abertura e que o Estado deve justificar suas decisões de negar acesso a esta informação. Alguém que considere o Estado como uma entidade que se torna onipotente depois de criada pelos cidadãos diria que o Estado deve definir qual informação o público pode ter acesso (Relyea 1980, 144-145).

Esse pano de fundo filosófico também envolve a maneira pelo qual o conceito de Privacidade é vivido em sociedade. Dois indicadores disso são a extensão do tratamento de dados e o maior ou menor rigor no acesso a essas informações pelo Estado (por exemplo, em que condições o Estado tem acesso a dados bancários das pessoas[3]) e pelos cidadãos (por exemplo, como se dá o acesso, pelo cidadão, às informações que o Estado detém a seu respeito).

Entre nós, LI e Privacidade têm em comum não apenas a história legislativa mas também valores normativos e funções. A LI é a base de direitos que fornece ao cidadão informações essenciais para a tomada de decisões como consumidor, contribuinte, eleitor, etc. e a Privacidade assegura o controle da dimensão digital da sua personalidade implica, por exemplo, que deve ser assegurado ao cidadão o controle das suas informações. Ambas, LI e Privacidade, se inspiram na

3 Para um análise da jurisprudência do Supremo Tribunal Federal sobre o tem ver Sampaio, 2011.

autodeterminação e liberdade, valores que se traduzem na capacidade de a pessoa criar o seu destino. Ambas têm a função de promover a autonomia e a dignidade, que implicam que o ser humano seja tratado como um fim e não como um meio. Isso parece evidente com relação à LI, que é um dos desdobramentos da liberdade de imprensa, cujos primórdios datam do século XVIII.

Mas esses valores normativos e funções inspiram também a proteção da Privacidade. Aqui nós nos alinhamos a uma corrente de pensamento que vê a Privacidade como um instrumento de promoção da autonomia do indivíduo (Rouvroy 2008) e, nessa linha, colocamos os fundamentos de uma reflexão em torno da Privacidade como Liberdade (Sudre 2005). A Privacidade é, desse ponto de vista "a liberdade individual por excelência, ela se situa nos confins de todas as liberdades públicas e de todos os direitos civis, mas ela é também um sinal de desigualdade, um dos desafios do direito contemporâneo sendo o de converter um privilégio aristocrático no controle de si mesmo acessível a todos" (Rigaux 1990, 9). Como liberdade, a Privacidade tem um caráter duplo, ao mesmo tempo individual e coletivo: individual porque ela se liga ao caráter único de cada pessoa e coletivo porque ela se constitui por meio das relações entre os seres humanos. Nesse sentido, a proteção da Privacidade e dos dados pessoais é um instrumento a serviço da autodeterminação e da cooperação social (Poullet and Rouvroy 2007, 75-76).

É nesse sentido que a Privacidade ganha um sentido relacional: mais do que assegurar o direito ao isolamento, ela é um meio influente de promover o desenvolvimento da pessoa. Para mencionar apenas um exemplo, a Privacidade protege os diversos papéis que as pessoas interpretam em suas vidas: mães e pais, trabalhadores, vizinhos, amigos, etc. O fato de serem públicas muitas das atividades que realizamos no exercício desses papéis (ir à escola, ao trabalho, participar de uma passeata) não autoriza concluir que uma terceira pessoa possa reunir as informações relativas a contextos diferentes para construir um perfil total de alguém. Nesse cenário a Privacidade é uma Liberdade que se exerce em público.

LI e Privacidade são ambas liberdades fundamentais. A primeira se exerce notadamente face ao Estado e viabiliza a circulação da informação, a segunda se exerce face ao Estado e ao setor privado e se efetiva por meio da proteção de dados pessoais. As duas, porém, têm em comum o fato de serem salvaguardas do cidadão. É sob esse prisma que trataremos dos regimes particulares assim como das zonas de conflito e de conciliação da LI e da Privacidade nas partes seguintes desse artigo.

II. PROTEGENDO A LIBERDADE DE INFORMAÇÃO

Se as legislações compreensivas sobre LI são relativamente recentes, sua proteção vem de longa data. LI e o desenvolvimento da tecnologia caminham juntos, como mostra um olhar sobre os primórdios da legislação sueca. "A primeira lei sueca de liberdade de informação de 1766 foi um elemento da primeira lei sobre liberdade de imprensa da época. Liberdade de informação havia se tornado um tema político na Suécia do século XVIII quando uma facção do Parlamento, recém-eleita após trinta anos de oposição percebeu o potencial da imprensa escrita para a promoção de sua causa política. Até então mesmo os processos legislativos – e portanto o mero registro das atividades do Parlamento – haviam sido mantidos em segredo, através do acesso e da liberdade de imprensa, agora eles poderiam promover suas idéias políticas sobre mudança" (Buckert 2007, 126).

Essa evolução concomitante da LI com a tecnologia é seguida pela evolução da norma jurídica. Como mencionamos anteriormente, o conceito de LI é tradicionalmente ligado ao acesso a documentos públicos, que se efetiva juridicamente por meio do direito de acesso à informação. Esse direito está intimamente ligado à democracia pois possibilita que os cidadãos sejam informados sobre as atividades públicas e possam dela participar. O direito de acesso à informação é também um instrumento importante na luta contra abusos e corrupção e para promover os direitos econômicos e sociais (Banisar 2011, 5). De uma maneira geral, ele implica que uma pessoa natural ou jurídica tenha acesso a dados mantidos pelo Estado sem ter de demonstrar interesse jurídico (Buckert 2007, 125). Ainda, o direito de acesso à informação implica, para o Estado, o dever de prover a informação. Exceções são previstas para a proteção da segurança nacional e relações internacionais, Privacidade, sigilo comercial, ordem pública, entre outras.

A legislação sobre LI vem se tornando cada vez mais comum; e atualmente mais de 90 países têm leis de acesso à informação pública (Banisar 2011, 3). A experiência legislativa internacional indica os elementos que devem constar de uma lei de LI: o acesso ao público em geral deve ser a regra e as exceções devem ser claramente definidas e interpretadas de maneira restritiva; uma definição clara da interação com a legislação de proteção da Privacidade deve existir; prazos claros e razoáveis devem ser estabelecidos para a resposta aos pedidos de informação; deveres de informação ativa para os detentores dos dados devem ser estabelecidos; a definição técnica do objeto da informação deve ser ampla e os meios de acesso devem ser facilitados pela tecnologia o máximo possível; caso parte da informação seja excluída do acesso o remanescente deve ser acessível; o requerente da informação deve pode escolher o formato em que irá recebê-la; os custos de acesso devem refletir os custos operacionais, a recusa ao acesso deve ser justificada e submetida a revisão judicial; por fim, deve haver um controle das práticas de divulgação (Buckert 2007, 133-134).

No Brasil, o direito de acesso a documentos públicos é previsto no Artigo 5°, XXXIII da Constituição Federal (CF), que assegura à pessoa o direito de receber dos órgãos públicos informações de seu interesse particular, ou de interesse coletivo ou geral, que deverão ser prestadas no prazo da lei sob pena de responsabilidade. A CF excepciona, contudo, o acesso a informações cujo sigilo seja imprescindível à segurança da sociedade e do Estado. A Lei 12.527, de 18 de novembro de 2011 regulamenta esse direito. Os graus de sigilo são fixados em lei e uma Comissão foi criada para decidir sobre o tratamento e classificação de informações sigilosas (Artigos 24 e 35). O §1° do Artigo 24 prevê prazos de sigilo de 5 a 25 anos para documentos imprescindíveis à segurança da sociedade e do Estado e o Artigo 31, §1°, I, prevê o prazo de 100 anos para documentos sigilosos em razão da proteção da intimidade, vida privada, honra e imagem das pessoas.

A essa altura, nós podemos identificar dois valores que interagem com a LI: a Privacidade e a Segurança da sociedade e do Estado. A interação com a Privacidade será abordada na parte III. A interação com a Segurança da sociedade e do Estado envolve o conceito de segredo de Estado, que autoriza a restrição do acesso aos registros públicos. Para citar apenas um exemplo, no caso *Wikileaks* houve a divulgação de dados considerados como segredo de Estado dos EUA, com desrespeito às regras vigentes no país. Sob o FOIA, o conhecimento público de informações de Estado é excepcionada se especificamente autorizada por ato do Executivo para manter em segredo informação de interesse da defesa nacional ou política estrangeira e adequadamente restrita.

III. PROTEGENDO A PRIVACIDADE

A proteção da Privacidade é parte integrante dos Direitos Humanos; sua proteção é assegurada pela Constituição Federal (CF)[4] e numerosos instrumentos internacionais[5]. Em sua origem o direito à Privacidade correspondia à proibição de ingerência na vida privada dos cidadãos. Nós podemos mencionar o Artigo 5°, X, da CF, que dispõe serem *invioláveis* a intimidade, a vida privada a honra e a imagem, assim como o Artigo 5°, XI, que veda o ingresso na casa do cidadão sem o seu consentimento salvo os casos de atendimento de ordem judicial durante o dia, flagrante delito, desastre ou para prestar socorro. Esta concepção dita negativa corresponde ao direito de ser deixado só (*right to be let alone*). Contudo, novos desafios jurídicos se põem para a defesa da Privacidade, cuja proteção se expandiu nos últimos anos e compreende, de acordo com a Corte Européia dos Direitos Humanos, o direito de criar e desenvolver relações (Ryssdal et al. 1992), a proteção do meio ambiente (Ryssdal et al. 1994), o direito ao desenvolvimento pessoal (Pellonpää et al. 2002), entre outros[6]. Além disso, como vimos, a Privacidade é também relacional: ela não só assegura o direito de ser deixado só mas também é um meio de promover o desenvolvimento da pessoa.

---

4 Constituição Federal, Artigo 5°, XI.

5 Entre eles o Artigo 12 da Declaração Universal dos Direitos Humanos, o Artigo 13 do Pacto de Nova Iorque e o Artigo 11 da Convenção Americana de Direitos Humanos.

6 Nós podemos também mencionar a célebre decisão do Tribunal Constitucional Federal Alemão sobre o censo de 1983, que afirma que a Privacidade compreende o direito à autodeterminação informacional, que é o controle que o indivíduo tem sobre a divulgação de suas informações pessoais. BVerfGE 65, 1 – Volkszählung.

E o que o tratamento de dados tem a ver com a Privacidade? A Privacidade é um meio de proteção da vida familiar, da vida social, dos dados financeiros, dos dados de saúde, das informações relativas ao orientação política, religiosa, sexual, etc. Isso implica que todo dado ligado à vida privada é também protegido pela Privacidade e o acesso a esses dados só pode ser feito pelo seu titular em regra. Se essa proteção jurídica já existia antes do advento das novas tecnologias, a sua eficácia é colocada em tensão com esse advento. Escrever uma mensagem ou falar com alguém, fazer compras, movimentar a conta bancária, encontrar com amigos, participar de uma reunião profissional, religiosa ou ativista, ter acesso ao resultado de exames de saúde são atividades que antes se faziam no papel ou "ao vivo", todas elas podem hoje ser feitas por meio de um terminal com conexão à Internet. Se antes essas relações eram feitas diretamente entre as pessoas interessadas, hoje elas implicam a participação de inúmeros intermediários (provedores de acesso à Internet, provedores de e-mail, fabricantes de *software*, empresas de *marketing*, etc.) e com o uso de diversos terminais e tecnologias (servidores, computadores de uso pessoal e portáteis, *smartphones*, computação em nuvem, etc.). Isso representa uma mudança fundamental na maneira como circula a informação que muitas vezes estava sob o controle apenas da pessoa interessada.

Os sistemas de informação contribuem sensivelmente para o desenvolvimento da pessoa; mas ao mesmo tempo põem riscos para as liberdades individuais. O uso das novas tecnologias pelo Estado e pelas empresas cresceu sensivelmente nos últimos anos. Os sistemas de informação têm cada vez mais capacidade e tratam cada vez mais rápido grandes volumes de informação[7]. Os riscos ligados ao uso das TI dizem respeito, à assimetria de poder entre os que tratam os dados e os cidadãos (por exemplo, qual a margem efetiva de negociação que uma pessoa tem sobre os termos de serviço de seu provedor de *e-mail*?), a de-contextualização da informação (com que fim são usadas as palavras digitadas por alguém em um motor de busca?), o funcionamento

[7] Nós mencionamos o exemplo da Lei de Moore, segundo a qual o número de transistores que pode ser colocado em um circuito integrado dobra a cada 2 anos aproximadamente. Isso significa que memória e capacidade de tratamento de dados aumentam de modo acelerado.

obscuro de alguns terminais e infraestruturas (e.g., cookies e identificação por radiofrequência), o reducionismo do ser humano a perfis criados sobre ele (comprador compulsivo, pessoa com poucos amigos na rede social, etc.) e a obliteração da fronteira entre o público e o privado (mesmo estando em casa alguém pode ser localizado pela sua operadora de telefone celular, ou pelo fabricante dele, ter seus hábitos de compras e de relações sociais traçados, etc.) (Poullet and Rouvroy 2007). A vigilância, o *profiling* e o monitoramento de deslocamentos[8] são exemplos de aplicações das TI que podem ser usadas com prejuízo de liberdades fundamentais[9].

Os riscos que o uso das TI trazem para a Privacidade não são recentes. A preocupação a respeito desses riscos era sensível já na década de setenta, época em que foram criados os princípios de uso leal de dados (*Fair Information Practices*) nos Estados Unidos e promulgadas as primeiras leis européias sobre a proteção de dados (por exemplo a Lei alemã de 1977 e a Lei francesa de 1978). No decorrer dos últimos anos a prática americana e a legislação européia desenvolveram os princípios de proteção dos dados, que são uma resposta normativa aos problemas relacionados à proteção da Privacidade. Alguns exemplos são o princípio da coleta limitada, da qualidade dos dados (os dados pessoais devem ser relevantes para

8 Os riscos para a Privacidade evoluem com a evolução da tecnologia. Nós podemos mencionar o exemplo do tratamento de dados relativos ao deslocamento, que é facilitado com o desenvolvimento dos telefones celulares; recentemente descobriu-se que um smartphone grava as informações dos lugares em que seu portador esteve sem que este saiba (Arthur 2011).

9 Como acontece no âmbito do consumidor, as violações que ocorrem no âmbito da proteção da Privacidade e da proteção de dados atingem um grande número de vítimas, essas violações são autênticos mass exposure torts. Por exemplo, o vazamento de dados da American Online (AOL) em 2006 incluiu a divulgação de 20 milhões de buscas feitas por 650.000 clientes da AOL. De maneira semelhante, quando Facebook decidiu mudar seus termos de compromisso para afirmar a propriedade sobre todo conteúdo produzido em seu site, eram 175 milhões os seus usuários (hoje são mais de 500 milhões). Fontes: http://techcrunch.com/2006/08/06/aol-proudly-releases-massive-amounts-of-user-search-data, 6 de abril de 2011, http://edition.cnn.com/2009/TECH/02/17/facebook.terms.service, 24 de agosto de 2011 and www.facebook.com/press/info.php?timeline, 6 de abril de 2011.

os propósitos para o qual são coletados), da finalidade (a finalidade para a qual a coleta é feita deve ser conhecida ao tempo em que a coleta é feita) e do consentimento (a autorização da pessoa é essencial para o tratamento de dados).

No Brasil, não há legislação que trate a proteção de dados de maneira compreensiva. Apesar disso, a Constituição Federal (CF) estabelece a proteção desses valores; há também leis tratam de alguns aspectos desses temas. Com efeito, a CF garante a inviolabilidade de intimidade, da vida privada, da honra e da imagem das pessoas (Artigo 5°, XI) e assegura do sigilo das comunicações (Artigo 5°, XII); o Código Civil (CC) prevê (i) a intransmissibilidade e a irrenunciabilidade dos direitos da personalidade e a possibilidade de fazer cessar ou indenizar a ameaça ou lesão a esses direitos em geral (Artigos 11 e 12) e à honra, boa fama e respeitabilidade em especial (Artigo 20) e (ii) a inviolabilidade da vida privada da pessoa natural (Artigo 21) e o Código de Defesa do Consumidor (CDC) prevê que o consumidor tem direito de acesso às informações – e suas fontes – existentes em cadastros, fichas, registros e dados pessoais e de consumo arquivados sobre ele. Os cadastros de dados devem ser objetivos e claros, verdadeiros e em linguagem de fácil compreensão e não podem conter informações negativas por mais de 5 anos. O CDC prevê também que a abertura de cadastro, ficha, registro e dados pessoais de consumo deverá ser comunicada ao consumidor e, por fim, estabelece a possibilidade de retificação de informações incorretas (Artigo 43, *caput* e parágrafos).

Para além de uma discussão em torno de princípios legais de proteção de dados, as violações à Privacidade que ocorrem no contexto do tratamento de dados põe em xeque questões fundamentais como a autonomia da pessoa ou a proteção da dignidade humana. Em 2009 a empresa *Facebook* mudou unilateralmente os seus termos de serviço para afirmar que todo o material carregado por seus usuários (informações, fotos e vídeos) seria de propriedade da empresa, ainda que suprimidos pelos usuários[10]. Esses dados se referem à vida pessoal, profissional, amorosa, às relações de amizade, fotos de viagens, de

---

[10] http://edition.cnn.com/2009/TECH/02/17/facebook.terms.service, 24 de agosto de 2011.

festas, etc. e, da noite para o dia, um prestador de serviço decidiu se apropriar de bens da personalidade. À pessoa cabe o direito de decidir o destino que pretende dar à memória da sua vida pessoal, a ela pertence o atributo de decidir que fim dar a esses dados que são desdobramentos da sua personalidade. Um outro exemplo é o uso ostensivo de câmeras de vídeo-vigilância. Recentemente o Tribunal Superior do Trabalho (TST) condenou a Guarda Municipal de Americana ao pagamento de indenização por dano moral em razão da instalação de câmera de vídeo em banheiro masculino. Se o palco da discussão jurídica começa na Privacidade ele certamente se estende para a proteção da dignidade humana, que veda o tratamento degradante.

III. LIBERDADE DE INFORMAÇÃO VERSUS PRIVACIDADE

Nesta parte nós trataremos da importância do acesso a registros públicos em face dos imperativos de proteção da Privacidade e analisaremos algumas situações de conflito em que esses valores precisam ser ponderados (III.1). Em seguida indicaremos alguns parâmetros para a tomada de decisão diante desses conflitos (III.2).

III.1. Quando o acesso à informação entra em conflito com a proteção dos dados pessoais...

Como vimos anteriormente, o conceito de LI é ligado ao acesso a registros públicos. Durante anos o Estado acumulou informações sobre os cidadãos, como as relativas ao nascimento, descrição física, vida familiar, residência, dados financeiros, emprego, histórico criminal entre outras. As novas tecnologias da informação, em especial a Internet, trouxeram uma mudança profunda no que concerne ao acesso a essas informações. Se antes achar informação sobre alguém era custoso e demandava deslocamento aos locais onde se encontravam as bases de dados, hoje a busca é muitas vezes gratuita e pode ser feita a partir de qualquer lugar. Além disso, são diversos os pedidos de acesso a esse grande volume de informações acumuladas pelo Estado: jornalistas, ONGs, indivíduos, empresas interessadas em fazer marketing e pesquisadores (Banisar 2011, 12). No Brasil, um exemplo de instrumento de acesso à informação pública via Internet são as "páginas da transparência pública", que padronizam as informações a serem prestadas pelos órgãos da administração federal aos cidadãos.

Se a LI é uma liberdade autônoma, é certo que ela é também um instrumento para o exercício de outros direitos e seus benefícios são muitos. Nós podemos mencionar os exemplos das bases de dados relativas ao pagamento de benefícios sociais, cujo acesso tem exercido um papel importante na luta contra a corrupção (Banisar 2011, 14), ou ainda o acesso ao registro de pessoas que têm relação financeira com o Estado e o de informações relativas a subsídios políticos, ambos importantes para o desenvolvimento econômico. Ademais, em julgado que envolve a divulgação de um vídeo alterado com o fim de fazer crítica a um candidato ao Senado Federal, o Supremo Tribunal Federal (STF) afirmou que "a crítica jornalística, assim como aquela de índole humorística ou artística (em sentido amplo), veiculadas pelos diversos meios de comunicação de massa (incluída a internet), estão amplamente abarcadas e protegidas pelo direito fundamental à liberdade de informação" (Mendes 2010).

O acesso a bases de dados públicas tem se tornado por vezes controversa em razão de preocupações com seu uso comercial e de proteção da pessoa por exemplo. A questão que se põe aqui é a de definir quando o acesso entra em conflito com a proteção da Privacidade. O serviço público detém informações relativas às pessoas e sua vida privada (dados pessoais) assim como dados de interesse público. Dados pessoais detidos pelo Estado continuam a ser dados pessoais (Szekely 2009, 297) e isso implica que o tratamento de dados feito pelo Estado deve respeitar essa distinção. Se a distinção é razoavelmente clara em teoria, na prática algumas dificuldades são postas[11] e, nesse contexto, o exemplo do acesso a informações pessoais de servidores públicos é significativo.

Em razão de legislação específica, informações de caráter pessoal dos servidores são de acesso público e o conceito de função pública é um divisor a ser considerado na distinção entre dados privados com

---

[11] Dentre essas dificuldades podemos mencionar que o Estado por vezes pretende esconder sob o manto da Privacidade o desejo de manter secreta uma informação. Na Argentina, por exemplo, o Governo argumentou que a divulgação de gastos públicos com publicidade violaria a proteção de dados pessoais (Clarín 2010).

e sem acesso público. Contudo, em geral não há clareza sobre que tipo de informações pessoais podem se tornar públicas (por exemplo, informação sobre performance no trabalho, salários, registros criminais). Há, contudo, um certo consenso que o acesso à informação sobre agentes políticos eleitos é menos restrito (Banisar 2011, 13). Que critérios utilizar para decidir sobre a legitimidade do acesso? A jurisprudência do Tribunal dos Direitos da Informação no Reino Unido apresenta parâmetros a serem considerados para classificar uma informação como pública ou privada: se a informação se relaciona de maneira peculiar ao trabalho ou à vida privada, se a informação é relativa ao exercício de uma função pública ou ao gasto público, a existência de interesse legítimo em divulgar a informação e a possibilidade de prejuízo à pessoa ou ao Estado caso a informação venha a ser divulgada (Turle 2007, 522).

Ainda, nós podemos mencionar o exemplo da divulgação do conteúdo de decisões judiciais, tendo em vista uma preocupação crescente com relação aos dados pessoais sensíveis constantes dessas decisões (informações financeiras e de saúde, por exemplo). Um outro exemplo concerne a abertura de arquivos políticos: como conciliar essa abertura com a proteção de informações de natureza pessoal? Democracia e controle do poder do Estado caminham juntos. No que diz respeito à LI e à proteção da Privacidade, a abertura própria da democracia se traduz na demanda por maior transparência dos dados de Estado assim como no rigor do controle do tratamento de dados pessoais feito pelo Estado (Szekely 2009, 303). Trata-se de imperativos cujas aplicações na prática podem ser contraditórias; nós trataremos em seguida de aspectos normativos que afetam a decisão de conflitos e abordaremos o princípio de ponderação como técnica de solução desses conflitos.

III.2. ...Que pistas seguir?

III.2.1. Aspectos normativos

LI e Privacidade têm origens históricas comuns (Szekely 2009, 304-307) e essa correlação entre os temas por vezes se desdobra na adoção de legislações que os tratam no mesmo diploma legal[12]. Outros países optaram por organizar esses temas em leis diferentes e criaram autoridades de controle autônomas[13].

Ter leis distintas para LI e Privacidade deve implicar uma atenção especial a situações de possível conflito. Por exemplo, um conceito comum sobre o que é dado pessoal é fundamental; as hipóteses de exceção à LI sob argumento de proteção da Privacidade devem ser harmoniosas com a proteção de dados sensíveis; também, é preciso definir qual autoridade será responsável pelo balanço entre LI e Privacidade, etc. (Banisar 2011, 18-19). Ainda, a definição de dado pessoal tende a ser mais ampla nas leis de proteção de dados, o que demandaria uma harmonização com as leis de LI. Uma vantagem de ser ter duas autoridades distintas é a de criar campeões para cada um desses direitos. Duas desvantagens são o risco de criar desorganização e aumentar os custos (Banisar 2011, 24).

No que diz respeito a parâmetros legislativos de solução de conflitos entre LI e Privacidade, vale observar que o artigo 31 da Lei 12.527/11 prevê que as informações relacionadas à intimidade, vida privada, honra e imagem de pessoas só podem ser divulgadas em razão de previsão legal ou consentimento da pessoa a que se referirem. Contudo, a manifestação do consentimento será dispensada se as informações forem necessárias: à prevenção e diagnóstico médico, quando a pessoa estiver física ou legalmente incapaz, e para utilização única e exclusivamente para o tratamento médico; à realização de estatísticas e pesquisas científicas de evidente interesse público ou geral, previstos em lei, sendo vedada a identificação da pessoa a que as informações se referirem; ao cumprimento de ordem judicial; à defesa de direitos humanos e à proteção do interesse público e geral preponderante. Se as duas primeiras hipóteses – prevenção/ diagnóstico médico e estatísticas – estão bem delimitadas, as três seguintes pecam pela trivialidade e falta de critério. "Ordem judicial" é uma forma, não um critério de solução de conflito. Além disso, "direitos humanos" e "interesse público" evidentemente são valores a serem

---

12 Como o Canadá e a Hungria.

13 É o caso dos EUA e do modelo em discussão atualmente no Brasil.

protegidos, mas onde estão os critérios para orientar a solução de conflitos entre privacidade e outros direitos humanos, entre interesse público e privacidade? Enunciar valores não é suficiente; melhor faria o legislador em estabelecer princípios de solução de conflitos.

III.2.2. A ponderação entre LI e Privacidade

O método da ponderação é aplicado quando dois direitos igualmente protegidos por uma constituição entram em conflito. Esse método deixa ao intérprete um campo mais largo do que aquele fixado pelo legislador ao determinar uma proteção superior à um determinado direito (Rigaux 1990, 214).

Esse método não é um argumento para se afirmar que Privacidade é melhor que a LI ou que esta deve ser restringida. Também, ele também não implica uma relação de ganhos e perdas recíprocos (ou *tradeoff)*[14], segundo o qual o ganho com Privacidade justifica necessariamente perdas com liberdade ou vice-versa. Se abrir mão de um é perder o outro, como se sentir protegido sem liberdade? A ponderação entre LI e Privacidade é o esforço intelectual de dar o máximo de efetividade à LI **e** à Privacidade numa situação de conflito. Mas que critérios podem orientar essa tarefa?

A divulgação de informações de caráter pessoal supõe analisar o contexto, a natureza das informações e as consequências da divulgação. Uma pista é se questionar sobre a lealdade da divulgação: a divulgação causaria dano para a pessoa a qual ela se refere? Essa pessoa foi informada que seus dados seriam guardados em segredo? Os dados se referem à família da pessoa, suas finanças? (Information Commissioner's Office 2004, 4). A avaliação da lealdade do tratamento é outro fator importante a considerar na ponderação entre LI e Privacidade. A lealdade depende de fatores como as circunstâncias em que a informação foi coletada, qual a expectativa do uso da informação à época dessa coleta, a existência de consentimento da pessoa, etc (Banisar 2011, 20). Por fim, o interesse público é outro fator a ser levado em conta. O controle de gastos de agentes políticos eleitos, de

---

14 Sobre as críticas sobre a tese do balanço ver Vermeule, 2011.

gastos de fundos públicos e de programas públicos de financiamento são algumas das circunstâncias a serem consideradas na avaliação da legitimidade da divulgação de informação de caráter pessoal.

Recentemente a Corte de Justiça das Comunidades Européias (CJCE) invalidou dispositivos de regulamentos europeus que determinavam a publicação de uma lista dos nomes de beneficiários agrícolas e a indicação dos valores recebidos. Esses valores representam uma parcela significativa das receitas dessas pessoas e a CJCE afirmou que o fato de impor a publicação de dados pessoais dos beneficiários sem fazer nenhuma distinção de acordo com critérios pertinentes – como o período durante o qual foram recebidos os auxílios, a frequência ou ainda o tipo e a importância deles – implica ingerência na vida privada dos beneficiário (Skouris et al. 2011). Entre a ampla divulgação e o segredo absoluto, considerar o imperativo de LI e a proteção de dados pessoais *cum grano salis* é a tradução prática da aplicação do método de ponderação.

Por fim, refletir sobre a perspectiva a partir da qual se faz a ponderação entre LI e Privacidade é um elemento a ser levado em conta. Pensar na dicotomia entre vida pública e privada tende a favorecer interpretações de soma zero. Pensar que algumas circunstâncias fazem com que uma pessoa se mova numa escala em que a divulgação de informação privada é mais ou menos provável é um caminho a ser considerado (Turle 2007, 522). Um exemplo dessa perspectiva é tornar "a informação [...] acessível para alguns usos. Quando o governo divulga informação ele pode limitar como ele divulga essa informação evitando que ela seja coletada pelas empresas para fins comerciais, para vender para outras empresas ou para ser combinada com outras informações e ser vendida de volta para o governo..." (Solove, Rotenberg, and Schwartz 2006, 549).

IV. LIBERDADE DE INFORMAÇÃO E PRIVACIDADE JUNTAS NA PROTEÇÃO DOS CIDADÃOS

A visão segundo a qual LI e Privacidade seriam conceitos conflitantes e que se limitam entre eles é corrente. Essa visão contrapõe-se àquela segundo a qual esses dois conceitos servem ao mesmo propósito de proteger o cidadão contra o excesso de poder no tratamento de dados, que decorre da assimetria no acesso à informação (Szekely 2009, 294).

Se é certo que diante de algumas situações concretas os conceitos de LI e Privacidade não trabalham sempre juntos, é igualmente certo que eles não são conceitos inimigos (Szekely 2009, 314) (Turle 2007, 514). Com efeito, a idéia segundo a qual o Estado deve ser transparente e prestar contas fundamenta a LI. Essa idéia caminha junto com a concepção de que a autonomia do indivíduo deve ser preservada, que é o fundamento da proteção da Privacidade (Szekely 2009, 295). Na perspectiva que seguimos, LI e Privacidade são salvaguardas dos cidadãos e, sendo ambas liberdades, podem perfeitamente atuar juntas.

Um exemplo prático de como LI e Privacidade andam juntas é o uso dos pedidos de informação feitos ao Governo para que torne público o uso de novas tecnologias com risco para a Privacidade. Com base no FOIA, uma ONG norte-americana questiona o Governo norte-americano sobre o uso de interceptação telefônica sem justa causa, sobre a vigilância de redes sociais entre outros (Electronic Frontier Foundation). Ainda, alguém pode argumentar que a "a dialética da dicotomia privado público, entretanto, pode renovar de uma maneira inesperada os princípios da liberdade de informação: à medida em que a natureza transacional de nossas vidas aumenta, aumentará o desejo de os cidadãos como consumidores em obter as informações relevantes para suas decisões. Com o tempo, essas preferências do consumidor podem forçar o setor privado a se tornar mais transparente e a legislação de liberdade de informação deverá cobrir ao menos em parte o setor privado" (Buckert 2007, 139). Isso significa que o exercício do direito de obter informações pode beneficiar a proteção da vida privada e vice-versa, o que é um evidente círculo virtuoso entre duas liberdades.

Os dois exemplos acima nos mostram que um olhar inspirado dos valores éticos que fundamentam a proteção dos direitos fundamentais – em especial a promoção da autonomia e da dignidade humana – abre novas perspectivas para a proteção da LI e Privacidade.

CONCLUSÃO

LI e Privacidade caminham juntas. Nesse artigo nós esperamos ter apontado alguns pistas de como essas duas liberdades interagem. Fundamentadas numa história comum e materializadas por vezes em situações de conflito, elas têm um papel de libertar o cidadão que vive na Sociedade da Informação. E a evolução desse papel de emancipação passa por duas frentes.

A primeira frente diz respeito ao aperfeiçoamento da proteção jurídica de cada uma dessas liberdades, individualmente consideradas. O acesso à informação é direito fundamental e tem um status primordial na promoção da democracia na Sociedade da Informação. Promover a LI em favor da pessoa é um meio vigoroso de favorecer o desenvolvimento da autonomia. Se o acesso à informação tem contornos ainda restritos às bases de dados públicas, ele tem vocação a abranger o máximo de informação possível. Nesse sentido a LI é uma arma de emancipação da pessoa. Por sua vez a Privacidade é um tema que se liga intimamente à própria existência da Sociedade da Informação. Os dados pessoais são emanações da personalidade e a necessidade de aprimorar a sua proteção é ainda mais evidente porque os governos não são exatamente campeões na proteção da Privacidade (Westin 1967, 387) e no Brasil isso não é diferente[15] [16]. Pôr em ação os valores

---

15 Em julgamento de Recurso Extraordinário com repercussão geral reconhecida, o Supremo Tribunal Federal afastou a possibilidade de a Receita Federal ter acesso a dados bancários de contribuintes com base nos princípios da dignidade da pessoa humana, do sigilo das comunicações, da proteção da vida privada e do acesso ao Poder Judiciário. Observou-se ainda que a quebra do sigilo bancário não pode se converte em instrumento de devassa da vida financeira das pessoas em geral (Aurélio 2011). Contudo, em outra decisão recente, o Supremo Tribunal Federal autorizou a publicação de lista com a remuneração bruta mensal e os respectivos nomes e matrículas de servidores públicos. De acordo com o STF o princípio da publicidade administrativa e o direito à liberdade de informação fundamentariam o interesse coletivo na divulgação desses dados (Britto 2011).

16 O Anteprojeto de lei de proteção de dados em discussão atualmente é um exemplo da liberalidade excessiva com que se estabelece um regime mais frouxo em favor do setor público. Da forma como estão redigidas as exceções em favor do Estado, qualquer agente público poderá prescindir do consentimento do indivíduo para recolher e usar seus dados desde que esteja no exercício das suas

normativos da autonomia e da dignidade é um caminho para dar à pessoa meios eficazes de desenvolver e de compensar a sua posição desfavorável nas relações com o Estado e a Indústria.

A segunda frente diz respeito ao equilíbrio de forças entre transparência e Privacidade. Nesse âmbito um caminho é repensar a maneira como tradicionalmente se interpreta a Privacidade; "se abandonarmos a noção de que privacidade é um *status* exclusivo, e reconhecer que a informação em registros públicos pode permanecer privada mesmo se houver acesso limitado a ela, então um compromisso plausível para a tensão entre transparência e privacidade surge" (Solove, Rotenberg, and Schwartz 2006, 549). Ético e jurídico, esse compromisso é uma tradução da busca permanente pela liberdade.

BIBLIOGRAFIA

ARTHUR, C., 2011. iPhone keeps record of everywhere you go. *The Guardian*. Disponível em: www.guardian.co.uk/technology/2011/apr/20/iphone-tracking-prompts-privacy-fears [Visitado em 20 de agosto de 2011].

AURÉLIO, M., 2011. *G.V.A. Indústria e Comércio S/A contra União Federal*, Disponível em: www.stf.jus.br [Visitado em 21 de agosto de 2011].

BANISAR, D., 2011. The Right to Information and Privacy: Balancing Rights and Managing Conflicts. *SSRN eLibrary*, p.56.

BRITTO, A., 2011. *Município de São Paulo contra SINESP e SEAM*, Available at: www.stf.jus.br [Visitado em 30 de agosto de 2011].

BUCKERT, H., 2007. Freedom of Information and Electronic Government. In *Governance and Information Technology*. United States: The MIT Press, p. 314.

CLARÍN, 2010. Recurren a la Justicia para que el Gobierno dé sus gastos en publicidad. *Clarín*. Disponível em: http://edant.clarin.com/diario/2010/03/23/elpais/p-02165377.htm [Visitado em 21 de agosto de 2011].

atribuições e veja isso como necessário. Na verdade, as exceções ao controle individual na proteção de dados devem se limitar à proteção de bens constitucionais quando não houver qualquer outro meio alternativamente e sempre que a defesa desse valor para a sociedade corresponda ao afastamento desse direito fundamental. A avaliação desse afastamento deve ser veiculada por lei e não submeter-se a juízo discricionário de agente público.

CÔRTES, L., 2009. TST firma entendimento de que câmera de vídeo em banheiro masculino gera dano moral. Disponível em: http://ext02.tst.jus.br/pls/no01/NO_NOTICIASNOVO.Exibe_Noticia?p_cod_noticia=12754&p_cod_area_noticia=ASCS [Visitado em 24 de agosto de 2011].

EDITORIAL, 2011. Internet privacy: At every turn, our privacy is compromised by technology. Disponível em: www.guardian.co.uk/commentisfree/2011/may/01/observer-editorial-internet-privacy [Visitado em 1 de agosto de 2011].

ELECTRONIC FRONTIER FOUNDATION, FOIA Litigation for Accountable Government. Available at: https://www.eff.org/issues/foia [Visitado em 30 de agosto de 2011].

INFORMATION COMMISSIONER'S OFFICE, 2004. Freedom of Information Act Awareness Guidance No 1. Disponível em: www.ico.gov.uk/upload/documents/library/freedom_of_information/detailed_specialist_guides/awareness_guidance_1_-_personal_information.pdf [Visitado em 30 de agosto de 2011].

MENDES, G., 2010. *Google Brasil Internet Ltda contra Tribunal Regional Eleitoral de São Paulo*, Disponível em: www.stf.jus.br [Visitado em 30 de agosto de 2011].

PELLONPÄÄ, M. et al., 2002. *Pretty contra Reino Unido*,

POULLET, Y. & ROUVROY, A., 2007. *General Introductory Report*, Strasbourg: Council of Europe and UNESCO. Disponível em: http://portal.unesco.org/ci/en/files/27268/12145631033Intro_gen_rapporteur_Y-Poullet_en.pdf/Intro_gen_rapporteur_Y-Poullet_en.pdf [Visitado em 8 de julho de 2011].

RELYEA, H.C., 1980. Freedom of information, privacy, and official secrecy: The evolution of federal government information policy concepts. *Social Indicators Research*, 7 (1-4), pp.137-156.

RIGAUX, F., 1990. *La protection de la vie privée et des autres biens de la personnalité*, Bruxelles: Bruylant/L.G.D.J.

ROUVROY, A., 2008. Privacy, Data Protection, and the Unprecedented Challenges of Ambient Inteligence. *SSRN eLibrary*, p.54.

RYSSDAL, R. et al., 1994. *López Ostra contra Espanha*,

RYSSDAL, R. et al., 1992. *Niemietz contra Alemanha*,

SAMPAIO, J.A.L., 2011. A Suprema Inviolabilidade: a Intimidade Informática e o Sigilo Bancário. In *Direitos Fundamentais no Supremo Tribunal Federal Balanço e Crítica*. Lumen Juris, pp. 531-555.

SKOURIS, V. et al., 2011. *Volker e Markus Schecke GbR e Hartmut Eifer contra o Estado de Hessen*, Disponível em: http://curia.europa.eu [Visitado January 18, 2011].

SOLOVE, D.J., ROTENBERG, M. & SCHWARTZ, P.M., 2006. *Information Privacy Law* 2nd ed., United States: Aspen Publishers.

STRAHILEVITZ, L., 2010. Reunifying Privacy Law. *SSRN eLibrary*, p.33.

SUDRE, F., 2005. Rapport Introductif. La "construction" par le juge européen du droit au respect de la vie privée. In *Le droit au respect de la vie privée au sens de la Convention européenne des droits de l'homme*. Droit et Justice. Bruxelles: Bruylant, pp. 11-33.

SZEKELY, I., 2009. Freedom of Information Versus Privacy: Friends or Foes? In S. Gutwirth et al., eds. *Reinventing Data Protection?* Dordrecht: Springer Netherlands, pp. 293-316. Disponível em: www.springerlink.com/content/k2hg03434l1j78v6/ [Visitado June 27, 2011].

THE ECONOMIST, 2011. Companies and information: The leaky corporation. *The Economist*. Disponível em: www.economist.com/node/18226961 [Visitado June 28, 2011].

TURLE, M., 2007. Freedom of information and data protection law - A conflict or reconciliation? *Computer Law & Security Report*, 23 (6), pp.514-522.

VERMEULE, A., 2011. Security and Liberty: Critiques of the Tradeoff Thesis. *SSRN eLibrary*. Disponível em: http://papers.ssrn.com/sol3/papers.cfm?abstract_id=1888334 [Visitado Agosto 2, 2011].

WALL STREET JOURNAL, 2010. What They Know. Disponível em: http://online.wsj.com/public/page/what-they-know-digital-privacy.html [Visitado December 22, 2010].

WESTIN, A.F., 1967. *Privacy and Freedom*, New York: Atheneum.

14

IMAGEM E IMPRENSA NA SOCIEDADE EM REDE: CONEXÕES TEMÁTICAS NA BUSCA DE CRITÉRIOS CONSTITUCIONALMENTE CONSISTENTES DE PONDERAÇÃO

Felipe Peixoto Braga Netto[1]

1. INTERESSE PÚBLICO E LIBERDADE DE INFORMAÇÃO

"Primeiro apure os fatos. Depois, pode distorcê-los à vontade".
Mark Twain

1 Doutorando em Direito pela PUC-RIO. Mestre em Direito pela UFPE. Professor da ESDHC. Procurador da República. Procurador Regional Eleitoral em Minas Gerais (2010/2012).

Vivemos uma época que valoriza fortemente a imagem. O culto à imagem é onipresente na sociedade contemporânea (chamada por alguns estudiosos de "sociedade em rede"[2]). Nesse contexto – autêntico truísmo – os riscos de danos também crescem de modo exponencial. O tema da imagem – seja dos cidadãos, seja das organizações sociais amplamente consideradas – está, em boa medida, ligado à atuação da imprensa. É delicado o equilíbrio entre o direito de informar e o dever de não agredir a imagem das pessoas envolvidas. Se o exercício diário da liberdade de imprensa garante uma sociedade livre, não é menos certo que não se pode, sob esse pretexto, destruir vidas e tisnar honras. A época em que vivemos já foi chamada da "era da informação", dado o impacto que a difusão do conhecimento atinge em nossos dias. Uma vez divulgada a informação – sobretudo com a internet, que parece feita para receber continuamente novas informações, mas dificilmente para excluir o que recebe – não é possível individualizar quem recebeu ou vai receber a informação jornalística[3].

A liberdade de expressão faz parte da tradição constitucional brasileira desde a Constituição do Império[4], com tristes hiatos, porém,

---

2 Debruçando-se sobre as transformações tecnológicas e culturais, e olhando para a sociedade de modo amplo, mesclando sociologia e antropologia, vale conferir a obra de Manuel Castells (que disse ter passado mais de 15 anos entre "uma selva de livros" para escrever sua trilogia). No primeiro volume mencionou um conceito hoje muito usado, o de sociedade em rede. Assim, "a revolução da tecnologia da informação e a reestruturação do capitalismo introduziram uma nova forma de sociedade, a sociedade em rede" (*A sociedade em rede*. São Paulo: Editora Paz e Terra, 1999, p. 17). *Conferir também CASTELLS, Manuel. O poder da identidade (segundo volume da trilogia: A Era da Informação: economia, sociedade e cultura). Tradução* Klauss Brandini Gerhardt. 2ª ed. São Paulo: Paz e Terra, 2000. Ainda, BLÁZQUEZ, Niceto. *Ética e meios de comunicação*. São Paulo: Paulinas, 1999.

3 Os primeiros passos no jornalismo *on-line* foram dados pelo *New York Times* há algumas décadas – apenas, porém, no começo, disponibilizando digitalmente partes do conteúdo impresso. Hoje, porém, nota-se uma progressiva preocupação dos jornais e revistas em produzir conteúdo próprio, trazendo ainda as notas do universo digital, como por exemplo a atualização permanente, a interatividade, a hipertextualidade etc.

4 A Constituição do Império (1824), de modo avançado (pelo menos formalmente), assegurava da liberdade de expressão do pensamento, nos seguintes termos: "Todos podem comunicar os seus pensamentos, por palavras, escritos, e publicá-los pela imprensa, sem dependência de censura; contanto que hajam de responder pelos abusos, que cometerem no exercício deste direito, nos casos, e pela

durante o governo Vargas e, mais tarde, na ditadura militar, nos chamados anos de chumbo. Nos nossos dias, a Constituição de 1988 valoriza a liberdade de imprensa[5]. É atividade preciosa na construção do pluralismo e do debate de ideias, essenciais à democracia[6]. O Brasil muito deve à imprensa. Certamente não teríamos avançado no combate à corrupção, na depuração de certas práticas políticas nefastas, na fiscalização dos atos de interesse público sem sua decisiva vigilância. Aliás, não é exagero reconhecer que boa parte da tarefa de descortinar atos de corrupção, talvez os mais lesivos e graves, não resultou de investigações dos órgãos do Estado, mas da imprensa. Os maus políticos, em geral, não costumam temer as punições formais do Estado, mas temem a imprensa.

---

forma, que a lei determinar" (art. 179, IV – ortografia atualizada). A propósito da evolução do direito à intimidade e à vida privada, conferir SAMPAIO, José Adércio Leite. *Direito à Intimidade e à Vida Privada.* Belo Horizonte: Del Rey, 1998, sobretudo os Capítulos I, II e III).

5 A Constituição Federal, art. 5º, IX, proclama ser "livre a expressão da atividade intelectual, artística, científica e de comunicação, independentemente de censura ou licença". Mais adiante, no inciso XIV, assegura "a todos o acesso à informação e resguardado o sigilo da fonte, quando necessário ao exercício profissional". Por outro lado, a Constituição Federal de 1988 garante serem invioláveis "a intimidade, a vida privada, a honra e a imagem das pessoas, assegurado o direito a indenização pelo dano material ou moral decorrente de sua violação" (art. 5º, X). O mesmo artigo, no inciso V, confere à vítima o direito a indenização pelo dano material, moral ou à imagem.

6 Sabe-se que "democracia" é uma expressão tão gasta pelo uso promíscuo que perdeu muito do seu valor explicativo. Não há, decerto, tipos-puros de democracia, apenas experiências múltiplas com características históricas bastante distintas. As democracias constitucionais contemporâneas buscam banhos de legitimidade mais ambiciosos, não se satisfazem apenas com eleições formalmente limpas, ultimadas pela representação popular tradicional. É cedo para dizer quais mecanismos surgirão dessa tensão de legitimidade. A jurisdição constitucional, mesmo com suas notórias falhas, é uma delas. Outras, menos problemáticas, podem surgir, e serão bem-vindas. Aliás, a ciência política percebe que nós não queremos estar vinculados às escolhas dos nossos antepassados, mas queremos, ao mesmo tempo, vincular as escolhas das gerações seguintes (Cf. ELSTER, John. Constitutional bootsprapping in Philadelphia and Paris. In: ROSENFELD, Michel. *Constitutionalism, Identity, Difference and Legitimacy: theorethical perspectives.* Durham: Duke University Press, 1994, pp. 57-83). Conferir, com discussão tematicamente mais ampla e riquíssima bibliografia, SAMPAIO, José Adércio Leite. *Teoria da Constituição e dos Direitos Fundamentais.* Belo Horizonte: Del Rey, 2013.

Há um estreito vínculo entre a liberdade de imprensa e qualquer país que pretenda se autoafirmar como democrático. Sem falar que a liberdade de circulação de ideias e notícias alimenta o espírito democrático, fortalece instituições, sofistica (no bom sentido) o debate, aprimora o espírito crítico. Nossa sociedade alimenta-se continuamente de informações e notícias. Não só eleva-se incrivelmente a quantidade de informações, mas as formas de divulgação – com as novas tecnologias – transformam-se e crescem a cada dia. Ainda mais: a velocidade na transmissão delas alcança patamares inéditos na história humana, beirando a ficção.

Há interesse público na própria liberdade de informação[7]. O jornalismo investigativo ocupa a vanguarda de muitas investigações relevantes, descobrindo crimes, às vezes, antes da polícia ou do Ministério Público. Afirma-se que "crimes são fatos noticiáveis por natureza, não podendo ser tratados como questões estritamente privadas. E, por fim, há evidente 'interesse público' na sua divulgação, inclusive como fator inibidor de transgressões futuras"[8]. Contudo, a velocidade com que a imprensa apura e divulga gera, em certas situações, danos irreversíveis a imagem das pessoas vinculadas à notícia. É muitas vezes explosiva a mistura entre a mídia e certas autoridades com apetite de exposição. Lembremos do tristemente célebre caso da Escola Base, ocasião em que a imprensa dava os primeiros passos no jornalismo investigativo no Brasil e um delegado, de modo irresponsável, acusou levianamente inocentes, tendo sido posterior e pessoalmente responsabilizado pela justiça brasileira.

Nesse contexto, é certo que a imprensa, na sua tarefa de fiscalizar atos de interesse público, apura e julga com velocidade, como disse-

---

7 Nesse sentido, "caberá ao interessado na não divulgação demonstrar que, em determinada hipótese, existe um interesse privado excepcional que sobrepuja o interesse público residente na própria liberdade de expressão e de informação" (BARROSO, Luís Roberto Barroso; BARCELLOS, Ana Paula, "Colisão entre liberdade de expressão e direitos da personalidade. Critérios de ponderação. Interpretação constitucionalmente adequada do Código Civil e da Lei de Imprensa", RTDC, vol. 16, out/dez 2003, p. 90/91).

8 BARROSO, Luís Roberto Barroso; BARCELLOS, Ana Paula, "Colisão entre liberdade de expressão e direitos da personalidade. Critérios de ponderação. Interpretação constitucionalmente adequada do Código Civil e da Lei de Imprensa", RTDC, vol. 16, out/dez 2003, p. 100.

mos, nem sempre compatível com a verdade[9]. Por outro lado, não se pode desconhecer a realidade sociológica: numa sociedade desigual como a nossa, marcada por forte herança patrimonialista, a imprensa desempenha função vital, desmascarando fraudes e cobrando a punição pelos meios institucionais – tão tradicionalmente inertes no Brasil. Sabemos que o aparato judicial funciona severamente contra pessoas humildes, cujos crimes, muitas vezes, apresentam escasso potencial lesivo. Já em relação a outros criminosos, confortavelmente situados em plano financeiro ou político, há uma tendência (já clássica) de não efetividade das punições – lamentável sob todos os aspectos. Basta acompanhar a história brasileira, na linha do tempo, sobretudo nas últimas décadas, para se concluir: sem a vigilância da imprensa variadíssimos crimes contra as finanças públicas não viriam à tona. A divulgação de tais práticas nefastas – inimigas do interesse público primário – assume, portanto, altíssima relevância social, desde que as publicações se mostrem responsáveis e sejam feitas com rigorosa checagem dos dados. É preciso, também, que seja oferecido ao envolvido o direito de apresentar sua versão sobre a denúncia[10].

---

[9] Percebeu-se que "os abusos contra direitos individuais, a superficialidade, as falsas promessas contidas nas manchetes provocaram reações em diversos círculos, dos leitores mais críticos ao poder judiciário – que passou a tratar severamente, até com exagero, as ações contra a imprensa" (NASSIF, Luís, *O jornalismo dos anos 90*. São Paulo: Futura, 2003, p. 31/32).

[10] De todo modo, os critérios de solução serão sempre circunstanciais. Não se pode exigir da imprensa que aguarde o trânsito em julgado dos processos criminais, mesmo porque, incrivelmente lentos, esvaziaria qualquer interesse jornalístico pelo fato. De outro lado, a condenação sumária, ainda que sirva como instrumento de pressão contra criminosos poderosos, pode eventualmente redundar em trágicas injustiças, impondo-se o difícil equilíbrio, a ser buscando prioritariamente pela própria imprensa, através do ombudsman e outras instâncias de autocrítica, mas não – pensamos – pela censura prévia, sequer judicial. É fundamental reconhecer – repetindo, com outras palavras, o que dissemos acima – que o jornalismo investigativo, ainda que manchado por eventuais abusos, tem desempenhado função da mais alta relevância em nosso país. Autoridades que se julgavam intocáveis, aos poucos, em bela página de transformação social, veem seus passos subterrâneos sendo exibidos. O que força as instituições públicas a funcionar e punir os culpados, ou ter o ônus argumentativo de mostrar porque não o fizeram – o que dificilmente ocorreria sem a vigilância da imprensa.

Não são admissíveis alegações de direito à intimidade quando estão em jogo recursos públicos. O gestor de dinheiro público deve, obviamente, agir com total transparência (e estar pronto para aceitar cobranças nesse sentido), sendo contrária à Constituição qualquer interpretação que crie sofismas nesse campo. O dever de transparência pode eventualmente atingir os negócios particulares, uma vez que quem deseja se apropriar de recursos públicos – ou de valores privados, como pagamento de "favores" prestados na função pública – usa caminhos tortuosos e obscuros, para esconder a origem ilícita dos valores. Teríamos um lamentável esvaziamento dos princípios constitucionais da publicidade e da moralidade se pudéssemos entender a intimidade como um cheque em branco ao administrador público. A moralidade, aliás, alçada pela Constituição da República a princípio constitucional, enseja a anulação de atos lesivos aos seus postulados. É preciso, portanto, em se tratando de operações com recursos públicos – ainda que travestidas de operações privadas – enxergar com bastante reserva a afirmativa de lesão à honra ou à intimidade. O dever de transparência, no caso, se impõe de modo particularmente forte, prestigia e exalta os valores constitucionais.

Porém, ainda aqui, é preciso cuidado e contexto. Se é certo que o cidadão comum, diante do poder privado dos meios de comunicação, está em situação de absoluta vulnerabilidade, o mesmo não ocorre com certos atores da cena política. E são geralmente eles que litigam contra a imprensa em razão dessa ou daquela denúncia – quase sempre envolvendo malversação de recursos públicos. Seria desejável para o Brasil, como democracia constitucional recente, que tivéssemos um refluxo nessa trajetória de transparência e fiscalização? Há, enfim, certos atores sociais que – em razão do *status* econômico ou político, em geral – pairam como que acima da lei, o sistema jurídico-institucional de punições e regras não os alcança (nem é necessário que leiamos os jornais do dia, basta que voltemos às obras clássicas de *Sérgio Buarque de Holanda* e Raimundo Faoro)[11]. Em relação a esse atores que navegam impunes

---

[11] Raymundo Faoro, no clássico *Os Donos do Poder* – livro cujo título, poucos sabem, foi sugestão do amigo Erico Verissimo –, debruçou-se sobre essa constante da sociedade brasileira (CITTADINO, Gisele. Raymundo Faoro e a Reconstrução da Democracia no Brasil. In: Juarez Guimarães. (Org.). *Raymundo Faoro e o Brasil.* São Paulo: Editora Fundação Perseu Abramo, 2009, v. 1, p. 33-37). Um dos muitos terríveis reflexos dessa cultura é pensar – consciente-

entre velhos ilícitos, a fiscalização e cobrança exercida pela imprensa exerce função de inegável valia pública, casa-se com o interesse público primário (corporificado no interesse que o direito objetivo seja aplicado com isonomia e impessoalidade). Bem por isso a teoria do risco, se adequada em certos contextos, pode não o ser em outros, por inibir as funções e as potencialidades democráticas da imprensa.

Cabe dizer que ao Estado contemporâneo se exige, de modo progressivo, a fundamentação de suas decisões (não só judiciais). Isto é, que legitime pelo discurso suas respostas às demandas coletivas. Não por acaso, há quem fale numa "república de razões"[12]. Ao Estado de hoje não se permite omissões que no passado talvez se permitisse. Há um dever qualificado de ação, de agir, de modo razoável e prudente, com eficiência e adequação, respondendo pelos resultados danosos que se afastem desses padrões.

2. CRITÉRIOS DE PONDERAÇÃO: A BUSCA DE SOLUÇÕES CONSTITUCIONALMENTE CONSISTENTES

O direito constitucional contemporâneo maneja, habitualmente, um tema cuja relevância ganha progressiva força: a ponderação de bens. Como resolver conflitos entre princípios? Como optar por um deles, se ambos ostentam idêntico status constitucional? No caso da liberdade de imprensa – que traduz o direito de informar e também, do outro lado, o de ser informado – diante das agressões possíveis à intimidade e a vida privada, temos um clássico caso da necessidade de ponderar bens e princípios.

O jurista do século XXI não opera apenas com regras. Lida também continuamente com princípios. Esses, abertos e flexíveis, impõem maior ônus argumentativo, e exigem a construção de técnicas hermenêuticas compatíveis com suas feições. Costuma-se dizer que os princípios entram, frequentemente, em choque, e tais conflitos só podem ser adequadamente resolvidos pela ponderação entre eles. Conforme já aludidos, é uma técnica que tem três postulados básicos: a) só tem sen-

---

mente ou não – que o patrimônio do Estado não tem dono. Que o que é do Estado não é de ninguém (e por isso não faz mal se houver um prejuízo aqui outro ali).

12 SUNSTEIN, Cass. *The Partial Constitution*. Cambridge: Havard University Press, 1998.

tido diante de casos concretos, nunca de modo abstrato e apriorístico; b) a solução dada em determinado caso concreto (prevalência, digamos, em determinado caso, da privacidade em relação à liberdade de expressão) não será necessariamente a mesma em outro caso com contextos distintos; c) o intérprete, para chegar a uma solução, poderá fazer concessões recíprocas, procurando ponderar os interesses envolvidos. Por isso é que há autores alemães que dizem que o Estado Constitucional de Direito é um Estado de Ponderação (*Abwägungsstaat*).

Não é possível dizer, de modo prévio, qual princípio irá prevalecer. A resposta depende da ponderação dos valores relevantes nas circunstâncias específicas. Nossa ordem jurídica não tolera a censura; por outro lado, também não aceita que se esvazie o princípio que resguarda a intimidade e a vida privada das pessoas. Analisaremos a seguir, circunstancialmente, a partir da sugestão doutrinária citada, alguns itens: veracidade do fato, licitude do meio empregado na obtenção da informação, personalidade pública ou estritamente privada da pessoa objeto da notícia, local e natureza do fato, existência de interesse público na divulgação, e a preferência por medidas que não envolvam a proibição prévia da divulgação[13]. Temos aí alguns critérios de aferição da razoabilidade na análise da notícia jornalística[14].

---

[13] Surgem na doutrina tentativas de enfrentar o difícil tema. Confira-se, a respeito, de novo inovador e analítico, SAMPAIO, José Adércio Leite. *Direito à Intimidade e à Vida Privada.* Belo Horizonte: Del Rey, 1998, p. 445/447. Argumenta-se, procurando-se algum nível de objetividade nesse terreno tão pantanoso: "Na colisão entre a liberdade de informação e de expressão, de um lado, e os direitos da personalidade, de outro, destacam-se como elementos de ponderação: a veracidade do fato, a licitude do meio empregado na obtenção da informação, a personalidade pública ou estritamente privada da pessoa objeto da notícia, o local do fato, a natureza do fato, a existência de interesse público na divulgação, especialmente quando o fato decorra da atuação de órgãos ou entidades públicas, e a preferência por medidas que não envolvam a proibição prévia da divulgação. Tais parâmetros servem de guia para o intérprete no exame das circunstâncias do caso concreto e permitem certa objetividade às suas escolhas" (BARROSO, Luís Roberto ; BARCELLOS, Ana Paula, "Colisão entre liberdade de expressão e direitos da personalidade. Critérios de ponderação. Interpretação constitucionalmente adequada do Código Civil e da Lei de Imprensa", *RTDC*, vol. 16, out/dez 2003, p. 101).

[14] O art. 20 do Código Civil não ajuda o trabalho hermenêutico. O Código Civil foi extremamente infeliz ao tratar do tema (Código Civil, art. 20: "Salvo se autorizadas, ou se necessárias à administração da justiça ou à manutenção da ordem

A sociedade brasileira muito deve à imprensa, cuja vigilância já propiciou relevantes avanços institucionais brasileiros. Reconhecer isso não significa emitir um cheque em branco para ofensas. Cabe apenas dizer que a balança, onde tais circunstâncias serão pesadas, deve pender, em princípio, em favor da liberdade de informação. Assim, a crítica, ainda que jocosa e feroz, é permitida. A charge, ainda que implacável e zombeteira, é possível. Obviamente que em cada caso, dependendo da personalidade atingida, sua maior ou menor exposição pública, os pesos das ponderações serão, e deverão mesmo ser, diferenciados. Não há, portanto, respostas definitivas e prévias.

2.1. Veracidade da informação jornalística

> "*As perguntas não são indiscretas. As respostas é que às vezes são*".
> Oscar Wilde

Um dos mais importantes critérios a respeito da legitimidade da informação jornalística diz respeito à sua veracidade. Informação cuja divulgação se protege, portanto, é a informação verdadeira. Informação falsa gera indenização por danos morais, cujo arbitramento variará conforme as circunstâncias. A doutrina, no Brasil e lá fora, reconhece este ponto: "Todos os doutrinadores citados, mesmo os que, em maioria, adotam uma disciplina comum entre expressão e informação, deparam-se com, pelo menos, uma distinção importante entre os dois institutos: a veracidade e a imparcialidade da informação. E é,

pública, a divulgação de escritos, a transmissão da palavra, ou a publicação, a exposição ou a utilização da imagem de uma pessoa poderão ser proibidas, a seu requerimento e sem prejuízo da indenização que couber, se lhe atingirem a honra, a boa fama ou a respeitabilidade, ou se se destinarem a fins comerciais"). É difícil imaginar norma mais infeliz. O que o art. 20 disse, ou era óbvio, ou inadequado. Primeiro, não se compreende as duas únicas situações que o Código achou importante excepcionar (administração da justiça e ordem pública). A mais fundamental, e mais constitucionalmente conforme, a liberdade de informação, não foi contemplada. Não só nesse artigo, a disciplina, pelo Código Civil, dos direitos da personalidade, foi em geral sofrível. Há, em relação ao art. 20, ação direta de inconstitucionalidade proposta no STF.

justamente, em razão dessa distinção fundamental que se deve pensar em um direito de informação que seja distinto em sua natureza da liberdade de expressão"[15].

Porém nem sempre – diríamos até: quase nunca – é simples discernir, com clareza, a verdade da informação. Em grande parte dos casos haverá nebulosidade e contradita. Reconhece-se ser "certo que, nos casos concretos, torna-se difícil estabelecer o que é verdade e o que é falsidade. Qualquer que seja o critério adotado, há que levar em conta essa dificuldade e há que ser flexível. O que se deve exigir dos órgãos de informação é a diligência em apurar a verdade; o que se deve evitar é a despreocupação e a irresponsabilidade em publicar ou divulgar algo que não resista a simples aferição"[16]. A jurisprudência recente tem percebido que a liberdade de informação deve estar atenta ao dever de veracidade (STJ, REsp 1.414.887, Rel. Min. Nancy Andrighi, 3ª T., DJ 28/11/2013). Nesse contexto, para não incidir em irresponsável desleixo (gerador do dever de indenizar), o veículo de imprensa deve – quando exerce atividade investigativa – buscar fontes fidedignas, ouvir as diversas partes interessadas e afastar qualquer dúvida séria quanto à veracidade do que divulgará. Isso não quer dizer, no entanto, que se exija certeza plena, com a cognição plena e exauriente própria de um procedimento judicial.[17]

Conforme já explicitamos anteriormente, não temos, atualmente, uma lei em vigor no Brasil que discipline a atuação da imprensa. A Lei de Imprensa não foi recepcionada pela Constituição de 1988, segundo o STF. Isso gera um vácuo normativo que precisa ser preenchido pela interpretação. A jurisprudência brasileira tem exigido a prova

[15] CASTANHO DE CARVALHO, Luis Gustavo Grandinetti. *Direito de informação e liberdade de expressão.* Rio de Janeiro: Renovar, 1999, p. 24.

[16] CASTANHO DE CARVALHO, Luis Gustavo Grandinetti. *Direito de informação e liberdade de expressão.* Rio de Janeiro: Renovar, 1999, p. 97.

[17] Pontes de Miranda certa vez frisou que um dos enganos da inteligência humana é crer na unilateralidade do verdadeiro. Exemplificou dizendo que entre duas ou mais pessoas que discutem, podem todos ter razão. A afirmação é ainda mais forte na ciência jurídica, cujo conhecimento é – e deve ser – pluralista. Cabe lembrar que a natureza da argumentação jurídica não é demonstrativa, e sim persuasiva (Cf. MACCORMICK, Neil. *Rhetoric and the Rule of Law.* Oxford: Oxford University Press, 2005, p. 05).

da comprovação de que o veículo sabia ou poderia saber da inveracidade da informação divulgada. Consignou-se que devemos "ter em mente aquele que talvez seja o requisito mais importante para aferir a responsabilidade do veículo de imprensa, qual seja, a culpa. De fato, os veículos de imprensa e comunicação sujeitam-se a um regime de responsabilidade subjetiva, não havendo que se falar aqui de responsabilidade por risco. Consequentemente, não basta a divulgação de informação falsa, exige-se prova de que o agente divulgar conhecia ou poderia conhecer a inveracidade da informação propalada" (STJ, REsp 984.803, Rel. Min. Nancy Andrighi, 3ª T., DJ 19/08/2009). Nessa linha, a culpa dos veículos de imprensa deve ser analisada circunstancialmente, à luz do caso concreto. Em linha de princípio pode-se dizer que o veículo de comunicação exime-se de culpa quando busca fontes fidedignas, quando exerce atividade investigativa, ouve as diversas partes interessadas e afasta quaisquer dúvidas sérias quanto à veracidade do que divulgará (STJ, REsp 1.414.887, Rel. Min. Nancy Andrighi, 3ª T., DJ 28/11/2013)[18].

Parece evidente que médico acusado de pedofilia – e condenado a 114 anos de prisão pelo TJSP – não tem direito à indenização por danos morais se revista de grande circulação publica notícia dando conta do caso, com o título: "O médico é o monstro". O pediatra – um renomado profissional até que suas práticas foram descobertas, que costumava torpemente sedar crianças para abusar sexualmente delas e filmava os abusos – alegou na ação civil que propôs contra a revista "Época" que sofreu danos à imagem. O TJSP constatou que os fatos narrados na publicação são verdadeiros, sequer foram negados pelo autor, e que a reportagem se manteve nos limites do dever de informar (TJSP, AC 484.279.48-00, Rel. Des. Salles Rossi, 8ª Câmara, j.

[18] O entendimento jurisprudencial mencionado – que exige a culpa do veículo de imprensa – concilia-se com a doutrina da *actual malice*, que exige não só a falsidade da notícia, mas também a prova de que o veículo de imprensa sabia ou devia saber disso. Conferir, a propósito, GARCIA, Enéas Costa. Responsabilidade Civil dos Meios de Comunicação. São Paulo: Juarez de Oliveira, 2002. Mesmo, porém, para a posição tradicional – responsabilidade civil subjetiva dos órgãos de imprensa, segundo nossa jurisprudência dominante – não se exige a prova inequívoca da má-fé da publicação (*actual malice*), para ensejar a indenização (STJ, REsp 680.794, Rel. Min. Luis Felipe Salomão, 4a T., DJ 29/06/2010).

02/08/07). Cabe lembrar que a absolvição judicial posterior não faz surgir, de modo automático, o dever de indenizar[19].

Por outro lado, são cada vez mais comuns agressões levianas e grosseiras por parte de programas policialescos, geralmente veiculados ao vivo. Muitas vezes, para manter ou aumentar a audiência, os apresentadores propositadamente carregam nas tintas e nos insultos, e às vezes os fatos não são exatamente como eles pensavam que fossem. Às vezes são o contrário do que se imaginava inicialmente. Por certo, em situações assim, o dever de indenizar se coloca com singular clareza. Mais difícil é discernir o âmbito dos danos indenizáveis em relação às opiniões pouco abonadoras a respeito de outrem, quando divulgadas pela imprensa ou pela internet[20]. Nesse sentido,

[19] É preciso que, quando publicada a notícia, tenha sido observado o dever de apuração (de modo responsável e fidedigno) e o dever de cuidado, com a oportunidade de todos os envolvidos se manifestarem. Nesse sentido, "a ofensa ocasionada pela divulgação pela imprensa de um fato revestido, naquele momento, da plena convicção de sua veracidade, após o mínimo cumprimento do dever de apuração e sob a perspectiva de um interesse legítimo, mesmo que posteriormente venha a ser modificado pela conclusão das investigações, isenta o seu autor de responsabilização. Inversamente, a imputação de fatos tidos como verdadeiros, porém com a omissão do resultado exculpatório que excluiu os envolvidos de qualquer responsabilidade pelos ilícitos divulgados, assumindo o resultado danoso, implica a responsabilização civil de quem a promover" (STJ, REsp 1.263.973, Rel. Min. Ricardo Villas Bôas Cueva, 3ª T., DJ 29/03/2012). Por outro lado, consoante frisa o acórdão, imputar como verdadeiros fatos que se sabem que não o são, ou mesmo sem mencionar absolvições ou que a pessoa objeto da notícia não é suspeita (ou não é mais suspeita), enseja responsabilidade civil. Só uma observação final: muitas vezes, agentes públicos – delegados, por exemplo –, no início das investigações e de modo temerário, concedem entrevistas incriminando essa ou aquela pessoa. O fato, como intuitivamente se percebe, pode gerar gravíssimos danos. Em casos assim, a responsabilidade civil, que se coloca como evidente se o suspeito for inocente, é do Estado e não da imprensa. Convém lembrar – com o perdão da obviedade – que causalidade é diferente de responsabilidade (PONTES DE MIRANDA. *Tratado de Direito Privado, tomo 54.* Rio de Janeiro: Borsoi, 1972, p. 162). O direito constrói seus nexos de imputação, nem sempre equivalentes à causalidade naturalística.

[20] Não se trata, nessa hipótese, de fatos – a cujo respeito poderíamos discutir-lhes a veracidade ou não. Se, numa conversa privada, uma opinião a respeito de outrem – ainda que dura e com ar de deboche e ridicularização – dificilmente geraria danos indenizável (mesmo porque quase nunca é dita na presença do

"nem sempre é fácil distinguir entre o verdadeiro e o falso, o que dificulta a aplicação dessa teoria (teoria da busca da verdade) para justificar todo tipo de manifestação do direito de expressão. É o caso, por exemplo, daquelas manifestações que não recaem sobre situações fáticas, mas constituem juízos de valor ou de opinião, cujos conteúdos contém alta dose de subjetividade e, por esta razão, mesmo verdadeiros, podem colidir com outros direitos fundamentais também assegurados na Constituição"[21].

O que se exige dos veículos de comunicação é que ajam banhados pela boa-fé. Que busquem padrões mínimos de cuidado e zelo, com a constante checagem do que publicam. Serão responsabilizados se agem levianamente nessa delicada tarefa. O autor acima citado, mais adiante, relata: "Antonio Scalisi, depois de examinar a jurisprudência italiana, concluiu que a informação jornalística é legítima se preencher três requisitos: o interesse social da notícia, a verdade do fato narrado e a continência da narração. Finalmente, é continente a narrativa quando a exposição do fato e sua valorização não integram os extremos de uma agressão moral, mas é expressão de uma harmônica fusão do dado objetivo de percepção e do pensamento de quem recebe, além de um justo temperamento do momento histórico e do momento crítico da notícia"[22]. A nosso juízo, dois critérios se impõem, como requisitos mínimos de legitimidade para a notícia (no que diz respeito ao tema deste tópico): a) que o veículo de imprensa esteja pronto, uma vez cobrado, a mostrar como se chegou à versão divulgada (respeitado o sigilo da fonte, de sede constitucional – Constituição Federal, art. 5º, XIV); b) que prove haver sido dada à parte atingida pela notícia a chance de expor sua versão dos fatos, e que essa versão *também foi* exibida ao público.

---

ofendido), na imprensa ou na internet o fato pode, eventualmente, assumir proporções que ensejem indenização. A opinião é livre, bem como sua expressão. O abuso é ilícito. Os limites entre os polos, de árdua caracterização, só os contornos fáticos poderão definir. Não cabe, porém, aceitar que qualquer um de nós seja livre para humilhar e agredir verbalmente outras pessoas, sobretudo se o ofendido não optou, digamos assim, por uma vida pública.

[21] RODRIGUES JÚNIOR, Álvaro. *Liberdade de expressão e liberdade de informação: limites e formas de controle*. Curitiba: Juruá, 2008, p. 67.

[22] CASTANHO DE CARVALHO, Luis Gustavo Grandinetti. *Direito de informação e liberdade de expressão*. Rio de Janeiro: Renovar, 1999, p. 230.

2.2 *Licitude do meio empregado na obtenção da informação*

O meio empregado deve ser lícito. Se não for, a informação surge com vício de origem. Informações sigilosas vazam frequentemente para a imprensa, o que, se por um lado pressiona as instituições públicas a agir com eficiência e sem corporativismos, por outro pode atingir irreversivelmente pessoas inocentes. A tendência, em linha de princípio, é guardar prudente cautela diante de informações provindas de meios ilícitos. Não estamos, é certo, em âmbito estritamente processual, a cujo respeito a Constituição Federal, de modo absoluto, proscreve as provas obtidas por meios ilícitos (CF, art. 5º, LVI). O que discutimos neste tópico são informações veiculadas pela imprensa cuja obtenção ocorreu de forma irregular – através de escuta telefônica não autorizada pela justiça, por exemplo, ou escuta telefônica cuja investigação segue em segredo de justiça.

É preciso, no entanto, não adotar posição inflexível. A ponderação de bens deverá atuar também aqui. Não se exclui que o interesse da sociedade na divulgação de certos fatos seja maior do que a preservação da forma eventualmente violada. O direito atual, aliás, caminha no sentido de privilegiar a função no lugar da estrutura, comprometendo-se com fins[23]. As câmeras escondidas ou clandestinas – tão em moda nos últimos anos – se às vezes traduzem abusos, em outros casos representam relevante mecanismo de exposição de casos de corrupção e violência policial[24]. Não se pode desconhecer isso. As circunstâncias, iluminadas pelos princípios da razoabilidade e da proporcionalidade, ditarão os caminhos que levam a soluções harmônicas com a Constituição da República. Deve-se evitar, naturalmente, excessos – próprios de um estado policial. Porém não se pode deslizar no perigo

---

[23] Cf. BOBBIO, Norberto. *Dalla Stuttura alla Funzione*. Milano: Edizioni de Comunitá, 1977, p. 155 e segs.

[24] Talvez um dos mais chocantes tenha sido as agressões absurdas e gratuitas praticadas pelo então policial militar “Rambo” e seus homens, em 1997. Os policiais foram filmados na entrada da *Favela Naval* – em Diadema, SP – torturando, humilhando, extorquindo e matando pessoas durante uma blitz. Todos os policiais envolvidos foram condenados exemplarmente – fato só possível em razão das imagens feitas clandestinamente. Rambo chegou a receber uma pena de quarenta e sete anos e três meses de prisão.

oposto: blindar formalmente corruptos e agentes públicos assassinos da insuportável (para eles) luminosidade incisiva da opinião pública.

Diga-se ainda que a Constituição Federal preserva o sigilo da fonte jornalística. Prevê o art. 5º, XIV ser "assegurado a todos o acesso à informação e resguardado o sigilo da fonte, quando necessário ao exercício profissional". Um pouco antes, o inciso IX proclama: "é livre a expressão da atividade intelectual, artística, científica e de comunicação, independentemente de censura ou licença". Se a imprensa obteve a informação a partir de registros públicos, não haverá, em linha de princípio, dever de indenizar por danos morais[25]. Porém, mesmo aqui, certas ponderações se impõem. Conforme já alertamos mais de uma vez neste artigo, em se tratando de responsabilidade civil, as respostas serão sempre tópicas, circunstanciais, dependendo dos contornos do caso concreto. É possível, em alguns casos, que mesmo que a notícia provenha de registros públicos, sua divulgação se mostre esvaziada de qualquer interesse social, sendo agressiva aos direitos da personalidade[26].

---

25 Já se proclamou a respeito: "Note-se ainda que a circunstância de a informação estar disponível em arquivos públicos ou poder ser obtida por meios regulares e lícitos torna-a pública e, portanto, presume-se que a divulgação desse tipo de informação não afeta a intimidade, a vida privada, a honra ou a imagem dos envolvidos" (BARROS, Luís Roberto Barroso; BARCELLOS, Ana Paula, "Colisão entre liberdade de expressão e direitos da personalidade. Critérios de ponderação. Interpretação constitucionalmente adequada do Código Civil e da Lei de Imprensa", *RTDC*, vol. 16, out/dez 2003, p. 89). Nesse sentido tem caminhado a jurisprudência: "Civil. Responsabilidade civil. Imprensa. O jornalista, que publica informação à vista da carteira de habilitação do motorista, noticia fielmente, sem que se lhe possa cobrar responsabilidade ao fundamento de que os registros daquele documento não correspondem aos do Departamento de Trânsito, que autorizariam a condução de motocicleta" (STJ, EDcl nos EDcl no AgRg no Ag. 430870, Rel. Min. Ari Pargendler, 3ª T., DJ 01/02/06). Contextualizou o relator: "Se a carteira de habilitação não estava atualizada por falha de serviço do Detran (Departamento de Trânsito), esse é o órgão que deve ser responsabilizado – e não o que publicou a notícia à vista da carteira de habilitação". Houve, no caso, publicação por jornal carioca de notícia informando que o então *secretário municipal de trânsito dirigia motocicleta sem habilitação.*

26 Nessa ordem de ideias, a "simples reprodução, por empresa jornalística, de informações constantes na denúncia feita pelo Ministério Público ou no boletim policial de ocorrência consiste em exercício do direito de informar". Relativiza,

2.3 PERSONALIDADE PÚBLICA OU ESTRITAMENTE PRIVADA DA PESSOA OBJETO DA NOTÍCIA

"Bendito aquele cuja fama
não é maior que a sua verdade".
Tagore

Fator da mais alta relevância diz respeito à personalidade pública ou estritamente privada da pessoa objeto da notícia. Sabemos que não existem, na sociedade contemporânea, direitos absolutos, incondicionados. Todos extraem seu conteúdo do ambiente social em que os direitos serão exercidos. Também assim ocorre com a liberdade de expressão. Existem, é inegável, conforme já ponderamos, períodos e cenários em que se aceita maior virulência na adjetivação e maior aspereza no modo de dizer – como os períodos eleitorais, por exemplo. Mas nem tudo é admissível ou tolerável. Liberdade de expressão não é sinônimo de afirmação irresponsável. Se certos aspectos e fatos da pessoa pública podem e devem ser divulgados, isso não significa, em absoluto, que elas percam o direito à honra. Por exemplo, político de destaque nacional que, durante CPI relacionada a atos de sua administração, é acusado de manter relação extraconjugal com adolescente, da qual teria resultado uma gravidez. A acusação, no entanto, era falsa, e a vítima o provou inclusive através de exame de DNA (STJ, REsp 1.025.047, Rel. Min. Nancy Andrighi, 3ª T, DJ 05/08/2008). As

---

porém, o Tribunal: "Na espécie, contudo, a empresa jornalística, ao reproduzir na manchete do jornal o cognome – apelido – do autor, com manifesto proveito econômico, feriu o direito dele ao segredo da vida privada, e atuou com abuso de direito, motivo pelo qual deve reparar os consequentes danos morais" (STJ, REsp 613.374, Rel. Min. Nancy Andrighi, 3ª T., 17/05/05). Teremos, na hipótese acima descrita, dano moral. Em outra situação, a editora responsável pela publicação de certo jornal em Maringá foi condenada pelo TJPR em razão de haver reproduzido boletim de ocorrência que versava sobre flagrante de adultério. A traição foi tornada pública pelo jornal, em abusiva divulgação. Note-se que a defesa do jornal se centrou no fato de haver se limitado a divulgar nota constante de boletim de ocorrência elaborado pelo Estado, portanto, se responsabilidade houvesse, seria desse. O Tribunal afastou tal argumentação e condenou o jornal – corretamente, ao nosso ver.

circunstâncias do caso (acusação em ambiente público; com o potencial de causar dano político e pessoal; no bojo de uma investigação política contra a vítima; falsa acusação relacionada à vida privada da vítima) conduzem à caracterização do dano indenizável[27].

Podemos, portanto, assentar, em linha de princípio, que todas as pessoas – mesmo aquelas de ampla visibilidade, como os políticos nacionalmente conhecidos – têm direito à honra e, embora em grau menor, à privacidade. Alguém que optar, por exemplo, pela vida política, não pode razoavelmente pretender gozar do mesmo grau de privacidade de alguém cuja vida profissional não tenha relação com verbas e interesses públicos. Ninguém é obrigado a ser político[28]. Quem escolhe dirigir, por qualquer modo, os rumos coletivos do país, deve arcar com os ônus próprios da representação popular. A privacidade do político é nenhuma no que se refira aos negócios públicos, ainda que travestidos de transações privadas. As lentes da imprensa não podem, contudo, de modo desproporcional, se voltar para aspectos da vida do político que só digam respeito a si ou a sua família (dolorosa morte de sua filha, com câncer, por exemplo).

Stefano Rodotá sugere critérios interessantes para tais indagações. Sugere que é a própria vida do homem público que deve determinar, no caso concreto, os limites da informação sobre ele publicada. E argumenta que mesmo o homem público tem o sagrado direito de ser resguardada sua vida sentimental ou sexual; a manter sigilo em relação a quem recebe ou frequenta. O mesmo não se pode dizer, contudo, se ele professa um moralismo exasperado e é visto, pela imprensa, em situação que contradiga sua pregação e a de seu partido[29]. É, aí,

---

27 Conferir, a respeito, SAMPAIO, José Adércio Leite. *Direito à Intimidade e à Vida Privada.* Belo Horizonte: Del Rey, 1998, p. 303/311

28 José Adércio Leite Sampaio, há cerca de 15 anos, já percebia que "pessoas que gozam de menor notoriedade têm a seu favor uma presunção de recato e de susceptibilidade a agravo maior do que aquelas da vida dos palcos, dos palanques ou das telas de TV e do cinema" (SAMPAIO, José Adércio Leite. *Direito à Intimidade e à Vida Privada.* Belo Horizonte: Del Rey, 1998, p. 445).

29 Há alguns anos a imprensa americana descobriu que determinado deputado republicano – eleito pela Flórida por seis mandatos e então presidente da Comissão para Crianças Desaparecidas ou Exploradas – era pedófilo. O deputado, após a reportagem, admitiu o fato e disse que era alcoólatra e que havia sido

interesse do público e do eleitor ser bem informado. Conclui que em situação não distante está um ministro da Indústria que mantenha relações privadas, ou estreita relação pessoal, com empresários da indústria química ou farmacêutica[30].

Lembremos, rente aos exemplos do jurista italiano, que a imprensa brasileira revelou que dirigentes da ANAC – Agência Nacional de Aviação Civil – mantinham relações comerciais extremamente próximas com as empresas que deviam investigar, em perigosa confusão de interesses. Aliás, basta abrir os jornais do dia – em qualquer dia – que teríamos um exemplo para colocar aqui. Importante relembrar que não basta – para surgir, de modo automático, o dever de indenizar – que tenha havido absolvição a respeito da suspeita noticiada. É preciso que, quando publicada a notícia, tenha sido observado o dever de apuração (de modo responsável e fidedigno) e o dever de cuidado, com a oportunidade de todos os envolvidos se manifestarem. Por outro lado, imputar como verdadeiros fatos que se sabe que não o são, ou mesmo sem mencionar absolvições ou exclusões de suspeitas já feitas (mesmo em sede policial), enseja responsabilidade civil[31].

---

abusado quando criança. Além da óbvia necessidade de divulgação dos crimes de pedofilia, tais informações são ainda mais relevantes pelos contextos do caso: sabemos que o Partido Republicano, assumidamente conservador, prega moral rígida, apresentando-se como bastião dos bons costumes. Foram eles que transformaram aspectos da vida privada e do comportamento familiar dos homens públicos no eixo da política americana. Havendo um abismo entre o dito e o praticado, tal informação é de nítido interesse público dos eleitores.

30 Citado por TEPEDINO, Gustavo. *Temas de Direito Civil.* Rio de Janeiro: Renovar, 2001, p. 476.

31 Compartilhando semelhante ordem de ideias, decidiu-se que "a ofensa ocasionada pela divulgação pela imprensa de um fato revestido, naquele momento, da plena convicção de sua veracidade, após o mínimo cumprimento do dever de apuração e sob a perspectiva de um interesse legítimo, mesmo que posteriormente venha a ser modificado pela conclusão das investigações, isenta o seu autor de responsabilização. Inversamente, a imputação de fatos tidos como verdadeiros, porém com a omissão do resultado exculpatório que excluiu os envolvidos de qualquer responsabilidade pelos ilícitos divulgados, assumindo o resultado danoso, implica a responsabilização civil de quem a promover" (STJ, REsp 1.263.973, Rel. Min. Ricardo Villas Bôas Cueva, 3ª T., DJ 29/03/2012).

Em linha de tendência podemos dizer que a informação a respeito da vida privada – sobretudo em se tratando de políticos – poderá ser divulgada quando, de algum modo, contribua para a formação do juízo crítico a respeito da atuação pública da pessoa[32].

É preciso ponderar que personalidade pública não significa, necessariamente, ocupante de cargo, emprego ou função pública. O conceito é mais amplo. Atores, apresentadores, músicos, jogadores de futebol, são personalidades públicas, especialmente num mundo cada vez mais ávido da fama. Devem estar dispostos a um grau menor de privacidade, sem que isso signifique autorização para invasões grosseiras e ofensivas da intimidade de quem quer que seja. Há alguns anos atrás a imprensa publicou minúcias sobre a vida fiscal do então técnico da seleção brasileira de futebol. Foram publicados, inclusive, extratos de suas declarações de renda – a cujo respeito havia fortes indícios de irregularidade. O cargo em questão, em termos formais, é privado, pois a CBF não integra a administração pública. É inegável, porém, a importância que a função de técnico da seleção ocupa singular relevância no imaginário cultural brasileiro, com fortíssima conotação simbólica. Quem aceita um cargo desses deve saber disso, deve estar disposto aos outros lados da fama[33].

Recentemente decidiu-se que o ente público não faz jus à indenização por dano moral por ofensa à imagem. Não cabe, desse modo, pleitear, contra particular, indenização por dano moral relacionado à violação da honra ou da imagem. No caso julgado, apresentadores de

---

32 Nesse sentido, "a redução do âmbito de proteção aos direitos de personalidade, no caso dos políticos, pode em tese ser aceitável quando a informação, ainda que de conteúdo familiar, diga algo sobre o caráter do homem público, pois existe interesse relevante na divulgação de dados que permitam a formação de juízo crítico, por parte dos eleitores, sobre os atributos morais daquele que se candidata a cargo eletivo" (STJ, REsp 1.025.047, Rel. Min. Nancy Andrighi, 3ª T, DJ 05/08/2008).

33 A respeito, em lírico voto, ponderou o desembargador Rui Domingues: "Um grande jogador de futebol como Jairzinho é tão importante para o povo brasileiro como Kant ou Heidegger para um estudante de filosofia na Alemanha. Tais nomes, tais imagens, não podem ser tomadas em vão, nem a troco de nada" (citado em SOUZA, Carlos Affonso Pereira de, "Contornos atuais do direito à imagem", RTDC, ano 4, vol. 13, jan/mar de 2003, p. 69).

programas de rádio imputaram à determinada secretaria municipal e também ao secretário práticas de maus-tratos contra alunos da rede pública. Permitiram, também, que um ouvinte chamasse o prefeito de "ditador". O STJ entendeu basicamente que se trata do exercício de liberdade de imprensa. Sabemos que a pessoa jurídica pode sofrer dano moral (STJ, Súmula 227). Não, porém, pessoa jurídica de direito público contra particular, o que contrariaria a essência dos direitos fundamentais (STJ, REsp 1.258.389, Rel. Min. Luis Felipe Salomão, 4ª T, j. 12/2013). Embora a fundamentação esteja correta[34], não se pode negar a possibilidade de abusos. E as portas das sanções civis não devem estar inteiramente fechadas a esses abusos. Seria incorreto, por exemplo, negar ao ocupante de função pública (secretário de educação, no caso), o direito de postular a compensação moral.

2.4 Local e natureza do fato

> "*O palco é o lugar dos tímidos*".
>
> Tom Zé

Aspecto que pode sugerir irrelevância mas que não pode ser negligenciado é o local do fato[35]. Onde ocorreu o fato divulgado? Um político nadando nu na piscina de sua casa poderia ser fotografado por câmera oculta? E se o mesmo político é fotografado saindo de motel com amante? Há relevância social na questão? Trata-se de alguém cuja plataforma política é amparada numa moral austera e rígida?

São infinitas as variáveis neste ponto. Gostaríamos apenas de alertar para a relevância de observarmos, também, o local onde o fato divulgado ocorreu – bem como, naturalmente, a própria natureza do fato. Digamos – valendo-nos do exemplo acima referido – que uma revista publique, sem autorização, foto de alguém, conseguida indevidamente enquanto o fotografado tomava banho na piscina de sua

34 Lembremos que os direitos fundamentais, historicamente, são direitos do cidadão contra o Estado. O cidadão é titular de direitos fundamentais; o Estado não é.

35 Conferir, a respeito, SAMPAIO, José Adércio Leite. *Direito à Intimidade e à Vida Privada.* Belo Horizonte: Del Rey, 1998, p. 156/157.

casa. Haverá, na espécie, violação do direito à própria imagem, possivelmente aliada à violação do direito à honra[36]. É possível que haja dano à imagem sem que haja dano à honra. Eles não se confundem. Se peça publicitária de conhecida marca utiliza a imagem de modelo em início de carreira, ainda que tal uso indevido seja benéfico para a carreira do modelo, e ainda que ausente qualquer lesão à honra, haverá dano à imagem, eis que indevida, porque não autorizada, a utilização, máxime se para fins comerciais.

Ressalte-se, porém, que os parágrafos acima têm como pano de fundo a lesão ao direito de imagem vinculada a peças publicitárias. Em relação aos órgãos de imprensa, seria claramente excessivo exigir, em todos os casos, autorização do fotografado como condição de licitude da publicação. Um senador acusado de corrupção poderia, por exemplo, impedir que os jornais do país publicassem sua foto, esgrimindo o direito de imagem? A resposta negativa é a única que casa com a razoabilidade.

Cabe, a propósito, lembrar o art. 20 do Código Civil – norma cuja redação e conteúdo já criticamos anteriormente em nota de rodapé. Em lúcida análise crítica do dispositivo, argumentou-se: "Suponha-se que uma alta autoridade da República seja atingida por um ovo arremessado por um manifestante e reaja com um insulto preconceituoso. A divulgação do episódio certamente traz uma exposição negativa de sua imagem. O evento, por sua vez, nada tem a ver com a administração da justiça ou com a manutenção da ordem pública. Pergunta-se: é compatível com a Constituição impedir a divulgação desse fato? Parece evidente que não".

---

36 A essa espécie de violação se refere o STJ no acórdão seguinte: "O uso de imagem para fins publicitários, sem autorização, pode caracterizar dano moral se a exposição é feita de forma vexatória, ridícula ou ofensiva ao decoro da pessoa retratada" (STJ, REsp. 230.268, Rel. Min. Antônio de Pádua Ribeiro, 3ª T., DJ 18/06/01). Desse modo, "aquele que usa a imagem de terceiro sem autorização, com intuito de auferir lucros e depreciar a vítima, está sujeito à reparação, bastando ao autor provar tão-somente o fato gerador da violação do direito à sua imagem" (STJ, EDcl no REsp. 436.070, Rel. Min. Nancy Andrighi, 3ª T., DJ 23/05/05). Continua a Ministra: "Se ao uso indevido da imagem soma-se o intuito de depreciar a vítima, deve a reparação abranger não apenas os danos materiais, mas também os morais" (STJ, REsp. 436.070, Rel. Min. Nancy Andrighi, 3ª T., DJ 04/04/05).

Continuam os autores: "Imagine-se, agora, que um jornalista apure que determinado governador de estado era, até pouco antes da posse, sócio em uma empresa de fachada, acusada de lavagem de dinheiro. Tampouco aqui pareceria legítimo proibir a divulgação da notícia, independentemente de prévia autorização ou de qualquer repercussão sobre a administração da justiça ou a ordem pública. Considere-se um exemplo inverso. Um servidor público é suspeito da prática de ato de improbidade. A autoridade que conduz a investigação decide publicar uma foto do investigado na imprensa, solicitando a todos os que tenham alguma informação relevante para incriminá-lo que se dirijam a determinada repartição. A providência poderá até ser útil para a administração da justiça, mas tal conduta certamente não se afigura legítima à luz da Constituição"[37].

Os autores que se debruçam sobre o tema não manifestam simpatia em relação à norma em questão (art. 20 do Código Civil). Trata-se de dispositivo que hierarquiza bens de um modo que se distancia das opções valorativas básicas da Constituição[38]. Sempre que isso ocorrer, não se pode, decerto, pretender, em autêntica subversão normativa, pretender interpretar a Constituição à luz do Código Civil, consoante parece pacífico no padrão mental contemporâneo.

2.5 Existência de interesse público na divulgação

Cabe retomar algo que já dissemos neste artigo. Há interesse público na liberdade de imprensa. Isto é, a própria liberdade de imprensa já traduz, em si mesma, interesse público. É certo, como temos visto,

---

[37] BARROSO, Luís Roberto; BARCELLOS, Ana Paula, "Colisão entre liberdade de expressão e direitos da personalidade. Critérios de ponderação. Interpretação constitucionalmente adequada do Código Civil e da Lei de Imprensa", RTDC, vol. 16, out/dez 2003, p. 96.

[38] Observa-se que o "art. 20 do novo Código Civil, que representa uma ponderação de interesses por parte do legislador, é desarrazoado, porque valora bens constitucionais de modo contrário aos valores subjacentes na Constituição. A opção do legislador, tomada de modo apriorístico e desconsiderando o bem constitucional da liberdade de informação, pode e deve ser afastada pela interpretação constitucional" (CASTANHO DE CARVALHO, Luís Gustavo Grandinetti, "Direito à informação x direito à privacidade. O conflito de direitos fundamentais". *Revista da AMAERJ*, n. 5, 2002, p. 15).

que existirão abusos, e para eles a indenização deverá atuar com singular rigor, dada a vastidão incalculável de pessoas que terão acesso a notícia danosa e falsa (ou mesmo verdadeira, mas sem nenhum resquício de interesse público concreto, conforme veremos adiante). Diga-se ainda que a informação jornalística – embora existam limites e parâmetros para sua divulgação – é ontologicamente ágil e breve, não cabendo, por essa razão, exigir que ela traga consigo a mesma solidez probatória dos fatos provados em juízo, por exemplo.

Falemos mais especificamente sobre o assunto que encabeça este tópico. O interesse público, se existente, permeia de razoabilidade a divulgação da notícia. Havendo interesse público, e sendo verdadeira a informação jornalística, os demais tópicos, ainda que contrários, ficam enfraquecidos. Vivemos dias férteis em denúncias. Algumas, embora acompanhadas de fortíssimos indícios, são veiculadas pela imprensa e logo depois esquecidas, atropeladas, por assim dizer, por outras, tão ou mais graves. Denúncias de corrupção, escusos acordos políticos, violação a direitos fundamentais, entre tantos outros casos, são exemplos de notícias cuja divulgação se mostra fundamental ao interesse social. O mesmo se diga de prisões de políticos, ou investigações que lhes digam respeito. A divulgação, em casos semelhantes, é possível e necessária, não cabendo a alegação de ofensa à "honra, a boa fama ou a respeitabilidade". No mesmo sentido por nós defendido, o STJ recentemente decidiu que "a honra e imagem dos cidadãos não são violados quando se divulgam informações verdadeiras e fidedignas a seu respeito e que, além disso, são do interesse público" (STJ, REsp 1.297.567, Rel. Min. Nancy Andrighi, 3ª T., DJ 02/05/2013)[39].

Esclarece, em belo trabalho, Guilherme Döring Cunha Pereira: "Onde a crítica há de ter latitude especialmente ampla é no campo da 'atuação das instâncias públicas". O tema é pacífico, e diz respeito ao próprio núcleo de uma concepção democrática de sociedade. Importa observar que, dada a relevância radical de tudo o que concerne mais imediatamente à gestão da coisa pública, e suposto o papel especial dos meios de comunicação, reconhecido implicitamente pela Cons-

[39] Tratava-se, no caso, de matéria publicada em jornal de grande circulação, que apontava possível envolvimento ilícito de magistrado com ex-deputado ligado ao desabamento do edifício Palace II, no Rio de Janeiro.

tituição, como instrumentos essenciais ao jogo democrático, deve-se reconhecer à mídia, e a todos os cidadãos igualmente, a mais ampla e desinibida liberdade de crítica nesse campo. Sem ela, não se consegue alcançar aquela transparência tão necessária em todos os processos de decisão que se refiram ao bem comum"[40].

Precauções, porém, são necessárias. Interesse público é uma espécie de rua em que todos podem transitar, todos podem argumentar que estão com ele, mesmo que não estejam. Aliás, a história evidencia que os mais ousados ditadores apreciam enormemente falar em interesse público. É preciso lembrar sempre que a invocação do termo, em si mesmo, não diz muito, podendo significar o contrário. Conforme mencionamos antes, a própria liberdade de expressão, ampla e verdadeiramente livre, expressa interesse público, e é uma espécie de degrau para outros pleitos e conquistas sociais.

Além do mais, interesse público obviamente não se confunde com interesse de eventuais governos – sendo, aliás, frequentemente colidentes tais interesses. Notou, argutamente, García de Enterría, que "atualmente o interesse público reside na promoção dos direitos fundamentais"[41]. Países autoritários tentam, sem sucesso, controlar as redes sociais. As democracias contemporâneas buscam se adequar à nova ordem de valores que surgem numa sociedade cada vez mais integrada, cada vez mais veloz, e cada vez menos tolerante com aspectos arbitrários e ditatoriais, venham de governos, venham de poderes privados. Menos abuso e menos desvio de poder é o que se espera do Estado no século XXI.

Voltando ao ponto: a informação jornalística claramente despida de interesse público pode gerar direito à indenização, se agressiva a honra[42]. Não há interesse público no conhecimento da identidade

---

40 PEREIRA, Guilherme Döring Cunha, *Liberdade e Responsabilidade dos Meios de Comunicação*. São Paulo: RT, 2002, p. 244/245.

41 RODRÍGUEZ-ARANA, Jaime, "Nuevas Orientaciones Doctrinales sobre la Responsabilidad Patrimonial de la Administración Pública", *Scientia Iuridica*, Universidade do Minho, Braga, n. 293, maio/agosto, 2002, p. 274.

42 Matéria jornalística que fere a vida privada, divulgando abusivamente a orientação sexual de alguém, por intermédio de seu apelido, enseja danos morais. O jornal, no caso, referiu-se à vítima como sendo "Carlos Bicha", o que repercutiu na pequena cidade. Argumentou a relatora: "Com o delineamento dos fatos, fi-

da vítima do crime de estupro, havendo aí abuso da liberdade de informação (STJ, (REsp 896.635, Rel. Min. Nancy Andrighi, 3ª T., DJ 10/03/08). Não que toda e qualquer notícia ou reportagem precisem trazer o timbre do interesse público. Sabemos que não é nem deve ser assim. Gostamos de notícias curiosas, insólitas, engraçadas. Faz parte da curiosidade humana querer saber um pouco de divertidas amenidades. Nada disso é vedado. O interesse público apenas poderá ser razoavelmente invocado como fator limitador da notícia quando houver, na divulgação, dano à imagem de alguém. Mesmo assim, de modo excepcional e extremamente restrito, presentes as ponderações anteriormente feitas.

---

cou evidenciado que a recorrida, ao reproduzir na manchete do jornal o cognome – 'apelido' – do autor (Carlos Bicha), atitude que redundou em manifesto proveito econômico, feriu o direito do recorrente ao segredo de sua vida privada, divulgando desnecessariamente o 'apelido' repugnado, e, portanto, atuou com abuso de direito, exsurgindo como consequência o ferimento ao direito de todo cidadão manter a vida privada distante do escrutínio público". Continua: "É preciso reafirmar que notícia da orientação sexual de determinada pessoa, por si só, não enseja reparação indenizatória, mas, no presente processo, não há dúvidas sobre a indevida agressão ao segredo da vida privada do recorrente porque o cognome do recorrente foi divulgado por toda área de circulação do jornal, além da cidade onde mora" (STJ, REsp. 613.374, Rel. Min. Nancy Andrighi, 3ª T., 17/05/05). Parece evidente, neste caso, a absoluta ausência de interesse público na divulgação da orientação sexual da vítima. Em julgados recentes tem-se percebido que a liberdade de informação deve estar atenta ao interesse público, pois nem toda informação verdadeira é relevante para o convívio em sociedade (STJ, REsp 1.414.887, Rel. Min. Nancy Andrighi, 3ª T., DJ 28/11/2013). Em sentido semelhante decidiu-se que "a mera curiosidade movida pelo diletantismo de alguns, tanto na divulgação de notícias, quanto na busca de fatos que expõem indevidamente a vida íntima, notadamente, daquelas pessoas com alguma notoriedade no corpo social, não pode ser encarada como de interesse social, a justificar a atenção dos organismos de imprensa. Na hipótese sob exame, ainda que se trate de pessoa notória, revela-se claro não haver um efetivo interesse social na divulgação de fatos que dizem respeito unicamente à esfera íntima de sua vida privada, o que denota tão somente uma manobra para aumentar as vendas do jornal" (STJ, REsp 713.202, Rel. Min. Luis Felipe Salomão, 4ª T., DJ 03/08/2010). Conforme temos sublinhado, mesmo pessoas que gozem de notoriedade social podem sofrer danos indenizáveis, sobretudo se o teor da informação veiculada claramente não ostenta interesse público algum e é ofensiva à pessoa em questão.

2.6 *Preferência por medidas que não envolvam a proibição prévia da divulgação*

Devem ser evitadas quaisquer medidas, judiciais ou administrativas, que turbem o direito à livre circulação de notícias e opiniões. Lembremos que a Constituição Federal, art. 5º, IX, assegura ser "livre a expressão da atividade intelectual, artística, científica e de comunicação, independentemente de censura ou licença". Mais adiante, no inciso XIV, garante "a todos o acesso à informação e resguardado o sigilo da fonte, quando necessário ao exercício profissional".

Apenas de modo absolutamente excepcional, e com imenso ônus argumentativo, o julgador deve determinar a proibição da veiculação da notícia. Mesmo porque, dada a difusão tecnológica da informação que define nossos dias, o efeito quase sempre é contrário ao pretendido. A indenização por danos morais, o direito de resposta no mesmo veículo e com o mesmo espaço, dentre outras sanções, são as sanções preferenciais relativamente ao tema.

Porém, novamente, faremos uma contra-argumentação em relação ao que dissemos. Em certos casos, a lesão pode ser patente, e a publicação gerar danos irreversíveis a alguém. Estatui, a propósito, o Código Civil no art. 12: "Pode-se exigir que cesse a ameaça, ou a lesão, a direito da personalidade, e reclamar perdas e danos, sem prejuízo de outras sanções previstas em lei". O art. 21 complementa a previsão: "A vida privada da pessoa natural é inviolável, e o juiz, a requerimento do interessado, adotará as providências necessárias para impedir ou fazer cessar ato contrário a esta norma". Teremos, nesse caso, a tutela preventiva ou inibitória que – embora importantíssima, especialmente em se tratando da tutela da vida e da saúde humanas, como sempre defendemos em inúmeras ocasiões – deve ser usada com parcimônia na ponderação entre liberdade de imprensa e vida privada.

Cabe tentar resumir o que dissemos. As medidas preventivas só devem ocorrer em hipóteses extremamente restritas, realmente excepcionais, quando o abuso se mostrar evidente e o intuito de agredir for óbvio. Nos demais caso, prevalece a tutela repressiva. O que é necessário, no caso, é a imposição de penas civis realmente fortes, aptas a dissuadir violações semelhantes. A forma, portanto, de conciliar a ponderação de princípios em hipótese tão reconhecidamente delicada é, sumariamente, esta: a) a tutela deve se dar, em regra, não de forma preventiva (proibição prévia de publicação ou circulação), mas repressiva[43] (a tutela preventiva, como a proibição prévia de veiculação de livros, jornais ou revistas, apenas pode se dar em casos absolutamente excepcionais, em que o dever de fundamentação por parte do intérprete é muito mais forte); b) eventuais abusos na liberdade de imprensa devem ser sancionados através da responsabilidade civil (danos materiais e morais, com a imposição, se for o caso, da função punitiva ou pedagógica) e/ou com eventuais sanções penais.

Numa sociedade pluralista e democrática, progressivamente complexa, parece-nos que essas orientações – lembrando, em autêntico truísmo, que cada caso é um caso – são as que melhor conciliam os valiosos interesses em jogo[44]. O STJ, comungando de semelhantes ideias, decidiu que "a análise relativa à ocorrência de abuso no exercício da liberdade de expressão jornalística a ensejar reparação civil por dano moral a direitos da personalidade depende do exame de cada caso concreto, máxime quando atingida pessoa investida de autoridade pública, pois, em tese, sopesados os valores em conflito, mostra-se recomendável que se dê prevalência à liberdade de informação e de crítica, como preço que se paga por viver num Estado Democrático" (STJ, REsp 801.109, Rel. Min. Raul Araújo, 4ª T., DJ 12/03/2013).

---

[43] RODRIGUES JR, Edson Beas. Solucionando o conflito entre o direito à imagem e à liberdade de expressão: a contribuição da Corte Interamericana de Direito Humanos. *Revista dos Tribunais*, v. 905. São Paulo, 2011, p. 92.

[44] Cabe lembrar que "a tutela dos direitos fundamentais nas relações privadas não se esgota na garantia de uma obrigação geral de abstenção, nem na reparação dos danos pelas lesões perpetradas, através da responsabilidade civil. A proteção conferida pela ordem constitucional é mais ampla, e envolve tanto uma tutela preventiva dos direitos como uma atuação repressiva e corretiva. Ademais, ela pode abranger tanto obrigações negativas do particular, como deveres positivos, dependendo das circunstâncias de cada caso e da concreta configuração dos interesses em jogo" (SARMENTO, Daniel. *Direitos Fundamentais e Relações Privadas*. Rio de Janeiro: Lumen Juris, 2004, p. 301).

3. DANO MORAL E TELEVISÃO: AGRESSÕES À IMAGEM NA GUERRA POR AUDIÊNCIA

"Acho a televisão muito educativa. Toda vez que alguém liga, vou para outro lugar ler um livro".
Groucho Marx

A televisão, hoje tão íntima de todos nós, só deu seus primeiros passos no Brasil em meados do século passado – em 1950, mais propriamente. É, de longe, a mídia que exerce maior impacto sobre o povo brasileiro. A vida cultural, política, econômica dos brasileiros está muito ligada à televisão. Seu potencial mobilizador é imenso, colossal. Até o surgimento da internet, não havia nada que pudesse mobilizar pessoas e determinar comportamentos como a televisão – modas, gírias, estilos musicais, sotaques etc. Com a internet, surgem novos modos de mobilização – difusos, sem centros definidos, incontroláveis de certa forma. Mas para muitos brasileiros a televisão ainda é a única fonte de informação e entretenimento. Seja como for, os meios de comunicação atuam, de certo modo, numa via de mão dupla. Influenciam e são influenciados. Refletem determinada realizada e, também, influenciam no imaginário coletivo de uma comunidade[45].

A TV aberta alcança, hoje, todos os municípios brasileiros. O número de moradias com televisores é maior do que o número de domicílios beneficiados com a rede de esgoto, conforme dados do IBGE. O potencial de lesão a direitos e interesses metaindividuais, portanto, é espantosamente alto. Sendo uma concessão pública, haverá de estar sujeita a padrões mínimos de responsabilidade, consignando a Constituição no art. 221: "A produção e a programação das emissoras de rádio e televisão atenderão aos seguintes princípios: IV – respeito aos valores éticos e sociais da pessoa e da família". Não é isso, contudo, que vem ocorrendo.

---

[45] JAVORSKI, Elaine. El uso de la televisión y el fenómeno de la inmigración en Europa. *Direito, Informação e Cultura.* AFFORNALLI, Maria Cecília; GABARDO, Emerson (Coord.). Belo Horizonte: Fórum, 2012, pp. 101-115, p. 109.

A televisão brasileira é acusada de vulgaridade, exibindo, de modo inconsequente, o que for preciso para garantir vantagens no Ibope[46]. Nessa disputa não é difícil constatar agressões severas a direitos fundamentais[47]. A jurisprudência tem tentado coibir tais excessos. Em 2007, o STJ condenou o SBT a pagar indenização de cerca de duzentos mil reais a cada uma das vítimas de uma comunidade ridicularizada no programa do Ratinho (STJ, REsp. 838.550, Rel. Min. Cesar Asfor Rocha, 4ª T., 14/02/07). Os contornos do caso foram os seguintes: em 1999 a colônia de naturismo Colinas do Sul, situada no município gaúcho de Taquara, recebeu uma equipe de televisão do SBT. O propósito da comunidade era desmistificar o naturismo, mostrando que famílias convivem harmoniosamente na comunidade, sem qualquer conotação sexual. As cenas gravadas – conforme acordo firmado e objeto de cláusula contratual expressa – deveriam ser divulgadas exclusivamente no programa SBT repórter, conduzido pelo jornalista Hermano Henning.

O SBT, contudo, descumprindo o acordo, exibiu posteriormente as imagens no programa do Ratinho, acompanhadas de comentários grosseiros e ofensivos feitos pelo apresentador. O STJ afirmou que

---

[46] Como em toda regra, há exceções. A Rede Minas, de Belo Horizonte, é um exemplo admirável de como a televisão pode ser simpática, divertida, informal, sem perder o caráter educativo. A cultura não é, portanto, em absoluto, incompatível com a televisão. E pode valorizar imensamente o tom local, a sabedoria popular, os traços culturais regionais. Isso, o que é melhor, de um modo despretensioso e acolhedor.

[47] Percebe-se que "na busca por pontos no ibope, parece haver um especial prazer das emissoras em explicitar a miséria humana, em todas as suas manifestações. Brigas familiares, exposição de deformações físicas e a submissão de pessoas a constrangimentos de toda a espécie são eventos comuns, acessíveis a milhões de brasileiros. Na precisa observação do psicanalista Jurandir Freire Costa, 'o jogo se assemelha às visitas que o burguês europeu 'fin-de-siècle' fazia a circos, hospícios, hospitais e prisões para ver de perto os 'monstros degenerados' e, depois, com suspiro de alívio, dizer: 'Que bom que não sou eu'". Continua: "Não se trata de moralismo. De há muito que o problema ultrapassou o restrito âmbito das reuniões da Liga das Senhoras Católicas. Trata-se, isso sim, da reiterada violação de direitos fundamentais, pelas emissoras de TV". SUIAMA, Sergio Gardenghi, "A voz do dono e o dono da voz: o direito de resposta coletivo nos meios de comunicação social", *Boletim Científico da ESMPU*, ano I, nº 5, out/dez 2002, p. 107/109.

"houve abuso e desrespeito na veiculação das imagens dos autores, membros da comunidade naturista, pelo SBT no Programa do Ratinho, inclusive, em descumprimento de cláusula contratual expressa, de forma deliberada" (STJ, REsp. 838.550, Rel. Min. Cesar Asfor Rocha, 4ª T., 14/02/07). A **indenização por danos morais pode fixar uma punição exemplar, como forma de contribuir para desestimular o ofensor a repetir o ato. Busca-se minimizar a dor da vítima e tentar evitar a reiteração de condutas semelhantes.** Convém lembrar que está havendo, atualmente, uma redescoberta das funções da responsabilidade civil – um tema que estranhamente ficou ausente do debate por muito tempo. Nelson Rosenvald – que tem se debruçado com argúcia sobre as funções da responsabilidade civil – teoriza que mais do que reparação, "cuida-se de um misto de prevenção de atuações ilícitas e punição pela ofensa a um dever ou obrigação. Mais do que acautelar e sancionar, ela reafirma a prevalência da pessoa e de sua especial dignidade como referenciais do Estado Democrático de Direito"[48]. Em outra oportunidade, frisou que "a função preventiva da responsabilidade civil tanto pode ser instrumentalizada pela sanção punitiva, como pela sanção reparatória, exclusivamente nos casos em que esta se aparta do mecanismo da tutela ressarcitória e se apropria da da tutela restituitória", frisando que se trata de "regra de incentivo à reação aos ilícitos, superando o plano intersubjetivo da neutralização de danos para valorizar a função de desestímulo de comportamentos nocivos a toda a sociedade"[49].

No caso citado – exibição, pelo SBT, das imagens no programa do Ratinho, acompanhadas de comentários grosseiros e descumprindo o acordo firmado – o relator do caso, além de argumentar que houve abuso e desrespeito por parte da emissora, ponderou que tal conduta "há de ser reprimida com rigor, não só pela gravidade da situação concreta, como pela necessidade de se coibir novas condutas semelhantes. Há que se dar o caráter punitivo adequado para que não se concretize a vantagem dos altos índices de audiência sobre os

---

[48] ROSENVALD, Nelson. *Cláusula penal. A pena privada nas relações negociais.* Rio de Janeiro: Lumem Juris, 2007, p. 191.

[49] ROSENVALD, Nelson. *Funções da Responsabilidade Civil.* São Paulo: Atlas, 2013, p. 109.

riscos advindos da violação dos direitos constitucionalmente garantidos, honra e dignidade" (STJ, REsp 838.550, Rel. Min. Cesar Asfor Rocha, 4ª T., 14/02/07). Na fixação do valor, o STJ concedeu R$ 200 mil para cada um dos naturistas ofendidos. Reduziu-se, assim, o valor fixado pela Justiça gaúcha, que houvera fixado o valor de mil salários mínimos para cada ofendido, totalizando assim R$ 1,82 milhão – o que perfaria a maior, até então, condenação por danos morais da história da justiça brasileira. Enfim, sem chegar aos exageros de Karl Popper, que via na televisão um perigo para a democracia[50], é preciso que tenhamos formas e mecanismos de evitar abusos, quaisquer que sejam a capa com que se apresentem. Nos limites deste artigo, a responsabilidade civil por dano moral, com a imposição de sanção exemplar, poderá ocorrer.

3.1 Programas de humor

> "*Se anedota fosse crime, sua repressão seria dificílima*".
> Luis Fernando Verissimo

O brasileiro, povo reconhecidamente alegre e festivo, tem no humor saudável traço cultural. Quando as manifestações satíricas são veiculas pela imprensa – em programas de televisão, ou em charges nos jornais, por exemplo – surgem alegações de agressões a honra por parte daqueles que são objeto da gozação. Não é fácil delimitar as fronteiras entre o humor, ainda que sarcástico e até duro, e o dano moral. As respostas – repitamos mais uma vez – serão tópicas e circunstanciais. Deve-se lembrar, ainda, que o humor tem variadas funções, algumas de inegável relevância coletiva na crítica política e de costumes[51]. São dimensões que não podem ser negligenciadas.

---

50 POPPER, Karl; CONDRY, John. *Televisão: um perigo para a democracia.* Lisboa: Gradiva, 1995. Argumentam, entre outros pontos, que o objetivo da democracia é levar a todos melhores possibilidades e oportunidades, elevando o nível da educação, o que não é possível em razão dos interesses comerciais.

51 Argumenta, em sentido semelhante, Choeri, que o "direito de sátira constitui manifestação da liberdade de pensamento, com traços pertinentes ao direito de criação artística e ao direito de crítica, constitucionalmente amparados. Sua

É preciso analisar o humor dentro do ambiente cultural em que se vive – aí incluído, por certo, o elemento temporal. Se analisássemos, hoje, certos filmes ou programas dos *Trapalhões* (liderados por Renato Aragão), muitos reclamariam da forma como os negros são tratados, com sátiras que reforçam certos esteriótipos culturais. Há trinta anos, porém, sequer se cogitaria dessa discussão. Se o politicamente correto, se exagerado, pode nos tornar artificiais e padronizados (e nos distanciar da índole brasileira, que é criativa e divertida), por outro lado não podemos negligenciar as mudanças culturais experimentadas pela sociedade brasileiras através das décadas. Um exemplo fora do tema: há algum tempo, era normal se fumar dentro dos aviões. Hoje ninguém cogitaria isso. É inegável que evoluímos para melhor.

Seja como for, não faz sentido impor moral rígida aos programas de humor, exigindo que suavizem críticas e ironias, ou que as façam dentro de certo padrão. O mundo político, que é frequentemente alvo de piadas, vez por outra anuncia a intenção de processar humoristas, quase sempre sem ir adiante. A pessoa, classe ou categoria objeto da piada é fator que deve ser levado em conta pelo julgador. Ainda que certas generalizações possam ser injustas – piadas associando políticos a corrupção – são compreensíveis e aceitáveis, diante do número de lamentáveis escândalos que os tem como protagonistas. O humorismo, de alguma forma, se vinga, ironizando os corruptos[52].

---

importância traduz-se pela função social de controle difuso da opinião pública sobre os detentores do poder político, religioso, social". (CHOERI, Raul Cleber da Silva. *O direito à identidade pessoal na perspectiva civil-constitucional.* Rio de Janeiro: Renovar, 2010, p. 258).

52 Naturalmente, múltiplos fatores entrarão em linha de consideração, inclusive a imagem que a instituição tem perante a sociedade (um virulento ataque ao Congresso Nacional, em tempos de Mensalão e Sanguessugas, será compreensível, ainda que nem todos os membros do Congresso compactuem com tais práticas). Não há espaço, portanto, em princípio, para indenização por dano moral por piadas e gozações vinculadas a programas humorísticos. Há alguns anos o Programa Casseta e Planeta, da Globo, fez um quadro com os chamados "deputados de programa". Nele uma prostituta reage indignada, exigindo respeito, quando lhe perguntam se é deputada. Em outra ocasião, deputados são vacinados contra a "febre afurtosa". Alguns deputados reagiram raivosamente, e o presidente da Câmara dos Deputados anunciou a intenção de pedir direito de resposta e processar os responsáveis por dano moral. Os humoristas não quiseram falar sobre

Não cabe ao Judiciário, ademais, arrogar-se o poder de julgar o humor, se é de boa ou má qualidade, se inteligente ou popular (STJ, REsp. 736.015, Rel. Min. Nancy Andrighi, 3ª T., DJ 01/07/05). O mesmo vale para as charges. Há algum tempo o TJRS decidiu que charge retratando um policial militar fardado, de joelhos, demonstrando ferocidade e sendo conduzido por um cachorro, com os dizeres "policiamento no protesto em Sapiranga e no Beira-Rio", não enseja danos morais. O episódio a que a charge se refere resultou na morte de trabalhador que participava de manifestação. O relator, desembargador Paulo Sérgio Scarparo, ponderou: "Incontroverso que o norte é a crítica a essas ações protagonizadas pela Brigada Militar, nas quais seus agentes teriam se excedido". A decisão nos parece correta. Seria pouco razoável pretender vigiar severamente a atividade dos chargistas, que com humor e irreverência criticam os costumes políticos e sociais. A própria fiscalização dos atos públicos deve muito ao humor arguto que eles apresentam. As notícias, ainda que desagradáveis, se verídicas, não ensejam indenização, especialmente se trazem alguma nota de interesse público – com todas as difíceis e delicadas críticas que a expressão "interesse público" comporta.

4. UMA PROVISÓRIA PALAVRA FINAL

Cabe, aqui, não propriamente resumir o que dissemos anteriormente, mas, na verdade – de modo talvez metodologicamente impróprio – apresentar possíveis contraditas teóricas à excessiva judi-

---

o assunto, argumentando "não querer dar importância à concorrência". Divulgaram, porém, divertidíssima nota de esclarecimento: "Foi com surpresa que nós, integrantes do Grupo CASSETA & PLANETA, tomamos conhecimento, através da imprensa, da intenção do presidente da Câmara dos Deputados de nos processar por causa de uma piada veiculada em nosso programa de televisão. Em vista disso, gostaríamos de esclarecer alguns pontos: 1) Em nenhum momento tivemos a intenção de ofender deputados ou prostitutas. O objetivo da piada era somente de comparar duas categorias profissionais que aceitam dinheiro para mudar de posição. 2) Não vemos nenhum problema em ceder um espaço para o direito de resposta dos deputados. Pelo contrário, consideramos o quadro muito adequado e condizente com a linha do programa. 3) Caso se decidam pelo direito de resposta, informamos que nossas gravações ocorrem às segundas-feiras, o que obrigará os deputados a interromper seu descanso".

cialização do tema. É conhecida, em termos de oposição histórica e conceitual, a situação da Europa em relação aos Estados Unidos, no que se refere à tensão entre Parlamentos e Cortes. A Europa, tradicionalmente, desconfiava dos tribunais do antigo regime (*parlements*), tidos como conservadores e subordinados aos soberanos, e enxergava apenas nos parlamentos os autênticos representantes populares[53]. Já nos Estados Unidos, por circunstâncias históricas diferenciadas – os revolucionários não aceitavam as leis impostas às colônias americanas pela Assembleia inglesa – impuseram uma fiscalização do judiciário sobre o legislativo que nascia, evitando-se arbitrariedades legislativas. Já na Europa esse poder de verificar a compatibilidade entre atos legislativos e leis fundamentais não existia nos moldes americanos.

Nessa ordem de idéias, o constitucionalismo legitima-se não apenas no seu aspecto – por vezes contramajoritário – de contenção e controle do poder. Há, além disso, espaço para a reinvenção de mecanismos de participação popular que democratizem e legitimem, de modo crescente, os modos clássicos de tomada de decisões coletivas. Talvez pudéssemos pensar num contínuo refazimento democrático da Constituição – e isso diz de perto a respeito dos diários conflitos entre direito à imagem e liberdade de imprensa num contexto de sociedades em rede.

Convém lembrar que o século XXI aprofundou nossa desconfiança em relações às teorias gerais excessivamente ambiciosas (e, em boa medida, marcadas pelo caráter estático). Nossos dias, complexos e velozes, não aceitariam com naturalidade a filosofia judicial baseada na subsunção silogística. O próprio conceito de sistema, no direito, é essencialmente diferente daquele dos séculos passados. O perigo, porém, de concepções demasiadamente fluídas e abertas é cairmos no voluntarismo – nunca admitido, mas eventualmente praticado. Se, de um lado, o Judiciário não pode se travestir num mero guardião da legalidade formal, por outro não convém que, vaidosamente, atri-

---

53 "Na realidade, desde o século XIX, o termo 'Estado de Direito' passou a ser entendido nos países do continente europeu apenas como referência a um Estado legiferante, mais precisamente ao Estado legiferante parlamentar. A posição destacada e central do Parlamento partia do princípio de que ele, em sua qualidade de 'corporação legiferante', compusesse as supramencionadas normatizações com toda a dignidade do *législateur*" (SCHMITT, Carl. *Legalidade e legitimidade*. Trad. Tito Lívio Cruz Romão. Belo Horizonte: Del Rey, 2007, p. 2).

bua-se ares de eterno protagonista do processo político, em autêntico vedetismo judiciário[54].

Talvez haja uma tendência, até certo ponto inconsciente, dos juristas em prestigiar o sistema de justiça em detrimento do sistema político. Os autores brasileiros, em geral, quase não veem problemas na judicialização (excessiva) da política. Há, certamente, em todos os sistemas, disfuncionalidades. Não seria epistemologicamente adequado, no entanto, optar, necessária e partidariamente, pelo sistema a que pertencemos. No Brasil, a jurisdição constitucional e o neoconstitucionalismo são, por assim dizer, conduzidos aos mais altos volumes. Talvez, porém, o melhor modo de prestigiar a jurisdição constitucional seja não otimizar em demasiado as suas funções[55].

---

[54] Existem posturas teóricas que se distanciam da reverência quase religiosa em relação ao *judicial review*. John Hart Ely, por exemplo, não aceita a ideia de proteção, por meio do ativismo judicial, de valores substantivos (esses seriam definidos pelos parlamentos). Apenas valores procedimentais, nessa visão, é que poderiam ser objeto de um mais vigoroso ativismo judicial. (Cf. ELY, Jonh Hart. *Democracia e Desconfiança.* Tradução Juliana Lemos. São Paulo: Martins Fontes, 2010, p. 181). Ele vê a jurisdição constitucional, portanto, como instrumento de reforço da representação democrática. Isso significa que o Judiciário deveria agir com mais ênfase naqueles direitos fundamentais que são pressupostos do regime democrático, como a liberdade de expressão, sendo parcimonioso nos demais casos. Há também posições abertamente críticas ao *judicial review*, como a de Tushnet. O curioso, no caso, é que se trata de um espectador privilegiado – alguém que, por assim dizer, rompe o silêncio, criticando o sistema da revisão judicial dentro dos Estados Unidos. O que equivale, em certo sentido, talvez sem exagero, quase a uma heresia intelectual (Cf. TUSHNET, Mark. *Taking the constitution away from the courts*. Princeton: Princeton University Press, 1999).

[55] O que talvez seja importante lembrar é que no Brasil – na esteira do que acontece nos Estados Unidos e no Canadá, por exemplo – o efeito vinculante das decisões em controle de constitucionalidade não atingem o Poder Legislativo. Se o legislativo aprova nova lei – com conteúdo idêntico ou semelhante àquela repudiada pela Suprema Corte – haverá, de uma forma ou de outra, um diálogo interinstitucional, o que evidenciará que a corte não tem a última palavra. O legislador não está, portanto, vinculado às decisões do Supremo. O STF já definiu a possibilidade do Legislativo aprovar lei em sentido contrário à interpretação constitucional do tribunal: "Se assim não fosse, interferir-se-ia de maneira desarmônica na esfera de atuação do Poder Legislativo do Estado, impedindo-o de legislar novamente sobre a matéria, toda vez que esta Corte se manifeste pela inconstitucionalidade de lei preexistente" (STF, Rcl 2.617, Rel. Min.

Há, ademais, no Brasil, uma intensa concentração de poderes na cúpula do Poder Judiciário. Alguns dos membros dessa cúpula parecem se pautar por uma filosofia "salvacionista", buscando – conscientemente ou não – uma panjurisdicionalização da sociedade. Às vezes, é verdade, por meio da importação incompleta ou mal digerida de teses. Digamos o óbvio: Estado democrático de Direito não se reduz ao Estado Judicial de Direito[56]. A jurisdição constitucional pode ser e é uma dimensão relevante. Mas, se hipertrofiada, além de apresentar déficit de legitimidade, pode apresentar mais vícios que virtudes. Nesse contexto, seja-nos permitida uma obviedade: os discursos judiciais, em certas ocasiões, falam sonoramente em justiça, como se fosse algo fácil de fazer. Esquecem, ou parecem esquecer, as complexidades e zonas cinzas do problema. Em certas ocasiões, nem tão raras assim, a justiça de um é a tragédia do outro. Aliás, a literatura americana acerca do *judicial review* e do ativismo judicial evidencia, com muita clareza, que muitas vezes proteger certos direitos equivale a violar outros. Em outras palavras, o ativismo judicial pode ser – e em muitos casos é, também no Brasil – conservador.

Cesar Peluzo, DJ 20/05/05). No mesmo sentido: STF, Rcl 5.442, Rel. Min. Celso de Mello. O diálogo e o debate institucional devem continuar. Nesse sentido, "na separação de poderes, a interação é inevitável. A interação deliberativa é um ganho; a interação puramente adversarial, se não chega a ser uma perda, desperdiça seu potencial epistêmico" (HÜBNER MENDES, Conrado, *Direitos Fundamentais, Separação de Poderes e Deliberação*. São Paulo: Saraiva, 2011, p. 211).

56 Talvez seja interessante citar um trecho que aborda matéria correlata – enfatizando, no entanto, a necessidade do esteio popular: "*Soberania* caracteriza, desde Bodin e Hobbes, não o monopólio estatal de poder (que, além disso, se localizava no centro do Estado absolutista), e sim a função exclusiva e indivisível do poder legislativo. A variante democrática da soberania popular determina, portanto, em seus representantes John Locke, Rousseau e Kant, que o legislativo cabe, de forma indivisa, exclusivamente ao povo, enquanto que o monopólio estatal de poder permanece nas mãos do executivo como ápice de todas as instâncias aplicadoras do direito. A indivisibilidade da soberania popular é, portanto, idêntica à divisão jurídico estatal de poder: nenhum aparato estatal aplicador do direito pode usurpar parte do poder legislativo; o legislativo do povo (que decide diretamente ou de forma representativa) não pode assumir competências executivas ou judiciárias" (MAUS, Ingeborg. *O Direito e a Política. Teoria da Democracia.* Tradução Elisete Antoniuk. Belo Horizonte: Del Rey, 2009, p. XXI) .

Por fim, e voltando ao tema central deste artigo, convém mencionar a existência de outros temas que – embora não digam respeito estritamente à atuação da imprensa nem possam ser desenvolvidos aqui – apresentam conexões temáticas interessantes. No Brasil, recentemente, a questão das biografias não autorizadas esteve na ordem do dia. São possíveis? Em que medida? Como avaliar se retratam fielmente a vida do biografado ou estampam agressões? E ainda que retratem fielmente, ele, o biografado, não tem o direito de manter tais circunstâncias longe dos olhos do público? E as fotos? Se o direito de imagem, segundo tranquila jurisprudência, impede a publicação não autorizada de fotos, como compatibilizar tal proibição com as biografias, onde tais fotos são estampadas?

Ruy Castro, talvez o mais conhecido biógrafo do Brasil, reclama: "Com isso se torna difícil escrever a história do Brasil". O próprio Ruy Castro teve problemas a esse respeito. Sua biografia de Garrincha – a Estrela Solitária – teve sua venda e reimpressão proibida durante 11 meses, em razão de uma ação proposta pela família do jogador[57]. A reação contra os livros parte, muitas vezes, de herdeiros[58]. Seria triste

---

57 Sérgio Cavalieri Filho – relator do agravo regimental contra a liminar no mandado de segurança que concedeu a busca e apreensão contra o livro – sustentou, a nosso ver sem razão, que "não se limitou o autor a relatar o futebol do Garrincha, a habilidade que o tornou um mito mundial, suas proezas nos gramados e vitórias nos campeonatos; infelizmente, foi muito além, invadindo a intimidade do cidadão Manoel dos Santos e apequenando a sua imagem. Se tal não bastasse, atenta o livro ainda agressivamente contra a intimidade do Garrincha, trazendo a público relato de fatos de sua mais restrita privacidade, desde a sua meninice até a sua morte. Seus dotes sexuais, seus vícios ocultos, seus casos amorosos, seus fracassos na cama, tudo é investigado, com microscópio e depois ampliado e divulgado sem retoques". O argumento do ilustre autor, com a devida licença, ao nosso ver peca duplamente: a) não se faz biografia apenas com glórias (mesmo porque nossas vidas *não são* feitas só de glórias); b) não se faz biografia sem vida pessoal. Biografia é, por definição, o percurso existencial de alguém, não só profissional, mas também pessoal.

58 Triste e sintomático foi o caso recente do poeta Ledo Ivo. Pretendia publicar, num livro seu, uma foto de juventude em que estavam ele e Manoel Bandeira. Parentes distantes deste, no entanto, impediram a publicação, como impedem praticamente tudo a respeito de Bandeira. Outro livro censurado foi *Sinfonia de Minas Gerais: a vida e a literatura de Guimarães Rosa.* A filha do escritor, em entrevista, foi enfática: "Não existem biografias dele e não damos licença

para o Brasil, culturalmente falando, que só pudéssemos ter, daqui em diante, biografias chapas brancas, mostrando o que interessa ao biografado, escondendo o que não convém mostrar.

As biografias são reconhecidas internacionalmente como uma forma de historiografia – uma forma, aliás, estabelecida e respeitável. Contam-se às centenas, ou mais que isso, as biografias existentes em certos países sobre determinadas figuras públicas. Existem, no Congresso Nacional, projetos de lei para alterar o art. 20 do Código Civil[59].

Se, em linha de princípio, não seria constitucionalmente harmônico proibir, em regressão ditatorial, as biografias, tampouco se pode aceitar que qualquer um de nós esteja livre para escrever o que desejar sobre a vida de outrem. Nem lá nem cá. A necessidade do equilíbrio é óbvia. Ela, porém, segundo cremos, se dará *a posteriori*. A verdade é que a experiência tem mostrado que as agressões, através de biografias, estão muito longe de serem a regra, sendo clara exceção. Na biografia de Roberto Carlos – que trouxe a discussão à tona no Brasil – não há, segundo os advogados do cantor, nenhum fato inverídico ou ofensivo, mas ainda assim postulou-se a proibição integral.

Outro aspecto conexo – que *não será* desenvolvido neste artigo – diz respeito ao chamado *Hate speech*, ou discurso do ódio. Trata-se da expressão – oral, escrita ou por sinais – contra determinado grupo religioso, étnico, regional etc. É um tema que já nasce envolvo em dificuldades, uma vez que – como tantos outros no mundo contem-

---

para ninguém. Muita gente quer fazer sensacionalismo, quer ganhar dinheiro à custa de gente famosa. Quem quiser saber de meu pai que leia o meu livro e está muito bom".

59 Um dos projetos traz a seguinte redação: "A mera ausência de autorização não impede a divulgação de imagens, escritos e informações com finalidade biográfica de pessoa cuja trajetória pessoal, artística ou profissional tenha dimensão pública ou esteja inserida em acontecimentos de interesse da coletividade" (Projetos de Lei n. 393 e 395/2011). Há, também, uma ação direta de inconstitucionalidade em face do art. 20 do Código Civil em curso no STF. Houve audiências públicas a respeito. Cremos que – seja legislativa, seja jurisprudencialmente – a questão se resolverá no sentido da possibilidade da publicação das biografias sem a necessidade de autorização. Acreditamos, mesmo, que boa parte da polêmica é juridicamente desnecessária. Já seria possível, e sem muita dificuldade, com a Constituição e a legislação hoje vigente, reconhecer que a publicação é possível e que a restrição prévia é inconstitucional.

porâneo – tem início a partir do exercício de um direito fundamental: a liberdade de expressão. Até onde vai, ou pode ir, o seu exercício? Em outras palavras, devemos tolerar os intolerantes? Devemos aceitar quem não aceita os outros?[60] As democracias constitucionais contemporâneas estão prontas para aceitar manifestações de ódio e intolerância como partes da liberdade de expressão?[61]

Um outro tema – que também apenas mencionaremos de modo lateral e que parece despertar progressiva atenção no Brasil – é o direito ao esquecimento, cercado de polêmicas e dificuldades. Trata-se, em suma, de impedir que episódios e fatos do passado ressurjam no presente, atrapalhando a vida de alguém. O poeta certa vez ironizou que nós vivemos a temer o futuro, mas é o passado quem nos atropela e mata. Ironias à parte, o tema está muito ligado às tecnologias de massa, seja na imprensa tradicional, seja na internet. Teríamos o direito de impedir que o passado retorne ao presente, sobretudo se modo

---

60 O STF – sob o ângulo penal, que não é o deste artigo – analisou, em 2003, uma situação emblemática: o caso Ellwanger. Julgou-se na ocasião *habeas corpus* que buscava, como pano de fundo, discutir os livros editados pelo paciente, que negavam o holocausto e defendiam o antissemitismo. O STF, por maioria (7 x 3), manteve a condenação por crime de racismo. O tema mostra – mais uma vez e com nitidez – que não há campos jurídicos absolutos, por mais respeitável que seja o direito a ser exercido. Não há, nesse sentido, primazia incontrastável da liberdade de expressão. Se alguém, ao exercê-la, agride outrem (ou um grupo étnico, por exemplo), a indenização por dano moral será a resposta devida. Cremos que se deve evitar, mesmo nesses casos, a censura prévia – por abrir precedentes perigosos em relação aos quais nem sempre é possível a volta. Somos livres para pensar e para expressar, como bem nos aprouver, nossos pensamentos, sentimentos e impressões. Quem, porém, prefere usar esse direito de modo virulentamente agressivo, deverá saber que é responsável civilmente pelo que diz, e que havendo dano, responderá por ele.

61 Em determinado caso, a justiça condenou pastor evangélico que, durante festa religiosa de umbanda, infiltrou-se dentre os umbandistas, vestindo-se de branco para distribuir panfletos evangélicos que ridicularizavam e negavam as divindades dos umbandistas. Nos panfletos, que buscavam atrair fiéis para a igreja evangélica, a divindade Iemanjá é comparada ao saci-pererê e ao curupira. A liberdade de religião (e a liberdade de expressão) não autoriza que a exerçamos ridicularizando outros cultos, ou agindo para diminui-los de modo agressivo. Winston Churchill, a propósito, resumiu de modo preciso: "Um fanático é alguém que não pode mudar de opinião e não quer mudar de assunto".

descontextualizado e desconforme à realidade? Podemos exigir que o passado não nos siga para sempre, pelo menos na internet?[62]

O tema é delicado e despertará cada vez mais a atenção dos estudiosos. A tendência parece se firmar no sentido do acolhimento ao chamado "direito ao esquecimento", seja diante de veículos de comunicação, seja diante de empresas de busca da internet. A tendência, pelo que observamos, é que se crie, com as décadas, certo espaço de autodeterminação pessoal, a respeito de certas informações que digam respeito à própria pessoa. Naturalmente que para isso muitos fatores concorrerão, a favor e contra, não só jurídicos, mas também tecnológicos.

A jurisprudência brasileira começa a se defrontar com o problema[63]. A tendência da sociedade contemporânea é não transigir com proibições de veiculação de informações ou reportagens, sob qualquer verniz ou pretexto (sobretudo vedações prévias devem ser evitadas). Não é algo democraticamente saudável, ainda que sejam invocáveis luminosos argumentos. Há, no caso, a referência à absolvição criminal – dado que é realmente relevante e pode particularizar esse caso diante de outros, ainda que, muitas vezes, diante das notórias deficiências da justiça criminal, a absolvição por falta de provas nem sempre tranquilize a sociedade, que vê aí não o atestado de boa conduta do suspeito, mas apenas a permeabilidade judicial a influências outras, marcadas pelo poder econômico, pelas relações sociais, ou, quando menos, pela notória ineficiência do sistema judiciário. Seja como for, em linha de princípio, na sociedade

---

[62] Digamos que alguém foi acusado – e efetivamente processado pelo Ministério Público – por tráfico de drogas. Foi, porém, absolvido. Na internet, porém, o nome dessa pessoa, em qualquer busca no Google, é instantaneamente associado à acusação de tráfico. Teria essa pessoa o direito a postular a desindexação, por assim dizer, das informações? Isto é, de exigir que o Google não vinculasse as informações relativas à sua imagem àquelas do tráfico – acusação em relação à qual houve absolvição.

[63] O STJ entendeu que gera dano moral a veiculação de programa televisivo acerca de fatos antigos, com ostensiva identificação de pessoa que tenha sido investigada e, posteriormente, inocentada em processo criminal (STJ, REsp 1.334.097, Rel. Min. Luis Felipe Salomão, 4ª T., DJ 10/09/2013). É preciso certo cuidado com a orientação, que pode ser adequada em alguns casos, mas certamente não o será em todos.

da informação não se deve tentar abafar a circulação da informação. Deve-se, porém, isso sim, sancionar civilmente os abusos, que são atos ilícitos (Código Civil, art. 187).

A questão, enfim, talvez não seja tão simples como parece (talvez, na verdade, sequer *pareça* simples). Podemos inserir variáveis que tornam ainda mais delicado o problema: o direito ao esquecimento englobaria qualquer pessoa, pública ou privada, qualquer que seja ou tenha sido sua trajetória ou função? Problematizemos a questão. Um político, por exemplo, poderia tentar retirar na internet investigações e acusações que existiram contra ele, ainda que tenha havido a absolvição ou que elas nunca tenham sido formalizadas judicialmente? O eleitor não teria direito a essa informação? Ou, suponhamos, mesmo alguém que nunca tenha postulado um cargo de representação pública, poderia, digamos, "limpar" esse passado e, só depois, postular um cargo eletivo?[64]

As respostas exigem contextualização e não toleram, em absoluto, generalismos retóricos[65]. Digamos apenas que ainda que aceitemos que o direito ao esquecimento deve ser amplamente aceito sob o prisma ju-

64 Existem hoje empresas de mídia especializadas (por exemplo, lá fora, *reputationdefender* e *reputation.com*) em produzir conteúdo positivo na internet a respeito de alguém, e com isso direcionar os sites de buscas, através de mecanismos específicos, para esses conteúdos positivos (e fabricados, por assim dizer, mediante paga), e não para os outros. Trata-se de prática lícita, não há problema jurídico no serviço prestado (embora possa até se questionar, sob o prisma ético, a adequação da medida). O problema do direito do esquecimento é outro. Trata-se de *retirar* determinados conteúdos, ou *impedir* que eles sejam exibidos (ou, o que é semelhante, sancionar civilmente a sua exibição). Numa versão menos radical, e aplicável apenas à internet, seria desindexar determinados fatos de determinadas pessoas, nos serviços de busca.

65 Aliás, no *leading case* julgado pelo STJ e acima citado, isso é reconhecido com explicitude: "No caso, o julgamento restringe-se a analisar a adequação do direito ao esquecimento ao ordenamento jurídico brasileiro especificamente para o caso de publicações na mídia televisiva, porquanto o mesmo debate ganha contornos bem diferenciados quando transposto para internet, que desafia soluções de índole técnica, com atenção, por exemplo, para a possibilidade de compartilhamento de informações e circulação internacional do conteúdo, o que pode tangenciar temas sensíveis, como a soberania dos Estados-nações".

rídico, talvez haja dificuldades para efetivar essa orientação no mundo digital. Não será fácil[66]. A internet não parece gostar de esquecer.

Cabe, como palavra final, reafirmar a importância e as dificuldades hermenêuticas que os conflitos entre imagem e imprensa suscitam, nestas primeiras décadas do século XXI. O tema ainda é permeado de silêncios e incompreensões. Percebe-se – um tanto difusamente – a necessidade de se refinar os mecanismos decisórios referentes ao tema, fugindo de posturas cognitivas binárias – que hipertrofiam a proteção de um dos lados do conflito sem atentar para os contextos e as especificidades de cada caso. Sente-se a necessidade de evitar intuições e subjetivismos que deslegitimam o trabalho hermenêutico. Lembremos, por fim, cidadãos silenciosos podem ser ótimos para governos autoritários, mas são desastrosos para uma democracia[67].

66 A discussão diz respeito aos limites da responsabilidade dos provedores de pesquisa virtual pelo conteúdo dos respectivos resultados. O provedor de pesquisa – como o Google, por exemplo – indica páginas onde podemos encontrar resultados compatíveis com os termos que busca que digitamos. É uma espécie de provedor de conteúdo. Não hospeda, em princípio, nem gerencia, as páginas virtuais que aparecem nos resultados das nossas buscas. O STJ decidiu que "não se pode, sob o pretexto de dificultar a propagação de conteúdo ilícito ou ofensivo na web, reprimir o direito da coletividade à informação. Sopesados os direitos envolvidos e o risco potencial de violação de cada um deles, o fiel da balança deve pender para a garantia da liberdade de informação assegurada pelo art. 220, § 1º, da CF/88, sobretudo considerando que a Internet representa, hoje, importante veículo de comunicação social de massa" (STJ, REsp 1.407.271, Rel. Min. Nancy Andrighi, 3ª T., DJ 29/11/2013). Ainda que seja tecnicamente viável a exclusão de determinados resultados da pesquisa virtual, trata-se – segundo o STJ – de medida legalmente impossível, porquanto ameaçaria o direito constitucional à informação. O conteúdo, ademais, poderia sempre circular na internet com outras denominações e outros títulos.

67 DAHL, Robert A . *Sobre a Democracia*. Tradução Beatriz Sidou. Brasília: UNB, 2001, p. 110.

Impresso em fevereiro de 2016